VOLUME 2

COORDENADORES
Carlos Fernando Brasil **Chaves**
Christiano **Cassettari**
Reinaldo Velloso dos **Santos**
Ivan **Jacopetti**

ORGANIZADORAS
Fernanda de Almeida **Abud Castro**
Ariádina dos Santos **de Souza**

Direito Notarial e Registral

QUESTÕES
ATUAIS E CONTROVERTIDAS

AUTORES
Ana Carolina **Rinco** • Anderson **Garcia Cirilo**
Andréa Cristina **Sapi de Paula** • Cintia Maria **Scheid**
Elder **Gomes Dutra** • Ingrid **Rufino Coimbra**
João Henrique **Paulino**
João Victor **de Almeida Cavalcanti**
Larissa **Aguida Vilela Pereira de Arruda**
Lucas **da Silva Peres** • Luciana **Vila Martha**
Mariane **Paes Gonçalves de Souza**
Renan **Franco de Toledo** • Ricardo **Santiago Teixeira**
Robson **Martins** • Rui Gustavo **Camargo Viana**

2023 © Editora Foco

Coordenadores: Carlos Brasil, Christiano Cassettari, Ivan Jacopetti e Reinaldo Velloso
Organizadoras: Fernanda de Almeida Abud Castro e Ariádina dos Santos de Souza
Autores: Ana Carolina Rinco, Anderson Garcia Cirilo, Andréa Cristina Sapi de Paula, Cintia Maria Scheid, Elder Gomes Dutra, Ingrid Rufino Coimbra, João Henrique Paulino, João Victor De Almeida Cavalcanti, Larissa Aguida Vilela Pereira de Arruda, Lucas da Silva Peres, Luciana Vila Martha, Mariane Paes Gonçalves de Souza, Renan Franco de Toledo, Ricardo Santiago Teixeira, Robson Martins e Rui Gustavo Camargo Viana
Diretor Acadêmico: Leonardo Pereira
Editor: Roberta Densa
Assistente Editorial: Paula Morishita
Revisora Sênior: Georgia Renata Dias
Capa Criação: Leonardo Hermano
Diagramação: Ladislau Lima e Aparecida Lima
Impressão miolo e capa: FORMA CERTA GRÁFICA DIGITAL

DIREITOS AUTORAIS: É proibida a reprodução parcial ou total desta publicação, por qualquer forma ou meio, sem a prévia autorização da Editora FOCO, com exceção do teor das questões de concursos públicos que, por serem atos oficiais, não são protegidas como Direitos Autorais, na forma do Artigo 8º, IV, da Lei 9.610/1998. Referida vedação se estende às características gráficas da obra e sua editoração. A punição para a violação dos Direitos Autorais é crime previsto no Artigo 184 do Código Penal e as sanções civis às violações dos Direitos Autorais estão previstas nos Artigos 101 a 110 da Lei 9.610/1998. Os comentários das questões são de responsabilidade dos autores.

NOTAS DA EDITORA:

Atualizações e erratas: A presente obra é vendida como está, atualizada até a data do seu fechamento, informação que consta na página II do livro. Havendo a publicação de legislação de suma relevância, a editora, de forma discricionária, se empenhará em disponibilizar atualização futura.

Erratas: A Editora se compromete a disponibilizar no site www.editorafoco.com.br, na seção Atualizações, eventuais erratas por razões de erros técnicos ou de conteúdo. Solicitamos, outrossim, que o leitor faça a gentileza de colaborar com a perfeição da obra, comunicando eventual erro encontrado por meio de mensagem para contato@editorafoco.com.br. O acesso será disponibilizado durante a vigência da edição da obra.

Impresso no Brasil (07.2023) – Data de Fechamento (07.2023)

2023
Todos os direitos reservados à
Editora Foco Jurídico Ltda.
Rua Antonio Brunetti, 593 – Jd. Morada do Sol
CEP 13348-533 – Indaiatuba – SP

E-mail: contato@editorafoco.com.br
www.editorafoco.com.br

PREFÁCIO

Recebi com profunda alegria e grande responsabilidade o convite para feitura do prefácio do Livro dos Alunos da Escola Notarial e de Registro – ENNOR, volume II – Direito Notarial e Registral: Questões Atuais e Controvertidas.

A obra é repleta de nomes conhecidos da atividade extrajudicial, autores com profundo domínio sobre os temas propostos, tanto na seara registral como notarial.

O trabalho é digno de festejo, pois mescla com equilíbrio e conectividade a relevância dos delegatários dos serviços extrajudiciais para tutela e legitimação de direitos dos cidadãos, iluminando temas atuais e importantes para vida cotidiana dos usuários dos serviços delegados.

O enfrentamento de temas relacionados ao notas, protesto, registro civil das pessoas naturais e registro de imóveis por artigos jurídicos pontuais, com abordagem verticalizada sobre – *a desjudicialização, o planejamento sucessório, acessibilidade do e-notariado, a escritura de inventário e partilha com a participação de menores no extrajudicial, alteração de regime de bens no tabelionato, Reurb, o impacto da capacidade civil do declarante do óbito para realização do registro, bem como a natureza jurídica do óbito e sua repercussão nas demais especialidades (notas e imóveis), registro de óbito tardio, formalização da morte presumida, retificação extrajudicial do registro de óbito e a escolha do prenome das pessoas transgêneras, a alienação da posse ad usucapionem consumada sem declaração, além de reflexões relevantíssimas sobre o procedimento de solução negocial no protesto, o direito de falir e o protesto notarial e o superendividamento* – são fascinantes, atendendo a todos os estudiosos da área, notários, registradores, advogados, juízes, promotores e todos os apaixonados pelos registros públicos!

A evolução do Direito clama pela reflexão qualificada, pelo estudo aprofundado das teses e teorias jurídicas construídas no passado em contraponto com os novos anseios sociais, realidades aflitivas que merecem enfrentamento responsável na busca da melhor acomodação técnica.

Desejo ao leitor uma agradável e produtiva leitura, certo de que muito se aprenderá com os temas tratados!

São Paulo, junho de 2023.

Alberto Gentil de Almeida Pedroso

Juiz de Direito Titular da 8ª Vara Cível da Comarca de Santo André/SP. Juiz Assessor da Corregedoria Geral da Justiça do Estado de São Paulo de 2012-2021. Professor da Escola Paulista da Magistratura. Autor de diversas obras jurídicas especializadas em Registros Públicos. Instagram: @prof_gentil

APRESENTAÇÃO

É com grande alegria que apresento o segundo volume da obra Direito Notarial e Registral: questões atuais e controvertidas, produzido pelos alunos dos Grupos de Pesquisa Científica da ENNOR – Escola Nacional dos Notários e Registradores! Neste livro, o leitor encontrará reflexões úteis, interessantes e vanguardistas sobre vários temas que envolvem os serviços notariais e de registro no Brasil.

Assunto bastante relevante que perpassa os diversos artigos diz respeito à contribuição dos serviços extrajudiciais nos arranjos institucionais de políticas públicas para a simplificação de procedimentos que não envolvam conflito de interesses. Em tais casos, a promoção da desjudicialização é tendência que vem sendo prestigiada, cada vez mais, pelo legislador, como opção ao cidadão para o célere e adequado acesso à Justiça.

Com efeito, para situações em que não haja lide, podem ser chamados notários e registradores (profissionais do direito, altamente qualificados, dotados de fé pública) para a estabilização do meio de prova e a cristalização de acordos livremente pactuados, garantindo segurança jurídica e paz.

Com fortes argumentos, artigos sustentam a validade e a eficácia de, por escritura pública (sem a necessidade de autorização ou homologação judicial!), serem promovidos inventários e partilhas de bens mesmo envolvendo menores e incapazes, bem como ser instrumentalizada a alteração de regime de bens em casamentos e uniões estáveis.

Interessante análise é empreendida quanto à competência de tabeliães brasileiros para a lavratura de escrituras públicas eletrônicas a pessoas localizadas em solo estrangeiro. Com a intermediação da tecnologia (certificados digitais e videoconferências), as vantagens da contribuição do notariado para os consulados brasileiros são evidentes: cônsules poderão se desonerar de uma atividade que, à luz da vocação consular, lhes é absolutamente secundária. Como sabido, nossos consulados destinam-se primordialmente a dar suporte humanitário a brasileiros, fomentar o desenvolvimento das relações comerciais com o Estado Receptor e a intermediar relações de particulares estrangeiros com o Estado Brasileiro, mas não propriamente a lavrar atos notariais.

Ademais, o leitor encontrará admiráveis reflexões sobre a importância da figura dos serviços extrajudiciais em processos de exercício da cidadania (como o direito à moradia!), relacionando o procedimento de REURB a favor de público idoso com a necessidade de assegurar celeridade do registro em tais circunstâncias; e sobre o uso do testamento e da partilha em vida como instrumentos de planejamento sucessório.

No que tange ao registro civil das pessoas naturais, predominam artigos que tratam da importância do registro do óbito como estabilização da prova do término da existência da pessoa natural (nos termos do art. 6º do Código Civil). As reflexões dos autores incentivam ações que contribuam para o adequado registro do evento morte, analisando seus desdobramentos nos tabelionatos de notas e nos ofícios de registro imobiliário. É também realizado percuciente estudo sobre o impacto da capacidade civil do declarante do óbito, a fim de dar maior clareza e segurança ao ato, evitando erros e eventual necessidade de averbação retificatória.

Com o advento da Lei 14.382/2022, a Lei de Registros Públicos passou a prever várias hipóteses de alteração extrajudicial de prenomes e sobrenomes. Por exemplo, toda pessoa registrada no Brasil pode, após atingir a maioridade civil, requerer pessoalmente e imotivadamente a alteração de seu prenome, independentemente de decisão judicial. O fato é que, para pessoa transgênero, o Provimento CNJ 73/2018 já gozava da prerrogativa de alterar o prenome e o gênero nos assentos de nascimento e casamento. Nessa linha de entendimento, a partir de abordagem constitucional e de considerações à Lei Geral de Proteção de Dados Pessoais (Lei nº 13.709/2018), é empreendida relevante análise sobre a mudança de prenome por pessoa transgênero.

Quanto ao registro imobiliário, o leitor é convidado a refletir sobre o ato decisório exarado pelo oficial de registro de imóveis, quanto ao cômputo do tempo de posse, no caso de cessão de direitos possessórios. Com densidade argumentativa e perspicácia, são analisadas as hipóteses em que a satisfação do tempo de posse *ad usucapionem* já tenha sido consumada pelo cedente, porém a prescrição aquisitiva não tenha sido declarada antes da transmissão de direitos ao cessionário.

Com relação aos tabelionatos de protesto, os trabalhos tratam de solução negocial de dívida, do estímulo ao protesto como política pública de acesso à justiça e do uso do CENPROT – Central Nacional de Serviços Eletrônicos Compartilhados do Tabeliães de Protesto, para a prevenção e o tratamento do superendividamento. São apresentadas, também, considerações sobre a falência da pessoa física, apontando, comparativamente, a legislação norte-americana sobre esse interessante tema.

Aos autores dos artigos, aos coordenadores dos grupos de pesquisa e aos organizadores da presente obra, expresso veementes congratulações pela excelência dos trabalhos, pelo engajamento acadêmico e pela generosa contribuição ao desenvolvimento do Direito Notarial e Registral brasileiro!

Aos felizardos leitores, parabenizo pela aquisição deste brilhante livro, desejando profícuos estudos e agradáveis momentos de reflexão!

Brasília, junho de 2023.

Hercules Alexandre da Costa Benício

Doutor e Mestre em Direito pela Universidade de Brasília. Tabelião titular do Cartório do 1º Ofício do Núcleo Bandeirante/DF. Presidente do Colégio Notarial do Brasil – Seção do Distrito Federal e acadêmico ocupante da Cadeira nº 12 da Academia Notarial Brasileira. Foi Procurador da Fazenda Nacional com atuação no Distrito Federal.

INTRODUÇÃO

Há milênios se lavram atos notariais e se registram fatos públicos e privados de toda humanidade. A disciplina notarial e registral, desde a descoberta do Brasil, dá longos passos para registrar a história do país.

Confiar o exercício dessa multissecular atividade estatal a profissionais selecionados por mérito em concurso de provas e títulos, a cargo do Poder Judiciário, submetido à gestão conforme os princípios da iniciativa privada, permitiu nítido avanço ao sistema.

Ao optar pela delegação da fé pública, o Estado Brasileiro referendou essa importante profissão, garantidora da tão almejada segurança jurídica na espera dos registros públicos e notariais. A tradição consolidada no contínuo aprimoramento dos serviços prestados, gerou um sistema renovado, flexível, digital e moderno.

Com propósito de incentivar os estudos dessa matéria imprescindível, foi constituída a Escola Nacional de Notários e Registradores, e com ela grupos de pesquisas acadêmicas com renomados profissionais da área jurídica. Assim, surgiu a ideia desta coletânea de artigos, em sua segunda edição, com a colaboração dos alunos que se dedicaram para apresentar trabalhos inovadores de alta qualidade, essenciais para o avanço da atividade.

O livro está dividido em temas que abordam o exercício do Tabelião de Notas e de Protesto de Títulos, de Registro Civil das Pessoas Naturais e de Registro de imóveis. Assim, o leitor terá em mãos uma obra que proporciona uma análise integral da matéria, com olhar teórico e dogmático, mas também prático e usual para ser interpretado de forma a concretizar a vontade das partes.

Os artigos abordam o importante tema da desjudicialização, quando enfatiza o inventário e divórcio extrajudicial, sem a presença do juiz, ou alterações do regime de bens em que visa facilitar a vida do cidadão. Traz, ainda, meios de se constituir o direito à moradia, em que assegura muito mais celeridade ao processo, além de demonstrar as centrais que integram o sistema notarial para agilizar o acesso de qualquer pessoa que necessite utilizar do sistema, ainda que resida em outro país.

Com foco também no registro civil, os artigos demonstram a ênfase em cidadania, abordam desde o sub-registro e as ações que propiciam políticas públicas, por meio de campanhas capazes de ajudar a população a conseguir o documento básico de cidadania. Reforça o impacto da capacidade civil para o registro de óbito, além de abordar a temática dos nomes e o direito de alterá-los diretamente no serviço registral para as pessoas transgêneras.

Por outro lado, referenda e justifica os atos de alienação e a importância do registro imobiliário, da posse e do direito real de propriedade em um contexto dos eixos impulsionador da economia, com preocupação focada na defesa do direito pessoal e da manifestação da vontade dos usuários frente ao Poder Estatal.

Com a mesma importância, os artigos ainda tratam de temas de solução negocial, de acesso à justiça, do superendividamento, da falência da pessoa física e as contrapartidas da legislação americana. O resultado é surpreendedor na comparação entre sistemas que auxiliam as pessoas a tomarem decisões sobre melhores formas de defender seus negócios.

Nota-se, nessa perspectiva, a complexidade de assuntos e a profundidade do debate jurídico com todos atores do direito contemporâneo, frutos das discussões dos grupos de pesquisas científicas da ENNOR, que floresceram pelas mãos dos coordenadores.

Parabenizo, ainda, toda equipe da ENNOR, que somente com seu apoio administrativo conseguimos que saísse essa nova publicação.

Desejamos uma proveitosa leitura!

Brasília, junho de 2023.

Fernanda de Almeida Abud Castro

Doutora e Mestre em Direito Constitucional pelo Instituto Brasiliense de Direito Público – IDP. É também bacharel em Administração de Empresas pela UFTM-MG, com MBA em estratégia empresarial pela FGV. Foi advogada em Brasília, é atualmente registradora civil e tabeliã em Minas Gerais.

PALAVRAS DO PRESIDENTE

II Livro do Grupo de Pesquisa Acadêmica do Alunos da ENNOR

Como presidente da Associação dos Notários e Registradores do Brasil – Anoreg-BR e da Confederação de Notários e Registradores do Brasil – CNR, constituímos em 2012 a Escola Nacional de Notários e Registradores – ENNOR, com o intuito de capacitar e atualizar titulares, substitutivos e colaboradores.

A pretensão é de expandir atualização e qualificação de conhecimento por todo o território nacional, atendendo não só a atividade, mas também a instituições particulares e órgãos públicos, por meio de reiteradas parcerias acadêmicas.

É preciso que novos conhecimentos sejam repensados diuturnamente, tendo em vista a dinâmica das normativas que tratam das matérias notariais e de registro. E para isso, é preciso que seja colocado à disposição vários cursos e treinamentos, de modo a trazer benefícios aos interessados.

Nos artigos que seguem, temas importantes são abordados com muita sutileza, desde o registro civil das pessoas naturais, o registro de títulos e documentos e pessoas jurídicas, ou os registros públicos em geral, além de notas e de protesto de títulos.

Abordam assuntos que partem da análise das atividades exercidas pelos notários e registradores, com a intenção de ampliar suas competências, no desígnio de exercer e desburocratizar a atividade, amplificando o rol de suas atribuições. Busca enfatizar a celeridade da atividade, apontando sua função social no acesso e promoção da justiça, o que possibilita a melhoria dos serviços prestados à sociedade.

A obra discute temas relevantes para o desenvolvimento da sociedade e da história humana. O registro da vida, desde o seu nascimento, casamento, mudanças ao decorrer, e a morte que também deve ser registrada, apontando a necessidade de informação, conscientização e participação da população por meio de políticas públicas, campanhas e ações que contribuam e incentivem a prática. Visam estudar o impacto, seja ele positivo ou negativo, da capacidade civil do declarante, a fim de dar maior clareza e segurança no ato, evitando assim erros substanciais nesse registro, e caso haja informações a serem retificadas, entender como isso pode ser avaliado e feito com base na CF/88 e com a LGPD, em vigência.

São reflexões e considerações inevitáveis na atualidade, por isso, mais do que recomendar a leitura, indico esse livro como realmente necessário para ampliar conhecimentos, para buscar respostas diante da realidade que se instaura, já que lidamos no dia a dia dos nossos serviços com autonomia a vontade das partes.

Desejo a todos excelentes momentos de reflexão!

Rogério Portugal Bacellar

Presidente da Confederação Nacional de Notários e Registradores – CNR e do Conselho Superior da Escola Nacional de Notários e Registradores – ENNOR. Presidente da Associação dos Notários e Registradores do Brasil – Anoreg-BR. Tabelião do 6º Ofício de Protesto de Curitiba/PR.

SUMÁRIO

PREFÁCIO
Alberto Gentil de Almeida Pedroso V

APRESENTAÇÃO
Hercules Alexandre da Costa Benício VII

INTRODUÇÃO
Fernanda de Almeida Abud Castro IX

PALAVRAS DO PRESIDENTE
Rogério Portugal Bacellar XI

TABELIONATO DE NOTAS

A DESJUDICIALIZAÇÃO E A PARTICIPAÇÃO DOS CARTÓRIOS EXTRAJUDICIAIS NOS ARRANJOS INSTITUCIONAIS
Andréa Cristina Sapi de Paula 3

O PREENCHIMENTO QUALITATIVO DA LEGÍTIMA: O USO DO TESTAMENTO E DA PARTILHA EM VIDA COMO INSTRUMENTOS NOTARIAIS DE PLANEJAMENTO SUCESSÓRIO
Elder Gomes Dutra 15

O ACESSO PELOS ESTRANGEIROS E BRASILEIROS RESIDENTES FORA DO PAÍS AO E-NOTARIADO E AS REGRAS DE COMPETÊNCIA
Ingrid Rufino Coimbra 45

O INVENTÁRIO E PARTILHA DE BENS ENVOLVENDO MENORES E INCAPAZES PELA VIA EXTRAJUDICIAL
João Henrique Paulino 57

ALTERAÇÃO DO REGIME DE BENS DIRETAMENTE NO TABELIONATO DE NOTAS E A PRESCINDIBILIDADE DE AUTORIZAÇÃO JUDICIAL
Renan Franco de Toledo 71

O TABELIÃO DE NOTAS E O REGISTRO CÉLERE DA REURB AOS IDOSOS: DIREITO FUNDAMENTAL DE RESGATE DA DIGNIDADE DA PESSOA HUMANA
Robson Martins 81

REGISTRO CIVIL
DE PESSOAS NATURAIS

A ESCOLHA DO PRENOME DAS PESSOAS TRANSGÊNERAS
Ana Carolina Rinco 101

O IMPACTO DA CAPACIDADE CIVIL DO DECLARANTE DO ÓBITO PARA A REALIZAÇÃO DO REGISTRO
João Victor de Almeida Cavalcanti 113

A NATUREZA JURÍDICA DO ÓBITO E SUA REPERCUSSÃO NO TABELIONATO DE NOTAS E NO REGISTRO DE IMÓVEIS
Larissa Aguida Vilela Pereira de Arruda 133

POSSIBILIDADE DO REGISTRO DE ÓBITO TARDIO DIRETAMENTE NO REGISTRO CIVIL DAS PESSOAS NATURAIS
Luciana Vila Martha 145

A FORMALIZAÇÃO DA MORTE PRESUMIDA: SUA INSTRUMENTALIZAÇÃO E INGRESSO NO REGISTRO CIVIL DAS PESSOAS NATURAIS
Mariane Paes Gonçalves de Souza 163

AS HIPÓTESES DE RETIFICAÇÃO EXTRAJUDICIAL DO REGISTRO DE ÓBITO E SEUS IMPACTOS
Ricardo Santiago Teixeira 181

REGISTRO DE IMÓVEIS

ALIENAÇÃO DA POSSE *AD USUCAPIONEM* JÁ CONSUMADA, PORÉM NÃO DECLARADA: ACESSÃO DA POSSE COMO PROBLEMA NO PROCEDIMENTO EXTRAJUDICIAL PARA RECONHECIMENTO DA USUCAPIÃO
Lucas da Silva Peres 201

TABELIONATO DE PROTESTO

REFLEXÕES SOBRE O PROCEDIMENTO DE SOLUÇÃO NEGOCIAL PRÉVIA
Anderson Garcia Cirilo 231

O PROTESTO DE TÍTULOS E DOCUMENTOS DE DÍVIDA E A PRÉVIA SOLUÇÃO NEGOCIAL NO CONTEXTO DA POLÍTICA PÚBLICA DE ACESSO À JUSTIÇA
Cintia Maria Scheid 239

PROTESTO NOTARIAL E SUPERENDIVIDAMENTO: CENPROT ENQUANTO VALIOSO INSTRUMENTO PARA A RECUPERAÇÃO ECONÔMICA DO CONSUMIDOR SUPERENDIVIDADO
Lucas da Silva Peres 261

PELO DIREITO DE FALIR – CONSIDERAÇÕES ACERCA DA NECESSIDADE DE UM PROCEDIMENTO EXTRAJUDICIAL DE FALÊNCIA DA PESSOA FÍSICA NO BRASIL
Rui Gustavo Camargo Viana 277

TABELIONATO DE NOTAS

A DESJUDICIALIZAÇÃO E A PARTICIPAÇÃO DOS CARTÓRIOS EXTRAJUDICIAIS NOS ARRANJOS INSTITUCIONAIS

Andréa Cristina Sapi de Paula

Mestranda em Direito pela FDSM (Faculdade de Direito do Sul de Minas). Tabeliã / notária no 2º Ofício de Notas de Paraguaçu/MG. Lattes: http://lattes.cnpq.br/1387559747427401. E-mail: andreasappi@hotmail.com.

Resumo: Este artigo aborda os serviços notariais e registrais como mecanismos importantes de segurança jurídica e econômica, com relevo para as características de celeridade e prevenção de litígios nos arranjos institucionais. Em linhas gerais a proposta do presente trabalho é mostrar os benefícios da inserção dos cartórios no processo de desjudicialização apontando a sua função social e visando garantir maior possibilidade de acesso e promoção de justiça para os cidadãos. A análise foi norteada por pesquisas bibliográficas e documentais. Para alcançar os objetivos desejados aplicou-se o método hipotético-dedutivo. A pesquisa é do tipo aplicada, qualitativa, jurídico-exploratória e bibliográfica.

Sumário: 1. Introdução – 2. Desjudicialização – 3. Função pública e social exercida pela atividade notarial e registral – 4. Arranjos institucionais de políticas públicas – 5. Considerações finais – 6. Referências.

1. INTRODUÇÃO

Este artigo trata da desjudicialização/extrajudicialização e a participação dos cartórios extrajudiciais nos arranjos institucionais.[1] É uma tendência moderna em nosso ordenamento jurídico, tratando-se de um mecanismo de grande valia para a desobstrução do aparelho judiciário brasileiro.

Com o advento da Carta Magna de 88, que pôs fim a longo período de ditadura, houve incremento da consciência política e por sua vez da judicialização dos conflitos entre os cidadãos. Segundo Relatório-Justiça 2020[2] informado pelo Conselho

---

1. Arranjo institucional "é entendido como o conjunto de regras, mecanismos e processos que definem a forma particular como se coordenam atores e interesses na implementação de uma política pública específica. Os arranjos dotam o Estado de capacidade de execução de políticas". PIRES, Roberto Rocha C.; GOMIDE, Alexandre de Ávila. *Burocracia, democracia e políticas públicas:* arranjos institucionais de políticas de desenvolvimento. Rio de Janeiro: Instituto de Pesquisa Econômica Aplicada – Ipea, 2014. p. 13. Disponível em: http://repositorio.ipea.gov.br/bitstream/11058/2939/1/TD_1940.pdf. Acesso em: 15 ago. 2021.
2. Justiça em Números 2020: Nova edição confirma maior produtividade do Judiciário. *CNJ*, Brasília, 25 de agosto de 2020. Disponível em: https://www.cnj.jus.br/justica-em-numeros-2020-nova-edicao-confirma-maior-produtividade-do-judiciario/. Acesso em: 15 ago. 2021.

Nacional de Justiça o judiciário brasileiro é um dos mais eficazes do mundo, todavia o número de processos cresce desproporcionalmente a cada dia.

Elena[3] afirma que a quantidade de dados judiciais disponíveis tem sido mais resultado de políticas para aumentar a transparência do que para melhorar a qualidade da prestação jurisdicional ou a *accountability*.

Pode-se dizer que o legislador ordinário, verificando todos esses problemas, resolveu adotar medidas legislativas para fortalecer o combate a morosidade. Uma das grandes inovações envolvendo a extrajudicialização no tocante aos serviços extrajudiciais foi o advento da lei 11.441/2007, que entregou o encargo da resolução de algumas demandas aos tabeliães de notas, que por meio de escrituras públicas, passam a consolidar o consenso das partes sobre inventário, partilha, separação e divórcio.

Pauta prioritária do CNJ (Conselho Nacional de Justiça), a prevenção e a desjudicialização de litígios, como diretrizes estratégicas da incorporação dos Objetivos de Desenvolvimento Sustentável (ODS) e da Agenda 2030 da Organização das Nações Unidas (ONU) é uma das metas do Poder Judiciário brasileiro.

A realização e a proteção dos direitos podem ser alcançados através de arranjos institucionais apresentados em programas de ação governamental complexos, levando-se em conta o aparato do Estado e os recursos a seu dispor. Os cartórios extrajudiciais estão dentre as instituições à disposição do Estado para alcançar seu desiderato de propiciar aos jurisdicionados procedimentos mais céleres e de acesso democratizado.

O texto busca contribuir para o conhecimento e aperfeiçoamento dos atuais mecanismos de acesso do cidadão à promoção de direitos, com a inserção dos cartórios em arranjos institucionais e formulação de novas ações.

2. DESJUDICIALIZAÇÃO

Existem inúmeras explicações para a ocorrência do fenômeno a que se chama de judicialização e, com certeza, não seria possível analisá-las todas neste espaço, até porque com o tempo haveria acréscimo de outras. Uma das alusões científicas é a do aumento de complexidade da sociedade, que demanda soluções, inclusive do sistema jurídico.

Outra alusão científica vem do filósofo e sociólogo Jürgen Habermas[4] quando tratou da colonização sistêmica do mundo da vida e expôs que a sociedade em sua essência, tem sido colonizada sistemicamente impedindo a emancipação do indivíduo; ou seja, no âmbito do sistema jurídico há demanda por soluções cada vez mais

---

3. ELENA, Sandra. Open Data for Open Justice: A Case Study of the Judiciaries of Argentina, Brazil, Chile, Costa Rica, Mexico, Peru and Uruguay. Open Data Research Symposium, mai., 2015, Ottawa, Canada. p. 9. Disponível em: http://www.opendataresearch.org/dl/symposium2015/odrs2015-paper10.pdf. Acesso em: 15 ago. 2021.
4. HABERMAS, Jürgen. *Teoría de la acción comunicativa*. 2. ed. Madrid: Taurus, 2001. p. 451-468.

intensas na família, na saúde, na economia, na política e na educação. A transformação da sociedade exige soluções do sistema jurídico.

Habermas (2001) concebe o mundo da vida como a dimensão na qual impera a razão comunicativa, o espaço das sensações, dos sentimentos, da comunicação, da cultura e do entendimento entre os sujeitos. Araújo e Cinalli (2005, p. 7),[5] baseados em Habermas, nos dizem que "o mundo da vida é o ambiente cotidiano onde as pessoas agem e se defrontam com suas ações e reações, relações sociais, interpessoais e subjetivas"; em contraponto a esse mundo, o mundo sistêmico é a esfera do trabalho e do mercado, orienta-se pelas ações estratégicas e instrumentais, a razão instrumental é imperativa no mundo sistêmico.

A toda evidência Ribeiro[6] aduz que a judicialização também decorre do que se chamou de neoconstitucionalismo ou de pós-positivismo. Essa conclusão é estabelecida em especial no Brasil, que tem uma Constituição dirigente.[7] A repercussão de uma Constituição analítica recente na sociedade é intensa. Observa-se no mundo inteiro a presença dos direitos humanos e fundamentais, direitos dos cidadãos – estes que, adquirindo a consciência desse contexto, em uma sociedade de massa e de consumo e de excesso de informação, efetivamente passam a ostentar e a defender seus direitos.

Assim, a desjudicialização, tem como causa, especialmente, a insuficiência do Judiciário, em descompasso com a velocidade das transformações sociais. Estas, a par de contribuírem para a judicialização, também servem à desjudicialização. Num momento impõem a judicialização; noutro momento a desjudicialização. No primeiro, evidenciam a deficiência do Legislativo e então fazem com que a demanda seja solucionada jurisdicionalmente. No outro instante, promovem a desjudicialização porque o Estado-juiz não consegue apresentar uma solução eficaz.

A Agenda 2030 é a pauta sobre Direitos Humanos das Nações Unidas, aprovada em Assembleia Geral das Nações Unidas em 2018, nos termos da 279, adotada por 193 Países, inclusive o Brasil, que incorporou os 8 (oito) Objetivos de Desenvolvimento do Milênio (Agenda 2015 – período 2000/2015), ampliando-os para os 17 Objetivos de Desenvolvimento Sustentável (Agenda 2030 – período 2016/2030).

Apresenta temas de alta complexidade social, econômica, ambiental, institucional e de parcerias e que interessam e impactam todos os povos e nações, em maior ou menor intensidade, segundo dados informados pelo Conselho Nacional de Justiça.

---

5. Araújo, S. M. & Cinalli, D. L. (2005). Trabalho e mundo da vida: a racionalidade capitalista presente na técnica, ciência e tecnologia. Revista Gestão Industrial, 1(4), 42-59.
6. RIBEIRO, Diógenes V. Hassan. Judicialização e desjudicialização: Entre a deficiência do legislativo e a insuficiência do judiciário. *Revista de Informação Legislativa*. ano 50, n. 199, Brasília, DF, jul./set. 2013. Disponível em: https://www12.senado.leg.br/ril/edicoes/50/199/ril_v50_n199_p25.pdf. Acesso em: 15 ago. 2021.
7. O artigo 3º da Constituição Federal incorpora um programa de transformações econômicas e sociais a partir de uma série de princípios de política social e econômica que devem ser realizadas pelo Estado brasileiro. Disponível em: https://doi.org/10.1590/2179-8966/2018/37470. Acesso em: 10 nov. 2021.

Em 2020 o Poder Judiciário brasileiro, por ocasião do Encontro Nacional do Poder Judiciário, pelo voto dos Presidentes dos Tribunais, aprovou a Meta 9, que é meta nacional qualitativa, que não visa medir a quantidade de decisões prolatadas, mas promover a desjudicialização de assuntos mais demandados ou definir estratégia para prevenir novas litigâncias.

Essa diretriz tem relação com a adoção de soluções alternativas de conflito e aumento da efetividade das decisões judiciais ao permitir desafogar o Poder Judiciário em todo o território nacional.[8]

Segundo Uille Gomes e Ferreira Dodge,[9] as soluções extrajudiciais dos litígios promoverá a conciliação nas ações já ajuizadas e ampliará o grau de resolutividade do Poder Judiciário, que sentenciará apenas as demandas nas quais a conciliação não for realmente possível e nas causas penais. A conciliação favorecerá, em grande medida, a solução dos mais graves problemas atuais, fomentando confiança e segurança jurídica.

3. FUNÇÃO PÚBLICA E SOCIAL EXERCIDA PELA ATIVIDADE NOTARIAL E REGISTRAL

Falar da função e da carreira do notário e do registrador é, antes de tudo, fazer uma viagem ao passado, uma expedição histórica às raízes da evolução do notariado, tanto no mundo, quanto no Brasil, já que a evolução da atividade está totalmente atrelada à evolução da própria sociedade, que sempre teve a necessidade de registrar, transferir, perpetuar suas origens, propriedades, posses e bens. Isso foi feito com a ajuda dos notários e registradores, em suas diversas modalidades.

Segundo Rodrigues e Ferreira,[10] "a necessidade de documentar e registrar certos fatos da vida, das relações e dos negócios deve ter propiciado o surgimento de pessoas que detinham a confiança dos seus pares para redigir os negócios. Surgia assim o notário."

Nos dizeres de Maria Cristina Costa Salles,[11] foram "(...) três os marcos das conquistas europeias: a espada do conquistador, a cruz da religião e a pena do Tabelião

---

8. Corregedoria Nacional apresenta metas e diretrizes para 2020. *CNJ*, Brasília, 26 de novembro de 2019. Disponível em: https://www.cnj.jus.br/corregedoria-nacional-apresenta-metas-e-diretrizes-para-2020/. Acesso em: 20 ago. 2021. O relatório Justiça em Números, elaborado anualmente pelo Conselho Nacional de Justiça apresentou, em 2019, alguns números significativos relacionados ao ano de 2018: o Poder Judiciário finalizou o ano de 2018 com nada menos que 78,7 milhões de processos em tramitação, aguardando alguma solução definitiva. EL DEBS, Martha; FERRO JR. Izaías Gomes (Org.). *O registro das pessoas naturais*. Salvador: JusPodivm, 2020. p. 46.
9. GOMES, Maria Tereza Uille; DODGE, Raquel Elias Ferreira. Sistema de Justiça Pacificador e os 15 anos do Conselho Nacional de Justiça: Passado, presente e inovações futuras do judiciário. *Revista Eletrônica do CNJ*. Brasília, DF, v. 4, n. 1, jan./jun. 2020. p. 154-174. Disponível em: https://www.cnj.jus.br/ojs/index.php/revista-cnj/issue/view/5/4. Acesso em: 15 ago. 2021.
10. RODRIGUES, Felipe Leonardo; FERREIRA, Paulo Roberto Gaiger. *Tabelionato de Notas*. Coleção Cartórios. São Paulo: Saraiva, 2013. p. 15.
11. SALLES, Maria Cristina Costa. As origens do notariado na América. *Revista Notarial Brasileira*, n. 1, 1974. p. 8.

sendo a atividade notarial até mesmo atividade pré-jurídica,[12] já que coexiste com a necessidade de regulamentação da vida em sociedade."

A atividade notarial não é uma criação acadêmica nem legislativa, é uma criação social, nascida no seio da sociedade, a fim de atender às necessidades desta diante do andar do desenvolvimento voluntário das normas jurídicas. O embrião da atividade notarial nasceu do clamor social para que, num mundo, num primeiro momento, iletrado, houvesse um agente confiável que pudesse instrumentalizar e redigir o que fosse manifestado pelas partes contratantes, a fim de perpetuar o negócio jurídico, tornando menos penosa a sua prova, uma vez que as palavras voam ao vento, afirmando Brandelli que é na civilização egípcia que se encontra o mais antigo antepassado do notário, o escriba.[13]

As serventias extrajudiciais, vulgarmente chamadas de cartórios, exercem grande função social no tocante à desburocratização. A agenda prioritária é o local adequado para a promoção da desjudicialização/extrajudicialização, além de também auxiliar ao combate à corrupção, à lavagem de dinheiro, a fiscalização e arrecadação de tributos inerentes à atividade.

O exercício da atividade notarial é função pública exercida por delegação em caráter privado, nos termos do art. 236 da Constituição Federal, que deixa claro que os serviços notariais e de registro não são exercidos diretamente pelo Estado, e sim por particulares, em caráter privado, depois de aprovação prévia em concurso de provas e títulos. O professor Walter Ceneviva[14] enfatiza: "a atividade registrária, embora exercida em caráter privado, tem característicos típicos de serviço público."

---

12. É provável que a atividade notarial tenha surgido ainda nas civilizações sumérias e egípcias. SILVA, Antônio Augusto Firmo da. *Compêndio de temas sobre direito notarial*. São Paulo: J. Bushatsky, 1979. p. 19.

13. RODRIGUES, Felipe Leonardo; FERREIRA, Paulo Roberto Gaiger. *Tabelionato de Notas*. Coleção Cartórios. São Paulo: Saraiva, 2013. p. 15. Os autores mencionam que os egípcios do Império Antigo e do Império Médio estabeleciam seus negócios por meio do "documento caseiro", que era responsável por regular convênios privados. Na Grécia havia os *mnemos*, que se assemelhavam aos tabeliães, pois tinham a função de lavrar atos e contratos de particulares. Ressalte-se que nesta época, a atividade ainda não tinha as peculiaridades que lhes são atribuídas atualmente, a função era de redigir e conservar documentos. Em Roma, num estágio inicial, nos ensinamentos de Brandelli, havia dispensa do documento escrito, todavia, com a expansão dos domínios e a consequente multiplicação das relações civis, nas palavras do autor, fez-se necessário registrarem-se os documentos de forma escrita, "como forma de guardar a palavra". Surgiram então os notarii, os argentarii, os tabularii e os tabelliones, a estes últimos atribuídas as verdadeiras origens antecessoras do notário moderno. No feudalismo, na Idade Média, houve um enfraquecimento do notariado, já que as atividades eram todas concentradas nas mãos do senhor feudal, sendo a este conferido o poder de validar atos notariais. Relata-se que a indicação dos notários, nesta época, era feita, indiscriminadamente, por dignitários e imperadores, vulgarizando a função a ponto de proverem no cargo pessoas ignorantes e em número excessivo ao necessário. Em contrapartida, houve desenvolvimento da atividade neste período. Teodorico, rei dos ostrogodos, dava bastante importância à atividade notarial e registral como forma de prevenir as lides. Na Alemanha, já no século VII, já se tem notícia de mosteiros e igrejas que mantinham livros de registros de propriedades imobiliárias. Também Carlos Magno, no século VIII, determinou houvesse notários de cada lugar que os bispos e condes estivessem estabelecidos. Foi no século XIII, com a Escola de Bolonha, que se deu o renascimento científico do notariado. Institui-se na Universidade de Bolonha, na Itália, um curso especial de resgate aos estudos do direito romano, e se atribui a tal ciência a qualidade de pedra angular do ofício de notas do tipo latino, acrescendo base científica ao notariado.

14. CENEVIVA, Walter. *Lei dos Registros Públicos comentada*. São Paulo: Saraiva, 2007. p. 72.

Inegável é que a atividade notarial e registral tem relevante caráter social, já que está presente ao longo da vida dos cidadãos, desde o seu nascimento, por ocasião da realização de quaisquer negócios jurídicos até a sua morte.

O processo de evolução da atividade notarial e registral, associado à crescente evolução e democratização da informação, tornou a atividade cada dia mais imprescindível para o funcionamento regular da vida em sociedade. Ela pode ser compreendida como instrumento pelo qual as partes procuram alcançar o resultado pretendido, com segurança jurídica e eficiência.

Notários e registradores com seus trabalhos ampliam a noção de função social dos cartórios, pois continuamente prestam importantes serviços à sociedade e atendem a muitas das demandas que surgem pelas faces da multidimensionalidade da vida do cidadão contemporâneo.[15]

> São os cartórios os grandes responsáveis pela atribuição da segurança jurídica nos negócios e nos atos jurídicos da população. A aquisição de direitos e deveres se dá por meio dos registros realizados nos cartórios. Um exemplo simples e prático é o registro de imóveis que garante a um comprador que o imóvel negociado por ele realmente pode ser comercializado. Tal relevância social merece o mais alto nível de seriedade na hora da execução e nesse trabalho o Brasil já encontrou a excelência. O funcionamento dos cartórios no país serve de referência para vários outros por causa do grau de organização que o nosso sistema alcançou. O reconhecimento internacional é extenso. O modelo brasileiro de registro de imóveis, por exemplo, é considerado modelo de segurança jurídica na América Latina, Europa e países asiáticos.[16]

A segurança jurídica é uma das expressões da função social das serventias. Especialmente, devido a ampliação real que os serviços notariais e de registro têm experimentado em suas atividades, no tocante à prestação de novos serviços para a sociedade civil.

Segundo Campilongo,[17] a partir de 2007, por exemplo, tornou-se possível a efetivação de inventários, partilhas, divórcios e dissoluções consensuais de matrimônios ou uniões estáveis, por meio de escrituras públicas lavradas em cartórios, desde que atendam aos requisitos previstos em lei, o que tornou tais procedimentos mais céleres e menos custosos do que pela via judicial.

Ao prevenir litígios, notários e registradores, no fiel cumprimento da legislação vigente atuam de forma insistente com o objetivo de minimizar as desigualdades,

---

15. Neste sentido Milton Santos lembra: "O cidadão é multidimensional. Cada dimensão se articula com as demais na procura de um sentido para a vida. Isso é o que dele faz o indivíduo em busca do futuro, a partir de uma concepção de mundo, aquela individualidade verdadeira (...) dotada de uma nova sensibilidade, rompida com a 'sensibilidade mutilada' que refere à sociedade existente como reproduzida não apenas na mente, na consciência do homem, mas também nos seus sentidos (...) até que a familiaridade opressiva com o mundo objetal seja quebrada." SANTOS, Milton. *A urbanização brasileira*. 5. ed. São Paulo: EDUSP, 2012. p. 56.
16. BACELLAR, Rogério Portugal. A função social de notários e registradores. *Gazeta do Povo*, Curitiba, PR, 07 de setembro de 2011. Disponível em: https://www.gazetadopovo.com.br/opiniao/artigos/a-funcao-social-de-notarios-e-registradores-bskxx9ep2y44etb7x4mp49w7i/. Acesso em: 15 ago. 2021.
17. CAMPILONGO, Celso Fernandes. *Função Social do notariado*. São Paulo: Saraiva, 2014.

mitigando e prevenindo disputas, quer nas transações públicas quer nos negócios privados.

Quando da formalização jurídica das vontades, as consequências daquele ato e que são inerentes ao tipo de instrumento escolhido, torna uma espécie de justiça preventiva e um fomento à paz social.

Em suma, notários e registradores no desempenho de suas funções como agentes públicos, devem atender a todos os que necessitam de orientação e dos serviços por eles prestados, promovendo a segurança jurídica das relações e ampliando a noção de função social dos entes extrajudiciais da sociedade.

4. ARRANJOS INSTITUCIONAIS DE POLÍTICAS PÚBLICAS

Segundo Lotta e Favareto,[18] a análise dos arranjos institucionais nos permite observar variáveis centrais para entender a definição dos atores envolvidos, como se efetiva a governança, os processos decisórios e os graus de autonomia.

A construção das políticas públicas envolve a participação dos diversos poderes e órgãos de governo, sendo compostas por programas de ação governamental articulados entre si.

Quanto à desjudicialização, aqui a política se revela na tomada de decisões, por vezes conflituosas, entre as diversas esferas do governo. Entram em cena tensões entre política e políticas públicas que levam à análise macro institucional, onde as políticas públicas consistem em quadros de ação governamental, arranjos institucionais que expressam o Estado em movimento.

Nesse contexto, compete à Administração Pública efetivar os comandos gerais contidos na ordem jurídica e, para isso, cabe-lhe implementar ações e programas dos mais diferentes tipos e garantir a prestação de determinados serviços.[19] As ações estatais capazes de realizar os direitos fundamentais em questão envolvem decisões acerca do dispêndio de recursos públicos.

É fácil perceber que apenas por meio das políticas públicas o Estado poderá, de forma sistemática e abrangente, realizar os fins previstos na Constituição (e muitas vezes detalhados pelo legislador), sobretudo no que diz respeito aos direitos fundamentais que dependam de ações para sua promoção.

---

18. LOTTA, Gabriela; FAVARETO, Arilson. Desafios da integração nos novos arranjos institucionais de políticas públicas no Brasil. *Revista de Sociologia e Política*. v. 24, n. 57, p. 49-65, Curitiba, mar. 2016. Disponível em: https://www.scielo.br/j/rsocp/a/6PNRfxxr9CBqBMBHK58b6Hx/?lang=pt&format=pdf. Acesso em: 15 ago. 2021.
19. FAGUNDES, M. Seabra. *O controle dos atos administrativos pelo Poder Judiciário*. Belo Horizonte: Forense, 1984. p. 3-5. "A função legislativa liga-se aos fenômenos de formação do Direito, ao passo que as outras duas prendem-se à fase de sua realização. Legislar consiste em editar o direito positivo. Administrar é aplicar a lei de ofício e julgar é aplicar a lei contenciosamente. O exercício dessas funções é distribuído pelos órgãos denominados Poder Legislativo. Poder Executivo e Poder judiciário sendo de notar que nenhum deles exerce, de modo exclusivo a função que nominalmente lhe corresponde."

Segundo Klaus Frey,[20] sociedades instáveis que se encontram em um processo de transformação, em geral, são caracterizadas por tensões entre os padrões individuais de comportamento e aqueles que transcendem as ações individuais. Esse fenômeno se torna mais evidente no caso de alguns: surgem atores que institucionalizam novos estilos de comportamento mediante novos procedimentos e arranjos.

Sabatier[21] sustenta que a sociedade e o próprio Estado têm que prestar atenção a como se formulam, implementam e avaliam as políticas públicas. O papel da análise de política é uma empreitada multidisciplinar. Consiste em identificar as variáveis que afetam a consecução dos objetivos legais no curso do processo. Baseia-se em encontrar problemas onde soluções podem ser tentadas. O analista deve ser capaz de redefinir problemas de uma forma que torne possível alguma melhoria.

As políticas públicas mobilizam todos aqueles envolvidos com a administração pública integrando o planejamento racional e neutro realizado pelo Estado (*policy*) e a resultante de ações dos atores políticos visando à defesa dos seus interesses e valores (*politcs*).

Aduzem Couto e Lima[22] que, de uma forma ou de outra, as constituições contemporâneas incidem cada vez mais sobre as ações dos governos, frequentemente demandando ou restringindo a formulação de políticas públicas, influenciando diretamente os produtos do jogo político.

Sabatier continua:

(...) embora ampla, a estrutura é específica em identificar variáveis básicas que influenciam o programa: a) a tratabilidade do problema que consiste no grau de lidar com a diversidade do comportamento ou com a complexidade do serviço prescrito; b) a capacidade dos dispositivos legais da política para estruturar favoravelmente o processo de implementação, que significa a definição clara dos objetivos pela seleção das instituições implementadoras, pela previsão de recursos financeiros, pelo direcionamento das orientações políticas dos agentes públicos, pela regulação dos critérios, das oportunidades, dos mecanismos e dos canais de participação dos atores não públicos; c) necessidade de apoio político ao efeito de mudanças das condições tecnológicas e socioeconômicas sobre o público em geral e aos grupos de interesse.[23]

Vê-se que a realização de direitos pode ser alcançada por arranjos institucionais apresentados em programas de ação governamental complexos, levando-se em conta o aparato do Estado e os recursos a seu dispor. Os cartórios extrajudiciais estão dentre

---

20. FREY, Klaus. Políticas Públicas: Um debate conceitual e reflexões referentes à prática da análise de políticas públicas no Brasil. *Planejamento e Políticas Públicas*, n. 21, p. 211-259, jun. 2000. Disponível em: https://www.ipea.gov.br/ppp/index.php/PPP/article/view/89/158. Acesso em: 15 ago. 2021.
21. SABATIER, Paula A.; MAZMANIAN, Daniel A. La implementación de la política pública: un marco de análisis. p. 323-372. In: VILLANUEVA, Luis F. Aguiar. *La implementación de las políticas*. 3. ed. México: Porrua Editores, 2000.
22. COUTO, Claudio Gonçalves; LIMA, Giovanna de Moura Rocha. Continuidade das políticas públicas: a constitucionalização importa? *Revista de Ciências Sociais*. Rio de Janeiro, v. 59, n. 14, p. 1.055-1.089, out./dez. 2016. Disponível em: https://doi.org/10.1590/001152582016107. Acesso em: 20 ago. 2021.
23. SABATIER, Paula A.; MAZMANIAN, Daniel A. Op. cit.

as instituições à disposição do Estado para alcançar seu desiderato de propiciar aos jurisdicionados procedimentos mais céleres e de acesso democratizado.

Os cartórios são estruturas burocráticas no sentido weberiano, com a especialização e vinculação ao princípio da legalidade, próprios da Administração Pública e necessárias à previsibilidade nos serviços públicos, mas com a dinâmica de organização e tomada de decisões da iniciativa privada.

É incomensurável o número de variáveis possíveis de se analisar quando se retira um procedimento do escopo do Judiciário e o transfere para outros atores, em especial para particulares, como notários e registradores.

Assim, se o Poder Judiciário sofre com o acúmulo de pedidos de prestação jurisdicional, cartórios deverão se adaptar, não somente para oferecer serviços dentro da mais absoluta legalidade, mas, também, para não se perderem em disfunções da burocracia às quais, em sentido comum, recebem o próprio nome de burocracia.[24] Seria o retorno aos motivos que orientaram os movimentos de desjudicialização.

5. CONSIDERAÇÕES FINAIS

É possível enunciar que a judicialização decorre especialmente da velocidade das transformações sociais e as mudanças operadas no direito, em especial, no direito constitucional nas últimas décadas, que trouxeram novas noções de aplicação da Constituição decorrentes do seu poder normativo.

Por outro lado, a desjudicialização tem como causa a insuficiência do judiciário em descompasso com a velocidade das transformações sociais.

Chegou-se o momento no qual não se resolverão as crescentes demandas ao Poder Judiciário somente com o aumento de recursos materiais ou humanos, até mesmo por que limitados na razão de sua expressão financeira para a Administração Pública.

Uma alternativa crescente que se mostra eficiente é o afastamento dos processos judiciais de questões que não são tipicamente afetas ao Judiciário, em especial, como se demonstrou, com a participação de cartórios extrajudiciais nos arranjos institucionais das políticas públicas de desjudicialização.

Tabeliães e registradores são profissionais do Direito submetidos à observância dos princípios da Administração Pública, com independência no exercício de suas atribuições (art. 28 da Lei 8.935/1994) e estreita proximidade com as atividades judiciais. São particulares em colaboração com o Estado, à disposição de políticas públicas de desjudicialização e de seus arranjos institucionais.

---

24. CHIAVENATO, Idalberto. *Teoria Geral da Administração*. 7. ed. Rio de Janeiro: Elsevier, 2003. p. 262.

6. REFERÊNCIAS

ASSIS, Ana Elisa Spaolonzi Queiroz. *Direito à Educação e Diálogo entre Poderes*. 2012. 259f. Tese de Doutorado em Educação, na área de concentração de Políticas, Administração e Sistemas Educacionais – Universidade Estadual de Campinas, Campinas, SP. Disponível em: http://repositorio.unicamp.br/jspui/handle/REPOSIP/250736. Acesso em: 15 ago. 2021.

ASSIS, Ana Elisa Spaolonzi Queiroz. O conceito de política pública em direito. In: BUCCI, Maria Paula Dallari (Org.). *Políticas públicas*: reflexões sobre o conceito jurídico. São Paulo: Saraiva, 2006.

BACELLAR, Rogério Portugal. A função social de notários e registradores. *Gazeta do Povo*, Curitiba, PR, 07 de setembro de 2011. Disponível em: https://www.gazetadopovo.com.br/opiniao/artigos/a-funcao-social-de-notarios-e-registradores-bskxx9ep2y44etb7x4mp49w7i/. Acesso em: 15 ago. 2021.

BRANDELLI, Leonardo. Atuação notarial em uma economia de mercado: a tutela do hipossuficiente. *Revista dos Tribunais*, p. 165-208, jan./jun. 2002. Disponível em: https://academia.irib.org.br/xmlui/handle/123456789/698. Acesso em: 20 ago. 2021.

CAMPILONGO, Celso Fernandes. *Função social do notariado*. São Paulo: Saraiva, 2014.

CENEVIVA, Walter. *Lei dos Registros Públicos comentada*. São Paulo: Saraiva, 2007.

CHIAVENATO, Idalberto. *Teoria geral da administração*. 7. ed. Rio de Janeiro: Elsevier, 2003.

CNJ. *Agenda 2030 no Poder Judiciário* – Comitê Interinstitucional. Disponível em: https://www.cnj.jus.br/programas-e-acoes/agenda-2030/. Acesso em: 15 ago. 2021.

Corregedoria Nacional apresenta metas e diretrizes para 2020. *CNJ*, Brasília, 26 de novembro de 2019. Disponível em: https://www.cnj.jus.br/corregedoria-nacional-apresenta-metas-e-diretrizes-para-2020/. Acesso em: 20 ago. 2021.

COUTO, Claudio Gonçalves; LIMA, Giovanna de Moura Rocha. Continuidade das Políticas Públicas: A constitucionalização importa? *Revista de Ciências Sociais*. v. 59, n. 14, p. 1.055-1.089, Rio de Janeiro, out./dez. 2016. Disponível em: https://doi.org/10.1590/001152582016107. Acesso em: 20 ago. 2021.

DALLARI BUCCI, Maria Paula. *Fundamentos para uma teoria jurídica das políticas públicas*. São Paulo: Saraiva, 2013.

EL DEBS, Martha; FERRO JR. Izaías Gomes (Org.). *O registro das pessoas naturais*. Salvador: JusPodivm, 2020.

ELENA, Sandra. Open Data for Open Justice: A Case Study of the Judiciaries of Argentina, Brazil, Chile, Costa Rica, Mexico, Peru and Uruguay. Open Data Research Symposium, mai., 2015, Ottawa, Canada. Disponível em: http://www.opendataresearch.org/dl/symposium2015/odrs2015-paper10.pdf. Acesso em: 15 ago. 2021.

FAGUNDES, M. Seabra. *O controle dos atos administrativos pelo Poder Judiciário*. Belo Horizonte: Forense, 1984.

FREY, Klaus. Políticas Públicas: Um debate conceitual e reflexões referentes à prática da análise de políticas públicas no Brasil. *Planejamento e Políticas Públicas*, n. 21, p. 211-259, jun. 2000. Disponível em: https://www.ipea.gov.br/ppp/index.php/PPP/article/view/89/158. Acesso em: 15 ago. 2021.

GOMES, Maria Tereza Uille. Inovação, transparência e eficiência no Conselho Nacional de Justiça ao incorporar a Agenda 2030 no Poder Judiciário. p. 439-444. In: PAIVA, Adriano Martins de et al. *Democracia e sistema de justiça*. Belo Horizonte: Fórum, 2020.

GOMES, Maria Tereza Uille; CONTE, Jaqueline. O CNJ e a accountability na execução penal.. In: MENDES, Gilmar Ferreira; SILVEIRA, Fabiano A. M.; MARRAFON, Marco Aurélio (Org.). *Conselho Nacional de Justiça*: Fundamentos, processo e gestão. São Paulo: Saraiva, 2016.

GOMES, Maria Tereza Uille; DODGE, Raquel Elias Ferreira. Sistema de justiça pacificador e os 15 anos do Conselho Nacional de Justiça: passado, presente e inovações futuras do judiciário. *Revista Eletrônica do CNJ*. Brasília, DF, v. 4, n. 1, jan./jun. 2020. p. 154-174. Disponível em: https://www.cnj.jus.br/ojs/index.php/revista-cnj/issue/view/5/4. Acesso em: 15 ago. 2021.

HABERMAS, Jürgen. *Teoría de la acción comunicativa*. 2. ed. Madrid: Taurus, 2001.

Justiça em Números 2020: Nova edição confirma maior produtividade do Judiciário. *CNJ*, Brasília, 25 de agosto de 2020. Disponível em: https://www.cnj.jus.br/justica-em-numeros-2020-nova-edicao-confirma-maior-produtividade-do-judiciario/. Acesso em: 15 ago. 2021. LOTTA, Gabriela; FAVARETO, Arilson. Desafios da integração nos novos arranjos institucionais de políticas públicas no Brasil. *Revista de Sociologia e Política*. v. 24, n. 57, p. 49-65, Curitiba, mar. 2016. Disponível em: https://www.scielo.br/j/rsocp/a/6PNRfxxr9CBqBMBHK58b6Hx/?lang=pt&format=pdf. Acesso em: 15 ago. 2021.

PENTEADO, Claudio Camargo; FORTUNATO, Ivan. Mídia e políticas públicas: possíveis campos exploratórios. *Revista Brasileira de Ciências Sociais*. v. 30, n. 87, p. 129-141, São Paulo, fev. 2015. Disponível em: https://www.scielo.br/j/rbcsoc/a/FmJPwZ6cVKGwK7M9bjhbZSp/?format=pdf&lang=pt. Acesso em: 15 ago. 2021.

PIRES, Roberto Rocha C.; GOMIDE, Alexandre de Ávila. *Burocracia, democracia e políticas públicas*: arranjos institucionais de políticas de desenvolvimento. Rio de Janeiro: Instituto de Pesquisa Econômica Aplicada – Ipea, 2014. Disponível em: http://repositorio.ipea.gov.br/bitstream/11058/2939/1/TD_1940.pdf. Acesso em: 15 ago. 2021.

RIBEIRO, Diógenes V. Hassan. Judicialização e desjudicialização: Entre a deficiência do legislativo e a insuficiência do judiciário. *Revista de Informação Legislativa*. ano 50, n. 199, Brasília, DF, jul./set. 2013. Disponível em: https://www12.senado.leg.br/ril/edicoes/50/199/ril_v50_n199_p25.pdf. Acesso em: 15 ago. 2021.

RODRIGUES, Felipe Leonardo; FERREIRA, Paulo Roberto Gaiger. *Tabelionato de Notas*. Coleção Cartórios. São Paulo: Saraiva, 2013.

SABATIER, Paula A.; MAZMANIAN, Daniel A. La implementación de la política pública: un marco de análisis. p. 323-372. In: VILLANUEVA, Luis F. Aguiar. *La implementación de las políticas*. 3. ed. México: Porrua Editores, 2000.

SALLES, Maria Cristina Costa. As origens do notariado na América. *Revista Notarial Brasileira*, n. 1, 1974.

SANTOS, Milton. *A urbanização brasileira*. 5. ed. São Paulo: EDUSP, 2012.

SILVA, Antônio Augusto Firmo da. *Compêndio de temas sobre direito notarial*. São Paulo: J. Bushatsky, 1979.

WEBER, Max. *Economia e Sociedade*: fundamentos da sociologia compreensiva. Trad. Regis Barbosa e Karin Elsabe Barbosa. Brasília: Editora Universidade de Brasília, 1999. v. 2.

O PREENCHIMENTO QUALITATIVO DA LEGÍTIMA: O USO DO TESTAMENTO E DA PARTILHA EM VIDA COMO INSTRUMENTOS NOTARIAIS DE PLANEJAMENTO SUCESSÓRIO

Elder Gomes Dutra

Doutor em Direito pela Faculdade Autônoma de Direito de São Paulo (FADISP). Mestre em Direito Processual pela Pontifícia Universidade Católica de Minas Gerais (PUC/MG). Especialista em Direito Público pelo CEAJUFE e em Direito Notarial e Registral pela Anhanguera/LFG. Professor em cursos de graduação e pós-graduação em Direito. Tabelião de Notas no 5º Serviço Notarial em Campo Grande/MS.

Resumo: Dedica-se o presente estudo a refletir acerca destes importantes instrumentos notariais de planejamento da sucessão causa mortis que, embora devam respeito aos limites quantitativos da metade indisponível do autor da herança, permitem que o planejador promova uma partilha específica e individualizada de seus bens, possibilidade que devem ser melhor exploradas em sede de planejamento patrimonial-sucessório.

Sumário: 1. Considerações iniciais – 2. O planejamento sucessório: instrumentos e finalidades – 3. O testamento público e a partilha em vida como soluções para a incômoda formação do condomínio forçado hereditário – 4. Da partilha de bens insuscetíveis de cômoda divisão frente a autonomia privada do autor da herança – 5. Considerações conclusivas – 6. Referências.

1. CONSIDERAÇÕES INICIAIS

O planejamento sucessório apresenta-se com um instrumento de maximização da autonomia privada, de modo que o autor da herança possa organizar, da melhor forma, o seu patrimônio, em vida ou para após a morte, respeitando os limites quantitativos e qualitativos da legítima quando houver herdeiros necessários.

Nessa perspectiva é que se apresenta o instrumento da partilha-testamento, disciplinada no art. 2.014, do Código Civil Brasileiro de 2002, que permite ao testador indicar os bens e valores que devem compor os quinhões hereditários de seus herdeiros, deliberando ele próprio a partilha de seus, facilitando enormemente a fase de liquidação do inventário, quando a sua proposta corresponder à justa e equitativa divisão dos quinhões.

Essa é também a lógica da partilha em vida, prevista no art. 2.018, do Código Civil de 2002, ao possibilitar que o planejador partilhe de todos os seus bens, por ato entre vivos, dando azo a verdadeiro negócio jurídico entre o autor da herança e seus futuros herdeiros, tornando dispensáveis tanto o inventário quanto a partilha após a sua morte.

Dedica-se o presente estudo a refletir acerca destes importantes instrumentos notariais de planejamento da sucessão *causa mortis* que, embora devam respeito aos limites quantitativos da metade indisponível do autor da herança, permitem que o planejador promova uma partilha específica e individualizada de seus bens, possibilidade que devem ser melhor exploradas em sede de planejamento patrimonial-sucessório.

2. O PLANEJAMENTO SUCESSÓRIO: INSTRUMENTOS E FINALIDADES

A atitude de planejar a sucessão *causa mortis*, enquanto prática de "um conjunto de atos que visa a operar a transferência e a manutenção organizada e estável do patrimônio do disponente em favor dos seus sucessores",[1] não é simples.[2] Primeiramente, demanda o rompimento de um tabu por parte dos envolvidos, decorrente da crença de que tratar da sucessão em vida atrairia uma espécie de mau agouro.[3] É preciso superar esses estigmas próprios de uma sociedade que cultua somente a vida, que enxerga a morte com menoscabo, como uma impiedosa vilã.[4] A vida humana no plano físico, embora possa ser abundante, não é perene. Em um segundo momento, a tarefa de planificação futura dos bens demanda uma análise acurada do cenário patrimonial e familiar do autor da herança e de seus pretensos beneficiários, como forma de se criar estruturas de planejamento customizadas, evitando-se a adoção de estruturas estáticas,[5] até mesmo porque a sua disciplina não fica limitada ao Direito das Sucessões ou de Família, mas abarca vários outros ramos do Direito, como o Direito Empresarial, o Direito Tributário, o Direito Internacional Privado, e

---

1. GAGLIANO, Pablo Stolze; PAMPLONA FILHO, Rodolfo. *Novo Curso de Direito Civil*. Direito das Sucessões. 3. ed. São Paulo: Saraiva, 2016. v. 7, p. 404.
2. Conforme alerta Rolf Madaleno "o planejamento sucessório ainda é um sistema complexo e caro, do efetivo conhecimento de poucos, e que envolve estatutos sociais, empresas *holdings*, acordos de quotistas e de acionistas regrando o exercício do direito de voto, ou o controle e gestão familiar, o direito de preferência na alienação de quotas e de ações para familiares e terceiros, além da instituição e da mudança do regime de bens, testamentos e doações com cláusula de reversão, usufruto, gravames, planos de previdência privada, bem de família, partilha em vida e contratos de casamento ou de união estável, e têm servido como idôneo instrumento para atender às expectativas materiais que contrastam com a legislação civil, principalmente porque não admite pactos conjugais e contratos sucessórios de renúncia de herança concorrencial de parte do cônjuge, notoriamente em regime convencional de separação de bens" (MADALENO, Rolf. *O que é planejamento sucessório?* Entenda o conceito. Disponível em: http://genjuridico.com.br/2019/09/27/o-que--e-planejamento-sucessorio/. Acesso em: 20 out. 2021).
3. Rolf Madaleno lembra que: "Tratar da sucessão em vida sempre representou um enorme tabu, um mau agouro, o que torna o tema um tanto indigesto, comumente postergado para o infinito da existência da pessoa que, infelizmente, não dispõe desse tempo imorredouro" (MADALENO, Rolf. Planejamento sucessório. *Revista do IBDFAM*: Famílias e Sucessões, v. 1, p. 11. Belo Horizonte, jan./fev. 2014).
4. FARIAS, Cristiano Chaves de; ROSENVALD, Nelson. *Curso de Direito Civil*. Sucessões. 2. ed. Salvador: JusPodivm, 2016, v. 7, p. 76.
5. Marcos Ehrhardt Júnior destaca a importância do papel desempenhado pelo advogado no planejamento sucessório. Para aprofundamento, recomenda-se: EHRHARDT JÚNIOR, Marcos. Planejamento sucessório na perspectiva do advogado. In: TEIXEIRA, Daniela Chaves (Coord.). *Arquitetura do planejamento sucessório*. Belo Horizonte: Fórum, 2021, t. II, p. 297-307.

também de diversas áreas do próprio Direito Civil, como as obrigações, os contratos e os direitos reais.[6]

Embora realizado em vida, os objetivos e os efeitos práticos do planejamento sucessório projetam-se para depois da morte. As principais finalidades do planejamento sucessório podem ser percebidas na intenção do autor da herança de *(i)* economizar com o pagamento de impostos,[7] *(ii)* de prevenir ou minimizar a ocorrência de litígios entre os herdeiros, pincipalmente diante do perfil plural das famílias atuais,[8] *(iii)* de proporcionar maior celeridade ao procedimento de sucessão *causa mortis*, tendo em vista a maior fluidez do patrimônio na atualidade[9] e, consequentemente, valorizar e preservar os bens amealhados, evitando a sua dilapidação, especialmente no caso de sociedades empresárias de gestão familiar.[10]

---

6. TEIXEIRA, Daniele. Noções prévias do direito das sucessões. Sociedade, funcionalização e planejamento sucessório. *Arquitetura do planejamento sucessório*. 2. ed. Belo Horizonte: Fórum, 2.019. p. 41. Daniel Bucar e Yves Lima Nascimento argumentam que "o sistema brasileiro das sucessões é composto por três disciplinas: 1) o Direito Civil, que se dedica ao estudo do Direito material, notadamente quanto aos aspectos subjetivo (herdeiros e/ou legatários) e objetivo (a herança) da sucessão; 2) o Direito Processual Civil e o Direito Notarial, que cuidam dos procedimentos do inventário (obrigatório em nosso país [1]), da partilha e de outras ações inerentes à sucessão; e 3) o Direito Tributário, o qual estrutura a incidência de impostos (não apenas o ITCMD) na sucessão. Desse modo, o estudo das sucessões a partir da compreensão sistemática dessas disciplinas, apreendidas segundo o pressuposto de que o ordenamento jurídico é único, proporciona o rompimento de certos dogmas em torno da matéria. (BUCAR, Daniel; NASCIMENTO, Yves Lima. *Testamento e negócio jurídico processual*. Disponível em: https://www.conjur.com.br/2020-nov-26/bucar-nascimento-testamento-negocio-juridico-processual. Acesso em: 20 out. 2021).
7. Pagar menos impostos não significa burlar o Fisco ou sonegar o pagamento do tributo, mas buscar, de forma legítima, evitar a incidência tributária ou diminuir o valor do tributo devido, antes do surgimento da obrigação tributária. É sabido que vários estados-federados já tributam a transmissão *causa mortis* na alíquota máxima admitida, atualmente em 8% (oito por cento). Contudo, o Conselho Nacional de Política Fazendária (CONFAZ), que reúne os secretários estaduais de Fazenda de todos os estados brasileiros, em 2016, decidiu propor a elevação da alíquota do imposto de transmissão *causa mortis* para até 20% (vinte por cento), o que reforça a importância do planejamento sucessório (TERTO E SILVA, Marcelo. Aumento de impostos sobre doação reforça importância de planejamento sucessório. Disponível em: https://www.conjur.com.br/2016-mar-16/marcello-silva-necessario-planejamento-preservar-heranca. Acesso em: 20 out. 2021). Para uma leitura crítica acerca dessa temática, recomenda-se: BUCAR, Daniel; PIRES, Caio Ribeiro. Sucessão e tributação: perplexidades e proposições equitativas. *Arquitetura do planejamento sucessório*. 2. ed. Belo Horizonte: Fórum, 2019. p. 91-110.
8. Giselda Maria Fernandes Novaes Hironaka sustenta que a necessidade do planejamento sucessório se amplia em virtude do fenômeno da pluralidade familiar da sociedade atual, já que "o Direito Sucessório tem como base uma família não correspondente ao perfil das famílias da atual sociedade brasileira", o que amplifica o potencial de conflitos (HIRONAKA, Giselda Maria Fernandes Novaes. Planejar é preciso: planejamento sucessório para as novas famílias. Entrevista. *Revista IBDFAM*, v. 10, p. 5-7. Belo Horizonte, abr. 2014).
9. Gladston Mamede e Eduarda Cotta Mamede afirmam, com acerto, que "a multiplicidade e diversidade de bens tornam mais possível o conflito entre os herdeiros e, pior, tornam mais difícil a solução" (MAMEDE, Gladston; MAMEDE, Eduarda Cotta. *Planejamento sucessório*: introdução à arquitetura estratégica – patrimonial e empresarial – com vistas à sucessão *causa mortis*. São Paulo: Atlas, 2015, p. 3).
10. Rolf Madaleno elucida que "o planejamento sucessório tem sido um importante instrumento de proteção do patrimônio familiar diante de novos membros da família e bem serve para quem tem empresa e quer preservá-la da regra sucessória, ou serve para aqueles que constituem uma sociedade empresária para resguardar seu patrimônio particular e para perpetuar a atividade da empresa familiar. É de tanta relevância encontrar mecanismos que permitam preservar a atividade empresária e evitar que a morte de algum sócio seja o começo do fim da sociedade, com sua fragmentação e perda de empenho e direção, que legislações mais avançadas criaram instrumentos capazes de barrar o ingresso de herdeiros na sociedade empresária, cuja prioridade social é a continuação de sua atividade social e societária" (MADALENO, Rolf. *Sucessão legítima*. 2. ed. Rio de Janeiro: Forense, 2020, p. 28).

Em síntese, percebe-se que "a ideia fundamental do planejamento sucessório é a economia de custos póstumos, buscando uma melhoria do relacionamento entre os herdeiros, garantindo a continuidade do negócio e a preservação da afetividade que entrelaça os membros do núcleo familiar".[11] Busca-se o desenvolvimento de estruturas jurídicas capazes de promover o planejamento pessoal, racional e seguro da transferência do patrimônio *post mortem*.[12] Nesse sentido, entende-se por planejamento sucessório "o instrumento jurídico que permite a adoção de uma estratégia voltada para a transferência eficaz e eficiente do patrimônio de uma pessoa após a sua morte".[13]

Contudo, o pano de fundo destes objetivos pode ser percebido na busca por corrigir ou contornar, dentro das possibilidades legais, as eventuais distorções causadas pelas anacrônicas regras do Direito Sucessório, como forma de maximizar a autonomia privada do autor da herança.[14] Vale dizer, "uma das principais justificativas para fazer um planejamento sucessório está na busca de uma maior autonomia pelo autor da herança, para organizar, da melhor forma, o que deseja dentro de sua parte disponível, mas respeitando os limites da legítima quando houver herdeiros necessários".[15]

O planejamento sucessório na atualidade ganha ainda mais destaque e importância justamente porque se insere em um contexto muito mais amplo, que visa atender a uma nova realidade social em que os institutos do Direito das Sucessões, isoladamente, não alcançam plenamente as aspirações sociais. Ora, "basta pensar na

---

11. FARIAS, Cristiano Chaves de; ROSENVALD, Nelson. *Curso de Direito Civil*. Sucessões. 2. ed. Salvador: JusPodivm, 2016, v. 7, p. 78.
12. MADALENO, Rolf. Planejamento sucessório. *Revista do IBDFAM*: Famílias e Sucessões, v. 1, p. 12. Belo Horizonte, jan./fev. 2014. Moacir César Pena Júnior argumenta que "em caráter preventivo, o planejamento sucessório permite ao titular do patrimônio definir, ainda em vida, o modo como deve ocorrer a transferência dos bens (imóveis, móveis, ações, aeronaves, fazendas, empresas, controles de negócios etc.) aos seus sucessores após sua morte, evitando, assim, eventuais conflitos, cujos reflexos negativos possam recair sobre o patrimônio deixado" (PENA JÚNIOR, Moacir César. *Curso completo de Direito das Sucessões*. Doutrina e Jurisprudência. São Paulo: Método, 2009, p. 21).
13. O fato de os mecanismos adotados no planejamento sucessório, em certa medida, só produzirem efeitos no futuro, após a morte do autor da herança, constitui outra dificuldade para a sua estruturação. Isso porque, todo planejamento está sujeito a possíveis alterações legislativas supervenientes, a exigir a sua adequação. É em razão disso que Elisa Costa Cruz e Lilibeth de Azevedo sustentam que "eventuais alterações legislativas impõem uma reavaliação do planejamento sucessório e a readequação às condições pessoais do titular e aos objetivos traçados. O planejamento sucessório não é, portanto, estanque, flexibilizando-se a partir de mudanças no estado pessoal da pessoa, de alterações legislativas" (CRUZ, Elisa Costa; AZEVEDO, Lilibeth de; Planejamento sucessório. In: TEPEDINO, Gustavo; FACHIN, Luiz Edson (Org.). *Diálogos sobre direito civil*. Rio de Janeiro: Renovar, 2.012, Vol. III, p. 540).
14. Rafael Cândido da Silva adverte acerca da "necessidade de criação, no campo sucessório, de situações especiais de delação sucessória diferenciada em razão da natureza do bem ou das características do sucessor, em respeito à isonomia substancial" (SILVA, Rafael Cândido da. *Pactos sucessórios e contratos de herança*. Estudo sobre a autonomia privada na sucessão causa mortis. Salvador: Editora JusPodivm, 2019, p. 170).
15. Daniele Chaves Texeira sustenta que a procura da sociedade por mais autonomia para dispor de seu patrimônio, em contraposição à rigidez do sistema sucessório brasileiro, agravou-se com o Código Civil de 2002 que elevou o cônjuge à condição de herdeiro necessário (TEIXEIRA, Daniele Chaves. Noções prévias do direito das sucessões. Sociedade, funcionalização e planejamento sucessório. *Arquitetura do planejamento sucessório*. 2. ed. Belo Horizonte: Fórum, 2019. p. 42-43).

situação em que está presente uma complexidade de bens a transmitir, como uma empresa, ou mesmo uma complexa situação familiar do falecido, envolvendo famílias reconstituídas com filhos de outros matrimônios".[16] Assim, em uma sociedade aberta, plural e multifacetada não se pode esquecer que, em determinadas situações, especialmente aquelas que envolvem a transmissão de sociedades empresárias, de vultuosos patrimônios ou diante da existência de herdeiros decorrentes de núcleos familiares distintos, a atitude de planejar a sucessão torna-se racional e salutar, de modo a estabelecer "estratégias e soluções antecipadas para a administração do patrimônio que será transmitido".[17]

Ademais, não há como deixar de pontuar que a complexidade e a desatualização das regras que regulam a sucessão *causa mortis* previstas no Código Civil de 2002 também contribuem para incentivar a estruturação de planejamentos sucessórios, diante da enorme insegurança jurídica criada, que é maximizada por entendimentos jurisprudenciais díspares e inconciliáveis.[18] No mínimo, mostra-se "desastroso o atual direito sucessório", já que se ampara em "institutos que, de forma absolutamente desarrazoada, se afastam dos princípios consagrados no âmbito das relações familiares", o que pode ser percebido na "concorrência sucessória – para citar só um exemplo – que interfere de forma indevida e desastrosa em questões patrimoniais, afrontando o princípio da autonomia da vontade".[19]

O planejamento sucessório também pode ser compreendido como uma das facetas do "movimento de desjudicialização",[20] que tem transferindo para outras

---

16. DELGADO, Mário Luiz. *Planejamento sucessório como instrumento de prevenção de litígios*. Disponível em: https://www.conjur.com.br/2018-ago-26/processo-familiar-planejamento-sucessorio-instrumento-prevencao-litigios. Acesso em: 20 out. 2.021. Rolf Madeleno pontua que "com um adequado planejamento patrimonial é factível reduzir desacertos pessoais, e afastar desinteligências e dissensões sucessórias, não só para minimizar conflitos familiares com suas inevitáveis perdas materiais, tão comuns em um cenário de desordem sucessória, como buscar evitar uma descontrolada subversão emocional" (MADALENO, Rolf. Planejamento sucessório. *Revista do IBDFAM*: Famílias e Sucessões, v. 1, p. 12. Belo Horizonte, jan./fev. 2014).
17. FARIAS, Cristiano Chaves de; ROSENVALD, Nelson. *Curso de Direito Civil. Sucessões*. 2. ed. Salvador: JusPodivm, 2016, v. 7, p. 77.
18. Flávio Tartuce pontua, acertadamente, que o sistema sucessório instituído pelo Código Civil de 2002 foi alvo de "muita divergência nos últimos anos, uma verdadeira confusão doutrinária e jurisprudencial". [...] Atualmente, o Direito das Sucessões no Brasil convive com a necessidade de criação de teses de difícil compreensão, de elaboração de fórmulas matemáticas, de solução com dízimas periódicas, de divergências insuperáveis entre a doutrina e a jurisprudência e entre ambas respectiva e internamente". Forma-se, nas palavras do autor, uma verdadeira "Torre de Babel doutrinária e jurisprudencial" (TARTUCE, Flávio. *Direito Civil. Direito das Sucessões*. 9. ed. Rio de Janeiro: Forense, 2016, v. 6, p. 159-160).
19. DIAS, Maria Berenice. *Manual das Sucessões*. 3. ed. São Paulo: Ed. RT, 2013. p.389.
20. Flávio Tartuce prefere a expressão "extrajudicialização" (TARTUCE, Flávio. *Da extrajudicialização do direito de família e das sucessões*. Parte III. Outras formas de solução. Disponível em: http://www.migalhas.com.br/FamiliaeSucessoes/104,MI247925,31047Da+extrajudicializacao+do+Direito+de+Familia+e+das+sucessoes+Parte. Acesso em: 20 out. 2.021. Também chamada de "desjudicialização", conforme prefere Ricardo Dip (DIP, Ricardo. Sobre a qualificação no registro de imóveis. *Registro de Imóveis (vários estudos)*. Porto Alegre: Fabris, 2005). Esse movimento surge como um contraponto ao fenômeno deletério da "judicialização do cotidiano", o que, nas palavras de Pierpaolo Cruz Bottini e Sérgio Renault, retrata uma necessidade de se obter a chancela do Poder Judiciário mesmo diante de questões que poderiam ser solucionadas consensualmente, fora da estrutura estatal, que estaria "restrita às hipóteses mais complexas, em que haja discordância

esferas, pretensões que somente eram deduzidas perante o Poder Judiciário.[21] É o caso de divórcios e inventários que, desde o ano de 2007, passaram a ser realizados, de forma exitosa, perante os serviços notariais, desde que preenchidos os requisitos legais,[22] o que contribui para o desafogo da esfera jurisdicional, que passou a se dedicar, preponderantemente, a solucionar questões não consensuais.[23] Há, inclusive, orientação para que o Poder Judiciário estimule, por meio de medidas de comunicação, ações "que esclareçam os benefícios da autonomia privada, com o fim de prevenir litígios e desestimular a via judiciária",[24] o que vai ao encontro de posicionamento

---

entre os partícipes do ato, e o resto pode ser feito de maneira mais simples, mediante registro em cartório de notas" (BOTTINO, Pierpaolo Cruz; RENAULT, Sérgio. Os caminhos da reforma. *Revista do Advogado*, ano XXVI, v. 26, n. 87, p. 7. São Paulo, 2006).

21. Na lição de Fernanda Tartuce: "A solução de disputas pode encaminhar por métodos facilitativos, como a negociação e a mediação, ou por meios com maior grau de avaliação, que variam desde recomendações e arbitragens não vinculantes até métodos vinculantes como a arbitragem e o juízo estatal. Vem-se entendendo caber não só a sociedade civil, mas também ao Estado a tarefa de prover diversas opções aos jurisdicionados. A Constituição Federal, ao ampliar a noção de acesso à justiça, incumbiu o Poder Judiciário de dar atendimento a um número maior de reclamos, razão pela qual os responsáveis pela justiça institucionalizada têm o compromisso de multiplicar as portas de acesso à proteção dos direitos lesados. Sistema multiportas é o complexo de opções que cada pessoa tem à sua disposição para buscar solucionar um conflito a partir de diferentes métodos; tal sistema (que pode ser ou não articulado pelo Estado), envolve métodos heterocompositivos (adjudicatórios) e autocompositivos (consensuais), com ou sem a participação estatal (TARTUCE, Fernanda. *Mediação nos conflitos civis*. 2. ed. Rio de Janeiro: Forense; São Paulo: Método. 2015, p. 67).
22. Atualmente, a possibilidade de realização de inventários e divórcios por meio de escritura pública encontra-se disciplinada nos art. 610 e 733, ambos do Código de Processo Civil de 2015. Observe-se: Art. 610. Havendo testamento ou interessado incapaz, proceder-se-á ao inventário judicial. § 1º Se todos forem capazes e concordes, o inventário e a partilha poderão ser feitos por escritura pública, a qual constituirá documento hábil para qualquer ato de registro, bem como para levantamento de importância depositada em instituições financeiras. § 2 o O tabelião somente lavrará a escritura pública se todas as partes interessadas estiverem assistidas por advogado ou por defensor público, cuja qualificação e assinatura constarão do ato notarial. Art. 733. O divórcio consensual, a separação consensual e a extinção consensual de união estável, não havendo nascituro ou filhos incapazes e observados os requisitos legais, poderão ser realizados por escritura pública, da qual constarão as disposições de que trata o art. 731.
§ 1º A escritura não depende de homologação judicial e constitui título hábil para qualquer ato de registro, bem como para levantamento de importância depositada em instituições financeiras. § 2º O tabelião somente lavrará a escritura se os interessados estiverem assistidos por advogado ou por defensor público, cuja qualificação e assinatura constarão do ato notarial.
23. Fernando Horta Tavares adverte que o emperramento da máquina judiciária decorre não apenas do aumento do número de demandas submetidas a solução perante o Poder Judiciário e, muito menos do simples cumprimento do devido processo legal disciplinado na legislação processual, mas sim pelos problemas operacionais enfrentados pela função jurisdicional em todo o país, como a ausência de proporcionalidade entre o número de feitos e de magistrados, a existência de prazos impróprios para o órgão julgador, o sucateamento do aparato físico e humano, entre outros (TAVARES, Fernando Horta. Tempo e Processo. In: TAVARES, Fernando Horta (Coord.). *Urgências de tutela, processo cautelar e tutela antecipada*: Reflexões sobre a efetividade do processo no estado democrático de direito. 2. reimp. Curitiba: Juruá, 2009, p. 115).
24. Nesse sentido é o enunciado doutrinário 79, da I Jornada sobre Prevenção e Solução Extrajudicial de Litígios, realizada pelo Centro de Estudos Judiciários do Conselho da Justiça Federal (CJF): "O Judiciário estimulará o planejamento sucessório, com ações na área de comunicação que esclareçam os benefícios da autonomia privada, com o fim de prevenir litígios e desestimular a via judiciária". Isso se torna necessário porque, conforme ensina Rodrigo Reis Mazzei, o legislador do Código Civil partiu da premissa de que toda herança será necessariamente de grande monta, influenciado o Legislador do Código de Processo Civil na regulamentação do procedimento de inventário judicial, que é altamente complexo e contrário à duração razoável do processo" (MAZZEI, Rodrigo Reis. Noção geral do Direito de Sucessões no Código Civil: introdução do tema em 10 (dez) verbetes. *Revista Jurídica*. v. 438, p. 10. Porto Alegre, 2014). Daniel Bucar

doutrinário e jurisprudencial que admite a realização de inventário extrajudicial, mesmo tendo o autor da herança deixado testamento.[25]

Entre as possibilidades de planejamento sucessório, limitadas pela reserva da legítima dos herdeiros necessários e pelo veto à celebração de pactos sucessórios,[26] identificam-se instrumentos jurídicos unilaterais e plurilaterais.[27] Os denominados instrumentos unilaterais "se constituem a partir da vontade do agente, que determina de forma unilateral e sem qualquer concurso dos demais interessados na sucessão, o destino do seu patrimônio para o momento posterior ao seu falecimento". O testamento é a manifestação de vontade unilateral por natureza, sendo acompanhado por estipulações unilaterais de natureza contratual feitas em favor de terceiros, como o seguro de vida e a previdência privada. Já os chamados instrumentos plurilaterais

---

e Yves Lima Nascimento oferecem uma solução para a ampliação do uso testamento como mecanismo de fomentar a desjudicialização dos inventários. Para os autores "a cláusula geral do artigo 190 do CPC autoriza o testador a elaborar cláusulas testamentárias sobre o processo e procedimento, sendo possível, neste espaço, exemplificar três potencialidades para ilustrar. São elas: 1) escolha do foro em que se processará o inventário judicial ou o cartório, se for extrajudicial; 2) indicação de um avaliador para os bens do monte; e, ainda, 3) prefixação de honorários advocatícios em ações derivadas da sucessão". (BUCAR, Daniel; NASCIMENTO, Yves Lima. *Testamento e negócio jurídico processual*. Disponível em: https://www.conjur.com.br/2020-nov-26/bucar-nascimento-testamento-negocio-juridico-processual. Acesso em: 20 out. 2021).

25. Pela literalidade do art. 610, *caput*, do Código de Processo Civil de 2015, se o falecido tiver deixado testamento o inventário deve ser realizado somente na via judicial. Contudo, em sede doutrinária, já há posicionamento que permite, mesmo diante dessa circunstância, a realização do inventário administrativo. Esse é o teor do Enunciado 600, da VII Jornada de Direito Civil, promovida pelo Conselho da Justiça Federal em 2015, a saber: "após registrado judicialmente o testamento e sendo todos os interessados capazes e concordes com os seus termos, não havendo conflito de interesses, é possível que se faça o inventário extrajudicial". Algumas Corregedorias de Justiça também permitem a realização do inventário em Cartório de Notas mesmo havendo testamento, a exemplo dos estados de São Paulo e Mato Grosso do Sul. O Superior Tribunal de Justiça, mais recentemente, também adotou esse posicionamento, ao decidir que: "É possível o inventário extrajudicial, ainda que exista testamento, se os interessados forem capazes e concordes e estiverem assistidos por advogado, desde que o testamento tenha sido previamente registrado judicialmente ou haja a expressa autorização do juízo competente (STJ. 4ª Turma. REsp 1.808.767-RJ, Rel. Min. Luis Felipe Salomão, julgado em 15.10.2019).
26. Parece evidente que, no Brasil, "os principais obstáculos a uma maior amplitude do planejamento sucessório são a legítima dos herdeiros necessários, estabelecida em prol da proteção da família, e a vedação aos pactos sucessórios, instituída para proteger o herdeiro e o *de cujus* quanto às contratações em relação a bens futuros, bem como em virtude da moral, uma vez que, sendo a herança de pessoa viva objeto de contrato, estimular-se-ia o desejo pela morte de alguém" (TEPEDINO, Gustavo; NEVARES, Ana Luiza Maia; MEIRELES, Rose Melo Vencelau. *Fundamentos do Direito Civil. Direito das Sucessões*. Rio de Janeiro: Forense, 2020, v. 7, p. 279-280).
27. Ao longo dessa classificação, Flávio Tartuce enumera alguns dos principais instrumentos de planejamento sucessório admitidos no direito brasileiro, sem prejuízo da adoção de outros mecanismos: "*a)* escolha por um ou outro regime de bens no casamento ou na união estável, até além do rol previsto no Código Civil (regime atípico misto) e com previsões específicas; *b)* constituição de sociedades, caso das *holdings* familiares, para a administração e até partilha de bens no futuro; *c)* formação de negócios jurídicos especiais, como acontece no *trust*, analisado em textos seguintes a este; *c)* realização de atos de disposição de vida, como doações – com ou reserva de usufruto –, e *post mortem*, caso de testamentos, inclusive com as cláusulas restritivas de incomunicabilidade, impenhorabilidade e inalienabilidade; *d)* efetivação de partilhas em vida e de cessões de quotas hereditárias após o falecimento; *e)* celebrações prévias de contratos onerosos, como de compra e venda e cessão de quotas, dentro das possibilidades jurídicas do sistema; *f)* eventual inclusão de negócios jurídicos processuais nos instrumentos de muitos desses mecanismos; *g) pacto parassocial*, como se dá em acordos antecipados de acionistas ou sócios; e *h)* contratação de previdências privadas abertas, seguros de vida e fundos de investimento" (TATUCE, Flávio. *Planejamento Sucessório: o que é isso? (Parte 1)*. Disponível em: http://genjuridico.com.br/2018/11/01/planejamento-sucessorio-o-que-e-isso/. Acesso em: 20 out. 2021).

são aqueles "constituídos por declarações receptícias de vontade entre os envolvidos no fenômeno sucessório, sendo ao menos uma delas do(a) titular(es) do patrimônio sobre o qual se pretende planejar". Nessa categoria encontram-se a partilha em vida a e a constituição de sociedades empresárias.[28]

Independentemente de qual o instrumento ou mecanismo utilizado, até porque em muitas situações várias ferramentas devem ser utilizadas concomitantemente,[29] como forma de se alcançar as expectativas do autor da herança,[30] o planejamento sucessório deve ser efetuado em observância ao arcabouço normativo vigente, respeitando a legítima dos herdeiros necessários e se esmerando para não ultrapassar o limite dos pactos sucessórios excepcionalmente admitidos no Direito Civil brasileiro.[31]

O desafio que se coloca, nessa perspectiva, é valer-se dos instrumentos e mecanismos de planejamento sucessório levando-se em conta o estado atual da arte da sucessão *causa mortis* no Brasil, de modo a minimizar e, quando possível, contornar os obstáculos à plena realização da autonomia privada no Direito Sucessório, sempre prezando para que as soluções não descambem para o campo da fraude à lei ou da simulação.[32]

3. O TESTAMENTO PÚBLICO E A PARTILHA EM VIDA COMO SOLUÇÕES PARA A INCÔMODA FORMAÇÃO DO CONDOMÍNIO FORÇADO HEREDITÁRIO

Ao contrário do que se dá nos atos negociais celebrados entre vivos, em que a autonomia privada conduz à possibilidade de celebração de contratos atípicos,[33] a

---

28. NEVARES, Ana Luiza Maria. Perspectivas para o planejamento sucessório *Arquitetura do planejamento sucessório*. 2. ed. Belo Horizonte: Fórum, 2019. p. 390-393.
29. Rolf Madaleno esclarece que na atividade de planificação patrimonial "podem ser utilizados diversos recursos que se complementam e auxiliam no caminho mais adequado para a sucessão patrimonial de uma pessoa. Instrumentos de maior ou de menor utilidade, mas que, em seu conjunto, se constituem nas úteis ferramentas de construção da planificação patrimonial, que, por sua vez, e na sua medida permite prever até onde é possível, saber quem, quando e com quais propósitos irá utilizar os bens depois da morte do seu titular" (MADALENO, Rolf. Planejamento sucessório. *Revista do IBDFAM*: famílias e sucessões, v. 1, p. 18. Belo Horizonte, jan./fev. 2014).
30. Daniele Chaves Teixeira esclarece que estar-se-á diante do denominado planejamento sucessório vertical quando "a intenção principal do autor da herança é privilegiar os indivíduos desta linha, sejam eles descendentes ou ascendentes", e do planejamento sucessório horizontal quando, diversamente, o autor da herança, em sua parte disponível, vai objetivar privilegiar o cônjuge ou companheiro" (TEIXEIRA, Daniele Chaves. *Planejamento sucessório*. Pressupostos e limites. 2. reimp. Belo Horizonte: Fórum, 2018, p. 194).
31. Giselda Maria Fernandes Novaes Hironaka e Flávio Tartuce sustentam que a proteção da legítima e a vedação dos pactos sucessórios ou *pacta corvina* constituem as duas regras de ouro a serem observadas no planejamento sucessório (HIRONAKA, Giselda Maria Fernandes Novaes; TARTUCE, Flávio. Planejamento sucessório: conceito, mecanismos e limitações. In: TEIXEIRA, Daniela Chaves (Coord.). *Arquitetura do planejamento sucessório*. 2. ed. Belo Horizonte: Fórum, 2019, p. 435-441).
32. Para uma compreensão mais aprofundada da prática de negócios jurídicos simulados em planejamentos sucessórios, recomenda-se: REIS JÚNIOR, Antonio dos. A simulação no planejamento sucessório. In: TEIXEIRA, Daniela Chaves (Coord.). *Arquitetura do planejamento sucessório*. Belo Horizonte: Fórum, 2021, t. II, p. 329-349).
33. Para a pactuação de negócios jurídicos entre vivos abandonou-se a tipicidade do direito romano clássico, que predispunha rígidos esquemas negociais e tipos fixos de causa, passando-se a reconhecer como válido e eficaz o simples acordo de vontades, qualquer que fosse o seu conteúdo, desde que o objeto seja lícito, o

transmissão patrimonial pelo exercício da autonomia do autor da herança no âmbito sucessório é sensivelmente mais restrita, sendo exercida, basicamente, por meio da sucessão testamentária.

O exercício da autonomia privada no Direito Sucessório é corolário da garantia constitucional da propriedade privada (art. 5º, XXII, da CF/1.988) que permite ao titular do patrimônio a prática de atos de disposição *mortis causa*.[34] A herança também foi alçada ao *status* de direito fundamental (art. 5º, XXX, da CF/1.988),[35] igualmente derivada da garantia à propriedade privada, cabendo às normas infraconstitucionais estabelecer as regras pelas quais ela será transmitida, especialmente as modalidades de delação sucessória e a ordem de vocação hereditária.[36]

No Direito Sucessório brasileiro, a sucessão *causa mortis* tem origem na lei (sucessão legítima) ou na vontade do autor da herança (sucessão testamentária). Embora possam os dois modos de transmitir conviver em um mesmo contexto, a outorga da herança exclusivamente pela vontade do seu titular somente pode ser exercida quando não houver herdeiros necessários.[37]

A lei, no que concerne à transmissão sucessória, estabelece uma quota intangível, protegida contra atos de liberalidade do proprietário, e que limita o alcance das

---

consentimento adequado e a eventual forma respeitada (MORAES, Maria Celina Bodin de. *Na medida da Pessoa Humana*. Estudos de direito civil-constitucional. Rio de Janeiro: Processo, 2016, p. 296).

34. A garantia do direito à herança decorre do reconhecimento do direito de propriedade individual, em detrimento dos interesses do Estado. Carlos Maximiliano já afirmava que "o direito sucessório surge e afirma-se na sociedade qual complemento natural da geração entre os homens; esta é a causa da sucessão indeterminável na vida da humanidade. A mesma cadeia ininterrupta que une as gerações constitui o nexo sucessório civil; a continuidade na vida implica logicamente continuidade no gôzo dos bens necessários à existência e ao desenvolvimento progressivo dos indivíduos". (MAXIMILIANO, Carlos. *Direito das Sucessões*. 5 ed. Rio de Janeiro: Freitas Bastos, 1964, v. I, p. 20-21).

35. O direito constitucional à herança suscita na doutrina uma divergência em relação ao destinatário dessa tutela. Há quem sustente que a melhor interpretação da norma constitucional é aquela direcionada aos herdeiros, servindo, portanto, como garantia de existência e manutenção da legítima (LÔBO, Paulo. *Direito Civil. Sucessões*. 6. ed. São Paulo: Saraiva, 2020, v. 6, p. 42). Parcela da doutrina, no entanto, defende que o direito de herança está voltado para o seu autor, concretizando aspectos do princípio da autodeterminação pessoal e assegurando ao particular o direito de planejar, ainda que com limitações, a sucessão dos seus bens em virtude da morte (MARTINS-COSTA, Judith. Art. 5º, XXX – É garantido o direito de herança. In: CANOTILHO, José Joaquim Gomes; MENDES, Gilmar Ferreira; SARLET, Ingo Wolfgang; STRECK, Lênio Luiz (Coord.). *Comentários à Constituição do Brasil*. São Paulo: Saraiva/Almedina, 2014, p. 337-342). Essa também é a posição de Mário Luiz Delgado ao sustentar que "o direito fundamental à herança não pode ser visto apenas sob a ótica do herdeiro, mas deve se pautar também pelos interesses do autor da herança, pois o exercício da autonomia privada integra o núcleo da dignidade da pessoa humana" (DELGADO, Mário Luiz. *Razões pelas quais companheiro não se tornou herdeiro necessário*. Disponível em: https://www.conjur.com.br/2018-jul-29/processo-familiar-razoes-pelas-quais-companheiro-nao-tornou-herdeiro-necessario. Acesso em: 21 out. 2021).

36. SILVA, Rafael Cândido da. *Pactos sucessórios e contratos de herança*. Estudo sobre a autonomia privada na sucessão causa mortis. Salvador: Editora JusPodivm, 2.019, p. 166.

37. Silvio Rodrigues esclarece que "o direito brasileiro, seguindo a orientação da maioria das legislações, consagrou um sistema de limitada liberdade de testar. Com efeito, determina o art. 1.789 do Código que, havendo herdeiros necessários, o testador só poderá dispor da metade de seus bens, pois a outra metade constitui a legítima ou reserva daqueles herdeiros" (RODRIGUES, Silvio. *Direito das Sucessões*. São Paulo: Saraiva, 2003, v. 7, p. 19).

disposições de última vontade (testamentos ou codicilos), que não podem dispor sobre bens que ultrapassem a metade do patrimônio do autor da herança. Trata-se da legítima,[38] reservada aos herdeiros necessários do *de cujus* (descendentes, ascendentes e cônjuge).[39]

Há quem sustente que o protagonismo no Código Civil é da legítima, em claro prestígio às regras de solidariedade que permeiam o Direito das Sucessões,[40] sendo a autonomia privada fundada na liberdade de testar mera coadjuvante.[41] No entanto, esse não é o melhor posicionamento, já que o Código Civil, claramente, estabelece que a sucessão legítima é subsidiária, de fato e de direito, à testamentária, visto que "funciona somente na ausência, no defeito insanável do testamento ou naquilo que não for contemplado por ele", como verdadeira consagração da vontade humana, elevada à categoria de lei.[42]

---

38. No Direito Sucessório brasileiro há de distinguir a sucessão legítima da garantia da legítima, reservada aos herdeiros necessários. Arthur Vasco Itabaiana de Oliveira, ainda na vigência do Código Civil de 1916, já alertava que a sucessão legítima "se dá em virtude da lei, ou quanto aos bens que não foram compreendidos no testamento, ou quando este caducar ou for julgado nulo", enquanto que a legítima diz respeito à metade dos bens do *de cujus*, pertencente, de pleno direito, a descendentes ou ascendentes, os chamados herdeiros necessários, legitimários ou reservatários (ITABAIANA DE OLIVEIRA, Arthur Vasco. *Tratado de Direito das Sucessões*. 4. ed. São Paulo: Max Limonad, 1952, v. II, p. 54-55).
39. O Código Civil de 1916 estabelecia, em seu art. 1.721, apenas os descendentes e os ascendentes do autor da herança como herdeiros necessários. Foi o Código Civil de 2002 que alçou o cônjuge à condição de herdeiro necessário. Embora fosse uma reivindicação de boa parte da doutrina à época, tal posição nunca foi pacífica, conforme elucida Mário Luiz Delgado em artigo sobre a temática (DELGADO, Mário Luiz. Controvérsias na sucessão do cônjuge e do convivente. Uma proposta de harmonização do sistema. In: DELGADO, Mário Luiz; ALVES, Jones Figueirêdo (Coord.). *Novo Código Civil*. Questões controvertidas no direito de família e das sucessões. São Paulo: Editora Método, 2005, v. 3, p. 422-423). Recente discussão na doutrina e nos tribunais brasileiros diz respeito ao reconhecimento ou não do companheiro como herdeiro necessário. A celeuma se intensificou após decisão do Supremo Tribunal Federal que, no julgamento dos Recursos Extraordinários 646.821 e 878.697, declarou a inconstitucionalidade do art. 1.790, do Código Civil de 2002, que disciplinava ordem de vocação hereditária distinta para aqueles que viviam em união estável, determinando, em função disso, a aplicação aos companheiros do mesmo regime sucessório destinado aos cônjuges, disciplinado no art. 1.829, do Código Civil de 2002. Entende-se, contudo, na esteira de artigo publicado, que "a decisão do STF não espraia efeitos para todo o livro de Sucessões no Código Civil de 2002, já que é inadmissível atribuir à união estável, autoritariamente, os efeitos de uma relação casamentária, o que seria o mesmo que transformá-la em um casamento contra a vontade dos conviventes, impondo-lhes um verdadeiro 'casamento forçado', conforme destacam Mário Luiz Delgado e Débora Vanessa Caús Brandão. O art. 1.845, do Código Civil de 2002, ao elencar os herdeiros necessários, é norma restritiva de direitos e, como tal, limitadora do exercício da autonomia privada, constituindo exceção imposta pelo legislador ao direito fundamental à herança, que deve ser compreendido não apenas sob a ótica do herdeiro, mas, sobretudo, para resguardar os legítimos interesses do autor da herança" (DUTRA. Elder Gomes. Isonomismo pressuposto: a declaração de inconstitucionalidade do art. 1.790 do Código Civil de 2002 não transformou o companheiro em herdeiro necessário. *Revista Nacional de Direito de Família e Sucessões*. v. 35, p. 28-49, mar./abr. 2020).
40. A legítima, segundo a doutrina majoritária, não só evita o desamparo à família do autor da herança, mas também concretiza o princípio da solidariedade, na medida em que "distribui os bens do de cujus entre os membros mais próximos da comunidade familiar" (NEVARES, Ana Luiza Maia. *A tutela sucessória do cônjuge e do companheiro na legalidade constitucional*. Rio de Janeiro: Renovar, 2004, p. 537).
41. ANDRADE, Gustavo Henrique Baptista. *O direito de herança e a liberdade de testar*. Um estudo comparado entre os sistemas jurídicos brasileiro e inglês. Belo Horizonte: Fórum, 2.019, p. 76.
42. CHAVES, Carlos Fernando Brasil. *Direito sucessório testamentário*. Teoria e prática do testamento. São Paulo: Saraiva, 2016, p. 21-23.

O testamento, enquanto principal instrumento para o exercício da autonomia privada e única fonte negocial da devolução sucessória, constitui importante instrumento de planejamento sucessório[43] na atualidade, possuindo múltiplas e relevantes funções de organização da sucessão *causa mortis*.

Segundo o disposto no art. 1.857, do Código Civil de 2002, toda pessoa capaz pode dispor, por testamento, da totalidade dos seus bens, ou de parte deles, para depois de sua morte. Superando as críticas formuladas em relação a definição do instituto à época do Código Civil de 1916,[44] o atual texto normativo permitiu, no parágrafo segundo do art. 1.857, a inserção no testamento de disposições de caráter não patrimonial, embora tenha sido mantida uma concepção atrelada a uma disposição unicamente patrimonial.[45]

Independentemente da natureza das disposições testamentárias, traço comum do testamento, enquanto característica essencial, é a sua eficácia *post mortem*,[46] que lhe cataloga como um negócio *causa mortis*. Daí afirmar-se que o testamento é "o negócio unilateral pelo qual alguém procede a disposição de última vontade".[47] Ademais, o testamento é ato personalíssimo, unilateral, solene, gratuito e essencialmente revogável.[48]

---

43. Daniele Chaves Teixeira explica que o planejamento sucessório "é o instrumento jurídico que permite a adoção de uma estratégia voltada para a transferência eficaz e eficiente do patrimônio de uma pessoa após a sua morte", sendo o testamento apenas um dos instrumentos jurídicos possíveis para a sua realização (TEIXEIRA, Daniele Chaves. Noções prévias do direito das sucessões. Sociedade, funcionalização e planejamento sucessório. In: TEIXEIRA, Daniela Chaves (Coord.). *Arquitetura do planejamento sucessório*. 2. ed. Belo Horizonte: Fórum, 2019, p. 41). O testamento, contudo, conforme bem elucida Renata Vilela Multedo e Rose Melo Vencelau Meirelles, constitui um dos instrumentos mais eficazes para o planejamento sucessório, ao passo que sendo "um negócio de efeito *post mortem* tem a vantagem de antecipar a programação, sem a imediata execução. Com isso, o testador mantém a sua vontade ambulatória, de modo que poderá sofrer alteração por outro ato testamentário ou mesmo por variações do patrimônio, a permitir novos ajustes" (MULTEDO, Renata Vilela; MEIRELES, Rose Melo Vencelau. Partilha da legítima por meio do testamento. In: TEIXEIRA, Daniela Chaves (Coord.). *Arquitetura do planejamento sucessório*. 2. ed. Belo Horizonte: Fórum, 2019, p. 579).
44. Zeno Veloso afirma que a interpretação textual do art. 1.626, do Código Civil de 1916 levaria ao disparte de se concluir que o ato de última vontade que não tivesse qualquer disposição relativa aos bens integrantes da herança, ou que apresentasse outras disposições, ao lado das patrimoniais, não seria um testamento (VELOSO, Zeno. *Testamentos*. 2. ed. Belém: Edições Cejup, 1993, p. 24).
45. Ana Luiza Maia Nevares bem observa que "embora seja possível incluir no negócio testamentário disposições desprovidas de cunho patrimonial, para o Código, as disposições testamentárias relativas ao patrimônio do testador são as principais, tendo sido mantido o conceito do testamento atrelado à noção de disposição de bens" (NEVARES, Ana Luiza Maia. *A função promocional do testamento*. Tendências do Direito Sucessório. Rio de Janeiro: Renovar, 2009, p 17-18).
46. Pontes de Miranda elucida que, em regra, as disposições constantes do testamento só produzem efeitos após a morte. Segundo o autor "o testador declara o que quer. Mas não opera, desde logo, a sua vontade. Sai a vagar até que ele morra. Só então para, para ter efeitos. Até a morte, por voltar, desfazer-se, esta vontade" (PONTES DE MIRANDA, Francisco Cavalcanti. *Tratado dos Testamentos*. Leme: BH Editora e Distribuidora, 2005, v. I, p. 36).
47. ASCENSÃO, José de Oliveira. *Direito Civil. Sucessões*. 4. ed. Coimbra: Coimbra Editora, 1989, p. 34.
48. Clóvis Beviláqua reúne todas essas características na definição de testamento. Para o autor "testamento é o ato personalíssimo, unilateral, gratuito, solene e revogável, pelo qual alguém, segundo as prescrições da lei, dispõe, total ou parcialmente, de seu patrimônio para depois da sua morte; ou nomeia tutor para seus filhos; ou reconhece filhos naturais; ou faz outras declarações da última vontade" (BEVILÁQUA, Clóvis. *Direito*

É verdade que a sociedade brasileira é tímida na prática de atos de testar. Várias são as razões apontadas pela doutrina. O receio de se elaborar um documento que só produzirá efeitos após a morte, como se isso atraísse maus fluídos e más agruras, pode constituir uma das principais causas.[49] Há de se destacar também que o brasileiro, de um modo geral, não é muito afeto à tarefa de planejar, deixando a resolução de seus problemas para a última hora.[50]

Há quem considere, ainda, que as regras da sucessão *ab intestato* no Brasil operam como se fosse um testamento tácito ou presumido, dispondo exatamente como o faria o *de cujus*, caso houvesse testado.[51] Isso poderia ser atribuído "à excelência da sucessão legítima, na forma por que a disciplinou o legislador brasileiro, pois contempla justamente as pessoas da família do *de cujus* que este, efetivamente, desejaria contemplar".[52] Essa última premissa, contudo, se já foi no passado não é mais verdadeira na atualidade, dada a grande divergência doutrinária e jurisprudencial acerca dos mais diversos institutos do Direito Sucessório, principalmente diante dos inúmeros dilemas interpretativos em relação à ordem de vocação hereditária prevista no art. 1.829, do Código Civil de 2002.[53]

A tutela do princípio da intangibilidade da legítima,[54] enquanto premissa básica do sistema sucessório nacional,[55] se desdobra em uma vertente quantitativa e outra qualitativa. Essa ideia de restrição da liberdade quantitativa e qualitativa da legítima tem origem no Direito Sucessório português, onde a intangibilidade é ainda mais

---

das Sucessões. Salvador: José Luiz da Fonseca Magalhães Editor, 1899, p. 189). Arthur Vasco Itabaiana de Oliveira associa a concepção de testamento enquanto ato de disposição de bens para depois da morte à sua condição de revogabilidade intrínseca. Segundo o autor: "A revogabilidade é um corolário lógico da própria natureza do testamento, como ato de última vontade, consistindo nisso um dos seus caracteres essenciais. Por isso, não sendo mais do que um simples projeto de alienação de bens, que só se realizará com a abertura da sucessão, segue-se que o testamento só produz efeitos depois da morte do testador" (ITABAIANA DE OLIVEIRA, Arthur Vasco. *Tratado de Direito das Sucessões*. 4. ed. São Paulo: Max Limonad, 1952, v. II, p. 428).

49. CAHALI, Francisco José; HIRONAKA, Giselda Maria Fernandes Novaes. *Direito das Sucessões*. 3. ed. São Paulo: Ed. RT, 2007, p. 215. Maria Berenice Dias esclarece que "não faz parte da cultura brasileira o uso do testamento. Há uma aversão à prática de testar devido a razões de caráter cultural ou costumeiro, folclórico, algumas vezes, e psicológico tantas outras" (DIAS, Maria Berenice. *Manual das sucessões*. 3. ed. São Paulo: Ed. RT, 2013, p. 335).
50. TARTUCE, Flávio. *Direito Civil. Direito das Sucessões*. 9. ed. Rio de Janeiro: Forense, 2016, v. 6, p. 341.
51. CAHALI, Francisco José; HIRONAKA, Giselda Maria Fernandes Novaes. *Direito das Sucessões*. 3. ed. São Paulo: Ed. RT, 2007, p. 216.
52. RODRIGUES, Silvio. *Direito Civil. Direito das Sucessões*. 26. ed. São Paulo: Saraiva, 2007, v. 7, p. 144.
53. Flávio Tartuce argumenta que o sistema sucessório instituído pelo Código Civil de 2002 foi alvo de "muita divergência nos últimos anos, uma verdadeira confusão doutrinária e jurisprudencial". [...] Atualmente, o Direito das Sucessões no Brasil convive com a necessidade de criação de teses de difícil compreensão, de elaboração de fórmulas matemáticas, de solução com dízimas periódicas, de divergências insuperáveis entre a doutrina e a jurisprudência e entre ambas respectiva e internamente". Forma-se, nas palavras do autor, uma verdadeira "Torre de Babel doutrinária e jurisprudencial" (TARTUCE, Flávio. *Direito Civil. Direito das Sucessões*. 9. ed. Rio de Janeiro: Forense, 2016, v. 6, p. 159-160).
54. MAXIMILIANO, Carlos. *Direito das Sucessões*. 5. ed. Rio de Janeiro: Freitas Bastos, 1964, v. I, p. 361.
55. NEVARES, Ana Luiza Maia. O princípio da intangibilidade da legítima. In: MORAES, Maria Celina Bodin de (Coord.). *Princípios do direito civil contemporâneo*. Rio de Janeiro: Renovar, 2.006, p. 496.

robusta,[56] já que por lá é vedado ao testador indicar, unilateralmente, os bens da herança que preencherão a legítima".[57]

O sistema sucessório brasileiro, nesse ponto, se distancia do direito português, pois permite, nos termos dos arts. 2.014 e 2.018, ambos do Código Civil de 2002, a realização da partilha pelo próprio autor da herança, por ato de última vontade, chamada de *partilha-testamento*, ou por ato entre vivos, denominando-se de *partilha em vida*.

Por meio da partilha-testamento, prevista no art. 2.014, do Código Civil de 2002, "pode o testador indicar os bens e valores que devem compor os quinhões hereditários, deliberando ele próprio a partilha, que prevalecerá, salvo se o valor dos bens não corresponder às quotas estabelecidas". Essa possibilidade, com a amplitude que ela permite, é inédita no direito brasileiro, pois o Código Civil anterior apenas admitia a deliberação da partilha pelo ascendente,[58] sendo que no regime atual a partilha-testamento pode abranger os quinhões hereditários de qualquer herdeiro legitimário.[59]

Assim, é lícito ao próprio testador "indicar os bens e valores que devem compor os quinhões hereditários, deliberando sobre a partilha, facilitando enormemente a fase de liquidação do inventário, quando a sua proposta corresponder à justa e equitativa divisão dos quinhões",[60] em obediência à legítima, quando da existência de herdeiros legitimários.

Vale dizer, a partilha-testamento poderá abranger todo o patrimônio do testador, mas não poderá violar a igualdade da legítima na metade indisponível. É evidente, contudo, que ao determinar os bens que integrarão o quinhão dos herdeiros, o testador pode deliberar "que um certo herdeiro receba uma parcela maior que outro em virtude dos diferentes valores de bens", razão pela qual "ainda que sejam herdeiros necessários, a partilha-testamento poderá desigualar os quinhões, desde que se res-

---

56. Segundo Jorge Duarte Pinheiro, pelo princípio da intangibilidade da legítima "o *de cujus* não pode, contra a vontade do legitimário, substituir a sua legítima por uma deixa testamentária, preencher a quota legitimária do mesmo com bens determinados ou onerá-los com encargos de qualquer natureza" (DUARTE, Jorge Pinheiro. *O direito das sucessões contemporâneo*. 4. ed. Lisboa: AAFDL, 2020, p. 190).
57. DUARTE, Jorge Pinheiro. Herdeiros necessários e legitimários. In: LEAL, Pastora do Socorro Teixeira (Coord.). *Direito Civil Constitucional e outros estudos em homenagem ao Prof. Zeno Veloso*. Uma visão luso-brasileira. Rio de Janeiro: Forense; São Paulo: Método, 2014, p. 353. Para contornar essa vedação, Jorge Pinheiro Duarte sustenta que "o testador tem ao seu alcance apenas três instrumentos de flexibilização cuja eficácia é escassa: a deserdação, o legado por conta e o legado em substituição da legítima. Contudo, esses dois últimos institutos demandam, para a sua eficácia, da aceitação do herdeiro legitimário.
58. Código Civil de 1916, Art. 1.776. É válida a partilha feita pelo pai, por ato entre vivos ou de última vontade, contanto que não prejudique a legítima dos herdeiros necessários.
59. MULTEDO, Renata Vilela; MEIRELLES, Rose Melo Vencelau. Partilha da legítima por meio do testamento. In: TEIXEIRA, Daniela Chaves (Coord.). *Arquitetura do planejamento sucessório*. 2. ed. Belo Horizonte: Fórum, 2019, p. 580.
60. LEITE, Eduardo de Oliveira. Art. 2.014. In: TEIXEIRA, Sálvio de Figueredo (Coord.). *Comentários ao novo Código Civil*. Rio de Janeiro: Forense, 2003, v. XXI, p. 792.

peite a legítima".[61] Para desincumbir desse mister, o uso do testamento público pelo planejamento é fortemente recomendado,[62] já que a atuação do tabelião, enquanto operador e profissional do direito, possibilita a lapidação da vontade e o cumprimento exímio de todas as formalidades legais.[63]

A partilha-testamento visa, pois, a otimização da sucessão, de modo a "compatibilizar a liberdade testamentária e a intangibilidade da legítima", revelando-se como uma excelente possibilidade de se antecipar ao que seria decidido pelos herdeiros consensualmente ou pelo juiz no caso de litígio sobre a partilha.[64] Isso é ainda mais interessante porque o testamento só tem eficácia com o falecimento do autor da herança, de modo que o proprietário não perde a disponibilidade e livre administração do patrimônio, resguardando, no entanto, que os seus bens sejam divididos conforme o que estiver disposto no ato de última vontade.[65]

Esse também é um excelente instrumento de planejamento sucessório que, inclusive, quebra a neutralidade própria do sistema sucessório brasileiro,[66] ao permitir que o testador atribua "aos herdeiros os bens do monte partível que lhes sejam mais

---

61. MULTEDO, Renata Vilela; MEIRELLES, Rose Melo Vencelau. Partilha da legítima por meio do testamento. In: TEIXEIRA, Daniela Chaves (Coord.). *Arquitetura do planejamento sucessório*. 2. ed. Belo Horizonte: Fórum, 2019, p. 581.
62. Celso Fernandes Campilongo destaca 3 (três) aspectos contemporâneos do notariado latino que evidenciam a imprescindibilidade da atividade tabelioa em sociedade complexas, pluralistas e democráticas. O primeiro delas é a "eficiência econômica", que se evidencia na atuação do tabelião "na facilitação de negócios, na redução dos custos de transação, na criação de ambiente seguro e barato para as transações imobiliárias". O segundo aspecto está relacionado à "confiança", atributo que, na visão do autor, é bem escasso em uma sociedade complexa em que os laços pessoais de fidúcia encontram-se totalmente esgarçados. O sistema notarial possui fatores que fortificam "a confiança nas estruturas de confiança", tendo em vista "a especialidade técnica, a vocação para a elaboração, o tratamento e a conservação de documentos, a possibilidade, em razão das novas tecnológicas, de formar enormes bancos de dados sobre a atividade negocial, o reconhecimento pela população, a capilaridade no território e o controle judicial da atividade". Por fim, destaca o autor um terceiro aspecto contemporâneo da atividade do tabelião, qual seja, a "imparcialidade notarial". O notário ocupa "o papel de intermediário entre as expectativas dos usuários do serviço e o complexo conjunto de normas que guiam a vida civil da população", atuando na "atividade de aconselhamento, no papel de mediador imparcial e equitativo entre as partes" (CAMPILONGO, Celso Fernandes. *Função social do notariado*. Eficiência, confiança e imparcialidade. São Paulo: Saraiva, 2014, p. 159-160).
63. Carlos Fernando Brasil Chaves bem enaltece o destacado papel do tabelião no âmbito do direito sucessório, principalmente no sistema de notariado latino. Segundo o autor, é a atuação do tabelião que confere "segurança jurídica ínsita ao testamento público e a todos os atos de sua responsabilidade. A fé pública tabelional aflora e garante a viabilidade futura da vontade do testador. Caberá ao tabelião não apenas realizar, *ipsis literis*, a vontade a ele declarada pelo testador, como também efetivar o assessoramento jurídico, psicológico e social adequado, de acordo com a situação que se apresente em seu gabinete" (CHAVES, Carlos Fernando Brasil. *Direito sucessório testamentário*. Teoria e prática do Testamento. São Paulo: Saraiva, 2016, p. 75).
64. MULTEDO, Renata Vilela; MEIRELLES, Rose Melo Vencelau. Partilha da legítima por meio do testamento. In: TEIXEIRA, Daniela Chaves (Coord.). *Arquitetura do planejamento sucessório*. 2. ed. Belo Horizonte: Fórum, 2.019, p. 581-582 e 585.
65. VELOSO, Zeno. Art. 2.018. In: SILVA, Regina Beatriz Tavares da (Coord.). *Código Civil Comentado*. 10. ed. São Paulo: Saraiva, 2016, p. 2.068.
66. Isso decorre do tratamento da herança como uma universalidade de direito, sem se atentar para o eventuais vínculos entre os herdeiros e determinados bens. Essa é uma lógica adequada à igualdade formal dos herdeiros, mas não atende ao princípio de igualdade substancial (MULTEDO, Renata Vilela; MEIRELLES, Rose Melo Vencelau. Partilha da legítima por meio do testamento. In: TEIXEIRA, Daniela Chaves (Coord.). *Arquitetura do planejamento sucessório*. 2. ed. Belo Horizonte: Fórum, 2019, p. 585).

proveitosos em razão da idade, profissão, saúde etc.",[67] determinando, por exemplo, "que uma fazenda seja atribuída ao herdeiro fazendeiro, enquanto ao herdeiro menor cujo representante legal é um médico, sejam atribuídos bens de fácil administração. Já o herdeiro dentista, pelo mesmo princípio, deverá receber o consultório de seu falecido pai, também dentista".[68]

Essa lógica é aplicável também para o caso de partilha em vida, prevista no art. 2.018, do Código Civil de 2002. Pelo dispositivo legal, "é válida a partilha feita por ascendente, por ato entre vivos ou de última vontade, contanto que não prejudique a legítima dos herdeiros necessários".[69] Trata-se da partilha em "que a pessoa realiza mediante negócio jurídico entre ela e seus futuros herdeiros, de modo a tornar dispensáveis tanto o inventário quanto a partilha após a morte".[70]

A partilha em vida é "um ato definitivo e consumado que produz efeitos que atingem três ordens de relações: (a) entre pais e filhos; (b) dos filhos entre si; e (c) com terceiros (como os credores, por exemplo)", tendo em vista que "os bens se transferem imediata e irrevogavelmente aos ali beneficiados, que assumem a sua titularidade, sem a obrigação de trazê-los à doação".[71]

A natureza jurídica desse instituto é bem controvertida, sendo reconhecida como uma exceção à vedação dos pactos sucessórios.[72] Há aqueles que a aproximam de uma doação, denominando-a, inclusive, de *partilha-doação*.[73] Outros identificam a partilha em vida como um instituto jurídico autônomo, *sui generis*.[74] Ao contrário

---

67. MULTEDO, Renata Vilela; MEIRELLES, Rose Melo Vencelau. Partilha da legítima por meio do testamento. In: TEIXEIRA, Daniela Chaves (Coord.). *Arquitetura do planejamento sucessório*. 2. ed. Belo Horizonte: Fórum, 2019, p. 583-584.
68. PINHEIRO, Paulo Cesar. *Comentários ao Código de Processo Civil*. Rio de Janeiro: Forense, 2002, v. IX, p. 183.
69. Convém destacar que, segundo o referido dispositivo legal, a partilha em vida restringe-se àquela feita pelos ascendentes em favor dos descendentes, enquanto a partilha-testamento não encontra essa limitação.
70. LÔBO, Paulo. *Direito Civil. Sucessões*. 10. ed. São Paulo: Saraiva, 2020, v. 6, p. 322.
71. BARBOZA, Heloisa Helena; ALMEIDA, Vitor. Partilha em vida como forma de planejamento sucessório. In: TEIXEIRA, Daniela Chaves (Coord.). *Arquitetura do planejamento sucessório*. 2. ed. Belo Horizonte: Fórum, 2019, p. 487.
72. FARIAS, Cristiano Chaves de; ROSENVALD, Nelson. *Curso de Direito Civil. Sucessões*. 2. ed. Salvador: JusPodivm, 2016, v. 7, p. 523.
73. Entre os adeptos dessa corrente estão Arthur Vasco Itabaiana de Oliveira (ITABAIANA DE OLIVEIRA, Arthur Vasco. *Tratado de Direito das Sucessões*. 4. ed. São Paulo: Max Limonad, 1952, v. 3, p. 899-900), Carlos Maximiliano (MAXIMILIANO, Carlos. *Direito das sucessões*. 5. ed. Rio de Janeiro: Freitas Bastos, 1964, v. III, p. 340 e 345), Clóvis Beviláqua (BEVILÁQUA, Clóvis. *Direito das Sucessões*. Salvador: José Luiz da Fonseca Magalhães Editor, 1899, p. 385), Zeno Veloso (VELOSO, Zeno. In: AZEVEDO, Antônio Junqueira de. *Comentários ao Código Civil*. Parte Especial: Direito das Sucessões. São Paulo: Saraiva, 2003, v. 21, p. 437) e Silvio de Salvo Venosa (VENOSA, Sílvio de Salvo. *Direito Civil. Sucessões*. 18. ed. São Paulo: Atlas, 2018. p.401).
74. Arnold Wald, invocando a lição de Orosimbo Nonato, emitiu sobre o assunto memorável parecer, no qual esclareceu a natureza jurídica da partilha em vida: "Não é essa partilha em vida nem doação, nem testamento, embora o autor da herança possa utilizar-se dessas formas para exteriorizar a sua vontade, o que de nenhum modo influirá na natureza do ato, como é sabido e ressabido, identifica-se pelo conteúdo, não pela sua aparência; pelo que é, não pelo nome que a parte lhe atribui. [...] A doutrina ainda enfatiza a peculiaridade da partilha em vida, que alguns autores chamam de "doação-partilha", salientando que não se identifica, totalmente, nem com a doação, nem com a partilha, conceituando-se como ato *sui generis*

do que ocorre no testamento, a divisão entre os herdeiros feita pela partilha em vida tem efeito imediato, antecipando o que eles iriam receber somente com a morte do ascendente.[75]

Observe-se que a patilha em vida, comumente, se reveste por meio de um contrato de doação, "mas se atentarmos para a natureza do ato, veremos que essa partilha visa proporcionar aos sucessores a aquisição antecipada dos bens que só com a morte do ascendente lhe asseguraria".[76] É em razão disso que se afirma que "a partilha em vida por ascendente configura-se, desse modo, como um instituto jurídico independente, especial, distinto da doação que é revogável, enquanto a partilha não é, nem pode ser".[77]

Impõe-se, na partilha em vida, a observância da legítima dos herdeiros necessários, de modo que a liberdade quantitativa fica restrita à parte disponível do patrimônio do autor da herança. Caso a proteção injuntiva da legítima seja desrespeitada, entende-se que é o caso de redução em razão inoficiosidade,[78] visto que "não se trata simplesmente de doação em adiantamento de herança, nos termos do art. 544, que é a doação que impõe colação, mas de partilha antecipada, para evitar inventário, à qual compareçam e anuem todos os herdeiros".[79]

---

ou complexo, no qual se encontram elementos de ambos os institutos. A analogia com a doação deflui do fato de se tratar de ato *inter vivos*, enquanto as regras técnicas são as da partilha" (WALD, Arnold. O regime jurídico da partilha em vida. In: CAHALI, Yussef Said; CAHALI, Francisco José (Org.). *Doutrinas essenciais*: família e sucessões. São Paulo: Ed. RT, 2011, p. 1.198 e 1.203).

75. VELOSO, Zeno. Art. 2.018. In: SILVA, Regina Beatriz Tavares da (Coord.). *Código Civil Comentado*. 10. ed. São Paulo: Saraiva, 2016, p. 2.068.

76. PEREIRA, Caio Mário da Silva. *Instituições de Direito Civil. Direito das Sucessões*. 26. ed. Rio de Janeiro: Forense, 2019, v. VI, p. 396.

77. BARBOZA, Heloisa Helena. A disciplina jurídica da partilha em vida: validade e efeitos. *Civilistica.com*, v. 5, n. 1, Rio de Janeiro, 2016. Disponível em: http://civilistica.com/a-disciplina-juridica-da-partilha-em-vida/. Acesso em: 21 out. 2021.

78. É certo que há divergência na doutrina quanto ao mecanismo a ser utilizado pelos herdeiros prejudicados: necessidade de colação ou redução da inoficiosidade. Segundo Gustavo Tepedino, Ana Luiza Nevares e Rose Melo Vencelau Meireles "se a partilha não respeitar a legítima de algum herdeiro forçado, controverte a doutrina se se trataria de nulidade ou de hipótese de redução de suas disposições segundo a normativa prevista para a redução de suas disposições segundo a normativa prevista para a redução das disposições testamentárias atentatórias à legítima (CC, arts. 1.966 a 1.968). As divergências repercutem na jurisprudência. [...] Diante disso, em termos de planejamento sucessório, parece mais seguro que todos os descendentes participem da partilha em vida, dispensando-se consensualmente a colação nos termos do artigo 2.005 do Código Civil, sendo eventual excesso da legítima imputado na disponível do autor da herança" (TEPEDINO, Gustavo; NEVARES, Ana Luiza Maia; MEIRELES, Rose Melo Vencelau. *Fundamentos do Direito Civil. Direito das Sucessões*. Rio de Janeiro: Forense, 2020, v. 7, p. 283).

79. ANTONINI, Mauro. *Sucessão necessária*. São Paulo, 2013. Dissertação (Mestrado em Direito) Faculdade de Direito da Universidade de São Paulo, p. 175. No Superior Tribunal de Justiça há posicionamento no sentido de que, tratando-se de partilha em vida, não haveria total equiparação à doação. Observe-se: "Recurso especial. Sucessões. Inventário. Partilha em vida. Negócio formal. Doação. Adiantamento de legítima. Dever de colação. Irrelevância da condição dos herdeiros. Dispensa. Expressa manifestação do doador. Todo ato de liberalidade, inclusive doação, feito a descendente e/ou herdeiro necessário nada mais é que adiantamento de legítima, impondo, portanto, o dever de trazer à colação, sendo irrelevante a condição dos demais herdeiros: se supervenientes ao ato de liberalidade, se irmãos germanos ou unilaterais. É necessária a expressa aceitação de todos os herdeiros e a consideração de quinhão de herdeira necessária, de modo que a inexistência da formalidade que o negócio jurídico exige não o caracteriza como partilha em vida. A

Assim, seja na partilha-testamento ou na partilha em vida, o autor da herança deve respeitar os limites quantitativos em relação à metade indisponível dos bens,[80] podendo, contudo, atribuir desigualmente a parte disponível do seu patrimônio. Além disso, o autor da herança pode se valer de sua liberdade qualitativa para contemplar, por exemplo, determinado herdeiro com um certo bem em razão de relação específica existente entre eles,[81] promovendo-se uma partilha específica e individualizada.[82]

Cabe considerar ainda que, o autor da herança, em princípio, ao indicar os bens para o preenchimento da legítima, não está obrigado a respeitar "uma perfeita identidade dos bens a serem partilhados entre os herdeiros forçados, de tal sorte que é possível um filho receber bens imóveis e outro filho dinheiro, ainda que seja evidente a diferença de liquidez dos bens", razão pela qual, nesse ponto, não há qualquer ofensa à legítima.[83]

O que se questiona, na perspectiva da liberdade qualitativa, é se o autor da herança "pode estipular os quinhões dos herdeiros em desacordo com os seus interesses e expectativas, não privilegiando vínculos específicos daqueles em relação a determinados bens da herança".[84]

Parcela da doutrina argumenta que "sob a perspectiva funcional do direito, a função da transmissão hereditária necessária consiste em assegurar um benefício econômico à família, por razões de solidariedade", razão pela qual seria possível o "afastamento da cláusula testamentária, em benefício da necessidade do herdeiro necessário".[85] Em outras palavras, "na ponderação entre a autonomia privada do

---

dispensa do dever de colação só se opera por expressa e formal manifestação do doador, determinando que a doação ou ato de liberalidade recaia sobre a parcela disponível de seu patrimônio" (STJ, REsp 730.483/MG, Rel. Ministra Nancy Andrighi, Terceira Turma, julgado em 03.05.2005, DJ 20.06.2005).

80. PINHEIRO, Paulo Cesar. *Comentários ao Código de Processo Civil*. Rio de Janeiro: Forense, 2002, v. IX, p. 183.
81. MULTEDO, Renata Vilela; MEIRELLES, Rose Melo Vencelau. Partilha da legítima por meio do testamento. In: TEIXEIRA, Daniela Chaves (Coord.). *Arquitetura do planejamento sucessório*. 2. ed. Belo Horizonte: Fórum, 2019, p. 585.
82. Marcelo Truzzi Otero advogada a possibilidade da partilha de bens a partir de uma perspectiva existencial, de modo que a igualdade entre quinhões deve ir além da igualdade geodésica ou numérica, devendo atentar para a natureza e a qualidade destes bens, a capacidade de produção de frutos ou rendas, e a facilidade de comercialização (OTERO, Marcelo Truzzi. A partilha de bens a partir da perspectiva existencial. In: TICIANELLI, Maria Fernanda Figueira Rossi; BARBIERO, Priscila Cristiane (Coord.). *Direito de Família em cases*: o conflito pelas lentes de seus advogados. Curitiba: Juruá, 2020, 23-34).
83. José Fernando Simão destaca que "a igualdade dos filhos representada pela legítima não está ferida nem atacada pelo fato de um filho receber bens móveis e o outro, imóveis, por um filho receber a empresa e outro, a fazenda, por um filho receber títulos da dívida pública e o outro, um CDB. A questão que poderá surgir será, apenas, de avaliação dos bens quando da morte para se calcular a legítima a qual o herdeiro necessário faz jus" (SIMÃO, José Fernando. É possível converter os bens da legítima em dinheiro? In: PEREIRA, Rodrigo da Cunha, DIAS, Maria Berenice (Coord.). *Famílias e sucessões*: polêmicas, tendências e inovações. Belo Horizonte: IBDFAM, 2018, p. 483-502).
84. NEVARES, Ana Luiza Maia. *A função promocional do testamento*. Tendências do direito sucessório. Rio de Janeiro: Renovar, 2009, p. 201.
85. MULTEDO, Renata Vilela; MEIRELLES, Rose Melo Vencelau. Partilha da legítima por meio do testamento. In: TEIXEIRA, Daniela Chaves (Coord.). *Arquitetura do planejamento sucessório*. 2. ed. Belo Horizonte: Fórum, 2019, p. 586.

testador e os legítimos interesses dos sucessores legais, a tendência é prevalecer a solidariedade e não da liberdade".[86]

É certo que a autonomia privada do testador não é absoluta, notadamente pela restrição quantitativa imposta pela legítima dos herdeiros necessários. Contudo, a vontade manifestada pelo autor da herança em vida em relação à atribuição dos bens deve ser tutelada pelo ordenamento jurídico, notadamente quando observados os princípios básicos da igualdade e comodidade, orientadores da partilha sucessória.[87] É o testador que possui a primazia de deliberar acerca da atribuição dos bens que integram o seu patrimônio, notadamente quando já antevê alta litigiosidade entre os herdeiros em caso de divisão incômoda ou mesmo na situação comum em que o testador receia que determinados herdeiros não darão continuidade a seus negócios.

Note-se que o Código Civil de 2002, nos arts. 2.014 e 2.018, cuida de ampliar a autonomia privada do autor da herança, permitindo que a vontade seja manifestada para determinar a parte do patrimônio que cabe a cada herdeiro, partindo "o legislador do pressuposto de que ninguém melhor do que o testador para propor divisão legítima e razoável", razão pela qual, nesse ponto, a liberdade e a autonomia do autor da herança só seria restringida "quando os valores dos quinhões hereditários não corresponde às quotas hereditárias".[88]

Desse modo, no preenchimento da legítima, é lícito ao autor da herança, seja por meio da partilha-testamento ou da partilha em vida, indicar os bens e valores que devem compor os quinhões hereditários, deliberando ele próprio a partilha, respeitando quantitativamente a legítima dos herdeiros necessários, permitindo-lhe disciplinar como melhor lhe aprouver acerca da quota disponível do seu patrimônio, bem como designar, qualitativamente, a destinação de cada bem de acordo com a qualidade de cada herdeiro, sem que isso sufrague o princípio da intangibilidade da legítima.

4. DA PARTILHA DE BENS INSUSCETÍVEIS DE CÔMODA DIVISÃO FRENTE A AUTONOMIA PRIVADA DO AUTOR DA HERANÇA

O planejamento sucessório, conforme já visto, é formado por um "conjunto de atos e negócios jurídicos efetuados por pessoas que mantêm entre si alguma relação jurídica familiar ou sucessória, com o intuito de idealizar a divisão do patrimônio de alguém".[89]

---

86. NEVARES, Ana Luiza Maia. *A função promocional do testamento*. Tendências do direito sucessório. Rio de Janeiro: Renovar, 2009, p. 213.
87. ITABAIANA DE OLIVEIRA, Arthur Vasco. *Tratado de Direito das Sucessões*. 4. ed. São Paulo: Max Limonad, 1952, v. III, p. 881-883.
88. LEITE, Eduardo de Oliveira. Art. 2.014. In: TEIXEIRA, Sálvio de Figueredo (Coord.). *Comentários ao Novo Código Civil*. Rio de Janeiro: Forense, 2003, v. XXI. p. 792-793.
89. HIRONAKA, Giselda Maria Fernandes Novaes; TARTUCE, Flávio. Planejamento sucessório: conceito, mecanismos e limitações. In: TEIXEIRA, Daniela Chaves (Coord.). *Arquitetura do planejamento sucessório*. 2. ed. Belo Horizonte: Fórum, 2019, p. 431.

Embora possua uma infinidade de finalidades e objetivos úteis, conforme já apontado, a ideação desse conjunto de mecanismos atualmente intitulado de planejamento sucessório tem o objetivo de corrigir ou contornar, respeitadas as restrições impostas pela lei, as distorções causadas pelas regras do Direito Sucessório frente a demanda da sociedade atual por ampliação da autonomia privada do autor da herança.

E é dentro desse contexto que o planejamento sucessório constitui um importante instrumento para garantir ao autor da herança o exercício de uma liberdade possível em matéria de sucessão *causa mortis*. Por meio da planificação dos bens, permite-se que o seu titular possa organizar, da melhor forma, a patilha da parte disponível do seu patrimônio, sem prejuízo da possibilidade de atribuição dos bens e direitos que compõe a parte indisponível.

Conforme já visto, o Direito Sucessório brasileiro não dá ao princípio da intangibilidade da legítima,[90] pelos menos em sua vertente qualitativa, um viés absoluto, pois, permite a realização da partilha pelo próprio autor da herança, por ato de última vontade, chamada de partilha-testamento (art. 2.014, CC/2002), ou por ato entre vivos, denominando-se de partilha em vida (art. 2.018, CC/2002).[91]

Desse modo, é lícito ao autor da herança, por disposição testamentária ou mediante negócio jurídico *sui generis*, indicar os bens e valores que devem compor os quinhões hereditários, deliberando ele próprio a partilha de todo o seu patrimônio, desde que não viole a legítima na metade indisponível.

É claro que ao determinar os bens que integrarão o quinhão dos herdeiros ou legatários, o autor da herança pode deliberar que certo beneficiário receba uma parcela maior que outro em virtude dos diferentes valores de bens, desde que a diferença seja computada na sua parte disponível, admitindo-se, ainda, que valha da sua liberdade qualitativa para contemplar, por exemplo, determinado herdeiro com um certo bem em razão de relação específica existente entre eles,[92] compatibilizando a liberdade testamentária sobre a parte disponível com a intangibilidade quantitativa da legítima.[93]

A partilha-testamento e a partilha em vida constituem excelentes instrumentos de planejamento sucessório, já que podem romper com a neutralidade própria do sistema sucessório brasileiro,[94] permitindo que o autor da herança atribua aos her-

---

90. NEVARES, Ana Luiza Maia. O princípio da intangibilidade da legítima. In: MORAES, Maria Celina Bodin de (Coord.). *Princípios do Direito Civil contemporâneo*. Rio de Janeiro: Renovar, 2006, p. 496.
91. Além dessa possibilidade, conforme já pontuado, o Código Civil de 2002, em seu art. 1.848, também afastou a intangibilidade plena da legítima ao permitir a sua clausulação mediante a indicação de justa causa que tenha como intuito protege interesses legítimos dos herdeiros.
92. MULTEDO, Renata Vilela; MEIRELLES, Rose Melo Vencelau. Partilha da legítima por meio do testamento. In: TEIXEIRA, Daniela Chaves (Coord.). *Arquitetura do planejamento sucessório*. 2. ed. Belo Horizonte: Fórum, 2019, p. 585.
93. MULTEDO, Renata Vilela; MEIRELLES, Rose Melo Vencelau. Partilha da legítima por meio do testamento. In: TEIXEIRA, Daniela Chaves (Coord.). *Arquitetura do planejamento sucessório*. 2. ed. Belo Horizonte: Fórum, 2019, p. 581.
94. Isso decorre do tratamento da herança como uma universalidade de direito, sem se atentar para o eventuais vínculos entre os herdeiros e determinados bens. Essa é uma lógica adequada à igualdade formal dos

deiros os bens do monte partível que lhes sejam mais proveitosos em razão da idade, necessidade econômica, profissão, saúde, habilidades pessoais, entre outros motivos.[95]

A compreensão dos limites impostos pela legislação civil brasileira atual em relação à possibilidade de preenchimento qualitativo da legítima passa pela definição da sua natureza jurídica: trata-se de um direito do herdeiro à parte da herança (*pars hereditatis*) ou um direito de crédito do herdeiro perante a herança (*pars valoris*)?

Vale dizer, se a legítima for compreendida como um *pars valoris* o herdeiro não tem direito a uma parte dos bens, como se dá na *pars hereditatis*, mas um direito sobre um crédito sobre esses bens. Em resumo, "a *pars hereditatis* representaria uma parte dos bens inventariados, enquanto que a *pars valoris* representaria uma parte do valor dos bens".[96]

O direito civil atual não trata dessa questão com clareza. Contudo, pela interpretação literal do art. 1.846, do Código Civil de 2002,[97] entende-se que a tradição do Direito Sucessório brasileiro, seguindo o direito português,[98] é de que a legítima constitui um direito à metade dos bens da herança, aproximando-se, portanto, de um *pars hereditatis*,[99] daí derivando, entre outras repercussões, a proibição de se determinar a conversão dos bens da legítima em outros de espécie diversa, já tratada anteriormente.[100]

---

herdeiros, mas não atende ao princípio de igualdade substancial (MULTEDO, Renata Vilela; MEIRELLES, Rose Melo Vencelau. Partilha da legítima por meio do testamento. In: TEIXEIRA, Daniela Chaves (Coord.). *Arquitetura do planejamento sucessório*. 2. ed. Belo Horizonte: Fórum, 2019, p. 585).

95. Alexandre Miranda Oliveira e Ana Carolina Brochado Teixeira sugerem alguns critérios para cotejar liberdade e solidariedade na partilha-testamento, como forma de estabelecer uma partilha qualitativa que podem ser importantes para um planejamento sucessório eficaz: "(i) eventuais vulnerabilidades dos herdeiros (quanto à idade, saúde etc.); (ii) vínculos que o herdeiro tenha com algum bem do acervo, seja por profissão, moradia, ocupação do bem etc.; (iii) manutenção dos bens, liquidez, potencial de exploração econômica, o que acaba por remeter às condições financeiras e inclinações pessoais de cada herdeiro" (OLIVEIRA, Alexandre Miranda; TEIXEIRA, Ana Carolina Brochado. Qualificação e quantificação da legítima: critérios para partilha de bens. In: TEIXEIRA, Daniele Chaves (Coord.). *Arquitetura do planejamento sucessório*. Belo Horizonte: Fórum, 2021, t. II, p. 37).
96. MADALENO, Rolf. *Sucessão legítima*. 2. ed. Rio de Janeiro: Forense, 2020, p. 368.
97. Código Civil de 2002, Art. 1.846. Pertence aos herdeiros necessários, de pleno direito, a metade dos bens da herança, constituindo a legítima.
98. Há no direito português um certo consenso doutrinário de que a legítima tem natureza jurídica de *pars hereditars*, visto que o art. 2.156º, do Código Civil português define a legítima como "uma porção de bens" legalmente destinada aos herdeiros legitimários. Isso implica dizer que descendentes, ascendentes e cônjuge receberão "um valor abstrato da herança correspondente a sua quota legitimária", sendo, pois, "coproprietários de uma quota da herança" (DELFIM, Priscila Martins. A natureza jurídica da legítima e o seu cálculo: uma visão luso-brasileira. *Revista do IBDFAM:* Família e Sucessões. v. 31, p. 134-148. Belo Horizonte: IBDFAM, jan./fev. 2019).
99. Essa posição, contudo, nem sempre foi a que prevaleceu no Brasil. A Lei Feliciano Penna (Decreto 1.839 de 31 de dezembro de 1.907), teve o relevante papel de flexibilizar o princípio da intangibilidade da legítima, ao estabelecer a possibilidade de o testador converter bens da legítima em outras espécies, permissão que foi reproduzida no art. 1.723, do Código Civil de 1916. Foi o Código Civil de 2002 que restabeleceu a proibição da conversão da legítima em bens de natureza diversa da que se constituem.
100. Carlos Maximiliano é um dos autores que compreendem a legítima como um direito à parte dos bens da herança, livre de encargos e cláusulas e, como tal, não pode ser substituída por uma compensação financeira (MAXIMILIANO, Carlos. *Direito das Sucessões*. 5. ed. Rio de Janeiro: Freitas Bastos, 1964, v. III. p. 22.23).

Apesar disso, o Direito Sucessório brasileiro não se distancia completamente da legítima como um direito de crédito contra o espólio. Isso porque, o Parágrafo Primeiro do art. 2.019, do Código Civil de 2002[101] permite o pagamento da quota hereditária em dinheiro como forma de evitar a venda judicial dos bens insuscetíveis de divisão cômoda, que não couberem na meação do cônjuge sobrevivente ou no quinhão de um só herdeiro.[102] Permite-se, pois, que a porção indisponível dos herdeiros necessários possa ser paga em dinheiro, inclusive com valores extra-hereditários, garantindo ao beneficiário o valor proporcional do seu quinhão,[103] sem que isso implique lesão ao direito à legítima que, inclusive, acaba por ser transmutada em uma quota de valor.

A regra do citado art. 2.019 pode ser perfeitamente conjugada com os instrumentos de preenchimento da legítima, quais sejam, a partilha-testamento ou a partilha em vida, previstas, respectivamente, nos arts 2.014 e 2.018, ambos do Código Civil de 2002. Assim, o autor da herança pode indicar os bens e os valores que devem compor os quinhões hereditários, deliberando ele próprio a partilha, inclusive determinando que alguns dos herdeiros necessários recebam o seu quinhão em dinheiro, a fim de evitar a venda judicial de dado bem que, em sua visão, não é suscetível de cômoda divisão.[104] E é justamente com o objetivo de melhor compor os quinhões hereditários, que o art. 648, do Código de Processo Civil de 2015,[105] estabeleceu que na partilha sucessória devem ser observadas (i) a maior igualdade possível entre os quinhões, (ii) a busca por evitar litígios futuros e pela (iii) máxima comodidade dos herdeiros.

Não obstante o Parágrafo Primeiro do art. 2.019, do Código Civil de 2002 falar em pagamento da legítima em dinheiro apenas em relação a bem da herança que não seja suscetível de cômoda divisão, impõe-se a compreensão de que o conceito de divisão cômoda não se esgota nessa situação, abarcando também "todas aquelas hi-

---

101. Código Civil de 2002, Art. 2.019. Os bens insuscetíveis de divisão cômoda, que não couberem na meação do cônjuge sobrevivente ou no quinhão de um só herdeiro, serão vendidos judicialmente, partilhando-se o valor apurado, a não ser que haja acordo para serem adjudicados a todos. § 1º Não se fará a venda judicial se o cônjuge sobrevivente ou um ou mais herdeiros requererem lhes seja adjudicado o bem, repondo aos outros, em dinheiro, a diferença, após avaliação atualizada. § 2º Se a adjudicação for requerida por mais de um herdeiro, observar-se-á o processo da licitação.
102. Mauro Antonini destaca que o artigo "cuida da hipótese na qual, na herança, há bem indivisível ou, sendo divisível, não comporte divisão cômoda. Suponha-se a herança composta de uma única casa, que não pode ser dividida. Sendo esse o único bem, não poderá compor a meação do cônjuge ou do companheiro sobrevivente, nem caberá no quinhão de um só herdeiro, havendo mais de um". A solução apresentada pelo legislador é a venda judicial do bem ou, antes disso, a licitação entre os interessados, conforme art. 649, do Código de Processo Civil de 2015. Mauro Antonini destaca que "a venda judicial será evitada se um ou mais herdeiros solicitarem adjudicação pelo valor da avaliação, repondo os demais a diferença em dinheiro" (ANTONINI, Mauro. Art. 2.019. In: PELUSO, Cezar (Coord.). *Código Civil comentado*. 10. ed. Barueri: Manole, 2016, p. 2.245-2.246).
103. Rolf Madaleno advoga a tese de que seria possível realizar uma operação de comutação da legítima, de modo que o herdeiro necessário possa permutar o seu quinhão hereditário incidente sobre os bens inventariados à título de legítima pelo pagamento em dinheiro que pode ou não advir dos bens inventariados. (MADALENO, Rolf. *Sucessão legítima*. 2. ed. Rio de Janeiro: Forense, 2020, p. 353 e 372).
104. MADALENO, Rolf. *Sucessão legítima*. 2. ed. Rio de Janeiro: Forense, 2020, p. 354.
105. Código Civil de 2002, Art. 648. Na partilha, serão observadas as seguintes regras: I – a máxima igualdade possível quanto ao valor, à natureza e à qualidade dos bens; II – a prevenção de litígios futuros; III – a máxima comodidade dos coerdeiros, do cônjuge ou do companheiro, se for o caso.

póteses nas quais o testador não vê com bons olhos a manutenção de um condomínio forçado",[106] situação que, em princípio, é percebida na grande maioria das partilhas sucessórias de bens, especialmente no caso de bens imóveis, pois acabam por levar à indesejável formação de condomínio entre os herdeiros, salvo no caso de partilha de bens móveis fungíveis, como o dinheiro. Impõe-se, portanto, uma interpretação ampliativa da expressão normativa "bens insuscetíveis de divisão cômoda" para contemplar qualquer situação em que o autor da herança preveja a ocorrência de litigiosidade entre os herdeiros, caso o bem permaneça em condomínio,[107] bem como os casos em que se identifica que determinados herdeiros não darão continuidade a seus negócios, diante de interesses claramente antagônicos.

Desse modo, deve-se admitir, exemplificativamente, que o autor da herança, na condição de titular de uma sociedade empresária, ao identificar que faltariam aos seus herdeiros a necessária *affectio societatis* para a continuidade do negócio, caso todos se tornassem sócios, estabeleça o modo de atribuição das quotas societárias, inclusive para afastar a quota hereditária de dado herdeiro sobre a empresa, determinando que a sua herança seja computada em outros bens ou que os demais beneficiários façam o pagamento de uma compensação econômica, em contrapartida ao quinhão hereditário do herdeiro não contemplado.[108]

---

106. MADALENO, Rolf. *Sucessão legítima*. 2. ed. Rio de Janeiro: Forense, 2020, p. 354. Cumpre esclarecer que "a comunhão hereditária estabelecida pela morte do autor da herança não é condomínio. O objeto do condomínio é uma coisa indeterminada, enquanto que o objeto da comunhão hereditária é uma universalidade que compreende todo o patrimônio do falecido. Além disso, a comunhão hereditária é sempre transitória porque tem por finalidade a partilha. Contudo, é possível o estado de comunhão transformar-se em condomínio. Nesse sentido, tem-se o condomínio quando, uma vez realizada a partilha, determinado bem indivisível é atribuído a mais de um herdeiro" (ASSIS, Olney Queiroz; KÜMPEL, Vitor Frederico; PERES, Iehuda Henrique. *Manual de Direito Condominial*. Uma abordagem interdisciplinar. São Paulo: YK Editora, 2016, p. 112-113).
107. O condomínio comum, geral ou ordinário formado, entre outras origens, pela abertura da sucessão *causa mortis* (art. 1.784, CC/2002) é "fonte das mais acirradas desavenças e dos mais intrincados conflitos – *condominium est mater discordarium*" (BEZERRA DE MELO, Marco Aurélio. Art. 1.320. In: SCHREIBER, Anderson; TARTUCE, Flávio; SIMÃO, José Fernando; MELO, Marco Aurélio Bezerra de; DELGADO, Mário Luiz. *Código Civil comentado. Doutrina e Jurisprudência*. 2. ed. Rio de Janeiro: Forense, 2020, p. 976). Fernanda Tartuce exalta a função da mediação nos conflitos surgidos no âmbito do Direito das Sucessões, notadamente diante dos desafios decorrentes da formação de um condomínio forçado entre os herdeiros em relação aos bens da herança. Segundo a autora, "a utilização da mediação pode se revelar muito interessante para sanar controvérsias entre os herdeiros e ensejar respostas conjuntas a diversas questões. Especialmente pela circunstância de que herdem (ao menos inicialmente) em regime de condomínio e que sejam, muitas vezes, parentes, recomenda-se um encaminhamento adequado par prevenir futuras querelas a evitar a necessária definição das controvérsias por um terceiro" (TARTUCE, Fernanda. *Mediação nos conflitos civis*. 2. ed. São Paulo: Método, 2015, p. 331).
108. Marcelo Truzzi Otero, sustentar a possibilidade da partilha de bens a partir de uma perspectiva existencial, sustenta que "quem utiliza e explora determinado bem para moradia ou exercício de atividade profissional, investindo e conservando este patrimônio, mantém com este patrimônio uma vinculação que lhe assegura, por tutela existencial, o direito de continuar usando e explorando esse bem, com a condição de que referido bem, ao final, integre a quota hereditária deste herdeiro/interessado, com todos os ônus e bônus" (OTERO, Marcelo Truzzi. A partilha de bens a partir da perspectiva existencial. In: TICIANELLI, Maria Fernanda Figueira Rossi; BARBIERO, Priscila Cristiane (Coord.). *Direito de Família em cases*: o conflito pelas lentes de seus advogados. Curitiba: Juruá, 2020, 23-34).

Essa interpretação, *de lege lata*, vai ao encontro do desejo de se oferecer soluções que possam, ao menos, diminuir o fosso existente entre os reclamos da sociedade atual e o Direito Sucessório legislado, estabelecendo novos critérios hermenêuticos para o enfretamento de novos problemas, de modo a atribuir interpretação ampliativa à expressão normativa "bens insuscetíveis de divisão cômoda", prevista no Parágrafo Primeiro do art. 2.019, do Código Civil de 2002 , fornecendo-lhe um sentido exequível, lógico e eficiente, sem necessariamente demandar a promoção de alterações legislativas.

Desse modo, o pagamento da legítima em dinheiro não está restrito à hipótese de impossibilidade de divisão cômoda de determinado bem do acervo hereditário, mas abarca uma gama de situações que, aos olhos da autonomia privada do autor da herança, detentor da primazia de deliberar acerca da atribuição dos bens que integram o seu patrimônio,[109] não se mostre funcional a formação de um condomínio forçado *post mortem*, conhecido desde os primórdios por ser exímio semeador de discórdia.[110]

A interpretação ampliativa da expressão normativa "bens insuscetíveis de divisão cômoda", prevista no Parágrafo Primeiro do art. 2.019, do Código Civil de 2002, possibilita a adoção de uma série de soluções para a quebra da neutralidade da sucessão *causa mortis*, além de permitir ao autor da herança o exercício de certa autonomia, sem que isso represente qualquer menoscabo ao instituto da legítima, pois o pagamento da quota hereditária de certo herdeiro legitimário com outros bens da herança ou com dinheiro não subverte, por si só, a lógica de proteção dessa classe privilegiada de herdeiros.

---

109. Mário Luiz Delgado esclarece que o art. 5º, XXX, da Constituição Federal de 1.988 "é expresso ao assegurar, entre os direitos e garantias fundamentais, o direito de herança e não o direito à herança. A distinção não é meramente semântica e produz consequências decisivas no tocante ao âmbito de abrangência do direito fundamental, notadamente no que alude aos destinatários da proteção. O direito de herança tem como titulares, não apenas os herdeiros (o que teria ocorrido se o constituinte houvesse mencionado o direito à herança), mas especialmente o autor da herança. O direito de herança é principalmente dele, que era o dono do patrimônio, sobre o qual podia dispor livremente em vida e deve poder dispor para depois de sua morte. (DELGADO, Mário Luiz. *A (in)constitucional limitação do fideicomisso pelo CC/2002*. Disponível em: https://www.conjur.com.br/2020-nov-22/processo-familiar-inconstitucional-limitacao-fideicomisso-cc2002, Acesso em: 23 nov. 2020). Fernanda Tartuce, ao tradar do papel que a mediação pode desempenhar nos conflitos surgidos no âmbito do Direito das Sucessões, destaca que uma parcela das querelas tem origem no valor dos bens envolvidos na sucessão, notadamente quando "as disputas envolvem objetos de significado afetivo (altamente simbólico)" (TARTUCE, Fernanda. *Mediação nos conflitos civis*. 2. ed. São Paulo: Método, 2015, p. 333), ampliando, nesses casos, de acordo com o que aqui se defende, a importância do papel desempenhado pelo autor da herança na planificação de seus bens por meio do planejamento sucessório, destinando-os, se assim entender, em observância a interesses particulares de dados herdeiros ou beneficiários.
110. Olney Queiroz Assis, Vitor Frederico Kümpel e Iehuda Henrique Peres destacam que, ancorada em um velho brocado romano (*mater discordiarum*), a doutrina antiga e clássica enxergam no condomínio como a "mãe da discórdia", um verdadeiro semeador de discórdia, razão pela qual "a lei facilita e incentiva a sua dissolução", conforme é possível observar das regras constantes dos arts. 1.320 e 1.321, ambos do Código Civil de 2002 (ASSIS, Olney Queiroz; KÜMPEL, Vitor Frederico; PERES, Iehuda Henrique. *Manual de Direito Condominial. Uma abordagem interdisciplinar*. São Paulo: YK Editora, 2016, p. 127).

Assim, ao planejador é lícito determinar, seja pela via do testamento ou da partilha em vida, que determinado herdeiro legítimo não receba a sua quota hereditária na sociedade empresária como um *pars hereditatis*, ou seja, como uma parte do bem inventariado, mas satisfaça o seu direito mediante o recebimento de outros bens da herança ou até mesmo mediante justa remuneração em dinheiro, uma espécie de *pars valoris*, como forma de garantir a segurança e a estabilidade da sociedade empresária para além da morte do seu sócio, cumprindo a função social da empresa,[111] no sentido de garantir a preservação do empreendimento.[112]

Vale dizer, o autor da herança pode determinar, em seu testamento ou mediante partilha em vida, "a adjudicação de uma empresa familiar mercantil ou agrícola, ou quaisquer outros bens, no todo ou em parte, para os herdeiros [...] que estão administrativamente habilitados para continuarem o comando dos negócios", determinando o "pagamento em dinheiro dos quinhões hereditários dos demais sucessores necessários".[113]

É óbvio a construção de uma proposta legislativa, *de lege ferenda*, seria importante para abarcar todas as nuances do fenômeno sucessório, notadamente aquele que compreende a sucessão das sociedades empresárias de gestão familiar. Esse, inclusive, foi o caminho percorrido por Espanha, Itália, Alemanha, França e Argentina que, de

---

111. Segundo Modesto Carvalhosa, "tem a empresa uma óbvia função social, nela sendo interessados os empregados, os fornecedores, a comunidade em que atua, o próprio Estado, que dela retira contribuições fiscais e parafiscais". (CARVALHOSA, Modesto. *Comentários à Lei de Sociedades Anônimas*. São Paulo: Saraiva, 1997, v. 3, p. 237). Para Fábio Ulhoa Coelho, a conservação da empresa é desdobramento do princípio da liberdade de iniciativa, um dos fundamentos da nossa República segundo a Carta Maior, de modo que se "reconhece na empresa privada um importante polo gerador de postos de trabalho e tributos, bem como fomentador de riqueza local, regional, nacional e global. Em torno da empresa, de seu desenvolvimento fortalecimento, gravitam interesses metaindividuais, como são os trabalhadores, consumidores, Fisco empresas-satélites etc." (COELHO, Fábio Ulhoa. *Princípios do direito comercial*. São Paulo: Saraiva, 2012. p. 33).
112. É claro que, conforme adverte Giselda Maria Fernandes Hironaka, "a função social da propriedade não impede que alguém se desfaça de todo o seu patrimônio como bem desejar enquanto vivo; não há por que achar que isso seria diferente após a morte". Daí porque conclui essa autora que "o fato de determinado patrimônio ir para uma ou outra pessoa, por si só, não pode ser tido como violador da função social da propriedade" (HIRONAKA, Giselda Maria Fernandes. Repensando sobre a função da legítima. *XXIII Conferência Nacional da Advocacia Brasileira*. São Paulo. Nov. 2017). Contudo, pelo menos em algumas hipóteses, como aquelas em que há empresas ou propriedades rurais produtivas a serem transmitidas, as preocupações do autor da herança devem ser ponderadas, principalmente aquelas que giram em torno da expectativa legítima de garantir que se mantenham produtivas, as quais, em última instância, se referem justamente ao cumprimento da sua função social, à evidência, não podem ser desprezadas.
113. Rolf Madaleno observa que essa interpretação contribui para "preservar a unidade do negócio representado pela sociedade empresária, sem que suas quotas e o seu ativo, representado pelo seu capital social, seja fracionado e diluído em menor número de bens imóveis, ou em quotas sociais de menor valor econômico, principalmente mantendo em família a exploração do empreendimento, sem solução de continuidade, desde a administração antes exercida pelo testador, consolidando-se para as próximas gerações a exploração econômica concentrada nas mãos de um ou de alguns de seus herdeiros, ou não, sendo vontade do testador que assim se suceda, porquanto seus filhos ou herdeiros necessários não lhe demonstrem em vida a mesma propensão e gosto pela atividade societária" (MADALENO, Rolf. *Sucessão legítima*. 2. ed. Rio de Janeiro: Forense, 2020, p. 369 e 372).

um modo geral, flexibilizaram a natureza da legítima[114] ou passaram a admitir pacto sucessório que permite a continuidade do negócio familiar sob a gestão dos herdeiros habilitados para tanto, enquanto os demais recebem a devida compensação por meio de outros bens da herança, por meio de dinheiro, inclusive extra-hededitários, ou, ainda, renunciam à participação hereditária em relação à sociedade empresária. Isso, contudo, não impede a proposição interpretativa ora proposta.[115]

Desse modo, *de lege lata*, acredita-se ser perfeitamente possível atribuir interpretação à expressão normativa "bens insuscetíveis de divisão cômoda", prevista no Parágrafo Primeiro do art. 2.019 do Código Civil de 2002, para, fornecendo-lhe um sentido exequível e consentâneo com a realidade atual, permitir o pagamento de parte ou de toda quota da legítima devida a determinado herdeiro, por meio de outros bens da herança ou por justa compensação financeira, não apenas na hipótese de impossibilidade de divisão cômoda ou satisfatória de determinado bem do acervo hereditário, mas também diante de situações concretas que, sob a avaliação privilegiada do autor da herança, no exercício de sua autonomia privada, não se mostre conveniente a formação de um condomínio forçado *post mortem*, sabidamente fonte de litígios de toda ordem.

5. CONSIDERAÇÕES CONCLUSIVAS

O planejamento da sucessão *causa mortis*, enquanto prática de um conjunto de atos que visa a operar a transferência e a manutenção organizada e estável do patrimônio do disponente em favor dos seus sucessores, demanda uma análise acurada do cenário patrimonial e familiar do autor da herança e de seus pretensos beneficiários, como forma de se criar estruturas de planejamento customizadas.

O ato de planejar, embora realizado em vida, tem os seus objetivos e os seus efeitos práticos projetados para depois da morte do planejador, exigindo do profissional especializado um conhecimento multidisciplinar, a fim de que a ideia fundamental do planejamento sucessório, que é a economia de custos póstumos e a melhoria do relacionamento entre os herdeiros, seja efetivamente alcançada.

---

114. É certo que muitos ordenamentos jurídicos, seguindo a tradição da codificação francesa de 1.804 que, por sua vez, inspirou-se nas reminiscências da legítima germânica, "acabaram optando pela legítima que se traduz em um direito à parte da herança". Contudo, "recentes reformas têm alterado o perfil da legítima ou reserva em alguns países" na direção de conceder ao testador maior liberdade ao autor da herança, compreendendo a legítima como um direito de crédito do herdeiro legitimário. Esse é o caso da "recente reforma do Código Civil francês que transformou a natureza da ação de redução de doação inoficiosa que corresponde aos legitimários (art. 805), deixando de ser uma ação real (*pars hereditatis*) para se converter em um direito de crédito, um direito pessoal, que atribui ao legitimário o direito de obter uma redução do valor doado e não os mesmos bens objetos da referida doação" (MARINHO JÚNIOR, Jânio Urbano. *A função social da legítima no direito brasileiro*. São Paulo, 2018. Dissertação (Mestrado em Direito) Faculdade Autônoma de Direito de São Paulo, p. 189).
115. Para uma leitura mais ampla das ferramentas de planejamento sucessório, recomenda-se a leitura de outra obra deste autor: DUTRA. Elder Gomes. *Premissas para um direito sucessório mínimo*. A superações dos obstáculos ao efetivo Planejamento Sucessório no Brasil. Londrina: Thoth, 2021, 281p.

Independentemente de qual o instrumento ou mecanismo utilizado no planejamento sucessório, que demanda, em muitas situações, a utilização de várias ferramentas de modo concomitante, como forma de se alcançar as expectativas do autor da herança, é imperioso conhecer as potencialidades dos instrumentos notariais da partilha-testamento, disciplinada no art. 2.014, do Código Civil Brasileiro de 2002, e da partilha em vida, prevista no art. 2.018, do Código Civil de 2002.

Na partilha-testamento, conforme explicitado, o testador pode indicar os bens e valores que devem compor os quinhões hereditários de seus herdeiros, deliberando ele próprio a partilha de seu patrimônio, facilitando enormemente a fase de liquidação do inventário, quando a sua proposta corresponder à justa e equitativa divisão dos quinhões. Já na partilha em vida, o planejador também pode determinar a partilha de todos os seus bens, mas por ato entre vivos, dando azo a verdadeiro negócio jurídico entre o autor da herança e seus futuros herdeiros, tornando dispensáveis tanto o inventário quanto a partilha após a sua morte.

O Código Civil de 2002, nos arts. 2.014 e 2.018, cuidou de ampliar a autonomia privada do autor da herança, permitindo que a sua vontade seja manifestada para determinar a parte do patrimônio que cabe a cada herdeiro, partindo o legislador do pressuposto de que ninguém melhor do que o próprio titular do bens para propor uma divisão legítima e razoável, razão pela qual, nesse ponto, a liberdade e a autonomia do autor da herança só pode ser restringida quando os valores dos quinhões hereditários não corresponde às quotas hereditária".

Desse modo, no preenchimento da legítima, é lícito ao autor da herança, seja por meio da partilha-testamento ou da partilha em vida, indicar os bens e valores que devem compor os quinhões hereditários, deliberando ele próprio a partilha, respeitando quantitativamente a legítima dos herdeiros necessários, permitindo-lhe disciplinar como melhor lhe aprouver acerca da quota disponível do seu patrimônio, bem como designar, qualitativamente, a destinação de cada bem de acordo com a qualidade de cada herdeiro, sem que isso sufrague o princípio da intangibilidade da legítima.

Sustentou-se, por fim, com base no Parágrafo Primeiro do art. 2.019, do Código Civil de 2002, que é permitido o pagamento da quota da herança do herdeiro em dinheiro, como forma de evitar a venda judicial dos bens insuscetíveis de divisão cômoda, que não couberem na meação do cônjuge sobrevivente ou no quinhão de um só herdeiro. Permite-se, pois, que a porção indisponível dos herdeiros necessários possa ser paga em dinheiro, inclusive com valores extra-hereditários, garantindo ao beneficiário o valor proporcional do seu quinhão, sem que isso implique lesão ao direito à legítima.

A interpretação, *de lege lata*, do Parágrafo Primeiro do art. 2.019, do Código Civil de 2002, vai ao encontro do desejo de se oferecer soluções que possam, ao menos, diminuir o fosso existente entre os reclamos da sociedade atual e o Direito Sucessório legislado, estabelecendo novos critérios hermenêuticos para o enfretamento de novos problemas, de modo a atribuir interpretação ampliativa à expressão normativa "bens insuscetíveis de divisão cômoda", que pode abarcar uma gama de situações que, aos olhos da autonomia privada do autor da herança, detentor da primazia de deliberar acerca da atribuição dos bens que integram o seu patrimônio, não se mostre funcional a formação de um condomínio forçado *post mortem*, conhecido desde os primórdios por ser exímio semeador de discórdia.

6. REFERÊNCIAS

ANDRADE, Gustavo Henrique Baptista. *O direito de herança e a liberdade de testar*. Um estudo comparado entre os sistemas jurídicos brasileiro e inglês. Belo Horizonte: Fórum, 2019.

ANTONINI, Mauro. *Sucessão necessária*. São Paulo, 2.013. Dissertação (Mestrado em Direito) Faculdade de Direito da Universidade de São Paulo, 238p.

ANTONINI, Mauro. Art. 2.019. In: PELUSO, Cezar (Coord.). *Código Civil comentado*. 10. ed. Barueri: Manole, 2016.

ASCENSÃO, José de Oliveira. *Direito Civil. Sucessões*. 4. ed. Coimbra: Coimbra Editora, 1989.

ASSIS, Olney Queiroz; KÜMPEL, Vitor Frederico; PERES, Iehuda Henrique. *Manual de Direito Condominial*. Uma abordagem interdisciplinar. São Paulo: YK Editora, 2016.

BARBOZA, Heloisa Helena. A disciplina jurídica da partilha em vida: validade e efeitos. *Civilistica.com*, v. 5, n. 1, Rio de Janeiro, 2016. Disponível em: http://civilistica.com/a-disciplina-juridica-da-partilha-em-vida/. Acesso em: 21 out. 2021.

BARBOZA, Heloisa Helena; ALMEIDA, Vitor. Partilha em vida como forma de planejamento sucessório. In: TEIXEIRA, Daniela Chaves (Coord.). *Arquitetura do planejamento sucessório*. 2. ed. Belo Horizonte: Fórum, 2019.

BEVILÁQUA, Clóvis. *Direito das sucessões*. Salvador: José Luiz da Fonseca Magalhães Editor, 1899.

BEZERRA DE MELO, Marco Aurélio. Art. 1.320. In: SCHREIBER, Anderson; TARTUCE, Flávio; SIMÃO, José Fernando; MELO, Marco Aurélio Bezerra de; DELGADO, Mário Luiz. *Código Civil comentado. Doutrina e Jurisprudência*. 2. ed. Rio de Janeiro: Forense, 2020.

BOTTINO, Pierpaolo Cruz; RENAULT, Sérgio. Os caminhos da reforma. *Revista do Advogado*, ano XXVI, v. 26, n. 87, p. 5-18. São Paulo, 2006.

BUCAR, Daniel; PIRES, Caio Ribeiro. Sucessão e tributação: perplexidades e proposições equitativas. *Arquitetura do planejamento sucessório*. 2. ed. Belo Horizonte: Fórum, 2019.

BUCAR, Daniel; NASCIMENTO, Yves Lima. *Testamento e negócio jurídico processual*. Disponível em: https://www.conjur.com.br/2020-nov-26/bucar-nascimento-testamento-negocio-juridico-processual. Acesso em: 20 out. 2021.

CAHALI, Francisco José; HIRONAKA, Giselda Maria Fernandes Novaes. *Direito das Sucessões*. 3. ed. São Paulo: Ed. RT, 2007.

CAMPILONGO, Celso Fernandes. *Função social do notariado*. Eficiência, confiança e imparcialidade. São Paulo: Saraiva, 2014.

CARVALHOSA, Modesto. *Comentários à Lei de Sociedades Anônimas*. São Paulo: Saraiva, 1997. v. 3.

CHAVES, Carlos Fernando Brasil. *Direito sucessório testamentário*. Teoria e prática do Testamento. São Paulo: Saraiva, 2016.

COELHO, Fábio Ulhoa. *Princípios do direito comercial*. São Paulo: Saraiva, 2012.

CRUZ, Elisa Costa; AZEVEDO, Lilibeth de; Planejamento sucessório. In: TEPEDINO, Gustavo; FACHIN, Luiz Edson (Org.). *Diálogos sobre direito civil*. Rio de Janeiro: Renovar, 2012, v. III.

DELFIM, Priscila Martins. A natureza jurídica da legítima e o seu cálculo: uma visão luso-brasileira. *Revista do IBDFAM: Família e Sucessões*. v. 31, jan./fev. Belo Horizonte: IBDFAM, 2019.

DELGADO, Mário Luiz. Controvérsias na sucessão do cônjuge e do convivente. Uma proposta de harmonização do sistema. In: DELGADO, Mário Luiz/ ALVES, Jones Figueirêdo (Coord.). *Novo Código Civil. Questões controvertidas no direito de família e das sucessões*. São Paulo: Editora Método, 2005. v. 3.

DELGADO, Mário Luiz. *Razões pelas quais companheiro não se tornou herdeiro necessário*. Disponível em: https://www.conjur.com.br/2018-jul-29/processo-familiar-razoes-pelas-quais-companheiro-nao-tornou-herdeiro-necessario. Acesso em: 21 out. 2.021.

DELGADO, Mário Luiz. *Planejamento sucessório como instrumento de prevenção de litígios*. Disponível em: https://www.conjur.com.br/2018-ago-26/processo-familiar-planejamento-sucessorio-instrumento-prevencao-litigios. Acesso em: 20 out. 2.021.

DELGADO, Mário Luiz. *A (in)constitucional limitação do fideicomisso pelo CC/2002*. Disponível em: https://www.conjur.com.br/2020-nov-22/processo-familiar-inconstitucional-limitacao-fideicomisso-cc2002, Acesso em: 23 nov. 2020.

DIAS, Maria Berenice. *Manual das Sucessões*. 3. ed. São Paulo: Ed. RT, 2.013.

DIP, Ricardo. Sobre a qualificação no registro de imóveis. *Registro de Imóveis (vários estudos)*. Porto Alegre: Fabris, 2005.

DUARTE, Jorge Pinheiro. Herdeiros necessários e legitimários. In: LEAL, Pastora do Socorro Teixeira (Coord.). *Direito Civil Constitucional e outros estudos em homenagem ao Prof. Zeno Veloso*. Uma visão luso-brasileira. Rio de Janeiro: Forense; São Paulo: Método, 2014.

DUARTE, Jorge Pinheiro. *O Direito das sucessões contemporâneo*. 4. ed. Lisboa: AAFDL, 2020.

DUTRA. Elder Gomes. Isonomismo pressuposto: a declaração de inconstitucionalidade do art. 1.790 do Código Civil de 2002 não transformou o companheiro em herdeiro necessário. *Revista Nacional de Direito de Família e Sucessões*. v. 35, p. 28-49, mar./abr., 2020.

DUTRA. Elder Gomes. *Premissas para um direito sucessório mínimo*. A superações dos obstáculos ao efetivo Planejamento Sucessório no Brasil. Londrina: Thoth, 2021.

EHRHARDT JÚNIOR, Marcos. Planejamento sucessório na perspectiva do advogado. In: TEIXEIRA, Daniela Chaves (Coord.). *Arquitetura do planejamento sucessório*. Belo Horizonte: Fórum, 2021. t. II.

FARIAS, Cristiano Chaves de; ROSENVALD, Nelson. *Curso de Direito Civil. Sucessões*. 2. ed. Salvador: JusPodivm, 2016. v. 7.

GAGLIANO, Pablo Stolze; PAMPLONA FILHO, Rodolfo. *Novo Curso de Direito Civil. Direito das Sucessões*. 3. ed. São Paulo: Saraiva, 2016. v. 7.

HIRONAKA, Giselda Maria Fernandes Novaes. Planejar é preciso: planejamento sucessório para as novas famílias. Entrevista. *Revista IBDFAM*, v. 10, p. 5-7. Belo Horizonte, abr. 2014.

HIRONAKA, Giselda Maria Fernandes. Repensando sobre a função da legítima. *XXIII Conferência Nacional da Advocacia Brasileira*. São Paulo. Nov. 2017.

HIRONAKA, Giselda Maria Fernandes Novaes; TARTUCE, Flávio. Planejamento sucessório: conceito, mecanismos e limitações. In: TEIXEIRA, Daniela Chaves (Coord.). *Arquitetura do planejamento sucessório*. 2. ed. Belo Horizonte: Fórum, 2019.

ITABAIANA DE OLIVEIRA, Arthur Vasco. *Tratado de direito das sucessões*. 4. ed. São Paulo: Max Limonad, 1952. v. II.

LEITE, Eduardo de Oliveira. Art. 2014. In: TEIXEIRA, Sálvio de Figueredo (Coord.). *Comentários ao Novo Código Civil*. Rio de Janeiro: Forense, 2003. v. XXI.

LÔBO, Paulo. *Direito Civil. Sucessões.* 6. ed. São Paulo: Saraiva, 2020. v. 6.

MADALENO, Rolf. Planejamento sucessório. *Revista do IBDFAM:* Famílias e Sucessões, v. 1, Belo Horizonte, jan./fev., 2014, 9-28.

MADALENO, Rolf. *Sucessão legítima.* 2. ed. Rio de Janeiro: Forense, 2020.

MADALENO, Rolf. *O que é planejamento sucessório? Entenda o conceito.* Disponível em: http://genjuridico.com.br/2019/09/27/o-que-e-planejamento-sucessorio/. Acesso em: 20 out. 2021.

MAMEDE, Gladston; MAMEDE, Eduarda Cotta. *Planejamento sucessório:* introdução à arquitetura estratégica – patrimonial e empresarial – com vistas à sucessão *causa mortis.* São Paulo: Atlas, 2015.

MARINHO JÚNIOR, Jânio Urbano. *A função social da legítima no direito brasileiro.* São Paulo, 2.018. Dissertação (Mestrado em Direito) Faculdade Autônoma de Direito de São Paulo, 239p.

MARTINS-COSTA, Judith. Art. 5º, XXX – É garantido o direito de herança. In: CANOTILHO, José Joaquim Gomes; MENDES, Gilmar Ferreira; SARLET, Ingo Wolfgang; STRECK, Lênio Luiz (Coord.). *Comentários à Constituição do Brasil.* São Paulo: Saraiva/Almedina, 2014.

MAXIMILIANO, Carlos. *Direito das sucessões.* 5 ed. Rio de Janeiro: Freitas Bastos, 1964. v. I.

MAZZEI, Rodrigo Reis. Noção geral do Direito de Sucessões no Código Civil: introdução do tema em 10 (dez) verbetes. *Revista Jurídica.* v. 438, p. 7-22. Porto Alegre, 2014.

MORAES, Maria Celina Bodin de. *Na medida da Pessoa Humana.* Estudos de direito civil-constitucional. Rio de Janeiro: Processo, 2016.

MULTEDO, Renata Vilela; MEIRELLES, Rose Melo Vencelau. Partilha da legítima por meio do testamento. In: TEIXEIRA, Daniela Chaves (Coord.). *Arquitetura do planejamento sucessório.* 2. ed. Belo Horizonte: Fórum, 2019.

NEVARES, Ana Luiza Maia. *A tutela sucessória do cônjuge e do companheiro na legalidade constitucional.* Rio de Janeiro: Renovar, 2004.

NEVARES, Ana Luiza Maia. O princípio da intangibilidade da legítima. In: MORAES, Maria Celina Bodin de (Coord.). *Princípios do direito civil contemporâneo.* Rio de Janeiro: Renovar, 2006.

NEVARES, Ana Luiza Maia. *A função promocional do testamento. Tendências do Direito Sucessório.* Rio de Janeiro: Renovar, 2009.

NEVARES, Ana Luiza Maria. Perspectivas para o planejamento sucessório *Arquitetura do planejamento sucessório.* 2. ed. Belo Horizonte: Fórum, 2019.

OLIVEIRA, Alexandre Miranda; TEIXEIRA, Ana Carolina Brochado. Qualificação e quantificação da legítima: critérios para partilha de bens. In: TEIXEIRA, Daniele Chaves (Coord.). *Arquitetura do planejamento sucessório.* Belo Horizonte: Fórum, 2021. t. II.

OTERO, Marcelo Truzzi. A partilha de bens a partir da perspectiva existencial. In: TICIANELLI, Maria Fernanda Figueira Rossi; BARBIERO, Priscila Cristiane (Coord.). *Direito de Família em cases:* o conflito pelas lentes de seus advogados. Curitiba: Juruá, 2020.

PENA JÚNIOR, Moacir César. *Curso completo de Direito das Sucessões.* Doutrina e jurisprudência. São Paulo: Método, 2009.

PEREIRA, Caio Mário da Silva. *Instituições de Direito Civil. Direito das Sucessões.* 26. ed. Rio de Janeiro: Forense, 2019. v. VI.

PINHEIRO, Paulo Cesar. *Comentários ao Código de Processo Civil.* Rio de Janeiro: Forense, 2002. v. IX.

PONTES DE MIRANDA, Francisco Cavalcanti. *Tratado dos Testamentos.* Leme: BH Editora e Distribuidora, 2005. v. I.

REIS JÚNIOR, Antônio dos. A simulação no planejamento sucessório. In: TEIXEIRA, Daniela Chaves (Coord.). *Arquitetura do planejamento sucessório.* Belo Horizonte: Fórum, 2021. t II.

RODRIGUES, Silvio. *Direito das sucessões*. São Paulo: Saraiva, 2003. v. 7.

RODRIGUES, Silvio. *Direito Civil. Direito das sucessões*. 26. ed. São Paulo: Saraiva, 2007. v. 7.

SILVA, Rafael Cândido da. *Pactos sucessórios e contratos de herança*. Estudo sobre a autonomia privada na sucessão causa mortis. Salvador: Editora JusPodivm, 2.019.

SIMÃO, José Fernando. É possível converter os bens da legítima em dinheiro? In: PEREIRA, Rodrigo da Cunha, DIAS, Maria Berenice (Coord.). *Famílias e Sucessões*: polêmicas, tendências e inovações. Belo Horizonte: IBDFAM, 2018.

TARTUCE, Fernanda. *Mediação nos conflitos civis*. 2. ed. Rio de Janeiro: Forense; São Paulo: Método, 2015.

TARTUCE, Flávio. *Direito Civil. Direito das sucessões*. 9. ed. Rio de Janeiro: Forense, 2016. v. 6.

TATUCE, Flávio. *Planejamento Sucessório: O Que É Isso? (Parte 1)*. Disponível em: http://genjuridico.com.br/2018/11/01/planejamento-sucessorio-o-que-e-isso/. Acesso em: 20 out. 2021.

TARTUCE, Flávio. *Da extrajudicialização do direito de família e das sucessões. Parte III. Outras formas de solução*. Disponível em: http://www.migalhas.com.br/FamiliaeSucessoes/104,MI247925,31047Da+extrajudicializacao+do+Direito+de+Familia+e+das+sucessoes+Parte. Acesso em: 20 out. 2021.

TAVARES, Fernando Horta. Tempo e Processo. In: TAVARES, Fernando Horta (Coord.). *Urgências de tutela, processo cautelar e tutela antecipada*: Reflexões sobre a Efetividade do Processo no Estado Democrático de Direito. 2. reimp. Curitiba: Juruá, 2009.

TEIXEIRA, Daniele Chaves. *Planejamento sucessório. Pressupostos e limites*. 2. reimp. Belo Horizonte: Fórum, 2018.

TEIXEIRA, Daniele Chaves. Noções prévias do direito das sucessões. Sociedade, funcionalização e planejamento sucessório. In: TEIXEIRA, Daniela Chaves (Coord.). *Arquitetura do planejamento sucessório*. 2. ed. Belo Horizonte: Fórum, 2019.

TEPEDINO, Gustavo; NEVARES, Ana Luiza Maia; MEIRELES, Rose Melo Vencelau. *Fundamentos do Direito Civil. Direito das Sucessões*. Rio de Janeiro: Forense, 2020. v. 7.

TERTO E SILVA, Marcelo. *Aumento de impostos sobre doação reforça importância de planejamento sucessório*. Disponível em: https://www.conjur.com.br/2016-mar-16/marcello-silva-necessario-planejamento--preservar-heranca. Acesso em: 20 out. 2.021.

VELOSO, Zeno. *Testamentos*. 2. ed. Belém: Edições Cejup, 1993.

VELOSO, Zeno. In: AZEVEDO, Antônio Junqueira de. *Comentários ao Código Civil*. Parte Especial: Direito das Sucessões. São Paulo: Saraiva, 2003. v. 21.

VELOSO, Zeno. Art. 2.018. In: SILVA, Regina Beatriz Tavares da (Coord.). *Código Civil Comentado*. 10. ed. São Paulo: Saraiva, 2016.

VENOSA, Sílvio de Salvo. *Direito Civil*. Sucessões. 18. ed. São Paulo: Atlas, 2018.

WALD, Arnold. O regime jurídico da partilha em vida. In: CAHALI, Yussef Said; CAHALI, Francisco José (Org.). *Doutrinas essenciais*: família e sucessões. São Paulo: Ed. RT, 2011.

O ACESSO PELOS ESTRANGEIROS E BRASILEIROS RESIDENTES FORA DO PAÍS AO E-NOTARIADO E AS REGRAS DE COMPETÊNCIA

Ingrid Rufino Coimbra

Pós-graduada pela Escola da Magistratura do Estado do Rio de Janeiro – EMERJ – em Direito Público e Direito Privado. Pós-graduada pela Universidade Candido Mendes – UCAM – em Direito Processual Civil. Graduada em Direito pela Universidade Candido Mendes (UCAM). Registradora e Tabeliã do Registro Civil de Pessoas Naturais e Tabelionato de Notas do Município de Areias – SP, com ingresso mediante concurso público.

Resumo: Este artigo tem por objetivo abordar o Provimento 100/2020 do CNJ, que trata sobre a prática de atos notariais eletrônicos utilizando o sistema e-Notariado, cria a Matrícula Notarial Eletrônica-MNE e dá outras providências, no que tange sua interpretação e integração normativa a ser adotada na perspectiva do estrangeiro ou brasileiro residente fora do Brasil.

Sumário: 1. Introdução – 2. Da função do Conselho Nacional de Justiça perante a atuação do extrajudicial e sua competência normativa – 3. Da desjudicialização e o crescente campo de atuação do extrajudicial. Sistema de justiça multiportas; 3.1 Da capilaridade dos serviços extrajudicial e o acesso à justiça – desjudicialização e sistema de justiça multiportas – 4. Dos avanços obtidos pelo Provimento 100/2020 do CNJ e a sua nova forma de acesso – digital – aos serviços essenciais – 5. Das regras de competência para o acesso ao sistema notarial brasileiro – Norma prevista no art. 8º da Lei 8.935/94 – 6. Das regras de competência previstas no Provimento 100/2020 – 7. Da aplicabilidade das regras de competência previstas no Provimento 100/2020 do CNJ aos estrangeiros e brasileiros residentes e/ou expatriados – 8. Regras de integração diante de uma lacuna – 9. Conclusão – 10. Referências.

1. INTRODUÇÃO

O presente trabalho não tem como finalidade esgotar todas as discussões acerca das regras de competência previstas pelo Provimento 100/2020 do Conselho Nacional de Justiça, mas, sim, abordar qual seria a melhor interpretação (ou integração da norma) a ser adotada diante da lacuna existente para a hipótese de acesso ao e-notariado pelo estrangeiro ou brasileiro residente fora do país.

Para tanto, necessário se faz abordar sobre a possibilidade das regras de competência previstas no provimento serem divergentes da prevista em lei federal; possibilidade de o provimento inovar no mundo jurídico, trata-se de matéria inédita até então, e abordar a importância das regras de competência no meio notarial e suas atualidades diante dessa nova sistemática inaugurada – mundo virtual.

2. DA FUNÇÃO DO CONSELHO NACIONAL DE JUSTIÇA PERANTE A ATUAÇÃO DO EXTRAJUDICIAL E SUA COMPETÊNCIA NORMATIVA

De acordo com o preceito contido no art. 236 da CRFB/88, cabe ao Poder Judiciário realizar a fiscalização dos serviços notariais e de registro exercidos em caráter privado pelos delegatários, sendo o órgão responsável por tal atribuição o Conselho Nacional de Justiça – CNJ (art. 103-B, § 4º, I, II, e III da CRFB/88).

A fiscalização do Conselho Nacional de Justiça é de contribuir para que a prestação do serviço se dê de forma eficaz, observando os princípios do art. 37 da Constituição da República, em especial, no presente caso, o princípio da eficiência.

Nessa função de fiscalizar e contribuir para o bom funcionamento da prestação dos serviços extrajudiciais, deve-se dar ênfase ao poder normativo do CNJ, cujo poder, de acordo com a liminar concedida pelo Plenário do Supremo Tribunal de Federal, na Ação Declaratória de Constitucionalidade n 12, possui a natureza jurídica de ato normativo primário. O que significa dizer que, por possuir amparo direto na CRFB, pode inovar no ordenamento jurídico.

Diante desse contexto, foi editado o Provimento 100/2020 do Conselho Nacional de Justiça o qual dispõe sobre a prática de atos notariais eletrônicos utilizando o sistema e-Notariado e dá outras providências.

3. DA DESJUDICIALIZAÇÃO E O CRESCENTE CAMPO DE ATUAÇÃO DO EXTRAJUDICIAL. SISTEMA DE JUSTIÇA MULTIPORTAS.

3.1 Da capilaridade dos serviços extrajudicial e o acesso à Justiça – Desjudicialização e sistema de justiça multiportas

O direito de acesso à justiça, como se sabe, é um direito fundamental previsto no art. 5º, XXXV da CRFB/88, sendo esta a porta de entrada para a efetivação de demais direitos fundamentais. Contudo, o conceito de acesso à justiça não pode se limitar ao conceito de acesso ao Poder Judiciário, tal qual ocorreu por muitos anos, devendo haver uma releitura deste termo a permitir que o mesmo tenha o sentido de acesso a diversos meios de se obter direitos e/ou solucionar problemas.

Acrescenta-se a isso a exigência imposta pela CRFB, do princípio da duração razoável de um processo e do princípio da eficiência, ambos inseridos, respectivamente, pelas EC 45/2004 e pela EC 19/98 (art. 5º, LXXVIII e art. 37 da CRFB/88). A desjudicialização tem sido um ótimo expediente utilizado pelo legislador para desafogar o Poder Judiciário e viabilizar o princípio da duração razoável do processo na prática.

No almejo de atender esses anseios, cada vez mais se tem delegado matérias que seriam de apreciação do Poder Judiciário ao extrajudicial.

A capilaridade do serviço extrajudicial também contribuiu para o aumento do rol de matérias a serem solucionadas pelos serviços cartorários. Convém mencionar que todos esses mecanismos são opcionais aos usuários e na prática temos o uso cada vez maior desses serviços pela sociedade, a comprovar a confiança e a eficiência da atuação do extrajudicial nos dias atuais.

No Brasil, ao contrário do sistema anglo saxônico, cuja segurança do serviço advém da contratação de seguro, ou seja, eventuais problemas ocasionados seriam solucionados em indenizações e, por consequência, o serviço se tornaria mais dispendioso, adotamos o sistema notarial tipo latino ou romano-germânico. Trata-se de o sistema jurídico mais disseminado no mundo que consiste em duas preocupações, basicamente: 1) se preocupa com o conteúdo do documento a ser elaborado e 2) participação do notário a garantir a segurança do ato a ser realizado.

Nas palavras do ilustre Desembargador Ricardo Dip (2015): "O notário é um documentador, mas antes disso e mais que isso, um jurista que documenta."

Também podemos citar as palavras da notável Professora Patrícia Regina Pinheiro Sampaio que, ao fazer a apresentação do livro do Dr. Celso Fernandes Campilongo, relata com perfeição a importância do notariado para a sociedade, *verbis*:

> (...) O problema por trás da investigação é mais abrangente, remetendo à indagação acerca de qual seria a função do notariado na sociedade.
>
> Considerada, por vezes, atrelada a custos e a burocracia, a detida análise promovida pelo Professor Campilongo demonstra que a atividade notarial desempenha função essencial na dinâmica da sociedade complexa: a fé pública do notário reduz custos de transação e aumenta a confiança nas declarações das partes, permitindo a celebração de negócios que, na sua ausência, devido à assimetria de informação, possivelmente não se realizariam.
>
> Seria aquela pessoa realmente representante legal do mandante? Seria verdadeiro o documento de identificação daquele que se apresenta para praticar determinado ato da vida civil? Teria aquele fato realmente ocorrido? Quando a procuração foi redigida por instrumento público a cópia do documento foi autenticada ou uma ata notarial atesta a ocorrência do fato, a fé pública inerente à atividade notarial reduz a assimetria de informação, explicitando que os indivíduos podem confiar nos atos e informações ali materializados. E, como destaca o autor já na introdução (p. 8), 'informação é ativo fundamental nos sistemas de comunicação'. (...)

Percebe-se assim a importância da função diante desse fenômeno denominado de "Justiça Multiportas", em que o acesso ao Poder Judiciário seria apenas um dos meios disponibilizados para o alcance de direitos, sendo o extrajudicial outra "*porta*" para se obter o almejado com a mesma qualidade dos serviços. Os titulares de delegações extrajudiciais são *experts* altamente qualificados submetidos a um criterioso concurso público de diversas etapas.

4. DOS AVANÇOS OBTIDOS PELO PROVIMENTO 100/2020 DO CNJ E A SUA NOVA FORMA DE ACESSO – DIGITAL – AOS SERVIÇOS ESSENCIAIS

O serviço notarial e registral, por se tratarem de serviços essenciais, faz com que surja, cada vez, a exigência de atualização, necessidade de que o serviço reflita (atenda) as demandas da sociedade atual.

Além desse dinamismo que a atividade requer e, diante do recente problema mundial ocorrido – Covid-19 – que toda a população se viu impedida de praticar atos simples do seu cotidiano, como, por exemplo, sair de casa, surgiu ainda mais a necessidade de termos um meio para continuar a prestar nossos serviços, de forma eficaz, sem a necessidade de o usuário ter que se deslocar.

O Provimento 100/2020 do CNJ trouxe essa realidade (e inovação) da área digital ao mundo notarial por meio do acesso à plataforma do e-notariado. Se os brasileiros residentes em seu próprio país de origem se depararam com dificuldades ocorridas em meio à pandemia, destacando desde já, que os serviços notariais, por serem essenciais, não sofreram interrupções, imaginem os brasileiros expatriados e os estrangeiros, que porventura, tivessem que realizar negócios envolvendo bens ou pessoas residentes no Brasil?

Outro ponto a ser observado é o reflexo dessa inovação na economia e principalmente na imagem internacional do Brasil perante o mercado externo. Como se sabe, o Banco Mundial classifica os países de acordo com a facilidade que existe no local para a realização de atos negociais e a facilidade para abertura de novas empresas. Infelizmente, atualmente o Brasil não está satisfatoriamente classificado nesse aspecto.

O Provimento 100/2020, revolução digital do mundo notarial, elaborado com escopo de auxiliar esses problemas práticos existentes e, facilitar o acesso das partes ao sistema, acaba, por via transversa, por melhorar a imagem internacional do país. E, destaca-se, sem perder a segurança, que o serviço sempre dispôs até então.

Antes de entrar nos detalhes das inovações produzidas, oportuno ressaltar que o provimento em questão em nada altera ou modifica as normas até então existentes para elaboração do ato de forma presencial. Trata-se de uma nova forma de acesso, um novo meio de se utilizar dos serviços notarias já existentes, no intuito de atender as demandas atuais.

5. DAS REGRAS DE COMPETÊNCIA PARA O ACESSO AO SISTEMA NOTARIAL BRASILEIRO – NORMA PREVISTA NO ART. 8º DA LEI 8.935/94

O notário é um terceiro imparcial, devidamente capacitado, a ajudar a solucionar os problemas que lhe são apresentados. Por ser um profissional de confiança das partes, admite-se a livre escolha do tabelião, porém de forma controlada. A lei federal de número 8.935 de 1994 trata do acesso dos usuários *de forma presencial* aos tabelionatos de notas.

Importante mencionar que quando da edição da lei ainda não havia qualquer possibilidade de realização de escrituras na forma atualmente prevista pelo Provimento 100, virtual. O que significa dizer que todas as normas ali existentes não foram editadas sob a perspectiva da nova realidade virtual.

Para a elaboração do ato de forma presencial, a norma contida no art. 8º da Lei 8.935/94 dispõe ser "livre a escolha do tabelião de notas, qualquer que seja o domicílio das partes ou o lugar de situação dos bens objeto do ato ou negócio.", que deve ser lida em conjunto com a norma contida no art. 9, do mesmo diploma, "O tabelião de notas não poderá praticar atos de seu ofício fora do Município para o qual recebeu delegação".

Ou seja, de acordo com a lei federal, não há uma regra de competência pre-estabelecida, prevalece a livre escolha, mas há limites territoriais para a atuação do tabelião a serem observados. O mesmo não pode se deslocar, falando de forma vulgar *"levar o livro"* para as partes assinarem, para local diverso de sua competência. As partes podem se deslocar até o tabelião, mas este não pode se deslocar até as partes.

Repita-se a exaustão, ainda que de forma presencial, existem regras de competência para elaboração do ato de forma a impedir que o tabelião de notas realize atos em locais para os quais não recebeu a delegação. O artigo 8º acima mencionado não se aplica de forma isolada, é sempre interpretado de forma conjunta com a norma contida no art. 9º do mesmo diploma.

Observa-se que essa é uma norma imposta pela lei federal e amplamente defendida pela doutrina. As razões de ser da mencionada regra ocorrem para evitar que haja concorrência desleal entre os cartórios e, o mais importante, a regra se impõe para que haja observância à exigência de concurso público para a prática do ato (art. 37, II da CRFB/88).

Quando da aprovação no concurso público de provas e títulos, o aprovado recebe delegação para atuação dentro da esfera territorial de sua titularidade, não podendo, assim, exercer sua função em outra esfera territorial.

Nas lições do ilustre Professor Carlos Brasil (2013, p. 66), *verbis*:

> A escolha do notário é de livre decisão dos interessados, salvo nos casos previstos por lei ou regulamentos. Assim, o notário deve abster-se de todo comportamento que, mesmo indiretamente, possa influir sobre a livre escolha dos interessados quanto ao notário a indicar. (...)
> Muito embora seja livre a escolha do tabelião, este deve esclarecer que sua atuação restringir-se-á (no tocante a realização do ato e não quanto a seu objeto) à circunscrição territorial para qual recebeu a delegação.

Conclui-se, assim, que o escopo da lei federal não é permitir uma livre escolha do tabelião sem critérios. Ao não permitir que o tabelião se desloque ao local do cliente, temos, de forma clara, que a intenção é respeitar o espaço para o qual o tabelião recebeu sua delegação.

Outro ponto a ser observado, e de extrema relevância, é que as regras de competência reforçam o princípio constitucional da democratização do ingresso, o qual a única forma de exercer a atividade é mediante aprovação no concurso público.

6. DAS REGRAS DE COMPETÊNCIA PREVISTAS NO PROVIMENTO 100/2020

Conforme esclarecido acima, o presente trabalho não tem como finalidade dirimir ou esclarecer todas as controvérsias acerca das regras de competências previstas no Provimento 100/2020, mas, apenas, analisar qual seria a regra a ser aplicada na hipótese de acesso ao serviço pelos estrangeiros e brasileiros residentes fora do país.

A edição do Provimento 100/2020 do CNJ não prevê uma nova espécie de serviço notarial, apenas inseriu uma nova forma de acesso aos serviços notariais – acesso digital – mantendo-se as regras pertinentes ao acesso presencial sem qualquer alteração. Ou seja, apenas dispôs sobre mais uma possibilidade (e facilidade) ao usuário do serviço, repita-se.

Trata-se de um novo meio de acesso a algo que já existe e, por tal razão, deve-se adequar aos princípios notariais de competência, observar as regras de ingresso na carreira (concurso público), tutelar a vedação da concorrência desleal e, por conseguinte, preservar a manutenção dos cartórios de menor porte para assegurar a capilaridade dos serviços nos municípios menores.

A natureza jurídica do Provimento 100/2020 do CNJ é de ato normativo primário, ou seja, o provimento pode inovar no ordenamento jurídico pátrio sem que isso represente qualquer tipo de ilegalidade.

Observa-se também a presunção de legalidade e sua obrigatória observância até que seja publicada eventual declaração de ilegalidade ou desrespeito a preceitos legais.

Estabelecidas essas premissas, vemos que a regras de competência atualmente previstas no provimento em comento, foram estabelecidas apenas no intuito de se fazer valer a norma já contida nos arts. 8º e 9º da Lei 8.935/94, livre escolha do tabelião com critérios, livre escolha do tabelião respeitada sua circunscrição, porém no caso, observada as regras pertinentes ao ato virtual, dentro das regras do Provimento 100/2020.

As normas contidas no Provimento 100 não colidem com as regras de competência da lei federal, ao revés, ela reforça os princípios e as ideias ali contidas de que o tabelião não pode transportar o livro para demais comarcas que não recebeu sua delegação.

Por se tratar de um meio de acesso atípico – virtual – é necessário respeitar a regra imposta pela legislação federal e doutrina.

Trocando em miúdos, não se pode permitir que o tabelião "saia com livro" para ter acesso as partes. Ainda que de forma virtual, é necessário observar a competência territorial para o qual recebeu a delegação, sob pena de violar a lei federal e, por último, a própria Constituição da República que somente permite o exercício da função após a aprovação por concurso público.

Como se não bastassem esses argumentos jurídicos, ainda tem as justificativas de ordem prática que seriam evitar a concorrência desleal e, por consequência, acabar por inviabilizar a existência (e manutenção) dos cartórios de médio e menor porte.

Pertinente ainda mencionar a importância da manutenção dos cartórios de médio e menor porte, pois sua existência deve se dar não para atender interesses de eventuais titulares, mas, sim, para garantir a pulverização do serviço e garantir que todos tenham acesso ao mesmo, ainda que moradores de cidades de pequeno porte.

7. DA APLICABILIDADE DAS REGRAS DE COMPETÊNCIA PREVISTAS NO PROVIMENTO 100/2020 DO CNJ AOS ESTRANGEIROS E BRASILEIROS RESIDENTES E/OU EXPATRIADOS

Diante do fenômeno da globalização, tem se tornado cada vez mais comum brasileiros que residem fora do país e estrangeiros que optam por investir e realizar negócios no Brasil. Isso faz com que surjam questões sobre a aplicabilidade do Prov. 100/2020 do CNJ e suas regras de competência.

Para que o ato notarial possa alcançar a finalidade almejada – segurança jurídica – faz-se necessário que os preceitos contidos na legislação pertinente, Provimento 100/2020, sejam aplicados.

8. REGRAS DE INTEGRAÇÃO DIANTE DE UMA LACUNA

É certo que o provimento não abordou de forma expressa as hipóteses de acesso à plataforma do e-notariado pelos estrangeiros e brasileiros residentes fora do país, e, diante dessa lacuna, deve-se aplicar as regras de integração de normas.

Com todo respeito às vozes até então existentes em sentido contrário, salvo melhor juízo, diante da lacuna apresentada não se parece aconselhável o uso da analogia à lei federal a permitir a aplicação da regra contida no art. 8º da Lei 8.935/94, livre escolha do tabelião sem qualquer tipo de restrição.

Conforme amplamente acima exposto, no ordenamento jurídico atual não existe qualquer hipótese de livre escolha sem nenhuma restrição, até porque essa permissão contraria todo o sistema notarial. Até nas hipóteses de aplicabilidade da lei federal, quando da realização de forma presencial, o art. 9º impõe restrição em razão da competência: "o tabelião de notas não poderá praticar atos de seu ofício para fora do Município para o qual recebeu a delegação".

Levando-se em consideração que se está diante do mundo virtual, em que não há um livro físico a ser apresentado, aplicar o entendimento da analogia ao artigo 8º da Lei 8.935/94 de forma pura e simples, seria o equivalente a criar uma terceira norma, sem que haja qualquer legislação, na sua acepção ampla, a respeito. Estaria a doutrina "legislando" sobre o tema.

A hipótese em contendo, acesso à plataforma por estrangeiros e brasileiros não residentes, teria uma solução de um "mix de normas", aplicar-se-ia, de forma conveniente, as normas do provimento em conjunto com a norma contida no art. 8º da lei federal, dissociada da norma do art. 9º do mesmo diploma, criando uma terceira lei. O que não parece ser a melhor solução.

Até mesmo porque, conforme leciona o ilustre Norberto Bobbio (1999, p. 155), a analogia somente deve ser aplicada nas hipóteses em que a "*ratio*" seja comum de ambos os casos, o que não ocorre no caso concreto. Não se pode misturar regras para realização de escrituras e atos notariais de forma presencial, com as hipóteses de escrituras e atos notariais de forma virtual. Nesse mesmo sentido, *verbis*:

> Mas qual a diferença entre a analogia propriamente dita e interpretação extensiva? Foram elaborados vários critérios para justificar a distinção. Creio que o único critério aceitável seja aquele que busca colher a diferença com respeito a diversos efeitos, respectivamente, da extensão analógica e da interpretação extensiva: o efeito da primeira é a criação de uma nova norma jurídica; o efeito da segunda é a extensão de uma norma para casos não previstos por esta.

Também nesse mesmo sentido, de diferenciar a analogia da interpretação extensiva, nas palavras do renomado Professor Miguel Reale (200, p. 100), *verbis*:

> Por outro lado, não se deve confundir a analogia com a interpretação extensiva, apesar de, como já assinalamos, esta representar, até certo ponto, uma forma de integração. A doutrina tem vacilado na exposição de critérios distintivos entre uma e outra. Parece-nos que assiste razão àqueles que não apontam uma entre elas uma distinção qualitativa, mas de grau, ou de momento no processo de integração sistemática. (...)
>
> Voltando à raiz de nosso tema, podemos dizer que o pressuposto do processo analógico é a existência reconhecida de uma lacuna na lei. *Na interpretação extensiva, ao contrário, parte-se da admissão de que a norma existe, sendo suscetível de ser aplicada ao caso, desde que estendido o seu entendimento além do que usualmente se faz*. É a razão pela qual se diz que entre uma e outra há um grau a mais na amplitude do processo integrativo.
>
> Quando se vai além, afirmando-se a existência de uma lacuna, mas negando-se a existência de uma norma particular aplicável por analogia, o caminho que se abre já é mais complexo: é o dos princípios gerais de direito, cujo estudo será objeto de nossa próxima aula. (Grifou-se)

Conclui-se, assim, salvo opiniões divergentes, que a hipótese demanda a aplicação de uma interpretação extensiva, pois a norma, acesso pelo meio virtual, existe; ela somente não abrange expressamente o caso do acesso de estrangeiros e brasileiros residentes fora do país, e as razões (*ratio*) da Lei Federal 8.935/94 são diversas do atual Provimento 100/2020 do Conselho Nacional de Justiça.

Não se pode aplicar o art. 8º da Lei 8.935/94 de forma isolada, sem observância da norma contida no art. 9º do mesmo diploma, às hipóteses de escrituras virtuais reguladas pelo Provimento 100/2020, e isso por razões específicas. A uma porque a *ratio* das hipóteses são diversas – presencial e virtual. A duas porque a aplicação da norma contida no art. 8º da lei mencionada de forma isolada seria o mesmo que tornar letra morta à norma contida no art. 9º do mesmo diploma, em completo desrespeito a toda doutrina até então existente e a regra constitucional de delegação / concurso público. A três porque admitir a analogia da livre escolha sem qualquer tipo restrições (art. 8º da Lei 8.935/94) seria o mesmo que permitir uma combinação de leis, criando-se uma terceira norma, até então inexistente. Atualmente não há qualquer hipótese em que o tabelião possa se deslocar até as partes, ainda de forma virtual, para realizar atos em locais para os quais não possui competência.

O fato de não ser previsto expressamente no provimento a hipótese do acesso de estrangeiros e brasileiros não residentes no Brasil à plataforma digital, apenas autoriza o uso da técnica de interpretação extensiva, a enquadrar a hipótese dentro das regras previstas no provimento ainda que de forma residual.

Apenas a título de argumentação, podemos citar o Provimento 103/2020 do Conselho Nacional de Justiça, recém editado, que prevê a assinatura digital dos pais para autorização de viagem com regras claras de competência. Ou seja, trata-se de matéria não abrangida expressamente pelo Provimento 100/2020, tendo o CNJ regulado agora com regras de competência delimitadas a demonstrar que o intento do "legislador" não é permitir que qualquer cartório, sem que tenha a delegação respectiva, competência restrita a circunscrição, possa elaborar o ato.

Pensamos que essa limitação de competência será uma tendência dos atos normativos sobre o acesso digital ao sistema do e-notariado de forma a prestigiar o concurso público prestado pelos que exercem o cargo.

Pode-se também comentar sobre o Provimento 88/2019 que dispõe sobre a política, os procedimentos e os controles a serem adotados pelos notários e registradores, visando a prevenção dos crimes de lavagem de dinheiro. Cabem aos tabelionatos de notas, dentre outros legitimados, a análise dos atos de acordo com os critérios objetivos e subjetivos de possíveis casos que possam caracterizar lavagem de dinheiro.

Não se pode ignorar a realidade heterogênea do Brasil, permitir que escrituras sejam celebradas em qualquer localidade, facilita o uso da plataforma para eventuais burlas de controle dos atos praticados. Sabe-se que algumas regiões possuem o controle mais rígido que demais localidades do país. Assim, além da preocupação da concorrência desleal em razão da diferença de valores de emolumentos, expressamente prevista nos considerando do provimento, temos também essa "brecha" para escolha de locais em que o controle seja menos rigoroso.

Admitir a livre escolha sem observância dos critérios que sempre existiram de limites de circunscrição acabaria por enfraquecer a segurança prestada pelo sistema e-notariado. Até mesmo porque nem a lei federal se coaduna com a ideia de livre escolha sem critérios, repita-se à exaustão.

Poder-se-ia conjecturar que mesmo nesses casos, caso se admita a escolha livre do local da realização da escritura, os Cartórios de Registros de Imóveis, por terem sua competência territorial prefixada, se incumbiriam de realizar o controle previsto no Provimento 88/2019, todavia, a competência ali prevista é concorrente, não podendo (e não devendo) se enfraquecer o rol de legitimados ali previsto.

Outro ponto a ser observado é que, como se sabe, existe toda uma legislação própria, por exemplo, a regular a aquisição de imóveis rurais por estrangeiros, tema extenso que não será abordado no presente artigo para não fugirmos do tema.

O controle de terras adquiridos por estrangeiros é matéria que envolve questões de soberania (art. 190 da CRFB/88, Art. 23 da Lei 8.629/93, Lei 5.709/71 e Instrução Normativa do INCRA 88/2017) e existem diversas normas a serem observadas quando da edição de escrituras que envolvam aquisição de imóveis por estrangeiros.

Sabemos que má fé não pode ser presumida, quiçá após a edição da Lei da Liberdade Econômica (Lei 13.726/2018), mas também não podemos nos descuidar de eventuais hipóteses de mau uso da plataforma.

Tanto os tabeliães de notas como os registradores de imóveis possuem o equivalente a uma "legitimidade concorrente disjuntiva", o que significa dizer que todos devem atuar para o controle dos atos via COAF e controle dos requisitos (e limites) a serem observados quando da edição de atos que envolvam a aquisição de terras brasileiras por estrangeiros. Mas, se admitirmos a flexibilização das normas de competência das atribuições do Tabelionato de Notas para a elaboração dos atos de escrituras enfraquece o controle destes.

Além de todos os argumentos acima expostos, aceitar a interpretação de que os estrangeiros teriam uma regra de competência própria para acesso à plataforma, diversa das regras impostas aos brasileiros, seria estabelecer diferenças e, podemos assim dizer, vantagens no acesso à plataforma aos estrangeiros e residentes fora do país, o que não parece ser o mais adequado.

9. CONCLUSÃO

Em conclusão, submetendo estas parcas considerações acerca do tema ora enfrentado, temos que é fato incontroverso que o Provimento 100/2020 do Conselho Nacional de Justiça não versa sobre as regras de competência na possibilidade em que umas das partes (ou todas) sejam estrangeiros ou residam fora do país existindo, assim, uma lacuna.

De acordo com o acima exposto, no presente trabalho não tivemos a pretensão de esgotar o tema que, inclusive, podem desencadear situações das mais diversas na prática, mas, o presente artigo tem como escopo demonstrar que a analogia à Lei Federal 8.935/94, salvo melhor juízo, não se apresenta ser a solução mais adequada ao problema posto em debate.

Além de não ser a solução mais técnica, pois a hipótese demandaria como regra de integração a interpretação extensiva (e não analogia), ocasionaria violação a diversas normas e princípios, inclusive de ordem constitucional, bem como confrontaria com toda a sistemática notarial.

O ideal é que haja um pronunciamento do Conselho Nacional de Justiça acerca das regras de competência nessas hipóteses, porém enquanto isso não ocorrer, salvo melhor juízo, o mais adequado seria uma interpretação extensiva das regras previstas no Provimento 100 e não analogia a uma lei cuja *ratio* é diversa. Todas essas ideias foram postas não apenas no intuito de permitir que estrangeiros e brasileiros residentes possam fazer uso da plataforma e-notariado, mas, principalmente, para que os atos a serem editados sob essa nova "forma" continuem a garantir segurança e higidez, características inerentes ao sistema notarial.

10. REFERÊNCIAS

ASSUMPÇÃO, L. F. M; Ribeiro, P. H. S. *A territorialidade e ato notarial eletrônico*. CNB, 2021. Disponível em: https://cnbmg.org.br/artigo-territorialidade-e-ato-notarial-eletronico-por-leticia-franco-maculan-assumpcao-e-paulo-hermano-soares-ribeiro/. Acesso em: 23 nov. 2021.

BANDEIRA, Gustavo. *A competência para lavratura do ato notarial eletrônico envolvendo brasileiros expatriados e estrangeiros*. CNB, 2021. Disponível em: https://cnbpr.org.br/2021/02/24/artigo-a-competencia-para-lavratura-do-ato-notarial-eletronico-envolvendo-brasileiros-expatriados-e-estrangeiros-por-gustavo-bandeira/. Acesso em: 23 nov. 2021.

BOBBIO, Norberto. *Teoria do ordenamento jurídico*. 10. ed. Trad. Maria Celeste C. J. Santos; verrev. Téc. Claudio de Cicco; Apres. Tércio Sampaio Ferraz Júnior. Brasília: Editora Universidade de Brasília, 1999.

CAMPILONGO, Celso Fernandes. *Função social do notariado*: eficiência, confiança e imparcialidade / Celso Fernandes Campilongo. São Paulo: Saraiva, 2014.

CHAVES, Carlos Fernando Brasil; RESENDE, Afonso Celso F. *Tabelionato de notas e o notário perfeito*. 7. ed. São Paulo: Saraiva, 2013.

DIP, Ricardo. O notário é um documentador, mas antes disso e mais que isso, um jurista que documenta. *Entrevista concedida à Academia Notarial Brasileira*, 2020. Disponível em: https://academianotarial.org.br/noticias/o-notario-e-um-documentador-mas-antes-disso-e-mais-que-isso-um-jurista-que-documenta. Acesso em: 16 nov. 2021.

DIP, Ricardo. *Sistemas Registrais e Notariais ao redor do mundo*. Site Instituto de Registro Imobiliário do Brasil, 2015. Disponível em: https://www.irib.org.br/noticias/detalhes/sistemas-notariais-e-registrais-ao-redor-do-mundo. Acesso em: 16 nov. 2021.

REALE, Miguel, 1910. *Lições Preliminares de direito*. 25. ed. São Paulo: Saraiva, 2000.

SARDINHA, Cristiano de Lima Vaz. In: DEBS, Martha El (Coord.). *Cartórios e acesso à justiça*. A contribuição das serventias extrajudiciais para a sociedade contemporânea como alternativa ao Poder Judiciário. Salvador: JusPodivm, 2018.

O INVENTÁRIO E PARTILHA DE BENS ENVOLVENDO MENORES E INCAPAZES PELA VIA EXTRAJUDICIAL

João Henrique Paulino

Pós-graduado em Direito Notarial e Registral pelo IDP/SP. Tabelião Interino de Notas e Protesto de Santa Branca/SP.

Resumo: A sobrecarga[1] do Poder Judiciário no Brasil[2] é tema que rende amplos debates na comunidade jurídica. Diante da necessidade de se prestar satisfatoriamente a jurisdição ao cidadão e historicamente enfrentando sérias dificuldades materiais, estruturais e normativas, o Estado e a sociedade vêm adotando e discutindo medidas que buscam amenizar os problemas decorrentes do acúmulo de processos,[3] que vão desde a morosidade na prestação jurisdicional, até a inefetividade do provimento, muitas vezes chegando à hipótese do erro judicial. A extrajudicialização de questões nas quais vigora a consensualidade é um caminho promissor que já oferece alívio ao sistema, sem afastar a justiça e a segurança jurídica das partes. Ampliar esse movimento normativo e cultural, reservando ao Estado-Juiz somente o que é estritamente necessário, é fundamental para que se chegue o mais próximo possível de um sistema saudável, tanto para a máquina pública, como para quem a ela recorre. O Tabelião de Notas, profissional do Direito dotado de fé pública,[4] é um importante aliado nessa tarefa: já atua, desde o advento da Lei 11.441/2007, em procedimentos antes restritos ao âmbito judicial, lavrando as escrituras públicas de inventário, partilha e de divórcio consensuais.[5] A proposta deste trabalho é analisar a possibilidade de se ampliar esse rol de competência, questionando: *o inventário e partilha com menores e incapazes envolvidos, atualmente atos privativos da via judicial, devem assim permanecer? Ou a desjudicialização desses atos se faz necessária e possível diante do cenário normativo e social atual?*

Sumário: 1. Introdução – 2. Por que o notário? – 3. A Lei 11.441/2007 – 4. O início da abertura: caso em São Paulo e portaria de Rio Branco/AC – 5. O início da abertura: normas extrajudiciais do Rio de Janeiro – 6. A necessária maturação do debate – 7. Proposta – 8. Conclusão – 9. Referências.

---

1. Às precariedades físicas e materiais do Judiciário se soma uma realidade social sempre inovadora, responsável por novas demandas e novos direitos, frutos dos tempos modernos (PINHO, Humberto Dalla Bernardina de. *Manual de Direito Processual Civil Contemporâneo*. São Paulo: Saraiva Educacional, 2019, p. 97).
2. Pinho (ibidem, p. 98) faz o importante registro de que os problemas enfrentados pelo Poder Judiciário, quanto à celeridade de seus processos, não é exclusividade do nosso sistema, contrariando um verdadeiro mito social de que a máquina judicial brasileira é perceptivelmente mais ineficiente do que outras. Para isso, lembra do *speedy trial* como liberdade fundamental trazida pelo *Bill of Rights*.
3. O relatório anual dos números do Poder Judiciário brasileiro, elaborado pelo CNJ, apontou que até o fim de 2019 havia 77 milhões de processos judiciais pendentes de baixa (Justiça em Números 2020: ano-base 2019. Conselho Nacional de Justiça – Brasília: CNJ, 2020).
4. Fé pública notarial é uma presunção de veracidade e autenticidade atribuída por lei aos atos notariais. Aos investidos na atividade tabelioa é atribuído o poder de juridicizar a vontade das partes sem que sua vontade intrínseca seja questionada sem razões de exceção (KUMPEL, Vitor Frederico; FERRARI, Carla Modina. *Tratado Notarial e Registral*. 2. ed. São Paulo: YK Editora, 2022, p. 109).
5. Outras competências antes exclusivas do Poder Judiciário foram atribuídas às serventias extrajudiciais, provando que este movimento é necessário e atual, tal como a possibilidade de se fazer administrativamente, perante o Oficial Registrador de Imóveis, a retificação do registro, por meio da Lei 10.931/2004, que alterou a Lei 6.015/73.

1. INTRODUÇÃO

Na clássica teorização da divisão funcional dos poderes do Estado elaborada por Montesquieu,[6] ao Poder Judiciário ficou reservada, tipicamente, a função jurisdicional. De maneira bastante abstrata e inicial, pode-se dizer que exercer a jurisdição consiste basicamente na resolução de conflitos. O Poder Legislativo é incumbido da fiscalização e elaboração das leis, que são executadas pelo Poder Executivo, cabendo ao Poder Judiciário a resolução dos conflitos.[7] Para Carreira Alvim,[8] a jurisdição faz atuar "o direito objetivo na composição dos *conflitos* de interesses [...]" (grifo nosso). Daí se pode inferir que, histórica e normativamente, as questões levadas à apreciação judicial são aquelas originadas num *conflito juridicamente relevante,* que destoaram da consensualidade reinante no cotidiano social e, portanto, necessitaram em algum momento da força estatal restauradora da paz, ou de algo que chegue próximo a isso. A jurisdição[9] mesma foi pensada de modo a dirimir tais conflitos,[10] embora se tenha igualmente cara ao Poder Judiciário a chamada jurisdição voluntária, que não repousa seu nascimento numa lide,[11] mas que antes revela uma atividade administrativa do juiz.[12] Com isso, procura-se evidenciar a vocação judicial para a composição de *conflitos*, com o poder decisório do juiz, para lhe extremar questões consensuais passíveis de tratamento por outros órgãos e instituições. Quer-se dizer, em suma, que o juiz é *vocacionado* para a composição de demandas nas quais haja uma pretensão resistida, sendo dispensável sua atuação quando o consenso possa compor juntamente com outros aparatos de justiça igualmente confiáveis.

Sem consenso doutrinário sobre o que exatamente compõe a jurisdição contenciosa e a jurisdição voluntária e portanto qual delas seria mais essencial ao Judiciário do que a outra,[13] este trabalhado se aterá a uma hipótese que, em essência e última instância, possivelmente possa ser realizada por outra instituição e institutos jurídicos à disposição da sociedade brasileira, sem ferir as competências constitucionais atri-

---

6. MALUF, Sahid. *Teoria Geral do Estado*. 24. ed. rev. e atual. pelo Prof. Miguel Alfredo Malufe Neto. São Paulo: Saraiva, 1998, p. 210-211.
7. MALUF, ibid., p. 209.
8. CARREIRA ALVIM, José Eduardo. *Teoria Geral do Processo*. 14. ed. Rio de Janeiro: Forense, 2014, p.40.
9. Jurisdição, na acepção tratada neste trabalho, é a forma de resolução de conflitos monopolizada pelo Estado, a qual se tornou socialmente predominante a partir do século XIV, em substituição a outras, como a autocomposição, por exemplo. É uma manifestação do poder soberano do Estado, além de também ser um dever, o dever de dirimir qualquer conflito que lhe seja apresentado (PINHO, op. cit., p. 47-48).
10. "Sempre se pensou a jurisdição com objetivo de dirimir *conflitos* de interesses" (SÁ, Renato Montans de. *Manual de direito processual civil*. 2. ed. São Paulo: Saraiva, 2016. p 89) (grifo nosso).
11. "A jurisdição voluntária não serve para que o juiz diga quem tem razão, mas para que *tome determinadas providências que são necessárias para a proteção de um ou ambos os sujeitos da relação processual*" (RIOS GONÇALVES, Marcus Vinicius. *Direito Processual Civil*. 13. ed. São Paulo: SaraivaJur, 2022. p. 106) (grifo do autor).
12. Há quem negue caráter jurisdicional à chamada jurisdição voluntária, reservando àquele o âmbito da resolução de conflitos de interesses (CARREIRA ALVIM, op. cit., p. 53).
13. A Lei 11.441/2007, que trata do divórcio e inventários e partilhas extrajudiciais e que será tratada mais adiante, entende uma lógica mundial de se reservar ao Juiz apenas a competência que lhe caiba em resolver conflitos, retirando-lhe questões consensuais, para conferir rapidez e simplicidade, num processo chamado desjudicialização (RODRIGUES, Felipe Leonardo; FERREIRA, Paulo Roberto Gaiger. CASSETARI, Christiano (Coord.). *Tabelionato de Notas*. 4. ed. Indaiatuba: Editora Foco, 2021. p. 321).

buídas ao Poder Judiciário:[14] a possibilidade de alargamento do objeto das escrituras públicas de inventário e partilha, para nelas incluir casos em que haja menores ou incapazes envolvidos, hipótese hoje vedada pelo ordenamento jurídico. Ao dizer que "havendo testamento ou *interessado incapaz*, proceder-se-á ao inventário judicial" (grifo nosso), o Código de Processo Civil de 2015, em seu artigo 610, remete ao Judiciário uma questão, em tese, sem conflito[15] e, portanto, passível do questionamento: é imprescindível que essa questão ainda passe pelo crivo judicial? Ou esse é mais um tema que, na esteira da desjudicialização[16] presente nos últimos anos, pode ser tratada com a mesma segurança jurídica pelas Serventias Extrajudiciais?[17]

Inventário, na acepção jurídica ora tratada, é o ato formal pelo qual se reúne documentalmente os bens pertencentes ao espólio de um falecido, identificando seus herdeiros, bem como cônjuge, credores e devedores. Em suma, é um levantamento a que se convencionou chamar inventário da herança, dotado de instrumentalidade, de modo a permitir o recolhimento de tributos decorrentes da transmissão patrimonial, o pagamento a credores e, como ato final, a partilha do patrimônio a quem de direito,[18] extinguindo a indivisibilidade.[19] Assim, o inventário instrumentalizado é essencial para a formalização da transferência da propriedade, embora esta já tenha ocorrido no exato instante do falecimento do titular do patrimônio, conforme princípio insculpido no art. 1.784 do Código Civil brasileiro.

Até o advento da Lei 11.441/2007, o inventário se processava somente judicialmente, para protestos da doutrina:

> As formalidades exigidas para o procedimento judicial tornavam-no extremamente moroso, em alguns casos levando anos ou até mesmo décadas para sua finalização. Criou-se posteriormente um procedimento judicial simplificado, denominado arrolamento, quando as partes fossem

---

14. De maneira bem ampla, abstrata e inicial, a Constituição Federal de 1988 atribuiu ao Judiciário o dever de apreciar a lesão ou a ameaça a direito no inciso XXXV do art. 5º, para depois esmiuçar no Capítulo III do Título IV.
15. Orlando Gomes também lembra que excluir da apreciação de juízes questões que versem sobre direitos disponíveis entre pessoas maiores e capazes é uma tendência em vários países (GOMES, Orlando. *Sucessões*. 14. ed. Rio de Janeiro: Forense, 2008. p. 277).
16. Desjudicialização é um fenômeno no qual ocorre a retirada de competências da órbita judicial para atribuí-las a outras instâncias institucionais, destacando-se as serventias extrajudiciais, sempre através de alterações legislativas (PINHO, op. cit., p. 164-165).
17. Inexiste óbice constitucional à alteração da matéria, o que reforça que, por alteração legislativa ordinária, é possível que os inventários e partilhas envolvendo menores e incapazes sejam feitos fora do âmbito judicial, ou seja, por escritura pública (FRONTINI, Ana Paula. *A Possibilidade de Realização Extrajudicial de Procedimentos de Jurisdição Voluntária com a Presença de Menores e Incapazes*. Dissertação (Mestrado em Direito Político e Econômico) – Universidade Presbiteriana Mackenzie, 2018, p. 85-86. Disponível em https://dspace.mackenzie.br/bitstream/handle/10899/24089/Ana%20Paula%20Frontini.pdf?sequence=1&isAllowed=y. Acesso em: 31 ago. 2022).
18. VENOSA, Sílvio de Salvo. *Direito Civil*: família e sucessões. 20. ed. São Paulo: Atlas, 2020. p, 599.
19. Falecido o titular do patrimônio, os herdeiros passam a ser titulares do direito à sucessão aberta, considerado imóvel e indivisível, conforme teor do art. 80, II, e parágrafo único do art. 1.791. Tal estado de indivisibilidade somente cessará com a partilha, quando os herdeiros serão titularizados em seus respectivos quinhões, na letra do art. 2.023. Promover a partilha, logo, é de sua importância, uma vez que a indivisão dos bens é "antieconômica e atentatória da harmonia social", no dizer de Carlos Roberto Gonçalves (GONÇALVES, Carlos Roberto. *Direito Civil Brasileiro*: Direito da Sucessões. 5. ed. São Paulo: Saraiva, 2011, p. 480).

capazes e concordes. Mas essa medida contribuiu pouco para a superação da morosidade. Com o advento da Lei n. 11.441, de 2007, abriu-se a possibilidade de procedimento extrajudicial [...] Promoveu-se mudança profunda na tradição do inventário, pois em um único ato (a escritura pública), sem a participação do Poder Judiciário, são feitos o inventário e a partilha.[20]

Temos hoje, portanto, o inventário judicial, processado no Poder Judiciário no rito ditado pelo Código de Processo Civil de 2015, e o extrajudicial ou administrativo,[21] lavrado por Tabelião de Notas em escritura pública, desde que presentes herdeiros maiores e capazes, concordes com a partilha e com assistência de advogado.

Envolto em demanda obstrutora da boa jurisdição, o Poder Judiciário e o Estado buscam saídas para seus entraves, que já passaram por reformas administrativas, marcos legais e leis dos mais variados assuntos.[22] É nobre a preocupação com a melhoria da prestação dos serviços de justiça, o que chega inclusive a impulsionar alterações constitucionais, como é o caso da inserção do inciso LXXVIII ao art. 5º da Constituição Federal, que diz: "a todos, no âmbito judicial e administrativo, são assegurados a razoável duração do processo e os meios que garantam a celeridade de sua tramitação".[23] O número elevado de demandas tramitando nas varas judiciais compromete a efetividade da prestação judicial,[24] fatos que tornam relevante e premente o presente debate.

2. POR QUE O NOTÁRIO?

A atual Lei 8.935/94 confere a Tabeliães e Registradores a condição de profissionais do Direito,[25] mesmo que na vida real já o fossem antes mesmo da edição da norma.[26] O diploma legal, que regulou a atividade desses profissionais, afirmou sua independência[27] e qualificação jurídicas no ordenamento pátrio, destacando a essencialidade de suas funções. A previsão normativa reconhece o fulcral papel desses profissionais na efetivação do direito no país, na garantia de direitos fundamentais e na busca por segurança jurídica. O sistema notarial adotado no Brasil, denominado de tipo latino,[28] está presente em 89 países mundo afora, incluindo potências globais

---

20. LÔBO, Paulo. *Direito Civil*: sucessões. 6. ed. São Paulo: Saraiva Educação, 2020, v. 6, p. 298.
21. Inventário administrativo é nomenclatura também utilizada pela doutrina, apontado como instrumento de desafogamento do Judiciário e alternativa célere e frequentemente menos onerosa para a partilha do patrimônio do de cujus (KUMPEL, Vitor Frederico; FERRARI, Carla Modina, 2022, p. 821).
22. Eduardo Pacheco Ribeiro de Souza (2017) elenca alguns diplomas legais que vieram contribuir para o desafogo judicial, com enfoque especial na atuação das serventias extrajudiciais, como a Lei 9.514/97, que instituiu a alienação fiduciária em coisa imóvel e sua solução extrajudicial em caso de não pagamento; a Lei 10.931/2004, alterando a Lei 6.015/73 para permitir a retificação administrativa do registro imobiliário, entre outras.
23. SILVA, José Afonso da. *Comentário Contextual à Constituição*. 8. ed. São Paulo: Malheiros, 2012, p. 179.
24. MENDES, Gilmar Ferreira; BRANCO, Paulo Gonet. *Curso de Direito Constitucional*. 15. ed. São Paulo: Saraiva Educação, 2020, p. 1075.
25. "Art. 3º Notário, ou tabelião, e oficial de registro, ou registrador, são profissionais do direito, dotados de fé pública, a quem é delegado o exercício da atividade notarial e de registro."
26. Registros de diversas antigas civilizações permitem dizer que a atividade notarial é uma instituição pré-jurídica, antecedendo a própria formação do Direito e do Estado (FERREIRA; RODRIGUES; CASSETARI, 2021, p. 1), tamanha sua longevidade e importância na história da humanidade.
27. "Art. 28. Os notários e oficiais de registro gozam de independência no exercício de suas atribuições [...]".
28. A denominação "tipo latino" é alusiva às instituições jurídicas do Direito Romano, e não guarda relação com os povos latinos (FERREIRA; RODRIGUES; CASSETARI, 2021, p. 14).

como Alemanha e Rússia, além de vizinhos latino-americanos, como Argentina e Chile, igualmente relevantes, atendendo cerca de 70% da população mundial.[29]

Não se pode conceber a função notarial fora do sistema de justiça.[30] Ela revela verdadeira atividade-meio de tutela das relações obrigacionais entre os indivíduos.[31] O art. 103-B, § 4º, III, da Constituição Federal concebe os serviços notariais e de registro como partes importantes de nosso amplo sistema de justiça, e diz que o Conselho Nacional de Justiça (CNJ) ficará incumbido de conhecer "das reclamações contra membros ou órgãos do Poder Judiciário, inclusive contra seus serviços auxiliares, serventias e órgãos prestadores de serviços notariais e de registro [...]". Apesar de fiscalizado pelas Corregedorias Gerais de Justiça estaduais e pelo CNJ, as serventias não compõem exatamente os quadros do Poder Judiciário, quando se pensa em sua autonomia financeira,[32] em sua independência funcional[33] e até mesmo na sua completa desvinculação física com os fóruns de justiça. Atua de forma delegada, ou seja, fora da estrutura formal do Estado. Mas é inegável que integra o amplo sistema de justiça constitucional. Notários e registradores exercem funções fundantes de nossa soberania política.

O notário atua preventivamente à formação de litígios, na elaboração de negócios jurídicos saneados, conforme a lei; assegura às partes o cumprimento das exigências legais e fiscais, preenchendo um espaço intelectual que possivelmente, se ausente, desaguaria num litígio a ser resolvido pelo Judiciário.[34] É atividade eminentemente profilática, preventora de conflitos e auxiliar da administração pública. Toda essa profilaxia é exercida pela mediação jurídica, que torna a atividade instrumento indispensável na busca pela efetividade da justiça. Os artigos 6º e 7º da Lei 8.935/94, ao enumerar as competências notariais, elenca atos absolutamente essenciais a um sistema sadio. A circulação de riquezas, principalmente imobiliárias, depende de um notariado forte.

Antes mesmo da Lei 8.935/94, a Constituição Federal de 1988 em seu artigo 236 já desenhava a importância dos serviços notariais e de registro, forjando profissionais de alto status institucional no desenho estatal brasileiro.

A atuação do notário tem seu ponto central na qualificação jurídica das vontades manifestadas pelos usuários, a chamada qualificação notarial, que se difere da

---

29. O notariado de tipo latino, adotado no Brasil, está em 88 países ao redor do mundo, levando-se em conta aqueles que participam da União Internacional do Notariado Latino (Colégio Notarial do Brasil, Seção São Paulo, 2018).
30. Ao Conselho Nacional de Justiça compete gerar certa uniformidade ao serviço extrajudicial, como quando regulou, por exemplo, a lavratura das escrituras públicas de inventário, partilha e divórcio, pela Resolução 35/2007 (KUMPEL; FERRARI, 2022, p 128).
31. KUMPEL; FERRARI, op. cit., p. 34.
32. "[...] ainda que sob a fiscalização do Poder Judiciário, notários e registradores têm autonomia no gerenciamento administrativo e financeiro do serviço" (BUENO; CASSETARI, 2017, p. 154).
33. De suma importância ressaltar essa independência, expressa inclusive nas Normas de Serviço Extrajudicial da Corregedoria Geral de Justiça do Estado de São Paulo, em seu item 2 do Capítulo XVI: "A função pública notarial, [...], *deve ser exercida com independência e imparcialidade jurídicas*" (grifo nosso).
34. "É um instrumento indispensável à administração de uma justiça eficaz" (FERREIRA; RODRIGUES; CASSETARI, op. cit., p. 15).

registral, porque nesta há uma qualificação sobre documentos,[35] não sobre manifestação de vontade, como naquela. Atuação essa que se faz imprescindível em atos e negócios que constituem importante parcela do tráfico jurídico de bens e valores, como por exemplo em negócios jurídicos que visem à constituição, transferência, modificação ou renúncia de direitos reais sobre imóveis de valor superior a trinta vezes o maior salário mínimo vigente no País.[36] Existe uma relação de gradação entre a importância econômica ou social do ato e a solenidade para realizá-lo,[37] cabendo ao Tabelionato e às Serventias Extrajudiciais como um todo a instrumentalização dos atos mais importantes.

Não seria outorgada tarefa tão solene a uma classe de profissionais que não gozasse de respeitável prestígio perante a comunidade não só nacional, como internacional. O direito notarial, inclusive, não só realiza e instrumentaliza o direito civil, mas compõe ramo científico autônomo.[38]

A esse profissional, ao Tabelião, o legislador brasileiro confiou a séria tarefa de lavrar inventários, partilhas e divórcios, através da Lei 11.441/2007, atos antes restritos à competência judicial. A permissão tranquilamente poderia ser dada já em 1994, quando houve a regulamentação legal da carreira, mas a cultura jurídica arraigada e apegada aos formalismos do Poder Judiciário tardaram esse avanço. Ainda que em momento posterior, pode-se vislumbrar a tendência linear recente: reservar ao Estado-juiz somente o indispensável. Esse movimento é lento e talvez deva mesmo sê-lo, sob pena de se abrir campo à exacerbada falta de vigilância. Mas cautela não significa inércia. As possibilidades devem ser debatidas e outros atores jurídicos possuem o necessário gabarito para, ao lado do juiz, buscar a justiça.

3. A LEI 11.441/2007

A experiência de abertura aos Tabeliães trazida pela Lei 11.441/2007 deu certo: a qualificação e eficiência do notário é reconhecida e comemorada pela comunidade jurídica e pela sociedade em geral.[39] Previu alteração ao Código de Processo Civil de 1973, então vigente à época, para permitir divórcios, inventários e partilhas por

---

35. KOLLET, Ricardo Guimarães. *Manual do Tabelião de Notas para Concursos e Profissionais*. 2. ed. rev., atual. e ampl. Rio de Janeiro: Forense, 2015, p. 24.
36. Art. 108 do Código Civil: Não dispondo a lei em contrário, a escritura pública é essencial à validade dos negócios jurídicos que visem à constituição, transferência, modificação ou renúncia de direitos reais sobre imóveis de valor superior a trinta vezes o maior salário mínimo vigente no País.
37. NADER, Paulo. *Curso de Direito Civil*: Parte Geral. 8.ed. Rio de Janeiro: Forense, 2011, v. 1, p. 351.
38. O direito notarial, como disciplina jurídica autônoma, fundamenta-se em princípios e regras que tratam da forma pública, pela qual o notário intervém para dar existência válida aos atos desejados pelos particulares (LOUREIRO, Luiz Guilherme. *Registros Públicos: Teoria e Prática*. 10. ed. rev., atual e ampl. Salvador: JusPodivm, 2019, p. 48).
39. "É um avanço de cidadania, no reconhecimento de que, pelo menos para se divorciarem, os sujeitos não mais precisam da fiscalização estatal, sendo efetivos protagonistas de suas vidas e patrimônios" (GAGLIANO, Pablo Stolze; PAMPLONA FILHO; Rodolfo. *O Novo Divórcio*. São Paulo: Saraiva, 2010, p. 70).

escritura pública, desde que as partes estivessem concordes, fossem capazes e estivessem assistidas por advogado.[40]

O benefício ao sujeito capaz de se autodeterminar é cristalino, veja-se exemplos: i) a decisão de um casal de se divorciar é penosa, envolve muitas vezes conflitos afetivos tensos e o Estado deve ser eficiente e ágil para que as partes resolvam o quanto antes suas pendências legais, sem amarras; ii) o mesmo quanto ao inventário: a maior preocupação de quem perde um familiar não pode ser um procedimento complexo de saneamento das questões legais. Esse procedimento deve estar às mãos do indivíduo, com o auxílio de profissionais capacitados, como o Tabelião e o advogado, tratando-o com a seriedade e solenidade que merece, sem ser dificultoso ao cidadão.

O reconhecimento ainda vai além do direito de família e sucessório. O Tabelião e a Tabeliã de Protestos, em muitas comarcas fundidas com a função notarial (mas mantendo a individualidade das funções), reforçam o argumento de que as Serventias Extrajudiciais são mais eficientes ao tratar de questões sem litigiosidade, desafogando o Judiciário. Segundo a Procuradora da Fazenda Nacional Renata Gontijo D'Ambrosio, de março de 2013 a outubro de 2015 a recuperação de créditos representados por CDA's levadas a protesto foram na ordem de 19,2%, índice considerado alto quando comparado com a solução judicial, a execução fiscal, que orbita em 1%.[41] Sérgio Luiz José Bueno,[42] sobre o pagamento de créditos no Cartório de Protesto, defende que qualquer forma extrajudicial de satisfação de obrigações deva ser bem vista, evitando-se demandas ao assoberbado Poder Judiciário. Os números mostram o ganho e a eficiência do serviço. Reforçam a vocação das Serventias Extrajudiciais em tratar com segurança jurídica questões consensuais, ainda que envolvam dívidas.

O que ora se busca demonstrar é que a esse mesmo profissional poderá ser ampliada a confiança, havendo a permissão para que lavre, ainda, os atos de inventário e partilha de bens com a presença de menores ou incapazes, como será esmiuçado a seguir, sem que a competência jurisdicional do Poder Judiciário seja ofendida. Aliás, é importante frisar que o possível alargamento do campo aqui proposto é a continuidade de um caminho que já vem sendo trilhado, qual seja, o da extrajudicialização. Não há propriamente uma novidade no tema.

---

40. Art. 1º: Os arts. 982 e 983 da Lei no 5.869, de 11 de janeiro de 1973 – Código de Processo Civil, passam a vigorar com a seguinte redação: "Art. 982. Havendo testamento ou interessado incapaz, proceder-se-á ao inventário judicial; se todos forem capazes e concordes, poderá fazer-se o inventário e a partilha por escritura pública, a qual constituirá título hábil para o registro imobiliário. Parágrafo único. O tabelião somente lavrará a escritura pública se todas as partes interessadas estiverem assistidas por advogado comum ou advogados de cada uma delas, cuja qualificação e assinatura constarão do ato notarial."
41. MINISTÉRIO DA ECONOMIA. Procuradoria-Geral da Fazenda Nacional. *Protesto de CDAs possui taxa de recuperação de 19%*, publicado em 21/06/2016, 18h23, atualizado em 06/04/2018, 16h28. Disponível em https://www.gov.br/pgfn/pt-br/assuntos/noticias/2016/protesto-de-cdas-possui-taxa-de-recuperacao-de-19. Acesso em: 24 out. 2021.
42. BUENO, Sérgio Luiz José; CASSETARI, Christiano (Coord.). *Tabelionato de Protesto*. 3. ed. São Paulo: Saraiva, 2017, p. 32.

4. O INÍCIO DA ABERTURA: CASO EM SÃO PAULO E PORTARIA DE RIO BRANCO/AC

O dispositivo legal que veda atualmente a atuação dos Tabeliães nos inventários e partilhas com a presença de menores e incapazes é o art. 610 do Código de Processo Civil de 2015. Dispõe em seu *caput* que: "Havendo testamento ou interessado incapaz, proceder-se-á ao inventário judicial." Tal vedação veio, contudo, em momento anterior ao CPC/2015, juntamente com a própria abertura dos inventários e partilhas aos cartórios extrajudiciais, que reservou essa competência (quando presentes menores e incapazes) ao Judiciário, no art. 1º da Lei 11.441/2007. Referida lei alterou o então Código de Processo Civil vigente à época, o de 1973.

Em São Paulo, as Normas de Serviço dos Cartórios Extrajudiciais da Corregedoria Geral de Justiça, em seu item 107, admitem o inventário e partilha extrajudiciais com viúvo(a) ou herdeiro(s) *capazes*.

O momento, no entanto, parece ser pela abertura.

É bem cedo para se falar em uma jurisprudência, se levarmos em conta esse termo como sendo o reiterado sentido de determinado assunto decidido em processos judiciais,[43] mas já se pode citar um julgado. No processo 1002882-02.2021.8.26.0318, que tramitou perante a 3ª Vara Cível da Comarca de Leme/SP, foi expedido alvará judicial em 27 de julho de 2021 para que, numa escritura pública de inventário e partilha de diversos falecidos, comparecesse o espólio de um falecido que havia deixado herdeiros incapazes, por representação de inventariante. Muito embora a decisão judicial tenha sido amplamente divulgada com algumas distorções[44] e num afã exacerbado por noticiar o início de uma mudança, o fato é que houve abertura no tema, ainda que tímida. Atualmente, o espólio de determinada pessoa pode comparecer numa escritura pública de inventário de outra pessoa, desde que os herdeiros da primeira sejam maiores e capazes. Isso se dá por meio de uma escritura pública de nomeação de inventariante, ou mesmo num instrumento só em que se faz dois ou mais inventários, referentes a diversos falecimentos. O que se veda é a chamada transmissão *per saltum*, que ocorre quando o herdeiro de um determinado espólio falece antes de se proceder à partilha, e o inventário, em vez de realizar o pagamento ao espólio desse falecido, já o faz aos seus sucessores,[45] pulando uma sucessão, com prejuízos ao fisco e à continuidade registral.

---

43. Tércio Sampaio Ferraz Junior lembra que as Ordenações Afonsinas previam que o *estilo da Corte* e depois a jurisprudência dos tribunais superiores precisavam de um certo número de julgados e de 10 anos no mesmo sentido para ser considerado jurisprudência como força normativa (FERRAZ JUNIOR, Tércio Sampaio. *Introdução ao Estudo do Direito: técnica, decisão, dominação*. 11. ed. São Paulo: Atlas, 2019, p.201).
44. Sites noticiaram que foi lavrada escritura pública de inventário e partilha com a presença de menores incapazes, o que não aconteceu. O que de fato foi permitido pela Justiça paulista é que o espólio de uma pessoa que deixou herdeiros incapazes pudesse receber seu pagamento numa escritura de inventário que tratava de outro falecimento. A respeito da confusão, vide https://www.conjur.com.br/2021-ago-13/inventario-feito-extrajudicialmente-mesmo-filhos-menores. Acesso em: 06 nov. 2021. Disponível em: https://www.migalhas.com.br/quentes/350294/juiz-autoriza-inventario-extrajudicial-com-menor-de-idade. Acesso em: 06 nov. 2021.
45. O art. 672 do CPC/15, ao dizer que "é lícita a cumulação de inventários para a partilha de heranças de pessoas diversas [...]", não exime a necessidade de se proceder a duas partilhas, permitindo apenas que se o faça num

A inovação ocorrida no julgado citado foi permitir um espólio que possui herdeiros incapazes comparecer num inventário que se processava extrajudicialmente. Os interesses dos menores estavam sendo tratados em inventário extrajudicial, ainda que por via oblíqua, pois aquilo que o espólio receberia refletiria inevitavelmente no quinhão que esses mesmos menores receberão.

O alvará judicial concedido, em suma, permitiu que o espólio de "B" (pós-morto), mesmo tendo deixado herdeiros incapazes, pudesse comparecer em escritura pública de inventário de "A" (premorto), por meio de inventariante e desde que respeitados os quinhões ordinários.

Então, tecnicamente falando, não houve escritura pública de inventário e partilha de bens com a presença de menores, ao arrepio do que preconiza hoje o CPC/2015. Houve, sim, um espólio recebendo o seu pagamento em escritura pública, espólio esse que, por sua vez, possuía herdeiros incapazes.

Mesmo colocada nos exatos termos do que foi decidido, cuja novidade a bem da verdade fora menor que o noticiado, ainda assim tal decisão é inovadora. Em nosso ver, tal decisão se insere numa corrente que vem permeando as relações privadas de princípios constitucionais, chamada de constitucionalização do direito civil ou, como denomina o Ministro Luís Roberto Barroso, expansão do direito público e da Constituição sobre o direito privado.[46] Se o direito de herança é previsto constitucionalmente (art. 5°, XXX), assim como a celeridade processual (art. 5°, inciso LXXVIII), e se a escritura pública possui segurança jurídica para cumprir tal mister, e, ainda, diante de um quadro de séria morosidade judicial, é plausível que tais disposições constitucionais irradiem até chegar no provimento que as satisfaça.

Pode-se dizer que o precedente acima citado já impulsionou um movimento normativo, ainda que tímido por enquanto. A Justiça de Rio Branco, capital do Estado do Acre, parece ser a vanguarda na regulamentação do tema. Através da Portaria 5914-12, de 8 de setembro de 2021, o Juiz de Direito Edinaldo Muniz dos Santos, titular da Vara de Registros Públicos, Órfãos e Sucessões e de Cartas Precatórias Cíveis da Comarca de Rio Branco permitiu a lavratura de inventários extrajudiciais com a presença de incapazes envolvidos. Veja-se o artigo 1° da Portaria e passemos a explaná-lo:

> Art. 1° Os tabelionatos de notas do Estado do Acre poderão, no âmbito da competência sucessória deste juízo (CPC, art. 48, caput), lavrar escrituras públicas de inventários extrajudiciais, mesmo havendo herdeiros interessados incapazes, desde que a minuta final da escritura (acompanhada da documentação pertinente) seja previamente submetida à aprovação desta vara, antecedida,

---

só processo. A jurisprudência nesse sentido é farta (BRASIL. Conselho Superior da Magistratura de São Paulo. Apelação cível 9000001-94.2012.8.26.0296. Apelante: Stella Maria Leal de Moraes, Cristina Cury Brasil Corrêa e Regina Ribeiro Cury. Apelado: Oficial De Registro de Imóveis e Anexos da Comarca de Jaguariúna. Relator: José Renato Nalini. São Paulo, 23 de agosto de 2013); (BRASIL. 1ª Vara de Registro Públicos de São Paulo. Processo Digital 1072343-70.2020.8.26.0100. Suscitante: 12° Oficial de Registro de Imóveis da Capital. Suscitado: Valdileia Maria dos Anjos Dias. Relator: Tânia Mara Ahualli. São Paulo, 19 de outubro de 2020).

46. BARROSO, Luís Roberto. *Curso de Direito Constitucional Contemporâneo*: os conceitos fundamentais e a construção do novo modelo. 11. ed. São Paulo: SaraivaJur, 2023, p. 48-50.

evidentemente, de manifestação do Ministério Público, tudo isso visando a devida proteção dos interesses dos herdeiros incapazes.[47]

A legalidade ou constitucionalidade da portaria não será abordada neste trabalho. Por ora, o que cabe é um delineamento de seus limites. Somente Tabelionatos do Acre poderão se valer da referida norma. Nem todos os inventários que se processarem no Estado estão autorizados: somente aqueles que, se fossem pela via judicial, caberiam à Vara que editou a portaria.

A permissão, mesmo que vanguardista, ainda não exclui a atuação judicial, pois diz que a versão final da escritura deverá ser submetida à apreciação do juízo normatizador. O Ministério Público também se manifestará. Aliás, diz o parágrafo único do art. 1º que os inventários que se processarem na forma do caput "serão considerados como inventários judiciais", reforçando que "as minutas de escritura serão previamente aprovadas e homologadas [...]" pelo titular da Vara.

É de se esperar a timidez da regulamentação, até pelos limites legais do que pode dispor uma portaria judicial. Forçoso é reconhecer, no entanto, que a abertura e a confiança no trabalho do Tabelião e Tabeliã de Notas está em franco avanço.

5. O INÍCIO DA ABERTURA: NORMAS EXTRAJUDICIAIS DO RIO DE JANEIRO

Outra alteração normativa permite dizer que o momento é francamente pela abertura dos inventários e partilhas com menores e incapazes por escritura pública. A Corregedoria Geral de Justiça do Estado do Rio de Janeiro alterou seu Código de Normas da atividade extrajudicial para permitir que, com alvará judicial, seja possível lavrar o inventário com menores e incapazes entre os herdeiros. É um avanço mais significativo que o caso do Acre, exposto acima, pois se trata verdadeiramente de escritura pública, e não de inventário judicial, além de ter abrangência estadual, e não somente perante uma Vara específica. Exige ainda, no entanto, que tal escritura seja lavrada somente com a autorização do juízo competente. A permissão está no art. 447: "Em havendo herdeiro incapaz, a lavratura de escritura de inventário e partilha fica sujeita à autorização judicial prévia, a ser processada na forma do artigo 725, VII, do CPC." A norma remete ao artigo do CPC que trata da emissão de expedição de alvará judicial.

Ou seja, é essencialmente um ato do Tabelião que será praticado, com mera autorização judicial. No caso do Acre, o Tabelião participa ativamente, mas formalmente o que se terá é um inventário judicial, conforme a previsão da Portaria.

6. A NECESSÁRIA MATURAÇÃO DO DEBATE

A *ratio legis* de se reservar ao juiz os inventários e partilhas com menores e incapazes envolvidos reside no fato de que, em tese e para efeitos de reconhecimento da

---

47. BRASIL. Portaria 5914-12, de 8 de setembro de 2021. Diário da Justiça. Comarca de Rio Branco – Vara De Registros Públicos, Órfãos e Sucessões e de Cartas Precatórias Cíveis. Rio Branco, AC, 9 set. 2021. Disponível em: https://diario.tjac.jus.br/display.php?Diario=4928&Secao=386. Acesso em: 7 nov. 2021.

lei, essas pessoas não possuem o necessário discernimento para decisões de tamanha importância em suas vidas, necessitando de uma tutela estatal garantidora de seus direitos. A nosso ver, no entanto, essa reserva de tutela é feita mais pela possibilidade de fiscalização do Ministério Público do que pelo provimento judicial em si, conclusão a que se pode chegar pelo teor do art. 178, inciso II, do Código de Processo Civil, que diz:

> O Ministério Público será intimado para, no prazo de 30 (trinta) dias, intervir como fiscal da ordem jurídica nas hipóteses previstas em lei ou na Constituição Federal e nos processos que envolvam: II – interesse de incapaz [...].

Em outras palavras, a defesa dos interesses do menor e do incapaz passa mais pela fiscalização realizada pelo *parquet* do que necessariamente na decisão proferida pelo magistrado. E isso favorece a tese de se alargar o âmbito das escrituras públicas de inventário e partilha com a presença do menor e do incapaz, como será visto adiante.

Usando a figura imagética de uma linha horizontal, em que o ponto inicial da extrema esquerda representa a reserva absoluta ao juiz nos inventários e partilhas, seja com menores e incapazes, seja com maiores e capazes, e o ponto final da extrema direita representa a ampla possibilidade dos inventários com menores e incapazes pela via extrajudicial, pode-se dizer que atualmente se está em algo próximo do meio. Essa figura ilustrativa permitirá um raciocínio concatenado.

Veja-se: o próprio projeto de lei que culminou na edição da Lei 11.441/2007 nasceu mais conservador, num ponto próximo da extrema esquerda da linha imaginável. Isso porque o Projeto de Lei 6416/2005, em sua redação original[48] (que depois dos debates e substitutivos apresentados nas Casas Legislativas se transformou na referida Lei) previa que fossem alterados dispositivos do Código Civil de 2002 e o Código de Processo Civil de 1973 para constar que seria permitido o inventário extrajudicial *somente quando existisse "um único bem a partilhar"*. Ora, não é demais imaginar o prejuízo que causaria à celeridade e efetividade do procedimento caso tal disposição fosse levada a cabo.

A ideia em si do inventário e partilha extrajudiciais nasceu bem mais restritiva do que de fato fora aprovada. A proposta de uma linha evolutiva no tema é salutar, demonstrando que caberá aos estudiosos e profissionais do meio evoluir nas discussões e propostas, sempre de maneira fundamentada, de modo a promover confiança na sociedade e impulsionar as autoridades responsáveis pela mudança normativa.

7. PROPOSTA

Calcado em sólido prestígio de que goza a atuação de notários no país, e também pela ampla aceitação que teve a Lei 11.441/2007, este trabalho fará uma singela sugestão de alteração no regramento vigente. O Código de Processo Civil é o diploma

---

48. BRASIL. Câmara dos Deputados. Projeto de Lei, de 14 de dezembro de 2005. Altera as Leis 10.406, de 10 de janeiro de 2002 – Código Civil, e 5.869, de 11 de janeiro de 1973 – Código de Processo Civil, admitindo a realização de inventário e partilha extrajudiciais. Brasília: Câmara dos Deputados, 2005. Disponível em: https://www.camara.leg.br/proposicoesWeb/prop_mostrarintegra;jsessionid=node0hxwwf63u18eu17ig-qudkoo0qu4574661.node0?codteor=365040&filename=PL+6416/2005. Acesso em: 02 set. 2022.

de maior envergadura que precisa ser alterado, partindo dele, a nosso ver, as demais alterações regulamentadoras que seriam necessárias. Um terceiro parágrafo poderia ser acrescentado ao art. 610, com a seguinte redação: "Facultar-se-á o inventário e partilha extrajudiciais com interessados incapazes, desde que seja igualitária a partilha entre os sucessores, conforme a ordem de vocação hereditária prevista na legislação civil, devendo o advogado remeter a minuta da escritura pública a ser lavrada ao representante do Ministério Público para prévia averiguação do cumprimento da Lei".

É de se notar que do texto proposto surgirão dúvidas. Questionar-se-á sobre o prazo de validade da minuta, por exemplo, ou sobre prazo para a lavratura depois da aprovação pelo promotor de justiça responsável, ou ainda se deveria mesmo ser o advogado ou o tabelião o incumbido de apresentação ao *parquet*. São pontos, no entanto, sanáveis apenas pelas regulamentações, feitas por atos normativos infralegais. O âmago da questão é a permissão realizada por texto de Lei em sentido estrito, a única capaz de alterar o tema.

Questões como prazo e formas de remissão da minuta ao Ministério Público; competência do representante do *parquet*; procedimentos para ingresso da minuta na promotoria e outros pormenores devem ser tratadas ou por decreto, ou mesmo pelas normas das corregedorias estaduais, vocacionadas para tal.

A participação do Ministério Público deverá ser feita de maneira simples e objetiva, verificando o exato cumprimento da atribuição dos quinhões conforme preconiza as regras do Código Civil. Sua necessidade decorre da própria essência do órgão, fiscalizador da lei por natureza. Dada a sensibilidade do tema, cujos interessados serão, no todo ou em parte, menores ou incapazes,[49] é razoável que se dê vista à promotoria competente.

Frise-se também a ausência, na proposta, da necessidade de qualquer homologação judicial, por entendermos que: a) sendo feito por profissional jurídico vocacionado para o tema; b) havendo o exato cumprimento da lei; c) sendo o cumprimento da lei verificado pelo Ministério Público; d) e já sendo a escritura pública de inventário um ato que por si só independe de homologação judicial, a existência de menores ou incapazes não faria surgir nenhuma necessidade excepcional de participação do juiz.

A adoção de uma norma mais abrangente é questão eminente de opção legislativa,[50] diante da inexistência de óbice jurídico maior ou de qualquer outra razão de ordem superior que justifique a atual regulamentação restritiva.

---

49. Há de se notar que o Estatuto da Pessoa com Deficiência (Lei 13.146/2015) alterou substancialmente a abrangência do art. 610 do CPC/2015, restringindo-o, basicamente, aos menores. O tabelião de notas ainda realiza seu múnus de averiguar o completo discernimento das partes acerca de seu esclarecimento quanto ao ato que está sendo praticado; não deverá negar, porém, a sua lavratura de forma automática só pela percepção de uma possível deficiência. Comentando sobre o Estatuto e sobre a Convenção Internacional dos Direitos das Pessoas com Deficiência, que lhe baseou, Paulo Nader lembra que "salvaguarda não é restrição de direito [...]. A convenção explicita, sem configurar numeração taxativa, que a pessoa com deficiência pode possuir ou herdar bens [...]" (LÔBO, Paulo. *Direito Civil*: Parte Geral. 9. ed. São Paulo: Saraiva Educação, 2020, p. 132).
50. FRONTINI, 2018, p. 110-111.

8. CONCLUSÃO

O acesso à justiça deve ser facultado ao indivíduo pelos mais variados meios. Não pode ser o Judiciário a única arena a se buscá-la, e essa percepção tem crescido, até porque nem sempre alcançá-la significa um conflito, uma lide. Não sendo, portanto, sempre uma *disputa* pela justiça, e aí prescindível é o poder decisório de um juiz, outras instituições e profissionais devem ser chamados à consecução desse objetivo fundamental do Estado, qual seja, o de construir uma sociedade justa (art. 3º, I, da CF/88).

Certamente, o Tabelião e Tabeliã de Notas brasileiros são personagens de suma importância no grande arcabouço institucional pátrio. Garantir o direito de herança é promover a justiça, e a defesa desse direito está intimamente ligada à formalização de um negócio jurídico transmissor, qual seja, o inventário e partilha de bens, no caso específico deste trabalho. O notário é o profissional que historicamente, desde o Império Romano, encarna por excelência a junção entre relações privadas e oficialidade estatal:[51] prover o direito de herança (direito eminentemente privado), com a segurança jurídica estatal, função absolutamente cabível a esse profissional.

A participação do Ministério Público na escritura pública proposta acima é importante para o momento inicial da abertura, até para se criar um ambiente de segurança e adquirir confiança da comunidade, especialmente a jurídica, no procedimento. Talvez se mostre dispensável depois de consolidada a mudança, mas isso só será possível se passos forem dados.

A possibilidade de inventário e partilha envolvendo menores ou incapazes feitos de forma extrajudicial está inserida num movimento maior de desjudicialização, até mesmo para que o próprio Poder Judiciário possa direcionar seus recursos aos casos que efetivamente precisem do provimento judicial, da força monopolizada do Estado.

9. REFERÊNCIAS

BARROSO, Luís Roberto. *Curso de Direito Constitucional Contemporâneo*: os conceitos fundamentais e a construção do novo modelo. 11. ed. São Paulo: SaraivaJur, 2023.

BRASIL. Câmara dos Deputados. Projeto de Lei, de 14 de dezembro de 2005. Altera as Leis 10.406, de 10 de janeiro de 2002 – Código Civil, e 5.869, de 11 de janeiro de 1973 – Código de Processo Civil, admitindo a realização de inventário e partilha extrajudiciais. Brasília: Câmara dos Deputados, 2005. Disponível em https://www.camara.leg.br/proposicoesWeb/prop_mostrarintegra;jsessionid=node0hxwwf63u18eu17i-gqudkoo0qu4574661.node0?codteor=365040&filename=PL+6416/2005. Acesso em 02 set. 2022.

BRASIL. Portaria 5914-12, de 8 de setembro de 2021. Diário da Justiça. Comarca de Rio Branco – Vara De Registros Públicos, Órfãos E Sucessões E De Cartas Precatórias Cíveis. Rio Branco, AC, 9 set. 2021. Disponível em: https://diario.tjac.jus.br/display.php?Diario=4928&Secao=386. Acesso em: 7 nov. 2021.

BUENO, Sérgio Luiz José; CASSETARI, Christiano (Coord.). *Tabelionato de Protesto*. 3. ed. São Paulo: Saraiva, 2017.

CARREIRA ALVIM, José Eduardo. *Teoria Geral do Processo*. 14. ed. Rio de Janeiro: Forense, 2014.

---

51. NALINI, José Renato (Org.). *Sistema Eletrônico de Registros Públicos*: comentado por notários, registradores, magistrados e profissionais. Rio de Janeiro: Forense, 2023, p. 44.

COLÉGIO NOTARIAL DO BRASIL, SEÇÃO SÃO PAULO. Cnb/Sp: Conheça os 88 países no mundo que adotam o notariado latino. Disponível em https://www.cnbsp.org.br/?url_amigavel=1&url_source=noticias&id_noticia=17027&filtro=1&Data=&lj=1920. Acesso em: 23 jul. 2021.

DIDIER JUNIOR, Fredie. *Curso de Direito Processual Civil*: Teoria Geral do Processo e Processo de Conhecimento. 11. ed. São Paulo: JusPodivm, 2009.

FERRAZ JUNIOR, Tércio Sampaio. *Introdução ao Estudo do Direito*: técnica, decisão, dominação. 11. ed. São Paulo: Atlas, 2019.

FRONTINI, Ana Paula. *A Possibilidade de Realização Extrajudicial de Procedimentos de Jurisdição Voluntária com a Presença de Menores e Incapazes*. Dissertação (Mestrado em Direito Político e Econômico) – Universidade Presbiteriana Mackenzie, 2018.

GAGLIANO, Pablo Stolze; PAMPLONA FILHO; Rodolfo. *O Novo Divórcio*. São Paulo: Saraiva, 2010.

GOMES, Orlando. *Sucessões*. 14. ed. Rio de Janeiro: Forense, 2008.

GONÇALVES, Carlos Roberto. Direito Civil Brasileiro: Direito da Sucessões. 5. ed. São Paulo: Saraiva, 2011.

JUSTIÇA EM NÚMEROS 2020: ano-base 2019. Conselho Nacional de Justiça – Brasília: CNJ, 2020.

KOLLET, Ricardo Guimarães. *Manual do Tabelião de Notas para Concursos e Profissionais*. 2. ed. rev., atual. e ampl. Rio de Janeiro: Forense, 2015.

KUMPEL, Vitor Frederico; FERRARI, Carla Modina. *Tratado Notarial e Registral*. 2. ed. São Paulo: YK Editora, 2022.

LÔBO, Paulo. *Direito Civil*: sucessões. 6. ed. São Paulo: Saraiva Educação, 2020. v. 6.

LÔBO, Paulo. *Direito Civil*: Parte Geral. 9. ed. São Paulo: Saraiva Educação, 2020.

LOUREIRO, Luiz Guilherme. *Registros Públicos*: Teoria e Prática. 10. ed. rev., atual e ampl. Salvador: JusPodivm, 2019.

MALUF, Sahid. *Teoria Geral do Estado*. 35. ed. São Paulo: Saraiva, 2019. E-book.

MALUF, Sahid. *Teoria Geral do Estado*. 24. ed. rev. e atual. pelo Prof. Miguel Alfredo Malufe Neto. São Paulo: Saraiva, 1998.

MENDES, Gilmar Ferreira; BRANCO, Paulo Gonet. *Curso de Direito Constitucional*. 15. ed. São Paulo: Saraiva Educação, 2020.

MINISTÉRIO DA ECONOMIA. Procuradoria-Geral da Fazenda Nacional. *Protesto de CDAs possui taxa de recuperação de 19%*, publicado em 21.06.2016, 18h23, atualizado em 06.04.2018, 16h28. Disponível em: https://www.gov.br/pgfn/pt-br/assuntos/noticias/2016/protesto-de-cdas-possui-taxa-de-recuperacao-de-19. Acesso em: 24 out. 2021.

MORAES, Alexandre de. *Direito Constitucional*. 28. ed. São Paulo: Atlas, 2012.

NADER, Paulo. *Curso de Direito Civil*: Parte Geral. 8.ed. Rio de Janeiro: Forense, 2011. v. 1.

NALINI, José Renato (Org.). *Sistema Eletrônico de Registros Públicos*: comentado por notários, registradores, magistrados e profissionais. Rio de Janeiro: Forense, 2023.

PINHO, Humberto Dalla Bernardina de. *Manual de Direito Processual Civil Contemporâneo*. São Paulo: Saraiva Educacional, 2019.

RIOS GONÇALVES, Marcus Vinicius. *Direito Processual Civil*. 13. ed. São Paulo: SaraivaJur, 2022.

RODRIGUES, Felipe Leonardo; FERREIRA, Paulo Roberto Gaiger. CASSETARI, Christiano (Coord.). *Tabelionato de Notas*. 4. ed. Indaiatuba: Editora Foco, 2021.

SÁ, Renato Montans de. *Manual de direito processual civil*. 2. ed. São Paulo: Saraiva, 2016.

SILVA, José Afonso da. *Comentário Contextual à Constituição*. 8. ed. São Paulo: Malheiros, 2012.

SOUZA, Eduardo Pacheco Ribeiro de; JACOMINO; Sérgio (Coord.); BRANDELLI, Leonardo (Coord.). *Noções Fundamentais de Direito Registral e Notarial*. 2. ed. Série direito registral e notarial. São Paulo: Saraiva, 2017.

VENOSA, Sílvio de Salvo. *Direito Civil*: família e sucessões. 20. ed. São Paulo: Atlas, 2020.

ALTERAÇÃO DO REGIME DE BENS DIRETAMENTE NO TABELIONATO DE NOTAS E A PRESCINDIBILIDADE DE AUTORIZAÇÃO JUDICIAL

Renan Franco de Toledo

Bacharel em direito pela Unifeso – Teresópolis 2016. Tabelião de Notas e Oficial de Registro Civil no Cartório do distrito de Campos de Cunha, Comarca de Cunha, Estado de São Paulo desde 18 de fevereiro de 2018. Aprovado no 11º Concurso de Outorga de Delegações do Estado de São Paulo.

Resumo: São apresentadas reflexões acerca da possibilidade de realização de alteração de regime de bens durante a constância do casamento através de instrumento jurídico de pacto pós nupcial diretamente no Tabelionato de Notas, sem a necessidade de autorização judicial, desde que haja ausência de vício de vontade, má-fé, finalidade de lesar terceiros de boa-fé e preenchidos requisitos mínimos para garantir a segurança jurídica do ato praticado.

Sumário: 1. Introdução – 2. Breves comentários acerca do pacto antenupcial – 3. A possibilidade de alteração do regime de bens do casamento na atualidade – 4. O tabelião de notas e a sua atuação na realização do pacto pós nupcial; 4.1 Reflexões da escritura pública de pacto pós nupcial e o projeto de lei 2.569/2021 – 5. Conclusão – 6. Referências.

1. INTRODUÇÃO

A utilização das serventias extrajudiciais para a realização de diversos atos jurídico é comum no Brasil, seja para a formalização de um negócio jurídico, seja para o exercício de determinado direito.

A capilaridade é uma característica das serventias extrajudiciais, cabendo ao Tabelião ou ao Oficial de Registro a função da única referência de profissional do direito localizado em certas regiões do Brasil.

Aprovado em concorrido concurso público, o titular de serventia extrajudicial é profissional capacitado, que recebe do Estado a delegação para prestar o serviço público, que na visão da doutrina administrativa moderna, é visto como terceiro em colaboração com o Estado.

O exercício da atividade extrajudicial é baseado na lei *latu sensu* e nas normativas nacionais e estaduais, sempre agindo com segurança jurídica. Os atos praticados nas serventias extrajudiciais possuem fé pública, gerando conforto aos usuários do serviço sempre que os atos passam pelo crivo do Tabelião ou Oficial de Registro.

A crescente na desjudicialização é uma forma que o Poder Judiciário encontrou para que determinados atos sejam praticados com eficiência e segurança jurídica, sem a necessidade da intervenção judicial, desde que respeitados determinados requisitos, como ausência de litígio, manifestação de vontade das partes, dentre outros requisitos a depender do caso em questão.

Verificou-se que as serventias extrajudiciais agem lado a lado com o Poder Judiciário, sendo forma eficaz para se aliviar o excesso de demanda judicial para casos que podem ser resolvidos nas serventias extrajudiciais. É o que ocorreu com a Lei 11.441/2007, possibilitando a realização de inventário, partilha, separação consensual e divórcio consensual diretamente via administrativa.

A função do Poder Judiciário é garantir os direitos individuais, coletivos e sociais e resolver conflitos entre cidadãos, entidades e Estado, portanto, nos casos em que não há conflito é possível a realização dos atos na via extrajudicial, desde que haja previsão legal nesse sentido.

Um dos casos legais em que não há litígio entre as partes, mas faz-se necessário a intervenção judicial, é a alteração do regime de bens durante a constância do casamento. Tal exigência advém diretamente da lei, que determina a necessidade de autorização judicial.

Todavia, como será visto, é possível que o ato seja praticado diretamente na via extrajudicial, por Tabelião de Notas, sem que se deixe de lado a segurança jurídica para que o ato encontre a sua finalidade.

2. BREVES COMENTÁRIOS ACERCA DO PACTO ANTENUPCIAL

Pacto antenupcial é instrumento jurídico a ser realizado entre pessoas que pretendem contrair matrimônio em que o regime de bens que vigerá durante o casamento será diverso do previsto em lei. Todas as pessoas capazes, inclusive os maiores de 16 anos, autorizados por seus representantes legais podem celebrar pacto antenupcial.

Tal instituto jurídico está previsto no Livro IV do Código Civil de 2002, na parte do direito de família, com previsão expressa nos artigos 1.653 a 1.657 do referido diploma legal.[1]

Deve o pacto antenupcial ser formalizado por Tabelião de Notas, através de escritura pública para que tenha validade e o casamento é requisito essencial para que seja eficaz, devendo, de toda forma, ser registrado no livro 3 do Oficial de Registro de Imóveis do primeiro domicílio dos cônjuges para eficácia erga omnes.

Segundo Flávio Tartuce:[2]

> O pacto antenupcial constitui um contrato formal e solene pelo qual as partes regulamentam as questões patrimoniais relativas ao casamento (arts. 1.653 a 1.657 do CC). A natureza contratual do instituto é afirmada por juristas como Silvio Rodrigues, Paulo Lôbo e Maria Helena Diniz.

---

1. BRASIL, Código Civil de 2002, 2021, 17:32.
2. TARTUCE, 2020, p. 1194.

Por se tratar de um negócio jurídico com efeitos patrimoniais, a doutrina também classifica tal instituto como contrato sob condição suspensiva, tendo em vista que a produção dos seus efeitos fica condicionada à celebração do casamento, portanto, à um evento que pode ou não ocorrer, futuro e incerto. Há ainda quem o classifica como negócio jurídico de direito de família.[3]

O princípio da autonomia da vontade é um dos pilares do pacto antenupcial, que nasce do aspecto subjetivo dos contraentes em optar por regime de bens que regrará as relações patrimoniais do casal, podendo, inclusive, os contraentes formalizarem um regime de bens híbrido, no qual possui parte dos diversos regimes de bens, bem como estipular a forma em que serão dados os efeitos patrimoniais sobre determinado bem na constância do matrimônio.

Em contrapartida, há certos casos que a própria lei define o regime de bens do casamento, não dando oportunidade aos contraentes optar de forma diversa. São os casos do artigo 1.641 do Código Civil:[4]

> Art. 1.641. É obrigatório o regime da separação de bens no casamento:
>
> I – das pessoas que o contraírem com inobservância das causas suspensivas da celebração do casamento;
>
> II – da pessoa maior de 70 (setenta) anos; (Redação dada pela Lei 12.344, de 2010)
>
> III – de todos os que dependerem, para casar, de suprimento judicial.

Menciona o inciso I do dispositivo legal acima, que será aplicado o regime da separação de bens quando houver inobservância das causas suspensivas para o casamento. Essas causas estão previstas no artigo 1.523 do diploma civil:[5]

> Art. 1.523. Não devem casar:
>
> I – o viúvo ou a viúva que tiver filho do cônjuge falecido, enquanto não fizer inventário dos bens do casal e der partilha aos herdeiros;
>
> II – a viúva, ou a mulher cujo casamento se desfez por ser nulo ou ter sido anulado, até dez meses depois do começo da viuvez, ou da dissolução da sociedade conjugal;
>
> III – o divorciado, enquanto não houver sido homologada ou decidida a partilha dos bens do casal;
>
> IV – o tutor ou o curador e os seus descendentes, ascendentes, irmãos, cunhados ou sobrinhos, com a pessoa tutelada ou curatelada, enquanto não cessar a tutela ou curatela, e não estiverem saldadas as respectivas contas.
>
> Parágrafo único. É permitido aos nubentes solicitar ao juiz que não lhes sejam aplicadas as causas suspensivas previstas nos incisos I, III e IV deste artigo, provando-se a inexistência de prejuízo, respectivamente, para o herdeiro, para o ex-cônjuge e para a pessoa tutelada ou curatelada; no caso do inciso II, a nubente deverá provar nascimento de filho, ou inexistência de gravidez, na fluência do prazo.

---

3. KUMPEL; FERRARI, 2017.
4. BRASIL, Código Civil de 2002, 2021, 15:12.
5. BRASIL, Código Civil de 2002, 2021, 15:12.

Ressalta-se que incidindo em tais hipóteses, não se confundem com as causas impeditivas, que de fato impedem o casamento ou, se celebrado gera a nulidade do casamento. Nas causas suspensivas, por sua vez, poderão as partes contrair matrimônio, mas o regime de bens será o da separação de bens, não podendo haver disposição em sentido contrário, ainda que por pacto antenupcial, ficando, inclusive, impedido o Tabelião em lavrar escritura de pacto antenupcial em tais casos.

Importante mencionar uma exceção à regra acima, é o caso da súmula 377 do Colendo Supremo Tribunal Federal que possui o seguinte teor: "No regime de separação legal de bens, comunicam-se os adquiridos na constância do casamento."[6]

Pela redação da súmula supra, quando há causa suspensiva que enseja a celebração do casamento pelo regime da separação obrigatória, há comunicação dos bens adquiridos durante o matrimônio, porém, a doutrina moderna e a jurisprudência entendem que é possível afastar os efeitos da súmula 377 por meio de pacto antenupcial, não podendo, contudo, optar por regime de bens diverso da separação legal, pois é o regime de bem imposto pela lei.

É o que de forma brilhante esclarece o Ilustríssimo Marcio Martins Bonilha Filho em artigo ao IBDFAM:[7]

> Vale dizer, o casal submetido à regra do regime de separação de bens, nas circunstâncias previstas nos artigos 1641 e 1523, ambos do Código Civil, poderá socorrer-se dos préstimos do Tabelião de Notas para a lavratura da escritura pública de pacto antenupcial, estabelecendo que, além do regime legalmente imposto pelo legislador, haverá o afastamento da citada Súmula 377. Isso, absolutamente, não induz à conclusão de que os nubentes estarão a usar artifício para subverter o regime legal do casamento.
>
> Não se trata de cogitar de indevida modificação daquele regime imposto pela lei, diante da condição dos nubentes, mas, dentro do estrito ditame da limitação do regramento patrimonial reservado ao casamento, estabelecer convenção que não afronta, na essência, a observância do regime da separação total de bens.
>
> Ao optar pelo afastamento da Súmula 377, do STF, o casal sinaliza que obedecerá à regra da separação de bens e que, no curso da relação conjugal, não haverá incidência dos seus efeitos.

3. A POSSIBILIDADE DE ALTERAÇÃO DO REGIME DE BENS DO CASAMENTO NA ATUALIDADE

De toda forma, é possível que durante a constância do casamento, os cônjuges alterem o regime de bens, todavia, faz-se necessário o preenchimento de alguns requisitos e são eles: pedido motivado de ambos os cônjuges e autorização judicial, devendo ser apurado o motivo invocado e ressalvados os direitos de terceiros, conforme previsto pelo artigo 1.639, § 2º do Código Civil de 2002:[8]

---

6. BRASIL, STF, sumula 377.
7. BONILHA FILHO, 2020.
8. BRASIL, Código Civil de 2002, 2021, 20:18.

Art. 1.639. É lícito aos nubentes, antes de celebrado o casamento, estipular, quanto aos seus bens, o que lhes aprouver. § 2º É admissível alteração do regime de bens, mediante autorização judicial em pedido motivado de ambos os cônjuges, apurada a procedência das razões invocadas e ressalvados os direitos de terceiros.

E do artigo 734 do Código de Processo Civil (BRASIL, Código de Processo Civil, 2021, 20:18):

Art. 734. A alteração do regime de bens do casamento, observados os requisitos legais, poderá ser requerida, motivadamente, em petição assinada por ambos os cônjuges, na qual serão expostas as razões que justificam a alteração, ressalvados os direitos de terceiros.

É um dos princípios dos efeitos patrimoniais do casamento a mutabilidade justificada do regime de bens do casamento, mas na previsão legal atual, recebe críticas por parte da doutrina. Para Flávio Tartuce:[9]

De início, cumpre destacar que a norma civil é clara, no sentido de somente admitir a alteração do regime mediante *pedido judicial* de ambos os cônjuges (ação de alteração do regime de bens, que segue jurisdição voluntária e corre na Vara de Família, se houver).

Em projeções legislativas, há tentativa de se criar a possibilidade de alteração administrativa do regime de bens, por meio de escritura pública, conforme o Projeto de Estatuto das Famílias e o Projeto de Lei de Desburocratização, que contam com a minha atuação.

Nessa esteira, para que os cônjuges alterem o regime de bens do casamento, deve, necessariamente haver manifestação judicial, que, de certa forma contraria o princípio da intervenção mínima do Estado nas relações de família.

No final de 2021, através do REsp 1.845.416 o STJ entendeu que nos casos de união estável em que não houve incialmente a fixação de regime de bens, deve ser aplicado o regime legal e formalizada escritura pública posteriormente elegendo regime de bens diverso do legal, este novo regime de bens produzirá efeitos apenas após a lavratura da escritura.

No caso concreto dos autos, as partes conviveram por 35 anos sem eleger regime de bens para a união estável, aplicando, portanto, o regime da comunhão parcial de bens. Posteriormente, em escritura pública de união estável, elegeram o regime da separação de bens e este regime de bens, de acordo com o STJ produziu efeitos a partir da escritura pública que fixou regime de bens diverso do legal.

Ficou claro houve de forma indireta a alteração do regime de bens na união estável por meio de escritura pública, pois antes da lavratura da mesma, os efeitos patrimoniais da união estável eram regidos pelas regras da comunhão parcial de bens e em momento posterior, foi eleito o regime da separação de bens para regular as questões patrimoniais da união estável.

O ordenamento jurídico atual não permite que a união estável possua mais vantagens que o casamento e a da mesma forma, não permite que o casamento pos-

---
9. TARTUCE, 2020, p. 1194.

sua mais vantagens em relação à união estável, sendo ambas consideradas entidades familiares com respectivas proteções e peculiaridades próprias.

Ocorre que no início do ano de 2022, o STJ através do AREsp 1.631.112 entendeu que a alteração de regime de bens durante a união estável depende de autorização judicial, aplicando por analogia o artigo 1.639, § 2º do Código Civil.

Importante mencionar que atualmente prevalece o entendimento jurisprudencial sobre a possibilidade de ser alterado o regime de bens nos casamentos realizados sob a égide do Código Civil de 1916.

4. O TABELIÃO DE NOTAS E A SUA ATUAÇÃO NA REALIZAÇÃO DO PACTO PÓS NUPCIAL

O profissional responsável pela elaboração de um pacto pós nupcial é o Tabelião de Notas, que formalizará o instrumento necessário com o fim de atingir a vontade das partes.

O Tabelião de Notas, profissional do direito dotado de fé pública que exerce função pública em caráter privado por meio de delegação do Estado, após aprovação em concurso público, é quem possui a competência legal para formalização de escrituras públicas, recepcionando a vontade da parte e após extenso estudo jurídico sobre a matéria, pratica o ato necessário para que seja atingida a vontade da parte da forma mais eficaz, econômica e com segurança jurídica.

Atualmente diversos atos podem ser feitos diretamente na via extrajudicial, com o Tabelião de Notas como principal protagonista, ou com grande participação na realização de tais atos.

É o que ocorreu com o advento da Lei 11.441/2007 que trouxe a possibilidade de realização de escrituras de divórcio, separação e inventário diretamente na via extrajudicial, por Tabelião de Notas, sem depender de manifestação judicial para sua realização, desde que sejam observados os requisitos legais.

Da mesma forma, ocorreu com o novo Código de Processo Civil, que alterou a Lei 6.015/1973 criando o artigo 216-A, tornando possível a realização de usucapião diretamente na via extrajudicial, realizando o Tabelião, papel de destaque na formalização da ata notarial.

Conforme já analisado, o § 2º do artigo 1.639 do Código Civil de 2002 exige autorização judicial para alteração do regime de bens, e segundo a doutrina, a forma de se realizar essa alteração deve ser feita por meio de nova escritura pública que regulará o novo regime de bens.

É este o entendimento de João Pedro Lamana Paiva (PAIVA, 2005):

> Nosso entendimento é no sentido da exigência da escritura pública de pacto na ocasião da alteração de regime de bens autorizada pelo juiz competente quando for da substância do ato a escritura pública. São inúmeras as razões que levam a exigir a realização de novo pacto, senão

vejamos: A escritura pública é da substância do ato nos pactos antenupciais, onde se convenciona acerca do regime patrimonial entre os cônjuges, e ocorrendo nulidade se não for obedecida a forma prevista em lei. Como ensina Washington Monteiro de Barros, em Curso de Direito Civil, v. 2, Editora Saraiva: "Tal é a importância do pacto antenupcial, tanta ressonância tem na vida familiar, interessando não só aos cônjuges, como aos filhos e também a terceiros, que a lei exige a escritura pública, a fim de cercá-la de toda solenidade. a escritura pública representa assim condição essencial à existência do próprio ato." Portanto, deve, após a homologação judicial ser elaborada escritura pública com o novo regime adotado após a alteração, sendo posteriormente averbada no Registro Civil de Pessoas Naturais e a seguir ser efetuado o registro, com base na certidão de casamento e na escritura, no Livro 3-Registro Auxiliar, no domicilio dos cônjuges e a respectiva averbação nas matrículas dos imóveis pertencentes ao casal.

Um ponto que merece reflexão acerca da alteração do regime de bens é a necessidade ou não de autorização judicial para que isso ocorra. Levando em consideração a crescente desjudicialização, é possível defender a prescindibilidade de se socorrer à via judicial para os cônjuges que pretendam exercer o direito potestativo na alteração do regime de bens e no que tange aos efeitos patrimoniais do casamento.

Recentemente o STJ ao julgar do recurso especial 1.904.498/SP entendeu que a apresentação da relação pormenorizada do acervo patrimonial do casal não é requisito essencial para deferimento do pedido de alteração do regime de bens, bem como que a melhor interpretação do artigo 1.639, § 2º do Código Civil é no sentido de que não se deve exigir dos cônjuges justificativas ou provas exageradas, visto que a sentença que permite a alteração do regime de bens gera efeitos *ex nunc*.

Para que seja possível a alteração do regime de bens sem a necessidade de autorização judicial, deve haver alteração na lei, visto que na atual legislação, este é um requisito indispensável.

Há em curso no Senado Federal o Projeto de Lei 2569/2021 que dentre outras alterações, visa modificar o artigo 1.640 do Código Civil e os artigo 734 do Código de Processo Civil, para permitir aos cônjuges a alteração do regime patrimonial de seu casamento sem necessidade de se submeter ao crivo judicial.

O referido projeto de lei pretende dar a seguinte redação aos artigos mencionados do Código de Processo Civil:[10]

> Art. 734, § 4º A alteração do regime de bens do casamento poderá ser requerida pelos cônjuges ou seu procurador perante o registro civil das pessoas naturais competente, mediante escritura pública, nos termos do artigo 733, § 2º.
>
> § 5º O registrador civil remeterá os autos ao Ministério Público, que se manifestará em até 05 dias.
>
> § 6º Havendo concordância do órgão ministerial, o registrador civil publicará edital eletrônico e procederá a averbação no respectivo assento.
> § 7º A alteração do regime da comunhão universal deverá ser precedida de prévia partilha, antes de ser requerida no registro civil.

---

10. BRASIL, Código de Processo Civil, 2021, 20:18.

§ 8º A certidão de registro civil é título hábil para que se procedam as averbações necessárias no registro imobiliário.

Por sua vez, a alteração que se pretende no art. 1.639 do Código Civil é a seguinte:[11] "Art. 1.639, § 2º É admissível a alteração do regime de bens, mediante procedimento requerido por ambos os cônjuges ou seu procurador, perante o registro civil das pessoas naturais competente, acompanhado de escritura pública."

4.1 Reflexões da escritura pública de pacto pós nupcial e o Projeto de Lei 2.569/2021

Pode-se verificar que pelo projeto de lei apresentado, a alteração de regime de bens poderá ser feita diretamente do Registro Civil competente, acompanhado de escritura pública que após pedido de ambos os cônjuges remeterá o procedimento ao Ministério Público que deverá concordar com o pedido formulado.

Para a formalização da escritura pública de pacto pós nupcial de acordo com o projeto de lei acima referido, seguem algumas observações para serem utilizadas como pontos de reflexão sobre o estudo da matéria.

Incialmente, a vontade dos cônjuges deve ser manifestada isenta de vícios de consentimento, podendo haver representação das partes por procurador munido de instrumento público para a realização do ato, devendo a procuração ser específica acerca do novo regime de bens a ser adotado.

O motivo para a alteração pode ser fundado em caráter objetivo, nos casos em que o regime de bens inicialmente seja o da separação legal de bens quando a causa que ensejou a imposição de tal regime não mais subsista. Cita-se como exemplo, o divorciado que não realizou a partilha de bens com o ex-cônjuge e contraiu novo matrimônio incidindo em causa suspensiva prevista no artigo 1.523, inciso III do Código Civil, mas que posteriormente realizou a referida partilha e pretende que o casamento que ainda está em curso seja regulado pelo regime da comunhão parcial de bens.

Poderá, da mesma forma, conter como fundamento para alteração do regime de bens um critério subjetivo, quando os cônjuges, por motivo pessoal pretenderem alterar o regime de bens do seu casamento, no pleno exercício do direito potestativo, não devendo, conforme analisado em jurisprudência do STJ, exigir justificativas exageradas para conceder a alteração do regime de bens.

Da mesma forma, devem ser exigidas certidões imobiliárias, certidões de feitos ajuizados, certidões fiscais, certidões de protesto, bem como qualquer outra certidão que o Tabelião entender necessário para que fique comprovado que não haverá prejuízo a terceiros, em que pese a alteração do regime de bens ensejar efeitos *ex nunc*, qualquer tentativa de burla à lei, boa-fé e direitos de terceiros, deve ser vedada pelos

---

11. BRASIL, Código Civil 2002, 2021, 21:18.

Tabeliães, que não deverá lavrar a escritura pública se verificada má-fé ou qualquer indício de fraude que a lei vede, dado a função de preventor de litígios que possuem os Tabeliães.

Deve ainda ser ressaltado que todos os negócios e relações jurídicas praticadas na vigência do regime de bens anterior, será regulado pelas regras daquele regime de bens, em respeito ao princípio do *tempus regit actum*.

Após a lavratura da escritura pública, deverão as partes proceder à averbação no Registro Civil das Pessoas Naturais em que realizado o casamento, bem como realizar o registro do pacto pós nupcial no Livro n. 3 – Registro Auxiliar do Registro de Imóveis em que residirem e a averbação nas matrículas imobiliárias referente aos imóveis que sejam proprietários para que seja dada a devida publicidade do novo regime de bens adotado pelo casal.

A alteração, nos termos do Projeto de Lei 2569/2021 conterá três filtros para prevenir qualquer erro ou tentativa de burla. Inicialmente pelo Tabelião de Notas que lavrar o ato, pelo Registrador Civil que recepcionar a escritura pública para a averbação de alteração de regime de bens e pelo membro do Ministério Público.

5. CONCLUSÃO

Como visto, não se pretende retirar a atribuição do Poder Judiciário que sempre está presente na atividade extrajudicial exercendo fiscalização dos atos praticados pelos delegatários, mas apenas realizar a vontade das partes em ter o regime de bem de seu casamento alterado de uma forma mais célere, ficando, de toda forma, o Poder Judiciário disponível para os casos em que houver litígio, e/ou discordância entre as partes, presença de má-fé, prejuízo a terceiros, entre outros casos que fogem do âmbito extrajudicial.

O Tabelião é o profissional qualificado em auferir a capacidade das partes, recepcionar a vontade e formalizar o ato jurídico apropriado para atingir o fim pretendido, com celeridade, eficácia e segurança jurídica costumeira.

Em que pese a atual legislação prever a necessidade de autorização judicial, mostrou-se que há estudos em andamento para alterar a lei no sentido de não mais exigir a manifestação judicial para a alteração do regime de bens.

A preocupação no que tange às relações jurídicas realizadas durante o regime de bens anterior é resolvida pelos efeitos da alteração do regime de bens, que são ex nunc (pro futuro), deixando, ainda, as partes que agirem de má-fé, passíveis de responsabilidade perante a lei e garantindo a segurança jurídica para os atos já praticados perante os terceiros de boa-fé.

O assunto não é simples, merece discussões e reflexões para que não se deixe brechas passíveis de provocar prejuízo para terceiros, mas considerando o sucesso nos demais casos de desjudicialização, fica evidente que esta nova atribuição pode ser transferida aos Tabeliães.

6. REFERÊNCIAS

BONILHA FILHO, Márcio Martins. *O afastamento da aplicação da súmula 377, do STF para os casamentos a serem realizados com a imposição do regime de separação obrigatória de bens*. Disponível em: https://ibdfam.org.br/artigos/1424/O+afastamento+da+aplica%C3%A7%C3%A3o+da+s%C3%BAmula+377,+do+STF+para+os+casamentos+a+serem+realizados+com+a+imposi%C3%A7%C3%A3o+do+regime+de+separa%C3%A7%C3%A3o+obrigat%C3%B3ria+de+bens. Acesso em: 16 nov. 2021.

BRASIL. Informativo 0695. STJ, 10 de maio de 2021. Disponível em: https://processo.stj.jus.br/jurisprudencia/externo/informativo/?aplicacao=informativo&acao=pesquisar&livre=018146. Acesso em: 22 nov. 2021.

BRASIL. Lei 10.406, de 10 de janeiro de 2002. Código Civil. Disponível em: http://www.planalto.gov.br/ccivil_03/leis/2002/l10406.htm. Acesso em: 02 out. 2021.

BRASIL. Lei 13.105, de 16 de março de 2015, de 10 de janeiro de 2002. Código de Processo Civil. Disponível em: http://www.planalto.gov.br/ccivil_03/_ato2015-2018/2015/lei/l13105.htm. Acesso em: 16 nov. 2021.

BRASIL. Projeto de Lei de 2021. Disponível em: https://legis.senado.leg.br/sdleg-getter/documento?dm=8992256&ts=1630423710832&disposition=inline. Acesso em: 22 out. 2021.

BRASIL. Súmula 377 do STF. Disponível em: https://jurisprudencia.stf.jus.br/pages/search/seq-sumula377/false. Acesso em: 16 nov. 2021.

KUMPEL, Vitor Frederico; FERRARI, Carla Modina. *Tratado Notarial e Registral*. São Paulo: VFK Editora. 2017. v. 3.

PAIVA, João Pedro Lamana. *Da necessidade ou não da escritura pública de pacto (ante)nupcial por ocasião da alteração do regime de bens*. 2005. Disponível em: http://registrodeimoveis1zona.com.br/?p=218. Acesso em: 22 nov. 2021.

TARTUCE, Flávio. *Manual de Direito Civil*. v Único. 10. ed. Rio de Janeiro: Forense. São Paulo: Método, 2020.

O TABELIÃO DE NOTAS E O REGISTRO CÉLERE DA REURB AOS IDOSOS: DIREITO FUNDAMENTAL DE RESGATE DA DIGNIDADE DA PESSOA HUMANA

Robson Martins

Doutorando em Direito da Cidade pela UERJ e ITE. Mestre em Direito pela UFRJ e Universidade Paranaense. Especialista em Direito Notarial e Registral e Direito Civil pela Universidade Anhanguera. Professor da Universidade Paranaense. Procurador da República.

Resumo: O objetivo do presente trabalho é estudar a importância das atividades dos Tabeliães de Notas no que tange à regularização fundiária urbana em relação aos idosos, suas dificuldades na vida em comum em tal fase, bem como o direito à moradia relacionado a tal grupo de hipervulneráveis, como direito fundamental. Havendo silêncio da Lei 13.465/2017 quanto ao procedimento de REURB dos idosos, deve-se colmatar tal norma com o Estatuto do Idoso, para fins de que nas serventias de Registro de Imóveis exista maior celeridade de tais procedimentos referentes a tais grupos, evitando-se qualquer forma de procrastinação, assegurando-se o direito à moradia para tais pessoas que, em tal ciclo de vida, encontram maiores dificuldades.

Sumário: 1. Desigualdade no direito à moradia e reurb – 2. O direito de acesso à habitação para as pessoas idosas – 3. Conclusão – 4. Referências.

1. DESIGUALDADE NO DIREITO À MORADIA E REURB

O Brasil se caracteriza, desde o período do Brasil-Colônia como um país delineado por graves desigualdades econômicas e sociais, qualificadas e mantidas pela distribuição de renda desproporcional. Esse cenário se repete no que se relaciona ao mercado imobiliário urbano, no qual as grandes propriedades se acumulam nas mãos de poucas pessoas.

Deveras, a origem da desigualdade se encontra no passado colonial e nas instituições relacionadas à escravidão e, especialmente, a desigual distribuição de terras, mesmo com inúmeros projetos habitacionais foram efetivados em nosso País.

O programa habitacional mais popular no país foi o chamado BNH (Banco Nacional de Habitação), ainda no regime militar, sendo que a história das políticas públicas de habitação no Brasil guarda estreitas relações com o processo irregular de urbanização nacional.

Tal irregularidade se originou, especialmente, do êxodo rural iniciado nas primeiras décadas no final do século XIX e início do século XX, que levou a população do campo às cidades, a partir do início da industrialização nas grandes cidades.

Neste vértice, o processo brasileiro de urbanização elevou a demanda por empregos, moradia e serviços públicos. A partir da crise mundial de 1929, passando pela 2ª Guerra Mundial, até o final da década de 1970, "[...] o Brasil foi marcado por um processo de concentração progressiva e acentuada da população em núcleos urbanos".[1]

Aliado a tal fato e em decorrência do acelerado êxodo rural, foi necessária a formulação e a implantação de políticas de habitação, que, entretanto, não foram capazes de conter a utilização e a construção irregular. Dessa forma, o processo de urbanização ocorrido no Brasil deu-se, notadamente, de maneira informal.

Como consectário das irregularidades que caracterizaram as primeiras ocupações em massa nos centros urbanos, a partir do êxodo rural é que começaram a se formar as comunidades nas periferias, próximas aos locais de trabalho. A partir delas é que se iniciou, de maneira mais notável, a urbanização no país.

Entre as décadas de 1950 e 1980, a população pobre dos grandes centros urbanos teve como principal meio de acesso à casa própria o loteamento periférico, todavia, produzidos ilegalmente, por falta de titulação da propriedade e pelo descumprimento das normas urbanísticas.

Esse quadro de informalidade na construção civil teve como resultado imediato uma crise no setor imobiliário privado, bem como demonstrou a inefetividade dos programas habitacionais públicos, incapazes de conter as ocupações e construções irregulares e de prover moradia às camadas mais pobres da população.

Não se pode olvidar: "[...] No Brasil o fenômeno urbano encontra precedente na política de ocupação e povoamento da Colônia e sua evolução se liga aos ciclos econômicos brasileiros, de modo que a formação e evolução das cidades brasileiras antes resultam, portanto, da ação das autoridades estatais do que fruto da própria sociedade".[2]

Na realidade, as cidades possuem função social, pois: [...] Com o advento da Constituição Federal de 1988, a função social da cidade (art. 182) é incorporada ao ordenamento jurídico brasileiro; mas, como inovação normativa, não ganhou até hoje a relevância conceitual que o tema merece".[3]

Neste ínterim, verifica-se que a efetivação dos programas habitacionais se perpetuou de maneira extremamente frágil e ineficiente, submetida às intempéries da política e, especialmente, da concentração das finanças públicas e de sua gestão no governo central, de maneira que sequer a redemocratização foi capaz de dar concretude aos sistemas habitacionais.

---

1. ROLNIK, 2006, p. 199.
2. MOTA, 2018, p. 35.
3. AIETA, 2015, p. 104.

Num contexto de irregularidades de ocupação do solo urbano no Brasil, verifica-se que existem grupos, dentre os vulneráveis, que precisam de maior atenção e agilidade, para que haja igualdade num espectro de violação generalizada de direitos das minorias, pois os idosos são hipervulneráveis.

Especificamente em relação aos idosos, a Lei 13.465/2017 nada especifica para tais grupo, já que a lei trata genericamente acerca dos destinatários da norma e, em especial, para os cidadãos brasileiros que estejam em ocupações irregulares consolidadas e sejam carentes (REURB-S).

A norma aludida, em seu artigo 1º, assevera que a REURB: "[...] abrange medidas jurídicas, urbanísticas, ambientais e sociais destinadas à incorporação dos núcleos urbanos informais ao ordenamento territorial urbano e à titulação de seus ocupantes" (BRASIL, 2017).

Já o Estatuto do Idoso, em seu artigo 37, dispõe que: "[...] O idoso tem direito à moradia digna, no seio da família natural ou substituta, ou desacompanhado de seus familiares, quando assim o desejar, ou, ainda, em instituição pública ou privada" (BRASIL, 2003), ou seja, há disposição expressa acerca do direito à moradia ampla para tal grupo hipervulnerável.

Por outro lado, o próprio artigo 38 do mesmo Estatuto estabelece que: "[...] nos programas habitacionais, públicos ou subsidiados com recursos públicos, o idoso goza de prioridade na aquisição de imóvel para moradia própria".

Neste vértice, consagra-se que tal prioridade para aquisição da propriedade em programas habitacionais, deve-se estender também às regularizações fundiárias urbanas promovidas pelos Municípios brasileiros, como forma de assegurar que tais pessoas possam efetivar seu direito constitucional à moradia, antes de qualquer outro cidadão.

O mesmo deve acontecer em relação ao registro dos atos de REURB relacionados a pessoas idosas perante a serventia de Registro de Imóveis da Comarca, assegurando o oficial tramitação mais célere e adequada para tais pessoas, já que contam com menor tempo de vida e de espera pelos atos do poder público.

Assim, quando for prenotado na serventia de Registro de Imóveis qualquer ato referente à REURB relacionados a idosos, deve o oficial efetivar de maneira mais célere a tramitação de qualquer ato relacionado a tais pessoas, evitando qualquer procrastinação ou notas devolutivas que obstaculizem tal direito.

2. O DIREITO DE ACESSO À HABITAÇÃO PARA AS PESSOAS IDOSAS

O direito fundamental de moradia sequer necessitaria se encontrar expressamente consagrado pela Constituição da República Federativa do Brasil de 1988, tendo em vista ser um pressuposto para a concretização da própria dignidade da pessoa humana.

Correlacionado às políticas públicas da União, Estados e Municípios para o fomento de disponibilizar acesso à moradia, através de programas como BNH, Minha Casa Minha Vida, Casa Verde Amarela, o fato é que os serviços extrajudiciais previstos no artigo 236 da Constituição Federal são importantes para a consecução de tais atividades.

O Tabelião de Notas, pela forma e fé pública que exerce suas atividades, tem total correlação com o direito à moradia, pois praticamente todos os atos inerentes à transmissão ou oneração de bens imóveis passam necessariamente pelo Tabelião de Notas, em face do artigo 108 do Código Civil.

Ademais, o Tabelião de Notas tem efetivo contato com o público, é um agente estatal, ainda que por delegação, que tem muito contato com as pessoas, presta assessoramento jurídico e conhece a realidade do país, precipuamente as dificuldades inerentes aos idosos.

Por sua vez, o direito à moradia, em que pese a necessidade de sua efetivação no caso concreto, é possível observar certos componentes indispensáveis ao direito fundamental à moradia, especialmente aqueles determinantes para a consecução da vida aos próprios seres humanos, destinatários precípuos das normas constitucionais.

O direito à moradia encontra previsão no caput do art. 6º, entre os direitos sociais, de maneira que se encontra diretamente conectado aos direitos à saúde, à vida, felicidade e, especialmente, à dignidade da pessoa humana, pois a moradia é o lugar no qual as pessoas passam grande parte de seus momentos de descanso, armazenam pertences e vivem sozinhos ou em convivência com seus entes queridos.[4]

A partir de seu lar, o indivíduo se torna parte de uma comunidade. A moradia é um direito subjetivo que pertence a todas as pessoas, indistintamente, mas precipuamente aquelas que dependem de políticas públicas, de modo que cabe ao Estado (União, Estados, Distrito Federal e Municípios), cumprindo o princípio da necessidade, promover aos que menos detêm, a concretização do referido direito fundamental.[5]

Torna-se imprescindível políticas públicas para concretização por parte do Estado, até porque os sem-teto não têm direito de ficar em lugar algum, de maneira que sofrem restrições externas ao exercício de quase todas as liberdades concernentes a necessidades mínimas, como as fisiológicas. Por isso é que o mínimo existencial pode estar atrelado a um local físico, no qual as pessoas exercem direitos básicos.[6]

A moradia simples, porém, digna, é um pressuposto fático do exercício de outros direitos fundamentais, de maneira que o lar é indispensável à dignidade de qualquer pessoa, à sua liberdade e à sua autodeterminação. É o seu "lugar no mundo" e na

---
4. INÁCIO, Gilson Luiz. Op. cit., p. 63.
5. Ibidem, p. 65.
6. Idem.

sua comunidade, situação que se torna ainda mais evidente no contexto dos centros urbanos.[7]

Seria impossível concretizar o referido direito sem que houvesse possibilidades fáticas e jurídicas concernentes à utilização de um imóvel para que o indivíduo pudesse fazer dele a sua morada, que devem ser materializadas por intermédio de políticas públicas de habitação, voltadas, inclusive, ao acesso à moradia.

O direito de acesso a uma habitação é composto por um amplo leque de possibilidades, a exemplo da criação de linhas de financiamento específicas para facilitar a aquisição ou a construção de residências, em especial para pessoas de baixo poder aquisitivo, bem como o sistema e mutirões e a criação de rubricas específicas na assistência social para o pagamento de aluguéis.[8]

O direito à moradia deve, entretanto, ser interpretado em duas dimensões: *positiva*, como dever do poder público de implementar uma política habitacional de interesse social; e *negativa*, relacionada à abstenção da promoção de deslocamentos involuntários da população carente que pode ser regularizada nos locais que ocupam. Trata-se do chamado *princípio da não remoção*.[9]

A moradia compreende, simultaneamente, um direito de liberdade, correspondente à proibição de retirada involuntária das pessoas dos locais nos quais habitam, assim como um direito social, que determina a formulação e a concretização de políticas públicas dirigidas à sua concretização. Ambas, entretanto, se voltam à materialização da dignidade da pessoa humana no referido âmbito.

Para além da regulamentação da Constituição de 1988, o Estatuto do Idoso fez surgir uma principiologia específica naquilo que se relaciona à proteção da pessoa idosa, em especial naquilo que concerne à sua base jurídica protetiva, de maneira especialmente dirigida à manutenção de sua autonomia apesar dos efeitos deletérios da passagem do tempo.

Tal Estatuto adotou princípios voltados à proteção da terceira idade, como a garantia de cidadania, participação comunitária, vida, seu bem-estar e prevalência da dignidade, bem como veda a discriminação, consagrando o envelhecimento como um direito da personalidade, determinando que sua concretização é um dever do Estado e de todos os cidadãos.[10]

O diploma determinou que o cuidado com as pessoas idosas configura dever de todos, em decorrência do fato de estarem mais propensas a abalos psíquicos, fí-

---

7. OLIVEIRA, Bruno Bastos de et al. Op. cit., p. 65.
8. SARLET, Ingo Wolfgang. O Direito a moradia na constituição: algumas anotações a respeito de seu contexto, conteúdo e possível eficácia. In: SAMPAIO, José Adércio Leite. (Org.). *Crise e desafios da constituição*. Belo Horizonte: Del Rey, 2003. p. 432.
9. Ibidem, p. 432.
10. TANAKA, Lucas Yuzo Abe; FERMENTÃO, Cleide Aparecida Gomes Rodrigues. O acesso moral ao idoso pelo desrespeito ao direito personalíssimo de envelhecer com dignidade: uma afronta ao princípio da dignidade humana. *Cadernos do Programa de Pós-Graduação em Direito*, v. 11, n. 3, p. 156, Porto Alegre, 2016.

sicos e sociais, de maneira que precisariam de proteção e de efetivação quanto à sua personalidade, felicidade e realizações vitais. Finalmente, ordena a proteção a seus direitos à vida, saúde, liberdade, respeito e dignidade.[11]

O Estatuto do Idoso materializa uma espécie de discriminação afirmativa, decorrente de um discrímen razoável, preservando, portanto, a isonomia determinada pela Constituição Federal de 1988, tendo em vista conferir prerrogativas às pessoas idosas que não são titularizadas por nenhuma outra população.

A partir de tal diploma legal, a pessoa idosa passou a ser titular de direitos específicos em comparação às outras pessoas e a merecer da sociedade uma proteção especial, decorrente do processo de envelhecimento, que a pessoa mais frágil, fazendo surgir problemas de saúde mais frequentes, assim como a diminuição do vigor físico.[12]

Surgiria, assim, a necessidade de se adotar medidas dirigidas a equilibrar condições e possibilidades em relação aos outros cidadãos, até porque, se a pessoa não tiver forças para se proteger, é imperioso que seu resguardo ocorra de maneira mais efetiva, traduzindo-se, portanto, o princípio da isonomia, pois trata desigualmente aqueles que são desiguais.[13]

Voltou-se, portanto, a sanar o desequilíbrio fático geralmente identificável entre as pessoas idosas e aquelas que ainda não contam sessenta (60) anos de idade, em decorrência, destacadamente, das fragilidades de ordem fisiológica ocasionada pela passagem do tempo nos seres humanos, sem, entretanto, esquecer-se da solidariedade demanda pela Constituição de 1988.

Em que pese a existência de discriminações positivas e constitucionalmente justificáveis, o Estatuto do Idoso instituiu a solidariedade na tutela do idoso, de forma analógica ao que determina o próprio Art. 230 da Constituição Federal de 1988, ao determinar que a proteção às pessoas idosas é dever não apenas do Estado quanto da família e da própria sociedade.

Além da previsão constitucional da participação do idoso na comunidade, da defesa de sua dignidade, de bem-estar e à vida, destaca-se a liberdade, indispensável para concretizar a dignidade humana, tendo em vista que somente é digno quem é livre mediante condições psíquicas e físicas, sob pena de a proteção legal conduzir ao aprisionamento da pessoa.[14]

Em decorrência disso é que o Estatuto do Idoso expressamente garante a liberdade, bem como a possibilidade de ir, vir e estar em logradouros públicos e espaços

---

11. Ibidem, p. 156-159.
12. PONTES, Patrícia Albino Galvão. Art. 37. Direito à moradia. In: PINHEIRO, Naide Maria; RIBEIRO, Gabrielle Carvalho. (Org.). *Estatuto do Idoso comentado*. 4. ed. Campinas: Servanda, 2016, p. 76.
13. Ibidem, p. 76.
14. TEIXEIRA, Ana Carolina Brochado; SÁ, Maria de Fátima Freire de. Envelhecendo com autonomia. In: FIUZA, César; SÁ, Maria de Fátima Freire de; NAVES, Bruno Torquato de Oliveira. (Coord.). *Direito civil*: atualidades II: da autonomia privada nas situações jurídicas patrimoniais e existenciais. Belo Horizonte: Del Rey, 2007, p. 83-84.

comunitários, além de garantir o direito à opinião, à expressão, à crença, ao culto religioso, à diversão e à participação familiar, comunitária e política, podendo buscar refúgio, auxílio e orientação.[15]

O direito à livre locomoção depende, de maneira logicamente indispensável, de uma estrutura pessoal mínima, que compreende a alimentação como, também, tudo aquilo que seja imperioso não apenas à sobrevivência, como, também, à sua dignidade mínima, providências estas denominadas, pelo direito, de *alimentos*.

O Estatuto do Idoso afirma ser solidária a obrigação alimentar entre todos os prestadores, não se restringindo ou fazendo prevalecer o grau mais próximo de parentesco quanto à responsabilidade pelos alimentos. Mais do que isso, o sustento da pessoa idosa precisa ser garantido pelo Poder Público no caso de falta de condições próprias ou familiares para tanto.[16]

Além disso, o idoso tem direito de evitar a ingerência de terceiros em sua vida se isso for benéfico para sua personalidade e possa se determinar livremente, porém, não vivendo isolado, solitário ou esquecido. Sua convivência deve ocorrer no âmbito de ou substituta, ou, se necessário, pode ser institucionalizado, em local público ou particular.[17]

Assim, o Estatuto do Idoso traz direitos que, em seu conjunto, voltam-se à preservação da autonomia da pessoa idosa, não de maneira escalonada, mas, sim, em conjunto, de maneira que os alimentos permitem sua locomoção, que, por sua vez, permitem que permaneça independente de outros, permanecendo, entretanto, a solidariedade.

Apesar da proteção conferida às pessoas idosas, especialmente naquilo que se relaciona aos pressupostos para a concretização da autonomia das pessoas idosas, esta necessita de um resguardo ainda mais aprofundado, notadamente naquilo que se relaciona à sua família e à comunidade na qual se insere e em cujo contexto o idoso vive.

Ocorre que a ideologia vigente reforça o enfraquecimento de vínculos familiares e gera algo como uma espécie de frieza afetiva, justificada pela necessidade de precoce inserção no mercado de trabalho, a impulsionar o indivíduo a buscar identificação e pertencimento a grupos maiores, deteriorando o processo formativo moldado para aceitar a ordem vigente.[18]

Nesse sentido é que uma preocupação central tanto da Constituição Federal de 1988 quanto do próprio Estatuto do Idoso foi a de preservar a inclusão da pessoa

---

15. Ibidem, p. 84.
16. RODRIGUES, Oswaldo Peregrina. Op. cit., p. 784.
17. Ibidem, p. 777.
18. ALVES, Aparecida Ferreira; FRANCISCATTI, Kety Valéria Simões. Personalidade autoritária e frieza afetiva: reflexos do enfraquecimento familiar. 58ª Reunião Anual da SBPC – Sociedade Brasileira para o Progresso da Ciência, 2006, Florianópolis/SC. *Anais do 58ª Reunião Anual da SBPC* – Sociedade Brasileira para o Progresso da Ciência. Florianópolis/SC: Editora da Universidade Federal de Santa Catarina, 2006, p. 2.

idosa no âmbito da comunidade na qual se encontra, especialmente naquilo que se relaciona às pessoas idosas que há décadas residem na mesma localidade, criando vínculos cuja ruptura poderia macular sua própria dignidade.

Grande parte das pessoas prefere envelhecer onde, na comunidade ou na casa que consideram seu lar, mesmo que o envelhecimento implique incapacidades físicas, redução de mobilidade para deslocamentos internos e externos à residência ou ambos. Além disso, com o passar do tempo, a habitação planejada para a família passa a ter menos moradores, aumentando os gastos de manutenção.[19]

Nesse mesmo diapasão é que se torna ainda mais necessário proteger o direito à moradia do idoso, entretanto, mediante a consideração da integralidade dos fatores que têm o potencial de prejudicá-la, inclusive naquilo que se relaciona ao endividamento potencialmente resultante dos gastos necessários para a manutenção de sua moradia.

Antes mesmo de se aferir a existência de eventual direito à casa própria, é imperioso tratar, ainda que superficialmente, da maneira como a Constituição Federal de 1988 regulamenta a garantia fundamental à propriedade, assim como a sua denominada função social, bem como se esta é fator capaz de a vincular ou, até mesmo, de limitá-la.

A propriedade que não se conforma a interesses sociais relevantes não é digna de tutela. Não há nesse condicionamento, entretanto, uma priorização da função social sobre a garantia da propriedade ou hierarquização de normas constitucionais, mas, sim, mera interpretação sistemática do texto maior, que evidencia valores existenciais e solidários.[20]

Sua concreta realização concerne não apenas à propriedade, como, também, a todas as situações jurídicas subjetivas, que devem se direcionar por essa função. A garantia da propriedade não tem incidência nos casos nos quais a propriedade não atenda a sua função social ou não se conforme a interesses sociais relevantes, cujo atendimento condiciona atribuição de poderes ao titular do domínio.[21]

Em conformidade com esse entendimento, a função social é capaz não apenas de condicionar a garantia da propriedade, como, também, de condicionar seu exercício, sob pena de o referido direito não poder ser, efetivamente, garantido pela legislação ou pelas relações contratuais, notariais ou registrais. Há, entretanto, quem afirme a necessidade de reinterpretação do referido conceito.

O uso do termo "função" em contraposição à "estrutura" define o concreto modo de um instituto ou direito dos quais são conhecidas e individualizadas as caracte-

---

19. COSTA, Silvia; PLOUFFE, Louise; VOELCKER, Ina; KALACHE, Alexandre. Habitação e urbanismo. In: ALCÂNTARA, Alexandre de Oliveira; CAMARANO, Ana Amélia; GIACOMIN, Karla Cristina. *Política nacional do idoso*: velhas e novas questões. Rio de Janeiro: Ipea, 2016, p. 295.
20. TEPEDINO, Gustavo; SCHREIBER, Anderson. A garantia da propriedade no direito brasileiro. *Revista da Faculdade de Direito de Campos*, a VI, n. 6, jun., p. 106, 2005.
21. Idem, p. 107.

rísticas morfológicas. Ao invés, fala-se de uma função social da propriedade menos para dar ensejo a uma forma de investigação afeta à sociologia jurídica, quanto para indicar uma dessas características.[22]

Se a função deve ser considerada como um componente da estrutura da propriedade, todos os dados que a essa possam ser reconduzidos, como obrigações e ônus do titular, não podem ser representados como elementos exteriores à situação, entretanto, como limitações advindas do direito público, como uma não atribuição ao proprietário de certas faculdades.[23]

Podem funcionar como um complexo de condições para o exercício de faculdades atribuídas, mas, sim, enquanto dever de exercitar determinadas faculdades, em decorrência de uma apreciação livre ou de conformidade com as modalidades indicadas, notadamente quanto aos bens comuns, materiais e imateriais indispensáveis à concretização dos direitos fundamentais.[24]

No que se relaciona aos bens comuns, estes têm sua tutela justificada, ainda, em decorrência do interesse das gerações futuras em sua conservação. Ocorre que a ligação identificável entre bens comuns e direitos fundamentais produz o enriquecimento da esfera dos poderes pessoais, que realizam precondições necessárias em direção à efetiva participação no processo democrático.[25]

Ao se considerar que a propriedade se encontra inserida dentro de uma estrutura social maior, massificada e difundida, que, por sua vez, abarca a necessidade de conservação da propriedade com vistas à sua transferência. Tal entendimento, por lógica, aplica-se de forma mais específica à propriedade imobiliária, aplicando-se, de maneira notável, à situação jurídica das pessoas idosas.

A moradia é especialmente importante em decorrência da acessibilidade, da segurança, do ônus financeiro de se manter um lar e da segurança emocional e psicológica. A moradia satisfatória pode trazer benefícios à saúde e ao bem-estar. É também importante que os idosos possam escolher o lugar onde queiram viver. Trata-se de um fator cuja incorporação às políticas públicas é imperiosa.[26]

Em países em desenvolvimento e de economias em transição produz-se um envelhecimento demográfico rápido em um marco de constante urbanização e com um número cada vez maior de pessoas que envelhecem em zonas urbanas sem moradia e serviços acessíveis, assim como nas zonas rurais, longe do ambiente tradicional da família.[27]

---

22. RODOTÀ, Stefano. *Il terribile diritto*: studi sulla proprietà privata. 3. ed. Bologna: Il Mulino, 2013, p. 222.
23. Ibidem, p. 239.
24. Idem.
25. Ibidem. p. 464-479.
26. BRASIL. Presidência da República. Secretaria Nacional de Direitos Humanos da Presidência da República. Conselho Nacional dos Direitos do Idoso. Plano de ação internacional para o envelhecimento. Brasília: Presidência da República, 2003, p. 66.
27. Idem.

Já nos países desenvolvidos, as áreas edificadas e o transporte adequado aos idosos são causa de crescente preocupação. Novas áreas residenciais são idealizadas para famílias jovens que têm meios de transportes próprios, que, entretanto, é problemático em zonas rurais, pois as pessoas idosas, enquanto envelhecem, dependem mais do transporte público.[28]

No Brasil, entretanto, a infraestrutura urbana não favorece a locomoção das pessoas idosas, de maneira que prejudica sua autonomia e, portanto, sua própria dignidade. Mais do que isso, a colocação forçosa das pessoas idosas em Instituições de Longa Permanência pode ser uma atitude incompatível com o dever de solidariedade consignado pela Constituição de 1988.

Tendo em vista que cada vez mais pessoas idosas vivem sozinhas com menos apoio de familiares, cresce a preocupação relacionada à obtenção de uma casa que facilite o acesso a serviços sociais e de saúde. O verdadeiro déficit habitacional é mais elevado que o retratado pelo IBGE, situação que torna indispensável a implementação de políticas públicas para melhoria das condições de habitabilidade.[29]

Mais do que isso, muitos idosos jamais reformaram ou adaptaram sua respectiva moradia, bem como não dispõem de recursos financeiros para tanto. O contínuo aumento do custo de moradia faz com que haja cada vez mais sejam necessárias iniciativas específicas e pesquisas voltadas a estudar as condições de vida e as necessidades de moradia dos idosos.[30]

Desse modo, em que pese não ser possível, em regra, extrair do direito à moradia constante no Art. 6º da Constituição de 1988, como foi tratado acima, um direito à casa própria, no que tange às pessoas idosas tal impossibilidade se demonstra relativizada, tendo em vista a impossibilidade de se garantir uma série de garantias asseguradas à referida população sem lhe assegurar um espaço seu.

Embora a Lei 13.465/2017 pouco faça referência aos atos dos Tabeliães de Notas no que tange aos atos consectários à REURB, verifica-se que a atividade Tabelioa importa em inúmeras facilidades à própria consecução do direito em si.

Verifica-se, ademais, que a atividade notarial é uma instituição antecedente à própria formação do Direito e do Estado, em face da necessidade de se documentar e registrar certos fatos da vida, atos e fatos jurídicos, além dos negócios.[31]

Assim é que o Tabelião de Notas poderá auxiliar, e muito, na consecução para a celeridade dos atos de REURB, através de Escrituras Públicas, atas notariais, pro-

---

28. BRASIL. Presidência da República. Secretaria Nacional de Direitos Humanos da Presidência da República. Op. cit., p. 66.
29. COSTA, Silvia; PLOUFFE, Louise; VOELCKER, Ina; KALACHE, Alexandre. Habitação e urbanismo. In: ALCÂNTARA, Alexandre de Oliveira; CAMARANO, Ana Amélia; GIACOMIN, Karla Cristina. *Política nacional do idoso*: velhas e novas questões. Rio de Janeiro: Ipea, 2016, p. 301.
30. Ibidem, p. 304.
31. Rodrigues, Felipe Leonardo; FERREIRA, Paulo Roberto Gaiger. *Tabelionato de notas*. In: CASSETTARI, Christiano (Coord.). 5. ed. Indaiatuba: Editora Foco, 2022, p. 1.

curações públicas, reconhecimentos de firmas e demais atos notariais que efetivem todos os atos e negócios jurídicos inerentes.

A virtude do Tabelião de Notas é que este mantém constante contato com as pessoas que chegam à serventia, tomando conhecimento de suas dificuldades, seus sonhos e obstáculos, podendo adequar o momento e a lei em benefício de tais usuários.

O notário, observando as necessidades do idoso e adequando seus anseios à práxis notarial, sente, como ser humano que é, o sentimento e o anseio por um lar para o idoso, neste momento crucial para a sua vida, já que saberá utilizar a melhor forma do direito para assegurar a moradia.

O fato é que o entrelaçamento entre todas as atividades extrajudiciais do Estado, em especial relacionados aos idosos, poderá levar efetiva justiça social àqueles hipervulneráveis que realmente precisam de agilidade e segurança para consecução do direito à moradia através da REURB.

3. CONCLUSÃO

As irregularidades que caracterizaram as primeiras ocupações em massa nos centros urbanos, a partir do êxodo rural, é que começaram a se formar as comunidades nas periferias, próximas aos locais de trabalho.

Nas décadas de 1950 e 1980, a população pobre dos grandes centros urbanos teve como principal meio de acesso à casa própria o loteamento periférico, todavia, produzidos ilegalmente, por falta de titulação da propriedade e pelo descumprimento das normas urbanísticas.

Tal quadro de informalidade na construção civil teve como resultado imediato uma crise no setor imobiliário privado, bem como demonstrou a inefetividade dos programas habitacionais públicos, incapazes de conter as ocupações e construções irregulares e de prover moradia às camadas mais pobres da população.

Em nosso País, entretanto, a infraestrutura urbana não favorece a locomoção das pessoas idosas, de maneira que prejudica sua autonomia e, portanto, sua própria dignidade, sendo que a colocação forçosa das pessoas idosas em Instituições de Longa Permanência pode ser uma atitude incompatível com o dever de solidariedade consignado pela Constituição de 1988.

Tendo em vista que cada vez mais pessoas idosas vivem sozinhas com menos apoio de familiares, cresce a preocupação relacionada à obtenção de uma casa que facilite o acesso a serviços sociais e de saúde. O verdadeiro déficit habitacional é mais elevado que o retratado pelo IBGE, situação que torna indispensável a implementação de políticas públicas para melhoria das condições de habitabilidade.

Muitos idosos jamais reformaram ou adaptaram sua respectiva moradia, bem como não dispõem de recursos financeiros para tanto. O contínuo aumento do custo de moradia faz com que haja cada vez mais sejam necessárias iniciativas específicas e pesquisas voltadas a estudar as condições de vida e as necessidades de moradia dos idosos.

Deveras, embora as garantias determinadas pela CF de 1988 no sentido da proteção das pessoas idosas, assim como as garantias relacionadas à sua autonomia que, por sua vez, incluem a manutenção de seu convívio familiar e comunitário, inclusive em instituições de longa permanência.[32]

Apesar de não ser possível, em regra, extrair do direito à moradia constante no Art. 6º da Constituição de 1988, como foi tratado acima, um direito à casa própria, no que tange às pessoas idosas tal impossibilidade se demonstra relativizada, tendo em vista a impossibilidade de se garantir uma série de garantias asseguradas à referida população sem lhe assegurar um espaço seu.

Especificamente em relação aos idosos, a Lei 13.465/2017 nada especifica para tal grupo, já que a lei trata genericamente acerca dos destinatários da norma e, em especial, para os cidadãos brasileiros que estejam em ocupações irregulares consolidadas.

A norma, em seu artigo 1º, assevera que a REURB: "[...] abrange medidas jurídicas, urbanísticas, ambientais e sociais destinadas à incorporação dos núcleos urbanos informais ao ordenamento territorial urbano e à titulação de seus ocupantes" (BRASIL, 2017).

O Estatuto do Idoso, em seu artigo 37, dispõe que: "[...] O idoso tem direito à moradia digna, no seio da família natural ou substituta, ou desacompanhado de seus familiares, quando assim o desejar, ou, ainda, em instituição pública ou privada" (BRASIL, 2003), ou seja, há disposição expressa acerca do direito à moradia ampla para tal grupo hipervulnerável.

Por outro lado, o próprio artigo 38 do mesmo Estatuto estabelece que: "[...] nos programas habitacionais, públicos ou subsidiados com recursos públicos, o idoso goza de prioridade na aquisição de imóvel para moradia própria" (BRASIL, 2003).

Consagra-se que tal prioridade para aquisição da propriedade em programas habitacionais, deva-se estender também às regularizações fundiárias urbanas promovidas pelos Municípios brasileiros, como forma de assegurar que tais pessoas possam efetivar seu direito constitucional à moradia, antes de qualquer outro cidadão.

O mesmo deve acontecer em relação ao registro dos atos de REURB relacionados a pessoas idosas perante a serventia de Registro de Imóveis da Comarca, assegurando o oficial tramitação mais célere e adequada para tais pessoas, já que contam com menor tempo de vida e de espera pelos atos do poder público.

Portanto, ao se efetivar a prenotação perante a serventia de Registro de Imóveis de qualquer ato referente à REURB relacionados a idosos, deve o oficial efetivar de

---

32. MARTINS, Robson. *O direito à moradia das pessoas idosas e o superendividamento*. Rio de Janeiro: Lumen Juris, 2022, p. 69.

maneira mais célere a tramitação de qualquer ato relacionado a tais pessoas, evitando qualquer procrastinação ao notas devolutivas que obstaculizem tal direito.

Conquanto a Lei 13.465/2017 pouco faça referência aos atos dos Tabeliães de Notas no que tange aos atos consectários à REURB, verifica-se que a atividade notarial importa em grande valia e em inúmeras facilidades à própria consecução do direito em si.

Deveras, a atividade notarial é uma instituição antecedente à própria formação do Direito e do Estado, em face da necessidade de se documentar e registrar certos fatos da vida, atos e fatos jurídicos, além dos negócios, sendo inerente à própria documentação da existência do ser humano.

Assim é que o Tabelião de Notas poderá auxiliar, e muito, na consecução para a celeridade dos atos de REURB, através de Escrituras Públicas, atas notariais, procurações públicas, testamentos, reconhecimentos de firmas, e-notariado, autenticações de documentos e demais atos notariais que efetivem todos os atos e negócios jurídicos inerentes à regularização fundiária urbana.

O notário, observando as necessidades do idoso e adequando seus anseios à práxis notarial, sente, como ser humano que é, o sentimento e o anseio por um lar para o idoso, neste momento crucial para a sua vida, já que saberá utilizar a melhor forma do direito para assegurar a moradia.

O fato é que a união e o entrelaçamento entre todas as atividades judiciais e extrajudiciais do Estado brasileiro, em especial relacionados aos idosos, levará efetiva justiça social, isonomia e paz àqueles hipervulneráveis que realmente precisam de agilidade e segurança para consecução de um direito fundamental, que é o direito à moradia.

4. REFERÊNCIAS

AIETA, Vânia Siciliano. *Direito da cidade*. Rio de Janeiro: Freitas Bastos, 2015. t. II.

ALFONSIN, Betânia. FERNANDES, Edésio. (Org.). *Direito à moradia e segurança da posse no Estatuto da Cidade*: diretrizes, instrumentos e processos de gestão. Belo Horizonte: Fórum, 2014.

ALVES, Aparecida Ferreira; FRANCISCATTI, Kety Valéria Simões. Personalidade autoritária e frieza afetiva: reflexos do enfraquecimento familiar. 58ª Reunião Anual da SBPC – Sociedade Brasileira para o Progresso da Ciência, 2006, Florianópolis/SC. *Anais do 58ª Reunião Anual da SBPC* – Sociedade Brasileira para o Progresso da Ciência. Florianópolis/SC: Editora da Universidade Federal da Santa Catarina, 2006.

AMADEI, Vicente de Abreu; PEDROSO, Alberto Gentil de Almeida; MONTEIRO FILHO, Ralpho Waldo de Barros. *Primeiras impressões sobre a Lei 13465/2017*. São Paulo: ARISP, 2017.

BARBOZA, Heloisa Helena Gomes. O princípio do melhor interesse da pessoa idosa: efetividade e desafios. In: BARLETTA, Fabiana Rodrigues; ALMEIDA, Vitor (Coord.). *A tutela jurídica da pessoa idosa*. Indaiatuba: Foco, 2020.

BARCELLOS, Ana Paula. *A eficácia jurídica dos princípios constitucionais*: o princípio da dignidade da pessoa humana. Rio de Janeiro: Renovar, 2002.

BARLETTA, Fabiana Rodrigues. *O direito à saúde da pessoa idosa*. São Paulo: Saraiva, 2010.

BARLETTA, Fabiana Rodrigues. A pessoa idosa e seu direito prioritário à saúde: apontamentos a partir do princípio do melhor interesse do idoso. *Revista de direito sanitário*, v. 15, n. 1, p. 119-136, São Paulo, mar./jun. 2014.

BEZERRA, Rebecca Monte Nunes. Art. 1º – Instituição do Estatuto do Idoso e conceito do idoso. In: PINHEIRO, Naide Maria; RIBEIRO, Gabrielle Carvalho Ribeiro. (Org.). *Estatuto do Idoso comentado*. 4. ed. Campinas: servanda, 2016.

BRASIL. Lei 10.741, de 1º de outubro de 2003. Dispõe sobre o Estatuto do Idoso e dá outras providências. Brasília, DF: Presidência da República. Disponível em: https://www.planalto.gov.br/ccivil_03/Leis/2003/L10.741.htm. Acesso em: 18 abr. 2022.

BRASIL. Lei 13.465, de 11 de julho de 2017. Dispõe sobre a regularização fundiária urbana – REURB e dá outras providências. Brasília, DF: Presidência da República. Disponível em: https://www.planalto.gov.br/ccivil_03/_Ato2015-2018/2017/Lei/L13465.htm. Acesso em: 18 abr. 2022.

BRASIL. Presidência da República. Secretaria Nacional de Direitos Humanos da Presidência da República. Conselho Nacional dos Direitos do Idoso. Plano de ação internacional para o envelhecimento. Brasília: Presidência da República, 2003.

BRASIL. Superior Tribunal de Justiça. Recurso Especial 586.316/MG. Relator: Ministro Antônio Herman de Vasconcellos e Benjamin, Brasília. 2007. Disponível em: www.stj.jus.br. Acesso em: 18 abr. 2022.

BRASIL. Superior Tribunal de Justiça. Recurso Especial 1.169.841-RJ. Relatora: Ministra Nancy Andrighi. 2012. Disponível em: www.stj.jus.br. Acesso em: 18 abr. 2022.

CAMARANO, Ana Amélia. *Estatuto do idoso*: avanços com contradições. Brasília: IPEA, 2013.

CAMARANO, Ana Amélia; PASINATO, Maria Tereza de Marsillac. O envelhecimento populacional na agenda das políticas públicas. *In*: CAMARANO, Ana Amélia (Org.). *Os novos idosos brasileiros*: muito além dos 60? Rio de Janeiro: IPEA, 2004.

CAMARANO, Ana Amélia; KANSO, Solange. As instituições de longa permanência para idosos no Brasil. *Revista brasileira de estudos de população*, v. 27, n. 1, p. 233-235, jan.-jun., 2010.

CEPAL – Comissão Econômica para América Latina e Caribe. Carta de São José sobre os direitos das pessoas idosas da América Latina e do Caribe. 2012.

COSTA, Lucia Cortes da. *Os impasses do Estado capitalista*: uma análise sobre a reforma do Estado no Brasil. São Paulo: Cortez, 2006.

COSTA, Silvia; PLOUFFE, Louise; VOELCKER, Ina; KALACHE, Alexandre. Habitação e urbanismo. In: ALCÂNTARA, Alexandre de Oliveira; CAMARANO, Ana Amélia; GIACOMIN, Karla Cristina. *Política nacional do idoso*: velhas e novas questões. Rio de Janeiro: Ipea, 2016.

CRETELLA JÚNIOR, José. *Comentários à Constituição de 1988*. Rio de Janeiro: Forense Universitária, 1988. v. 1.

ENGELS, Friedrich. *Para a questão da habitação*. Lisboa: Avante, 1993.

FACHIN, Luiz Edson. *Estatuto jurídico do patrimônio mínimo*. 2. ed. Rio de Janeiro: Renovar, 2006.

FERREIRA FILHO, Manoel Gonçalves. *Direitos humanos fundamentais*. São Paulo: Saraiva, 1998.

FREIRE, Anderson Ricardo Fernandes. Art. 46 – Política de atendimento ao idoso. In: PINHEIRO, Naide Maria; RIBEIRO, Gabrielle Carvalho (Org.). *Estatuto do Idoso comentado*. 4. ed. Campinas: Servanda, 2016.

FREITAS JÚNIOR, Roberto Mendes de. *Direitos e garantias do idoso*: doutrina, jurisprudência e legislação. São Paulo: Atlas, 2011.

GARCIA, Leonardo de Medeiros. *Direito do consumidor*: código comentado e jurisprudência. 13. ed. Salvador: JusPodivm, 2016.

GIACOMIN, Karla Cristina; FIRMINO, Josélia Oliveira Araújo. Velhice, incapacidade e cuidado na saúde pública. *Ciência & Saúde Coletiva*, v. 20, n. 12, p. 3631-3640, 2015.

GONÇALVES, Ludmilla; GONÇALVES, Eduardo; OLIVEIRA JÚNIOR, Lourival Batista. Determinantes espaciais e socioeconômicos do suicídio no Brasil: uma abordagem regional. *Nova Economia*, v. 21, n. 2, p. 281-316, Belo Horizonte, maio-ago. 2011.

GRAEFF, Bibiana. A pertinência da noção de ambiências urbanas para o tema dos direitos dos idosos: perspectivas brasileiras. *Revista Brasileira de Geriatria e Gerontologia*, v. 17, p. 611-625, 2014.

GUTTMANN, Robert; PLIHON, Dominique. O endividamento do consumidor no cerne do capitalismo conduzido pelas finanças. *Economia e Sociedade*, v. 17, p. 575-610, dez. 2008.

INÁCIO, Gilson Luiz. *Direito social à moradia*: a efetividade do processo. Curitiba: Juruá, 2002.

INDALENCIO, Maristela Nascimento. *Estatuto do idoso e direitos fundamentais*: fundamentos da proteção da pessoa idosa no ordenamento jurídico brasileiro. Dissertação (Mestrado em Direito). Universidade do Vale do Itajaí – UNIVALI. Itajaí: Universidade do Vale do Itajaí, 2007.

KIRSTE, Stephan. A dignidade humana e o conceito de pessoa de direito. In: SARLET, Ingo Wolfgang (Org.). *Dimensões da dignidade*: ensaios de filosofia do direito e direito constitucional. 2. ed. Porto Alegre: Livraria do Advogado, 2009.

KÜMPEL, Vitor Frederico; FERRARI, Carlo Modina. *Tratado notarial e registral*. 2 ed. São Paulo: YK Editora, 2022. v. III: tabelionato de notas.

LEHFELD, Neide Aparecida de Souza. *Uma abordagem populacional para um problema estrutural*: a habitação. Rio de Janeiro: Vozes, 1988.

MARTINEZ, Wladimir Novaes. *Comentários ao Estatuto do Idoso*. 3. ed. São Paulo: LTr, 2012.

MARTINS, Robson. *O direito à moradia das pessoas idosas e o superendividamento*. Rio de Janeiro: Lumen Juris, 2022.

MAURER, Beatrice. Notas sobre o respeito da dignidade da pessoa humana... ou pequena fuga incompleta em torno de um tema central. In: SARLET, Ingo Wolfgang (Org.). *Dimensões da dignidade*: ensaios de filosofia do direito e direito constitucional. 2. ed. Porto Alegre: Livraria do Advogado, 2009.

MEDA, Ana Paula. *Direito à moradia e conflitos fundiários urbanos*: a mediação como pluridiálogo para cidades mais humanas. Rio de Janeiro: Lumen Juris, 2018.

MORAES, Lúcia; DAYRELL, Marcelo. *Direito humano à moradia e terra urbana*. São Paulo: DhESCA Brasil, 2008.

MORAES, Maria Celina Bodin de. *Na medida da pessoa humana*: estudos de direito civil-constitucional. Rio de Janeiro: Renovar, 2010.

MORAES, Maria Celina Bodin de; TEIXEIRA, Ana Carolina Brochado. Art. 230. In: CANOTILHO, José Joaquim Gomes; SARLET, Ingo Wolfgang; STRECK, Lenio Luiz; MENDES, Gilmar Ferreira; LEONCY, Léo Ferreira (Coord.). *Comentários à constituição do Brasil*. São Paulo: Saraiva, 2013.

MOTA, Maurício Jorge Pereira. TORRES, Marcos Alcino de Azevedo. MOURA, Emerson Affonso da Costa. *Direito à moradia e regularização fundiária*. Rio de Janeiro: Lumen Juris, 2018.

MOTA, Maurício Jorge Pereira. MOURA, Emerson Affonso da Costa. ANDRADE, Eric Santos de. *Política urbana brasileira e os instrumentos de intervenção na cidade*. Rio de Janeiro: Lumen Juris, 2018.

MOTTA, Márcia. Movimentos rurais nos Oitocentos: uma história em (re)construção. *Estudos Sociedade e Agricultura*, n. 16, p. 113-128, abr. 2001.

NOVAES, Maria Helena. *Psicologia da terceira idade*: conquistas possíveis e rupturas necessárias. 2. ed. Rio de Janeiro, 2000.

OEA – Organização dos Estados Americanos. Convenção interamericana sobre a proteção dos direitos humanos dos idosos. 2015.

OLIVEIRA, Bruno Bastos de; ALBUQUERQUE FILHO, Edme Tavares de; MARTINS, Érika Silvana Saquetti; SACRAMENTO, Luciano; CALIL, Mário Lúcio Garcez; ROSSIGNOLI, Marisa; MARTINS, Robson; CACHICHI, Rogério Cangussu Dantas. *Regulação, ferrovias e direito à moradia*: eficiência e justiça social. Curitiba: Instituto Memória, 2021.

ONU – Organização das Nações Unidas. Declaração Universal dos Direitos Humanos. 1948.

ONU – Organização das Nações Unidas. Conferência das Nações Unidas para Assentamentos Humanos. *The Vancouver Declaration on Human Settlements*. 1976.

ONU – Organização das Nações Unidas. Declaração de Istambul sobre Assentamentos Humanos. 1993.

ONU – Organização das Nações Unidas. Declaração de Quito sobre cidades e assentamentos urbanos para todos. 2004.

ONU – Organização das Nações Unidas. Fórum Mundial Urbano. Carta Mundial pelo Direito à Cidade. 2004.

OSÓRIO, Letícia Marques. Direito à moradia adequada na américa latina. *In*: ALFONSIN, Betânia; FERNANDES, Edésio. *Direito à moradia e segurança da posse no estatuto da cidade*. Belo Horizonte: Fórum, 2004.

PEREIRA, Tânia da Silva. Art. 230. In: ALMEIDA, Guilherme Assis de et al. *Constituição federal comentada*. Rio de Janeiro: Forense, 2018.

PIOVESAN, Flávia. KAMIMURA, Akemi. Proteção Internacional dos direitos humanos das pessoas idosas. In: PIOVESAN, Flávia. *Temas de Direitos humanos*. 11. ed. São Paulo: Saraiva, 2018.

POMPEU, Ivan Guimarães; POMPEU, Renata Guimarães. A teoria do patrimônio mínimo versus o superendividamento: análise jurídico-econômica sobre o acesso a bens e a serviços. In: POMPEU, Ivan Guimarães; POMPEU, Renata Guimarães; BENTO, Lucas Fulanete Gonçalves (Org.). *Estudos sobre negócios e contratos*: uma perspectiva internacional a partir da análise econômica do direito. São Paulo: Almedina, 2017.

PONTES, Patrícia Albino Galvão. Art. 37 – Direito à moradia. In: PINHEIRO, Naide Maria; RIBEIRO, Gabrielle Carvalho (Org.). *Estatuto do Idoso comentado*. 4. ed. Campinas: Servanda, 2016.

RAMOS, Paulo Roberto Barbosa. *Fundamentos constitucionais do direito à velhice*. Florianópolis: Letras Contemporâneas, 2002.

RAMOS, Paulo Roberto Barbosa. Direito à velhice. In: WOLKMER, Antônio Carlos; LEITE, José Rubens Morato (Org.). *Os novos direitos no Brasil*. São Paulo: Saraiva, 2003.

RAMOS, Paulo Roberto Barbosa. *Curso de direito do idoso*. São Paulo: Saraiva, 2014.

RIBEIRO, Luiz Cesar de Queiroz. *Da propriedade fundiária ao capital incorporador*: as formas de produção da moradia na cidade do Rio de Janeiro. Tese de Doutorado. FAU-USP, São Paulo, 1991.

RODOTÀ, Stefano. *Il terribile diritto*: studi sulla proprietà privata. 3. ed. Bologna: Il Mulino, 2013.

RODRIGUES, Felipe Leonardo; FERREIRA, Paulo Roberto Gaiger. *Tabelionato de notas*. In: CASSETTARI, Christiano (Coord.). 5. ed. Indaiatuba: Editora Foco, 2022.

RODRIGUES, Rafael Garcia. A pessoa e o ser humano no novo Código Civil (arts. 1º a 10). In: TEPEDINO, Gustavo (Coord.). *A parte geral do novo Código Civil*: estudos na perspectiva civil-constitucional. 2. ed. Rio de Janeiro: Renovar, 2003.

RODRIGUES, Oswaldo Peregrina. Estatuto do idoso: aspectos teóricos, práticos e polêmicos e o direito de família. *V Congresso Brasileiro de Direito de Família*. Belo Horizonte: IOB Thomson, 2006.

ROGUET, Patrícia; CHOHFI, Roberto Dib. Políticas públicas e moradia: rumo à concretização do direito à cidade. In: SMANIO, Gianpaolo Poggio; BERTOLIN, Patrícia Tuma Martins (Org.). *O direito e as políticas públicas no Brasil*. São Paulo: Atlas, 2013.

ROLNIK, Raquel. A construção de uma política fundiária e de planejamento urbano para o país. IPEA. *Avanços e desafios in políticas sociais*: acompanhamento e análise. Brasília: IPEA, 2006.

ROLNIK, Raquel. *Guerra dos lugares*: a colonização da terra e da moradia na era das finanças. 2. ed. São Paulo: Boitempo, 2019.

ROSA, Luiz Carlos Goiabeira; BERNARDES, Luana Ferreira; FÉLIX, Vinícius Cesar. O idoso como consumidor hipervulnerável na sociedade de consumo pós-moderna. *Revista Jurídica da Presidência*, v. 18. n. 116, p. 533-558, Brasília, DF, out. 2016 a jan. 2017.

SANTOS, Ângela Moulin Simões Penalva. *Política urbana no contexto federativo brasileiro*: aspectos institucionais e financeiros. Rio de Janeiro: EdUERJ, 2017.

SANTOS, Milton. *A urbanização brasileira*. São Paulo: Hucitec, 1993.

SANTOS, Silvana Sidney Costa. Concepções teórico-filosóficas sobre envelhecimento: velhice, idoso e enfermagem gerontogeriátrica. *Revista brasileira de enfermagem*, v. 63, n. 6, p. 1035-1039, nov./dez. 2010.

SARLET, Ingo Wolfgang. O direito fundamental à moradia a Constituição: algumas anotações a respeito do seu contexto, conteúdo e possível eficácia. *Arquivos de direitos humanos*, v. 4, p. 137-192, 2002.

SARLET, Ingo Wolfgang. O Direito a moradia na constituição: algumas anotações a respeito de seu contexto, conteúdo e possível eficácia. In: SAMPAIO, José Adércio Leite (Org.). *Crise e desafios da constituição*. Belo Horizonte: Del Rey, 2003.

SARLET, Ingo Wolfgang. *Dignidade da pessoa humana e direitos fundamentais na Constituição Federal de 1988*. 2. ed. Porto Alegre: Livraria do Advogado, 2002, p. 61. Apud BARLETTA, Fabiana Rodrigues. *O direito à saúde da pessoa idosa*. São Paulo: Saraiva, 2010.

SARLET, Ingo Wolfgang. *Dignidade da pessoa humana e direitos fundamentais na Constituição Federal de 1988*. 10. ed. Porto Alegre: Livraria do Advogado, 2015.

SARMENTO, Daniel. *Dignidade da pessoa humana*: conteúdo, trajetórias e metodologia. Belo Horizonte: Fórum, 2016.

SARMENTO, Daniel. O mínimo existencial. *Revista de Direito da Cidade*, v. 8, n. 4, p. 1644-1689, 2016.

SINGER, Paul. Prefácio. In: BONDUKI, Nabil: *Origens da habitação social no Brasil*: arquitetura moderna, lei do inquilinato e difusão da casa própria. 7. ed. São Paulo: Estação Liberdade, 2017.

SOUZA, Sérgio Iglesias Nunes. *Direito à moradia e de habilitação*: análise comparativa e seu aspecto teórico e prático com os direitos da personalidade. 3. ed. São Paulo: Ed. RT, 2013.

TANAKA, Lucas Yuzo Abe; FERMENTÃO, Cleide Aparecida Gomes Rodrigues. O acesso moral ao idoso pelo desrespeito ao direito personalíssimo de envelhecer com dignidade: uma afronta ao princípio da dignidade humana. *Cadernos do Programa de Pós-Graduação em Direito*. v. 11, n. 3, p. 148-167, Porto Alegre, 2016.

TEIXEIRA, Ana Carolina Brochado; SÁ, Maria de Fátima Freire de. Envelhecendo com autonomia. In: FIUZA, César; SÁ, Maria de Fátima Freire de; NAVES, Bruno Torquato de Oliveira (Coord.). *Direito civil*: atualidades II: da autonomia privada nas situações jurídicas patrimoniais e existenciais. Belo Horizonte: Del Rey, 2007.

TEPEDINO, Gustavo; SCHREIBER, Anderson. A garantia da propriedade no direito brasileiro. *Revista da Faculdade de Direito de Campos*, a VI, n. 6, p. 101-119, 2005.

TORRES, Ricardo Lobo. A cidadania multidimensional na Era dos Direitos. In: TORRES, Ricardo Lobo (Org). *Teoria dos direitos fundamentais*. 2. ed. Rio de Janeiro: Renovar, 2001.

TORRES, Ricardo Lobo. A jusfundamentalidade dos direitos sociais. *Revista de Direito da Associação dos Procuradores do Novo Estado do Rio de Janeiro*, v. XII, p. 349-374, 2003, p. 370. Apud BARLETTA, Fabiana Rodrigues. *O direito à saúde da pessoa idosa*. São Paulo: Saraiva, 2010.

TORRES, Ricardo Lobo. A metamorfose dos direitos sociais em mínimo existencial. In: SARLET, Ingo Wolfgang. *Direitos fundamentais sociais*: estudos de direito constitucional, internacional e comparado. Rio de Janeiro: Renovar, 2003.

TORRES, Ricardo Lobo. O mínimo existencial e os direitos fundamentais. *Revista de Direito Administrativo*, v. 177, p. 29-49, jul.- set., 1989, p. 29. Apud BARLETTA, Fabiana Rodrigues. *O direito à saúde da pessoa idosa*. São Paulo: Saraiva, 2010.

TORRES, Ricardo Lobo. O mínimo existencial e os direitos fundamentais. *Revista de Direito administrativo*, v. 177, p. 29-49, jul. -set., 1989.

VIANA, Marco Aurélio da Silva. *Curso de Direito Civil*: parte geral. Rio de Janeiro: Forense, 2004.

VIEGAS, João Ricardo Bet. A hipervulnerabilidade como critério para a aplicação do código de defesa do consumidor. *Res Severa Verum Gaudium*, v. 4, n. 1, p. 73-91, jun. 2019.

REGISTRO CIVIL
DE PESSOAS NATURAIS

A ESCOLHA DO PRENOME DAS PESSOAS TRANSGÊNERAS

Ana Carolina Rinco

Mestranda em economia pela Universidade Federal de Viçosa-MGEspecialista em Direito Público pelo Centro Universitário Universidade Newton Paiva. Especialista em Direito Notarial e Registral pela Universidade Anhanquera. Graduanda em Direito pela Universidade Presidente Antonio Carlos.

Resumo: O objetivo desse artigo é fornecer uma análise da possibilidade de alteração do prenome das pessoas transgêneras, diretamente nos Ofícios de Registro Civil da Pessoas Naturais, sem a necessidade de um pronunciamento judicial, utilizando para esse fim o Provimento 73 do Conselho Nacional de Justiça oferece a desjudicialização da retificação no registro civil por meio de um acesso à justiça no sistema multiportas. Fora abordado também a questão da escolha do nome pela pessoa transgênera, no tocante, a sua liberdade de escolha e a prévia qualificação do nome que deve ser realizado pelos Oficiais de Registro com o fim de evitar o registro de nomes capazes de expor a pessoa ao ridículo. Para melhor embasar o assunto foram consultados diversos autores, bem como julgamentos dos Tribunais do País.

Sumário: 1. Introdução – 2. Considerações iniciais – 3. Nome e o princípio da imutabilidade – 4. Provimento 73 do CNJ – 5. A escolha do nome e a qualificação registral – 6. Conclusão – 7. Referências.

1. INTRODUÇÃO

É inquestionável que a realidade brasileira ainda pautada em arcaicos padrões de conduta social e moral nega a todo instante inúmeros direitos relativos a vários seguimentos da sociedade, havendo, portanto, um constante estado de invisibilidade das minorias, especialmente os transgêneros.

De acordo com Grupo de Estudos em Direito e Sexualidade da Faculdade de Direito da USP, que atua junto ao Departamento Jurídico XI de Agosto ajuizando ações de retificação de prenome e gênero no registro civil desde 2013, em São Paulo das mais de 200 ações retificação de registro a grande maioria obteve julgamento judicial após uma certa resistência no Judiciário para o processamento de seus pedidos.

A comunidade jurídica, em uma falácia discursiva, propaga a todo instante o discurso de que a dignidade da pessoa humana é inerente a todos os seres humanos, independentemente de qualquer origem, cor, raça, orientação sexual ou religiosa. Entretanto, esse discurso, muitas vezes, não recebe o valor adequado, sujeitando-se os julgados a questões normativas, legais e médicas. A transexualidade deve ser entendida e desmistificada, pois trata-se de uma realidade que deve ser enfrentada pela sociedade, pelo Poder Legislativo, Poder executivo e Poder Judicário.

A partir da premissa, qual seja, dignidade da pessoa humana e autonomia da vontade, vislumbra-se a possibilidade de alteração do registro civil das pessoas transgêneras, especialmente no tocante ao prenome escolhido e adotado pelas mesmas em suas relações pessoais e profissionais, sem que seja necessário um pronunciamento judicial, sendo essa retificação realizada, diretamente, no Registro Civil das Pessoas Naturais.

Fora realizada uma análise do julgamento, pelo Supremo Tribunal Federal (STF), da Ação Direta de Inconstitucionalidade (ADI) 4275, ocorrido em março de 2018, em que, o Poder Judiciário fundamentando-se principalmente no direito da dignidade humana e no direito a autodeterminação do próprio gênero reconheceu ser possível aos transexuais buscarem a alteração, retificação em seus registros de nascimento ou casamento, diretamente nos Ofícios de Registro Civil, para adequar, o prenome e gênero com a realidade vivenciada pelos mesmos.

Ato contínuo, procedeu-se, a uma breve análise do Provimento 73, editado pelo Conselho Nacional de Justiça (CNJ), em 28 de junho de 2018 que, dispõe sobre a averbação da alteração do prenome e do gênero nos assentos de nascimento e casamento de pessoa transgênera.

2. CONSIDERAÇÕES INICIAIS

Antes de adentramos no cerne da questão, qual seja, a escolha do prenome pelas pessoas transgêneras, é interessante mencionar o julgamento realizado, pelo STF, na ADI 4275, em 01 de março de 2018.

Anteriormente, ao julgamento da ADI 4275, também era permitido a alteração no registro civil do prenome e sexo das pessoas transgêneras, entretanto, a questão não era tão simples e demandava grande desgaste emocional, psíquico e econômico de quem desejasse adequar a situação de sua identidade autodefinida com os documentos públicos, em especial o seu prenome constante no registro de nascimento ou casamento.

Além disso, para a maioria dos juízes e Tribunais, era necessário que a pessoa realizasse a cirurgia de redesignação de sexo, para, então, buscar o direito de alteração do prenome e sexo no registro civil. Nesse ponto, vale mencionar que, mesmo sendo realizada a cirurgia de redesignação era possível, de acordo, com a opinião de alguns julgadores mais conservadores, que o pedido fosse julgado improcedente, não se permitido a alteração no registro civil. Por este motivo foi que, no recurso especial 1.008.398-SP, em julgamento no Superior Tribunal de Justiça (STJ), a relatora Ministra Nancy Andrighi decidiu que:

> vetar a alteração do prenome do transexual redesignado corresponderia a mantê-lo em uma insustentável posição de angústia, incerteza e conflitos, que inegavelmente atinge a dignidade da pessoa humana assegurada pela Constituição Federal, argumentou a relatora que a afirmação da

identidade sexual, compreendida pela identidade humana, encerra a realização da dignidade, no que tange à possibilidade de expressar todos os atributos e características do gênero imanente a cada pessoa. Para o transexual, ter uma vida digna importa em ver reconhecida a sua identidade sexual, sob a ótica psicossocial, a refletir a verdade real por ele vivenciada e que se reflete na sociedade.[1]

Diante desse cenário, a situação vivenciada por pessoas que buscavam a via jurisdicional para retificação de seus registros era bastante complicada e tormentosa, pois além da exigência de uma cirurgia de transgenitalização ou tratamento hormonal era possível ter negado o direito de adequação do prenome e gênero em seu registro civil.

É sabido que a transexualidade é uma das muitas experiências de construção de gênero, o que não se justifica a obrigatoriedade de a pessoa transexual se submeter ao processo de cirurgia de redesignação sexual para, então, ser considerada pessoa transexual e consequentemente, ter seus direitos garantidos.

De acordo com o voto do Ministro Celso de Melo na ADI 4275 "deve ser estimulado a união de toda a sociedade em torno de um objetivo comum, por meio de decisões que fazem cessar o estado de invisibilidade imposto a coletividade dos transgeneros".

3. NOME E O PRINCÍPIO DA IMUTABILIDADE

Feitas essa breve contextualização do problema vivenciado pelas pessoas transgêneras, realiza-se-á uma análise sucinta com relação ao direito ao prenome e suas características.

De acordo com Neto e Oliveira[2] Jurídica e civilmente, a pessoa natural se individualiza por três elementos: o nome, domicílio e estado, neste último compreendidos o político (cidadania, nacionalidade e naturalidade), o individual (idade, sexo e capacidade) e o familiar (parentesco/filiação e situação conjugal).

França[3] afirma que o nome é "a designação pela qual se identificam e se distinguem as pessoas naturais, nas relações concernentes aos aspectos civil da sua vida jurídica".

O mesmo autor abordando sobre a importância do nome afirma que o nome "é elemento indispensável ao próprio conhecimento, porquanto é em torno dele que a mente agrupa a série de atributos pertinentes aos diversos indivíduos, o que permite a sua rápida caracterização e o seu relacionamento com os demais".[4]

Brandelli entende que o nome possui um duplo aspecto, qual seja, o público e o privado, para o autor:

---

1. Disponível em: https://ww2.stj.jus.br/processo/revista/documento/mediado/?componente=ATC&sequencial=6666092&n um_registro=200702733605&data=20091118&tipo=5&formato=PDF. Acesso em: 11 jun. 2018.
2. 2014, p. 34.
3. 1975, p. 22.
4. FRANÇA, 1975, p. 22.

Do ponto de vista público, o uso do nome corresponde à necessidade imperiosa de particularizar e distinguir a pessoa das demais, sendo então obrigatório o seu uso e restritos os casos de alteração. Do ponto de vista privado, o nome é um direito fundamental da pessoa humana, personalíssimo e intimamente ligado com a sua dignidade e sua privacidade, na medida em que é o signo que a representa, ou seja, um dos modos da expressão do ser humano na família e na sociedade.[5]

De acordo com a legislação vigente em nosso país, bem como em tratados internacionais o nome é um direito da personalidade, sendo, portanto, dotado dos atributos intransmissibilidade, obrigatoriedade, indisponibilidade, imprescritibilidade, inalienabilidade e irrenunciabilidade.

O artigo 18 do Pacto de São José da Costa Rica afirma que: "Toda pessoa tem direito a um prenome e aos nomes de seus pais ou ao de um destes. A lei deve regular a forma de assegurar a todos esse direito, mediante nomes fictícios, se for necessário".[6]

O Código Civil de 2002 elenca o nome como um direito da personalidade, na parte geral, Livro I – Das Pessoas, Título I – Das Pessoas Naturais, Capítulo II – Dos Direitos da Personalidade afirmando que toda pessoa tem direito ao nome, nele compreendidos o prenome e sobrenome. O nome, a princípio, traz consigo a regra fundamental de sua imutabilidade com o fim de assegurar a segurança jurídica e a estabilidade dos atos da vida civil. Entretanto, essa regra de imutabilidade não é absoluta, comportando, algumas exceções expressas na própria lei 6.015/73, artigo 57 e 58.[7]

---

5. BRANDELLI, 2012.
6. Disponível em: https://www.cidh.oas.org/basicos/portugues/c.convencao_americana.htm. Acesso em: 11 jun. 2018.
7. Art. 57. A alteração posterior de nome, somente por exceção e motivadamente, após audiência do Ministério Público, será permitida por sentença do juiz a que estiver sujeito o registro, arquivando-se o mandado e publicando-se a alteração pela imprensa, ressalvada a hipótese do art. 110 desta Lei. (Redação dada pela Lei 12.100, de 2009). § 1º Poderá, também, ser averbado, nos mesmos termos, o nome abreviado, usado como firma comercial registrada ou em qualquer atividade profissional.
§ 2º A mulher solteira, desquitada ou viúva, que viva com homem solteiro, desquitado ou viúvo, excepcionalmente e havendo motivo ponderável, poderá requerer ao juiz competente que, no registro de nascimento, seja averbado o patronímico de seu companheiro, sem prejuízo dos apelidos próprios, de família, desde que haja impedimento legal para o casamento, decorrente do estado civil de qualquer das partes ou de ambas. § 3º O juiz competente somente processará o pedido, se tiver expressa concordância do companheiro, e se da vida em comum houverem decorrido, no mínimo, 5 (cinco) anos ou existirem filhos da união. § 4º O pedido de averbação só terá curso, quando desquitado o companheiro, se a ex-esposa houver sido condenada ou tiver renunciado ao uso dos apelidos do marido, ainda que dele receba pensão alimentícia. § 5º O aditamento regulado nesta Lei será cancelado a requerimento de uma das partes, ouvida a outra. § 6º Tanto o aditamento quanto o cancelamento da averbação previstos neste artigo serão processados em segredo de justiça. § 7º Quando a alteração de nome for concedida em razão de fundada coação ou ameaça decorrente de colaboração com a apuração de crime, o juiz competente determinará que haja a averbação no registro de origem de menção da existência de sentença concessiva da alteração, sem a averbação do nome alterado, que somente poderá ser procedida mediante determinação posterior, que levará em consideração a cessação da coação ou ameaça que deu causa à alteração.§ 8º O enteado ou a enteada, havendo motivo ponderável e na forma dos §§ 2º e 7º deste artigo, poderá requerer ao juiz competente que, no registro de nascimento, seja averbado o nome de família de seu padrasto ou de sua madrasta, desde que haja expressa concordância destes, sem prejuízo de seus apelidos de família. Art. 58. O prenome será definitivo, admitindo-se, todavia, a sua substituição por apelidos públicos notórios.

A imutabilidade do nome no registro civil é relativizada, principalmente, quando se trata de situações que visam resguardar a cidadania e a dignidade da pessoa humana, mas que, ordinariamente, só ocorre após uma decisão judicial.

Importante deixar registrado, que em abril de 2016, foi editado o Decreto 8.727 que dispõe sobre o uso do nome social e o reconhecimento da identidade de gênero de pessoas travestis e transexuais no âmbito da administração pública federal direta, autárquica e fundacional. Nos termo do artigo 1º do decreto, considera-se, nome social a designação na qual a pessoa travesti ou transexual se identifica e é socialmente reconhecida e identidade de gênero a dimensão da identidade de uma pessoa no que diz respeito à forma como ela se relaciona com as representações de masculinidade e feminilidade e como isso se traduz em sua prática social, sem guardar relação necessária com o sexo atribuído no nascimento.

É importante deixar registrado que, o decreto refere-se ao nome social, portanto, não há alteração no registro de nascimento da pessoa, o que, efetivamente, ocorre é que nos sistemas de informação, de cadastros, prontuários e congêneres dos órgãos e das entidades da administração pública federal direta, autárquica e fundacional deverá conter o campo "nome social," acompanhando do nome de registro que será utilizado para fins administrativos internos.

A regra atual, portanto, é da imutabilidade do nome, que é composto por prenome e patronímico, considerando a sua alteração uma exceção. A regra da imutabilidade está prevista no artigo 58 da Lei 6.15/73, ao estebelcer que o prenome é definitivo, entretanto, o mesmo artigo estabelece exceções a este princípio.

França esclarece que "sem nenhuma dúvida, as razões éticas e psicológicas são molde a justificar, por equidade, a própria derrogação da regra fundamental da imutabilidade do prenome e do patronímico".[8]

O princípio da imutabilidade do nome, não é absoluto, e considerando, cada circunstância fática e vivenciada pelas pessoas, faz-se necessário, em certas situações, admitir-se a sua alteração, principalmente quando prejudicial ao indivíduo.

Em apelação178.477 o TJSP decidiu que:

> A regra da imutabilidade do prenome destina-se a garantir a permanência daquele que a pessoa se tornou conhecida no meio social. Se, o prenome lançado no registro, por razões respeitáveis, e não de mero capricho, jamais representou a individualidade ao seu portador, a retificação é de ser admitida, sobrepujando as realidades da vida o simples apego às exigências formais.

Nesse mesmo sentido, pronunciou-se o Ministro Ruy Rosado Aguiar, no julgamento do Recurso Especial 220059, senão vejamos:

Parágrafo único. A substituição do prenome será ainda admitida em razão de fundada coação ou ameaça decorrente da colaboração com a apuração de crime, por determinação, em sentença, de juiz competente, ouvido o Ministério Público.

8. FRANÇA, 2012, p. 784.

Devo registrar, finalmente, que são dois os valores em colisão: de um lado, o interesse público de imutabilidade do nome pelo qual a pessoa se relaciona na vida civil; de outro, o direito da pessoa de portar o nome que não a exponha a constrangimentos e corresponda à sua realidade familiar. Para atender a este, que me parece prevalente, a doutrina e a jurisprudência têm liberalizado a interpretação do princípio da imutabilidade, já fragilizado pela própria lei, a fim de permitir, mesmo depois do prazo de um ano subsequente a maioridade, a alteração posterior do nome, desde que daí não decorra prejuízo grave ao interesse público, que o princípio da imutabilidade preserva. A situação dos autos evidencia a necessidade de ser aplicada essa orientação mais compreensiva da realidade e dos valores humanos em causa.

No recurso especial 1.008.398-SP, em julgamento no Superior Tribunal de Justiça (STJ), de relatoria da Ministra Nancy Andrighi restou consignado que:

vetar a alteração do prenome do transexual redesignado corresponderia a mantê-lo em uma insustentável posição de angústia, incerteza e conflitos, que inegavelmente atinge a dignidade da pessoa humana assegurada pela Constituição Federal, argumentou a relatora que a afirmação da identidade sexual, compreendida pela identidade humana, encerra a realização da dignidade, no que tange à possibilidade de expressar todos os atributos e características do gênero imanente a cada pessoa. Para o transexual, ter uma vida digna importa em ver reconhecida a sua identidade sexual, sob a ótica psicossocial, a refletir a verdade real por ele vivenciada e que se reflete na sociedade

Conforme mencionado, o STF no julgamento da ADI 4275, permitiu aos transgêneros, independentemente de cirurgia de transgenitalização ou realização de tratamentos hormonais ou patologizantes, o direito a alteração do prenome e gênero diretamente no registro civil. Nesse particular aspecto, o STF mantém-se atento a viabilização da plena realização dos valores da liberdade, igualdade, não discriminação e dignidade da pessoa humana, permitindo a alteração do prenome de pessoas transgêneras diretamente nos Ofícios de Registros Civis das Pessoas Naturais.

No julgamento do STF houve a autorização para a retificação do prenome e sexo a ser realizada diretamente nos Registros Civis, entretanto, o procedimento só foi regulamentado, posteriormente, com a edição pelo CNJ do Provimento 73.

4. PROVIMENTO 73 DO CNJ

Os Oficiais de Registro Civil, como delegatários do estado, estão subordinados ao princípio da legalidade, ou seja, devem realizar atos previstos em lei. O princípio da legalidade "implica subordinação completa do administrador à lei. Todos os agentes públicos, desde o que lhe ocupe a cúspide até o mais modesto deles, devem ser instrumentos de fiel e dócil realização das finalidades normativas."[9] Nesse peculiar aspecto coube ao CNJ (Conselho Nacional de Justiça) editar um provimento específico para operacionalizar, de maneira uniforme, em todo o país, o procedimento para a alteração do prenome e gênero diretamente no Ofício de Registro Civil das Pessoas Naturais.

---

9. SAYAGUÉS LASO, 1998, p. 383.

O Provimento 73 do CNJ tem como objetivo assegurar o cumprimento da decisão do Supremo Tribunal Federal (STF), em julgamento da Ação Direta de Inconstitucionalidade (ADI) 4275, no dia 1º.03.2018, que reconheceu o direito dos transgêneros, que assim o desejarem, de substituírem prenome e gênero no registro civil, diretamente em cartório, sem a necessidade de prévia cirurgia de redesignação sexual e processo judicial. Todavia, vale mencionar a título de ilustração que antes mesmo que o CNJ editasse o provimento, nacionalmente, sete Estados da Federação anteciparam-se ao CNJ e editaram seus próprios provimentos regulamentando a prática cartorária para a realização da alteração de nome e gênero diretamente nos cartórios de registro civil. Foram eles: Rio Grande do Sul; Goiás; São Paulo; Pará; Pernambuco; Sergipe e Ceará. Todos os provimentos estaduais, bem como Provimento 73 do CNJ tiveram o objetivo assegurar o cumprimento da decisão do Supremo Tribunal Federal (STF) em julgamento da Ação Direta de Inconstitucionalidade (ADI) 4275, no dia 1º.03.2018, que reconheceu o direito dos transgêneros, que assim o desejarem, de substituírem prenome e gênero no registro civil, diretamente em cartório, sem a necessidade de prévia cirurgia de redesignação sexual e processo judicial.

O Provimento 73, que estabeleceu os requisitos e regramentos básicos que devem ser obedecidos na retificação do registro para alteração de nome e sexo a ser realizado junto aos Ofícios de Registro Civil das Pessoas Naturais. O Provimento tornou o procedimento mais prático, desburocratizado e célere, afastando-se a necessidade de se recorrer ao Poder Judiciário, havendo uma desjudicialização do procedimento por meio da utilização da justiça multiportas.

Outro ponto que merece ser destacado foi a possibilidade desta alteração ocorrer diretamente no Ofício de Registro Civil das Pessoas Naturais do local de residência do requerente, não sendo necessário que seja no Cartório onde fora realizado o registro de nascimento ou casamento da pessoa. Essa facilitação verifica-se, sobretudo, porque há uma grande capilaridade dos Ofícios de Registro Civil das Pessoas Naturais em todo o território brasileiro. Dessa forma, o julgamento do STF atento a situação da grande capilaridade dos Registros Civis das Pessoas Naturais, em todo o território brasileiro, bem como aos princípios fundamentais expressos na Constituição e internacionalmente, facilitou e promoveu o acesso aos direitos e garantias fundamentais dos cidadãos e cidadãs. Nas palavras de Sardinha:

> os caminhos extrajudiciais de acesso à justiça conferem aos cidadãos uma maior liberdade e poder de decisão sobre a forma como será solucionado o seu caso concreto, reduzindo a interferência do Estado que não mais substitui a vontade das partes por meio de uma decisão judicial, apenas resguarda, fiscaliza e orienta por meio de seus representantes.[10]

O procedimento disciplinado pelo Provimento 73 do CNJ revelou-se atento aos Princípios de Yogyakarta, tais princípios funcionam como um guia universal para os direitos humanos, na medida em que afirmam padrões legais internacionais

---

10. SARDINHA, 2018, p. 39.

obrigatórios que todos os Estado devem cumprir, é um importante recurso sobre como aplicar a legislação internacional de direitos humanos às questões relacionadas a identidade de gênero.

Com base nesses princípios, especialmente, no princípio 3 que estabelece o "direito titularizado por qualquer pessoa de ser reconhecida, em qualquer lugar, como pessoa perante a lei, é que as pessoas de orientações sexuais e identidades de gênero diversas devem gozar de capacidade jurídica em todos os aspectos da vida, que aqui destacamos o direito ao nome conforme sua autodereminação.

5. A ESCOLHA DO NOME E A QUALIFICAÇÃO REGISTRAL

Antes de mais nada, é preciso deixar claro que o julgamento da ADI 4275, bem como o Provimento 73 do CNJ, representam mais uma hipótese de mitigação ao princípio da imutabilidade do nome.

De acordo com França[11] o princípio da imutabilidade do nome é de grande importância para a esfera de Direito Público, uma vez que garante a fixidez e a regularidade dos meios de identificação. Entretanto, conforme restou bem evidenciado no julgamento da ADI 4275 esse princípio necessita ser ponderado e sopesado frente ao princípio da dignidade da pessoa humana. Não soa confortável, para uma pessoa ser identificada por um nome, que não corresponde as suas características físicas, causando-lhe extremo constrangimento e transtornos de ordem emocional e psíquica.

A busca por um nome que tenha essa correspondência com o gênero, com o qual a pessoa se identifica demosntra que o objetivo nessa normalização consiste em se adequar a um modelo social que pode lhes garantir a possibilidade, ou seja, passar por homem e/ou mulher para não passar por violência e discriminações diversas, ou até mesmo desconforto consigo mesmo.

Ao lado da dignidade, ainda é possível argumentar, de forma robusta, que ser chamado e identificado por um nome que não corresponde às suas características pessoais expõe a pessoa a uma situação vexatória e ridicularizante, o que corrobora a possibilidade de alteração do prenome. Portanto, o que é desejável é que seja realizada uma interpretação constitucional da Lei de Registros Públicos (Lei 6.015/1973), principalmente aos artigos 55, parágrafo único, que veda prenomes que exponham seus portadores ao ridículo; e ao artigo 58, que permite a utilização, no nome, de apelidos públicos notórios.

Muitas vezes, a escolha do prenome pelas pessoas transgêneras, pode parecer estranho e ridicularizante, portanto, certos prenomes apontados nos procedimentos para a retificação administrativa, com fundamento no Provimento 73 do CNJ, podem causar certo estranhamento ao Oficial, que em uma análise prévia pode considerar ser o mesmo capaz de expor a pessoa ao ridículo.

---

11. 1975, p. 251

A qualificação pela qual deve passar o nome escolhido é uma medida que vem determinada pela lei, bem como pelos provimentos estaduais, que determinam que o Oficial proceda a uma análise do nome a fim de verificar se o mesmo não será capaz de expor a pessoa ao ridículo, nesse sentido é o Código de Normas do Estado de Minas Gerais, senão vejamos:

> Art. 460. Não se registrarão prenomes suscetíveis de expor a pessoa ao ridículo.
>
> § 1° A análise do prenome será feita pelo oficial de registro, que buscará atender à grafia correta do nome, de acordo com as regras da língua portuguesa, ressalvada a possibilidade do nome de origem estrangeira e desde que respeitada a sua grafia de origem.

Salè[12] ressalta que o fato de os atos do estado civil conterem uma confirmação de *status* da pessoa, obrigatória e vinculante *erga omnes*, leva à conclusão de que o Oficial deve proceder ao prévio controle de legalidade dos atos a serem registrados, portanto a qualificação registral pode ser definida como uma valoração pela qual devem passar os títulos sujeitos a registro ou averbação a ser efetuada pelo registrador, anteriormente a prática do ato, com o fim de verificar se o poderá ser realizado. A qualificação garante a legalidade e exatidão dos títulos que ingresso no Registro Civil.

Ocorre que nos casos de retificação de registro com fulcro no Provimento 73 do CNJ, mesmo que a escolha do prenome, possa parecer estranho e capaz de expor ao ridículo, não caberia ao Oficial negar a retificação para alteração, uma vez que trata-se de pedido de pessoa maior e capaz e que espelha, sobretudo, a sua maneira de ser e estar na sociedade e como ela quer ser reconhecida.

O Oficial, neste caso, deve também considerar, que o prenome escolhido e indicado para a retificação é, na grande maioria das vezes, o prenome já adotado pela pessoa, inclusive como nome social, e, por ela mesma escolhido no uso de sua autonomia da vontade, portanto, a finalidade dos registros públicos de acordo com Neto e Oliveira[13] é "a segurança dos direitos individuais e a conservação dos interesses da vida social, fins esses que lhe dão, pela identificação com certos fins do Estado, o caráter público".

Ainda de acordo com Hatje (2018):

> No processo de construção dos seus nomes, é possível perceber o quanto esses sujeitos vão se subjetivando enquanto homens a partir do nome que reivindicam para si, sendo um elemento constitutivo nessa produção de gênero.
>
> Nesse perspectiva, a construção da subjetividade passa por um processo no qual os espaços de sociabilidade, origem social e capital cultural são alguns dos condicionantes envolvidos, além, e claro da própria singularidade de cada sujeito e de sua história de vida. Nesse sentido, verifica-se que os espaços nos quais esses sujeitos transitam e as pessoas com as quais ele interagem acaba influenciado e, por vezes, determinando a escolha dos nomes.[14]

---

12. 2013, p. 10.
13. 2015, p. 54.
14. HATJE, 2018, p. 88.

É perfeitamente, possível, considerar que a alteração do prenome no registro civil, para as pessoas transgêneras, constitui um marco decisivo na vida desses sujeitos.

Segundo Foucault (2000), na obra *"As palavras e as coisas"* estabelece-se uma relação entre o nome e a representação daquilo que se pretende nomear, destacando o quanto esse ato de dar escolher e dar um nome é essencial para o processo discursivo. Para este autor:

> Nomear é, ao mesmo tempo, dar a representação verbal de uma representação e coloca-la num quadro geral. [...]. Pode-se dizer que é o Nome que organiza todo o discurso clássico, falar ou escrever não é dizer as coisas ou se exprimir, não é jogar com a linguagem, é encaminhar-se em direção ao ato soberano de nomeação, é ri, através da linguagem, até o lugar onde as coisas e as palavras se ligam em sua essência comum, e que permite dar-lhes um nome. Mas, uma vez enunciado esse nome, toda a linguagem que a ele conduziu ou que se atravessou para atingi-lo, nele se reabsorve e se desvanece.[15]

Portanto, o que deve ser considerado, nesse momento, é que a pessoa trans tem o direito de tomar o nome, ou seja, direito de atribuir, a si própria, determinado prenome; e, mesmo que esse nome escolhido possa soar estranho, não caberia ao oficial negar esse direito de escolha. O Código Civil ao proteger o nome nada mais fez do que concretizar o princípio da dignidade humana, previsto no artigo 1º, inciso III, da Constituição Federal sendo essa tutela de grande importância para impedir que haja abuso capaz de acarretar ainda mais prejuízos à pessoa que deseja alterar seu nome, de acordo com suas próprias escolhas no uso de sua autonomia da vontade.

6. CONCLUSÃO

A decisão da mais alta Corte do Brasil em de modificar as formas de retificação/alteração de registro civil para os transexuais, retirando da esfera do judiciário, sem a necessidade de qualquer cirurgia ou tratamento para rede/signação de sexo, acompanha todo o movimento de desjudicialização e desburocratização, pautado em justificativas sociais, que demonstraram a necessidade de meios alternativos de solução de conflitos coerente com a sociedade contemporânea plural e multicultural. Representa a conquista da verdadeira implementação do princípio da dignidade da pessoa humana permitindo que todos e todas afirmem autonomamente as suas identidades multifacetadas, realizando suas escolhas existenciais básicas e alcançando seus projetos de vida.

Objetivou-se salvaguardar a todos e todas das possíveis humilhações, constrangimentos e discriminações em razão do uso do nome em desacordo com sua identidade. Não há razão, ou justificativa suficientemente robusta que seja capaz de impor a uma pessoa a manutenção de um prenome em desconformidade com sua identidade, por ser este um fato atentatório à sua dignidade.

---

15. FOUCAULT, 2000, p.136-139.

A escolha do prenome pelos transgêneros é determinada por sua liberdade de escolha e autonomia de sua vontade, como pessoas maiores e capazes. O que um transgênero busca é sobretudo um equilíbrio, que possibilite a plena harmonia entre corpo e mente, combinando sua situação jurídica à situação fática. Portanto, faz-se necessária uma readequação de sua identidade, especialmente, quanto ao seu prenome, possibilitando-se o pleno e efetivo acesso aos direitos da personalidade, adequando o registro civil, no tocante ao prenome e ao sexo. Negar o prenome escolhido pela pessoa trangênera, pode em certa medida, obstruir a concretização de uma vida digna e plena, conforme desejado por ela, causando frustrações e outros constrangimentos.

O Oficial não deve se deter a uma codificação generalista e padronizada, mas sim atuar de forma que sua conduta se coadune melhor com os valores maiores do ordenamento jurídico, tais como a dignidade da pessoa.

7. REFERÊNCIAS

BENTO, Berenice. *O que é transexualidade*. 2ed. São Paulo. Brasiliense, 2012.

BRASIL. Constituição da República Federativa do Brasil. Brasília, DF: Senado Federal 1988.

BRASIL. Código Civil. Brasília, DF: Senado Federal 2002.

BRASIL. Lei Federal 6.015/73, Brasília, DF: Senado Federal, 1973.

BRASIL. Decreto 8727/ 2016, Brasília, DF: Presidência da República, 2016.

BRANDELLI, Leonardo. *Nome civil da pessoa natural*. São Paulo. Saravia, 2012

BUTLER, Judith. *Cuerpos que importan*. Sobre los limites materials y discursivos del "sexo". Buenos Aires: Paidós, 2002, p. 18.

BUTLER, Judith. *Problemas de gênero*: feminismo e subversão da identidade. Rio de Janeiro: Civilização Brasileira, 2003, p. 18.

CAMARGO NETO, Mario de Carvalho; OLIVEIRA, Marcelo Salaroli. *Registro civil das pessoas naturais I*. São Paulo. Saraiva, 2014.

FOUCAULT, Michel. *As palavras e as coisas*. São Paulo: Martins Fontes, 2000.

FRANÇA. Rubens Limongi. *Do nome civil das pessoas naturais*. São Paulo: Ed. RT, 1975.

FRANÇA. Rubens Limongi. *Doutrinas essenciais do Direito Registral*. São Paulo:Ed. RT, 2012. v. I.

HATJE, Luis Felipe. *Trans(formar) o nome*: a constituição dos sujeitos transgêneros a partir do nome. Dissertação (Mestrado). Programa de pós- graduação em Educação em Ciências. Universidade Federal do Rio Grande – FURG, Rio Grande, 2018.

LUSSAC, Roberta Lemos. Autonomia das pessoas transexuais e cidadania: uma defesa à possibilidade de alteração do registro civil independentemente de autorização judicial. *Revista de Gênero, sexualidade e direito*. v. 2, n. 1, p. 152-167. Minas Gerais.

PISCITELLI, Adriana. *Gênero em perspectiva*. Cadernos Pagu, Campinas, SP, n. 11, p. 141-155, jan. 2013. ISSN 1809-4449. Disponível em: https://periodicos.sbu.unicamp.br/ojs/index.php/cadpagu/article/view/863 4469/2393. Acesso em: 13 jun. 2018.

PREVES, Sharon E. *Intersex and Identity*: The contested self. Rutgers University Press, 2003.

SARDINHA, Cristiano de Lima Vaz. *Cartórios e acesso à justiça*. A contribuição das serventias extrajudicias para a sociedade contemporânea como alternativa ao Poder Judiciário. Salvador: JusPodivm, 2018.

O IMPACTO DA CAPACIDADE CIVIL DO DECLARANTE DO ÓBITO PARA A REALIZAÇÃO DO REGISTRO

João Victor De Almeida Cavalcanti

Especialista em Direito Público (Constitucional, Administrativo e Tributário) pela Escola Superior da Magistratura de Pernambuco ESMAPE (2013). Especialista em Direito Notarial e Registral pela Universidade Anhanguera de São Paulo – UNIAN/SP (2015). Graduado em Direito pela Faculdade Marista – FMR (2009). Registrador Civil Titular do Cartório de Registro Civil das Pessoas Naturais de Pombos/PE e Registrador Civil Interino do Cartório de Registro Civil das Pessoas Naturais de Gravatá/PE. E-mail: jvcavalcanti@hotmaimail.com.

Resumo: O presente artigo tem por objetivo discutir acerca da qualificação registral realizada pelo registrador civil de pessoas naturais na rogação do registro de óbito, especificamente no que se refere à capacidade civil do declarante do óbito. É cediço que na práxis registral, dentre os legitimados para declarar o óbito, poderão comparecer pessoas plenamente capazes, pessoas absolutamente incapazes, pessoas relativamente incapazes, menores emancipados, indígenas e pessoas portadoras de deficiência. Todavia, alguma destas situações ocasionam certas aflições e inquietações ao oficial de registro civil de pessoas naturais que, eventualmente, por insegurança ou para tornar o serviço menos complexo e trabalhoso, acaba por convidar outro legitimado para declarar o óbito, no intuito praticar o ato da forma mais habitual e rotineira. Diante disso, objetiva o presente artigo discorrer sobre o impacto da capacidade civil do declarante do óbito para a realização do registro nas variadas possibilidades que existem na legislação pátria, a fim de dar maior segurança ao registrador civil para praticar o ato, bem como para prestigiar aquele legitimado que comparece a serventia para declarar o óbito, dando-lhe tratamento mais igualitário e sem distinções.

Sumário: 1. Qualificação registral no registro de óbito – 2. Capacidade civil do declarante do óbito – 3. Declaração de óbito realizada pelo absolutamente incapaz – 4. Declaração de óbito realizada pelo relativamente incapaz; 4.1 Declaração de óbito e os maiores de dezesseis e menores de dezoito anos; 4.2 Declaração de óbito e os ébrios habituais e os viciados em tóxico; 4.3 Declaração de óbito e aqueles que, por causa transitória ou permanente, não puderem exprimir sua vontade; 4.4 Declaração de óbito e o pródigo – 5. Declaração de óbito realizada pelo menor emancipado – 6. Declaração de óbito realizada pelo indígena – 7. Declaração de óbito realizada por pessoa com deficiência – 8. Conclusão – 9. Referências.

1. QUALIFICAÇÃO REGISTRAL NO REGISTRO DE ÓBITO

Estabelece o art. 6º do Código de Civil de 2002 que a existência da pessoa natural termina com a morte, sendo esta registrada em registro público, por força do inciso I, do art. 9º, do mesmo diploma legal e do art. 77 da Lei de Registros Públicos (Lei 6.015/1973).

A lavratura do registro de óbito é atribuição dos oficiais de registros ou registradores civis de pessoas naturais, profissionais do direito, dotados de fé pública, a quem é delegado o exercício da atividade de registro (art. 1º da Lei 8.935/1994).

Os Oficiais de Registro estão inseridos na categoria de são agentes públicos, da espécie de particular em colaboração com a Administração, os quais ingressam na atividade por meio de concurso público para exercerem uma função pública certificadora e autenticadora, delegada pelo Estado, conferindo veracidade aos fatos ocorridos em sua presença,[1] para o fim de garantir a publicidade, autenticidade, segurança e eficácia dos atos jurídicos (art. 1º da Lei 8.935/1994).

Nesse mister, compete ao registrador civil de pessoas naturais, no exercício de seu múnus público, observar o princípio da legalidade, subordinando à legislação vigente (Leis, Provimentos, Resoluções etc.) todas as declarações e documentos que lhes são apresentados.[2]

Segundo Luiz Guilherme Loureiro:[3]

> Na esfera do direito registral, o princípio da legalidade pode ser definido como aquele pelo qual se impõe que os documentos submetidos ao Registro devem reunir os requisitos exigidos pelas normas legais para que possam aceder a publicidade registral. Destarte, para que possam ser registrados, os títulos devem ser submetidos a um exame de qualificação por parte do registrador, que assegure sua validade e perfeição.

O princípio da legalidade, portanto, deve nortear toda a atividade de registro público, comportando sua aplicabilidade por ocasião da denominada "qualificação registral", que é o procedimento pelo qual o registrador realiza o controle de legalidade dos títulos e declarações que lhes são submetidos.

Em verdade, o procedimento de qualificação registral não consta de modo expresso na Lei de Registros Públicos, sendo seu contorno construído pelos próprios operadores do direito, doutrina, jurisprudência e ainda por alguns Códigos de Normas.[4]

Pode-se definir como qualificação registral o ato do registrador de se pronunciar, com esteio na Lei, acerca do pleito submetido à registro. Configura-se como um pressuposto de admissibilidade registral. Destaque-se, também, que o registrador civil, como profissional do direito, dotado de fé pública, detém a prerrogativa de proceder com a qualificação registral com imparcialidade e independência, com o objetivo precípuo de cumprir a Lei.

---

1. LOUREIRO, Luiz Guilherme. *Registros Públicos: teoria e prática*. 8. ed. rev., atual e ampl. Salvador: JusPodivm, 2017, p. 54.
2. CAMARGO NETO, Mário de Carvalho; OLIVEIRA, Marcelo Salaroli de. Registro civil das pessoas naturais: parte geral e registro de nascimento. In: CASSETTARI, Christiano (Coord.). *Coleção cartórios*. São Paulo: Saraiva, 2014. v. 1, p. 61.
3. LOUREIRO, Luiz Guilherme. *Registros Públicos*: teoria e prática. 8. ed. rev., atual e ampl. Salvador: JusPodivm, 2017, p. 546-547.
4. LOUREIRO, Luiz Guilherme. *Registros Públicos*: teoria e prática. 8. ed. rev., atual e ampl. Salvador: JusPodivm, 2017, p. 550.

Segundo os ensinamentos de Lamana Paiva, a qualificação registral é um princípio próprio, apresentando-se como um instrumento pelo qual o registrador pode se utilizar para, fundamentadamente, negar a prática de um determinado ato.[5]

Assim, anteriormente ao registro, na fase de exame de qualificação, compete ao registrador verificar a existência do preenchimento dos requisitos formais dos documentos e manifestações que lhes são apresentados. Caso os requisitos sejam preenchidos, deve o registro ser efetuado. Por outro lado, à míngua de tais requisitos, deve o registro ser negado, fundamentadamente, por meio das denominadas notas de exigências (caso o vício possa ser suprido) ou notas devolutivas (caso o vício seja insanável).

Salienta-se, por oportuno, que qualquer manifestação, documentação (documentos de identificação, Declaração de Nascido Vivo – DNV, Declaração de Óbito – DO), petição (instrumento particular), título judicial (sentença com força de mandado, mandado judicial, carta de sentença) ou extrajudicial (escritura pública, procuração pública) estão condicionados à qualificação registral.[6]

Destarte, cabe ao registrador civil de pessoas naturais, ao proceder com a qualificação registral do óbito: qualificar o declarante, verificando sua identidade, capacidade e legitimidade; receber a declaração de óbito (DO) ou Mandado Judicial;- verificar a territorialidade, tempestividade e atribuição para prática do ato; conferir toda documentação referente ao falecido; colher as declarações do declarante e qualificá-las; conferir a legalidade a tudo que lhe for declarado e aos atos praticados; lavrar o assento de óbito e; emitir a primeira via da certidão de óbito.

Tais requisitos podem ser extraídos da própria Lei de Registros Públicos, como também podem estar previstos em outras Legislações, Provimentos e Resoluções do Conselho Nacional de Justiça (CNJ) ou das Corregedorias Gerais de Justiça etc.

À guisa de exemplo, o art. 77, da Lei 6.015/1973, trata da atribuição territorial para a prática do ato, quando estabelece que o registro do óbito deverá ser realizado no lugar do falecimento ou no lugar de residência do *de cujus*, quando o falecimento ocorrer em local diverso do seu domicílio. Já o artigo 78, do mesmo diploma legal, versa sobre o prazo legal para realização do registro do óbito, ao discorrer que o registro deverá ser efetuado dentro de 24 (vinte e quatro) horas do falecimento, ou, havendo impossibilidade, no mesmo prazo fixado para realização do registro de nascimento.

Por sua vez, o art. 79,[7] da Lei de Registros Públicos, dedica-se a definir que tem a obrigação legal de instar o registrador civil de pessoas naturais para fazer o registro de óbito, ou seja, indica que são legitimados para declarar o óbito.

---

5. PAIVA, João Pedro Lamana. *Procedimento de dúvida no registro de imóveis*. São Paulo: Saraiva, 2011, p. 50.
6. LOUREIRO, Luiz Guilherme. *Registros Públicos*: teoria e prática. 8. ed. rev., atual e ampl. Salvador: JusPodivm, 2017, p. 550.
7. Art. 79. São obrigados a fazer declaração de óbitos: 1º) o chefe de família, a respeito de sua mulher, filhos, hóspedes, agregados e fâmulos; 2º) a viúva, a respeito de seu marido, e de cada uma das pessoas indicadas no número antecedente; 3º) o filho, a respeito do pai ou da mãe; o irmão, a respeito dos irmãos e demais

Por fim, o art. 80[8] cuida de determinar quais os elementos que deverão conter o registro de óbito, a exemplo: do dia, mês, ano e local do falecimento; qualificação completa do falecido e do declarante, sempre que possível; se a morte foi natural ou violenta e a causa conhecida, com o nome dos atestantes etc.

Para ilustrar, como dito alhures, outros atos normativos também podem impor o controle de legalidade para registrador civil ao proceder com o exame de qualificação, como é o caso do Código de Normas dos Serviços Notariais e de Registro de Pernambuco, quando em seu § 2º, do art. 711, determina que "os Oficiais do Registro Civil não deverão aceitar, para feito do assento de óbitos, Declarações de Óbito (DO) sem a variável raça/cor". E, em seu § 3º, quando preceitua que "deverão também os Oficiais de Registro Civil fiscalizar o correto preenchimento das Declarações de Óbito, devendo as incompletas serem devolvidas ao médico responsável pelo preenchimento, para a complementação das informações inexistentes".

Realizada esta breve abordagem acerca da qualificação registral do registro de óbito, passa-se a estudar, nos capítulos seguintes acerca, da capacidade civil do declarante do óbito, tema do presente artigo.

2. CAPACIDADE CIVIL DO DECLARANTE DO ÓBITO

Como visto supra, antes de se proceder com registro do óbito, na fase da qualificação registral, compete ao registrador civil de pessoas naturais verificar a existência do preenchimento dos requisitos formais dos documentos e manifestações que lhes são apresentadas.

Ressalte-se que, na verificação dos requisitos formais não há uma ordem imposta a ser seguida. Na verdade, a conferência dos requisitos acontece praticamente de forma simultânea e concomitante. Entretanto, pode-se afirmar, com certa firmeza,

---

pessoas de casa, indicadas no n. 1; o parente mais próximo maior e presente; 4º) o administrador, diretor ou gerente de qualquer estabelecimento público ou particular, a respeito dos que nele falecerem, salvo se estiver presente algum parente em grau acima indicado; 5º) na falta de pessoa competente, nos termos dos números anteriores, a que tiver assistido aos últimos momentos do finado, o médico, o sacerdote ou vizinho que do falecimento tiver notícia; 6º) a autoridade policial, a respeito de pessoas encontradas mortas. Parágrafo único. A declaração poderá ser feita por meio de preposto, autorizando-o o declarante em escrito, de que constem os elementos necessários ao assento de óbito.

8. Art. 80. O assento de óbito deverá conter: 1º) a hora, se possível, dia, mês e ano do falecimento; 2º) o lugar do falecimento, com indicação precisa; 3º) o prenome, nome, sexo, idade, cor, estado, profissão, naturalidade, domicílio e residência do morto; 4º) se era casado, o nome do cônjuge sobrevivente, mesmo quando desquitado; se viúvo, o do cônjuge pré-defunto; e o cartório de casamento em ambos os casos; 5º) os nomes, prenomes, profissão, naturalidade e residência dos pais; 6º) se faleceu com testamento conhecido; 7º) se deixou filhos, nome e idade de cada um; 8º) se a morte foi natural ou violenta e a causa conhecida, com o nome dos atestantes; 9º) lugar do sepultamento; 10º) se deixou bens e herdeiros menores ou interditos; 11º) se era eleitor. 12º) pelo menos uma das informações a seguir arroladas: número de inscrição do PIS/PASEP; número de inscrição no Instituto Nacional do Seguro Social – INSS, se contribuinte individual; número de benefício previdenciário – NB, se a pessoa falecida for titular de qualquer benefício pago pelo INSS; número do CPF; número de registro da Carteira de Identidade e respectivo órgão emissor; número do título de eleitor; número do registro de nascimento, com informação do livro, da folha e do termo; número e série da Carteira de Trabalho.

que uma das primeiras providências do registrador civil é qualificar o declarante, verificando sua identidade, capacidade e legitimidade.

Sucintamente e sem maiores delongas, em relação à verificação da identidade do declarante, é cabível dizer que o art. 2º, da Lei 12.037/2009, dispõe que a identificação civil pode ser atestada por meio: da carteira de identidade; carteira de trabalho; carteira profissional; passaporte; carteira de identificação funcional; documentos de identificação militares; e outro documento público que permita a identificação.

No que tange a legitimidade, que não pode ser confundida com a capacidade civil do declarante, como visto no capítulo anterior, o rol de legitimados está previsto no art. 79 da Lei 6.015/1973 (Lei de Registros Públicos). A legitimidade é a aptidão da pessoa de atuar concretamente em determinada relação jurídica, decorrente, não da qualidade da pessoa, mas de sua posição jurídica em face de outras pessoas.[9] Impende registrar que o Oficial deverá observar a ordem sucessiva das pessoas obrigadas a declarar o óbito, devendo prevalecer a pessoa de grau de parentesco mais próximo.[10]

Finalmente, no tocante à capacidade civil do declarante do óbito, tema do presente artigo, a questão será abordada, precipuamente, à luz do Código Civil de 2002, da Lei 6.001/1073 (Estatuto do Índio), da Lei 13.146/2015 (Estatuto da Pessoa com Deficiência) e do Código de Processo Civil.

Assim, reza o art. 1º do Código Civil vigente que toda pessoa é capaz de direitos e deveres na ordem civil. A capacidade aqui referida é a capacidade de direito ou de gozo, que é inerente a personalidade e comum a toda e qualquer pessoa. Diferentemente da capacidade de direito ou de gozo, temos a capacidade de exercício ou de fato, que está relacionada com o exercício próprio dos atos da vida civil.[11]

Nos ensinamentos de Francisco Amaral:[12]

> A capacidade de direito é fundamental, "porque contém potencialmente todos os direitos de que o homem pode ser sujeito", e é indivisível, irredutível e irrenunciável.
>
> A capacidade de fato é variável e nem todos a têm. Comporta diversidade de graus, pelo que as pessoas físicas podem ser capazes, absolutamente incapazes e relativamente incapazes, conforme possam, ou não, praticar validamente os atos da vida civil.

---

9. AMARAL. Francisco. *Direito civil*: introdução. 6. ed. Rio de Janeiro: Renovar, 2006, p. 229.
10. Registre-se que alguns Códigos de Normas da federação (Acre (art. 712), Espírito Santo (art. 217), Mato Grosso do Sul (art. 916), Piauí (art. 531), Rio Grande do Sul (art. 240), Rondônia (art. 759) e São Paulo (itens 98.2 e 98.3), estabelecem que o Oficial deverá observar a ordem das pessoas obrigadas a declarar o óbito, sendo que ficará dispensado de observar a ordem sucessiva de pessoas obrigadas a declarar o óbito se for apresentado o respectivo atestado médico (D.O.), estando neste caso qualquer apresentante legitimado a efetuar a declaração.
11. TARTUCE, Flávio. *Direito civil*. Lei de introdução e parte geral. 17. ed. Rio de Janeiro: Forense, 2021. v. 1., p. 133.
12. AMARAL. Francisco. *Direito civil*: introdução. 6. ed. Rio de Janeiro: Renovar, 2006, p. 228.

A questão da capacidade civil está bem delineada nos artigos 3º, 4º e 5º do Código Civil Brasileiro. Primeiramente, o art. 3º enuncia que são absolutamente incapazes de exercer pessoalmente os atos da vida civil os menores de dezesseis (16) anos.

Em seguida, o art. 4º assevera que são incapazes, relativamente a certos atos ou à maneira de os exercer: i) os maiores de dezesseis e menores de dezoito anos; ii) os ébrios habituais e os viciados em tóxico; iii) aqueles que, por causa transitória ou permanente, não puderem exprimir sua vontade; e iv) os pródigos. Acrescenta, ainda, em seu parágrafo único, que será regulada por legislação especial a capacidade dos indígenas.

Por fim, o art. 5º estabelece que a menoridade cessa aos dezoito anos completos, quando a pessoa fica habilitada à prática de todos os atos da vida civil. O parágrafo único do mesmo artigo ainda dispõe de hipóteses legais de antecipação da capacidade civil plena, por meio da emancipação,[13] que será abordada, com maior profundidade, mais adiante.

Registre-se, por oportuno, que os artigos 3º e 4º do Código Civil vigente, que tratam das pessoas que não possuem capacidade plena, foram demasiadamente modificados pela Lei 13.146/2015 (Estatuto da Pessoa com Deficiência), que concebeu uma nova teoria das incapacidades para o Direito Civil pátrio.[14]

Leciona Maria Helena Diniz que "A incapacidade é a restrição legal ao exercício dos atos da vida civil, devendo ser sempre encarada estritamente, considerando-se o princípio de que, a capacidade é a regra e a incapacidade a exceção".[15]

Extrai-se, por todo o explanado, que aos dezoito anos completos cessa a menoridade, de modo que, inexistindo causa de incapacidade ou de inabilitação, a pessoa se torna apta para a prática de todos os atos da vida civil.[16]

Dessarte, na fase de qualificação registral do óbito, ao qualificar o declarante, cabe ao registrador civil das pessoas naturais, além de conferir a identidade e legitimação, verificar a capacidade deste, averiguando se este é plenamente capaz, absolutamente ou relativamente incapaz, pessoa com deficiência, menor emancipado ou indígena.

A capacidade civil plena, como dito, é a regra. Basta o registrador civil, por meio dos documentos de identificação do declarante, verificar se este já atingiu a maioridade, ou seja, se já possui dezoito anos completos. Caso positivo, a capacidade civil plena é presumida, bastando que o registrador ateste o pleno discernimento do declarante para a prática do ato por meio de um breve diálogo ou conversa.

---

13. In: CHINELLATO, Silmara Juny (Coord.); MACHADO, Costa (Org.). *Código Civil interpretado*: artigo por artigo, parágrafo por parágrafo. 10. ed. Barueri, SP: Manoel, 2017, p. 44.
14. TARTUCE, Flávio. *Direito civil*. Lei de introdução e parte geral. 17. ed. Rio de Janeiro: Forense, 2021. v. 1., p. 134.
15. DINIZ, Maria Helena. *Curso de Direito Civil Brasileiro – Teoria Geral do Direito Civil*. São Paulo: Saraiva, 2015, p. 170.
16. In: PELUSO, Cezar (Coord.). *Código civil comentado*: doutrina e jurisprudência. 12. ed., rev. e atual. Barueri ISP: Manole, 2018, p. 23.

Note-se que, no registro de óbito, quando não é possível comprovar determinadas alegações por meio de prova documental, as informações são prestadas de forma declaratória, tais como profissão, naturalidade e residência dos pais; se o falecido deixou testamento conhecido; se o falecido deixou filhos e seus respectivos nomes e idade; se deixou bens e herdeiros menores ou interditos,etc. Assim, após simples indagações ao declarante já é possível asseverar sua capacidade para declarar o ato.

Por conseguinte, não se faz necessário exigir do declarante que este apresente certidão negativa de curatela ou certidão de nascimento ou de casamento sem anotações à margem do termo acerca de eventual curatela, visto que a capacidade civil plena se presume.

Finalmente, superada a fase de qualificação registral do declarante, estando preenchidos os demais requisitos formais, o ato estará apto para registro.

Caso o oficial de registro verifique que o declarante não é plenamente capaz, poderá este se valer dos esclarecimentos a seguir expostos.

3. DECLARAÇÃO DE ÓBITO REALIZADA PELO ABSOLUTAMENTE INCAPAZ

Conforme elucidado, uma das etapas da qualificação do registro de óbito é a averiguação da capacidade civil do declarante. Atualmente, nos termos do art. 3º da Lei 10.406/2002 (Código Civil Brasileiro), de acordo com a redação dada pela Lei 13.146/2015, são absolutamente incapazes de exercer pessoalmente os atos da vida civil apenas os menores de 16 (dezesseis) anos.

A incapacidade absoluta provoca o impedimento total, por si só, do exercício do direito, de maneira que o ato somente poderá ser praticado pelo representante legal do absolutamente incapaz, sob pena de nulidade, nos termos do art. 166, I, do Código Civil Brasileiro.[17] Esta é a regra geral.

Oportuno destacar, dessa forma, que há atos que, por terem natureza personalíssima, não admitem qualquer tipo de representação, como é o caso do ato de reconhecimento de filho por menor absolutamente incapaz, que somente poderá ser realizado mediante autorização judicial.[18] Acrescente-se, aqui, a título de ensinamento, outros atos personalíssimos que não comportam representação legal ou convencional, tais como: o testamento, a prestação de concurso público, o serviço militar, o mandato eletivo, o exercício do poder familiar.[19]

---

17. GONÇALVES, Carlos Alberto. *Direito Civil Brasileiro*: Parte Geral. 19. ed. São Paulo: Saraiva. 2021, v. 1, p. 42.
18. CAMARGO NETO, Mario de Carvalho; OLIVEIRA, Marcelo Salaroli de. Registro civil das pessoas naturais: parte geral e registro de nascimento. In: CASSETTARI, Christiano (Coord.). *Coleção cartórios*. São Paulo : Saraiva, 2014. v. 1, p. 127.
19. GONÇALVES, Carlos Roberto. *Direito civil 2*: esquematizado: contratos em espécie, direito das coisas. 6. ed. São Paulo: Saraiva, 2018, p. 193.

Assim sendo, como bem analisado, esclarece-se que o ato de declaração do óbito não possui natureza personalíssima, podendo esta ser praticada por meio da representação legal, sem maiores transtornos.

Deste modo, verificando o registrador civil das pessoas naturais que o declarante do óbito trata-se de pessoa absolutamente incapaz, por meio de simples cálculo aritmético entre data de nascimento do declarante e a data da declaração, deverá exigir a presença do representante legal do declarante. Aliás, comparecendo apenas o representante legal de pessoa absolutamente incapaz legitimada, nos termos do art. 79 da Lei de Registros Públicos, poderá este declarar o óbito em nome do legitimado.

De igual maneira, por óbvio, deverá o registrador civil qualificar a identidade e capacidade civil do representante legal do declarante para a prática do ato, consignando-se no assento de óbito tais circunstâncias, e, colhendo, ao final, apenas a assinatura do representante legal do declarante.

Esclarece-se, para efeitos práticos, que o representante legal não necessariamente será pessoa legitimada, pois, se assim fosse, poderia, por si só, ser o próprio declarante.

A título de exemplo, ilustra-se o caso em que uma pessoa falece, sem deixar ascendentes ou colaterais, todavia, deixou um descendente, menor incapaz, advindo de relacionamento casual. Note-se que, na espécie, o menor incapaz poderá ser o declarante do óbito, por ser o legitimado mais próximo, desde que devidamente representado.

4. DECLARAÇÃO DE ÓBITO REALIZADA PELO RELATIVAMENTE INCAPAZ

Nos termos do art. 4º do Código Civil de 2002, de acordo com a redação dada pela Lei 13.146/2015, são incapazes, relativamente a certos atos ou à maneira de os exercer: i) os maiores de dezesseis e menores de dezoito anos; ii) os ébrios habituais e os viciados em tóxico; iii) aqueles que, por causa transitória ou permanente, não puderem exprimir sua vontade; e iv) os pródigos.

No presente capítulo, portanto, será analisado cada um desses incisos, no que se refere a capacidade dessas pessoas para declarar o óbito.

4.1 Declaração de óbito e os maiores de dezesseis e menores de dezoito anos

Primeiramente, em relação aos maiores de dezesseis e menores de dezoito anos, denominados pela doutrina de menores púberes, estes, via de regra, apenas poderão praticar certos atos da vida civil, se assistidos. A consequência da inobservância desta regra é ocasionar a anulabilidade ou nulidade relativa de negócio jurídico estipulado (inciso I, do art. 171, do Código Civil).[20]

---

20. TARTUCE, Flávio. *Direito civil*. Lei de introdução e parte geral. 17. ed. Rio de Janeiro: Forense, 2021. v. 1, p. 140.

Contudo, nos dizeres de Flávio Tartuce:[21]

> Há atos que os menores relativamente incapazes podem praticar, mesmo sem a assistência, como se casar, necessitando apenas de autorização dos pais ou representantes; elaborar testamento; servir como testemunha de atos e negócios jurídicos; requerer registro de seu nascimento; ser empresário, com autorização; ser eleitor; ser mandatário ad negotia (mandato extrajudicial).

Acrescente-se, ainda, a este rol exemplificativo, o ato de declarar nascimento, o ato de reconhecer filho e o ato de declarar óbito.

Assim sendo, no entendimento do presente autor, entende-se que o menor relativamente incapaz poderá, independentemente de assistência, ser declarante do óbito, desde que seja legitimado e devidamente qualificado.

Note-se que não é plausível exigir que o menor púbere seja assistido, por seu representante legal, para declarar o óbito e não exigir tal assistência para o ato de declarar nascimento e o ato de reconhecer filho.

Imagine-se um caso em que um pai, maior de dezesseis e menor de dezoito anos, comparece ao registro civil de pessoas naturais apresentando, simultaneamente, uma Declaração de Nascido Vivo (DNV) e uma Declaração de Óbito (DO), para os fins de promover o registro de nascimento e, subsequentemente, o registro de óbito do mesmo filho. Observe-se que não seria razoável dispensar a assistência para o ato de declarar nascimento e reconhecer filho e exigir a assistência para o ato de declarar o óbito.

4.2 Declaração de óbito e os ébrios habituais e os viciados em tóxico

Em relação aos ébrios habituais e os viciados em tóxico, destaca-se que a verificação de uma dessas causas implica na limitação da capacidade civil da pessoa natural.

Ressalta-se que este tipo de incapacidade relativa atinge aqueles denominados de ébrios contumazes ou alcoolistas, que são, em verdade, aquelas pessoas não têm resistência ao álcool, sendo considerados, por muitos estudiosos, como portadores de uma doença crônica e progressiva, que compromete a autonomia da pessoa e a sua vida em sociedade.[22]

De outro modo, os viciados em tóxico são aqueles dependentes de outras drogas ou substâncias, que também apresentam transtornos mentais e de comportamento devido ao uso descontrolado da droga ou substância. Igualmente, estes acabam por ter a sua livre manifestação de vontade comprometida.[23]

A determinação da qualidade de pessoa relativamente incapaz pelas causas estipuladas pelo inciso II, do art. 4º, do Código Civil (ébrios habituais e viciados em tóxico) ocorre tão somente pela via judicial (art. 1.767, III, do Código Civil),

---

21. TARTUCE, Flávio. *Direito civil*. Lei de introdução e parte geral. 17. ed. Rio de Janeiro: Forense, 2021. v. 1, p. 140-141.
22. LÔBO, Paulo. *Direito civil*. 8. ed. São Paulo : Saraiva Educação, 2019, v. 1: parte geral, p. 157-158.
23. LÔBO, Paulo. Direito civil. 8. ed. São Paulo : Saraiva Educação, 2019, v. 1: parte geral, p. 157-158.

não gozando de proteção aqueles que façam uso bebidas alcoólicas e de substância alucinógenas de forma eventual, livre e espontaneamente.[24]

Assim, dispõe o art. 755 do Código de Processo Civil de 2015, que na sentença que decretar a interdição, o juiz: I – nomeará curador, que poderá ser o requerente da interdição, e fixará os limites da curatela, segundo o estado e o desenvolvimento mental do interdito; II – considerará as características pessoais do interdito, observando suas potencialidades, habilidades, vontades e preferências.[25]

Repise-se, portanto, que o magistrado, considerando os subsídios da ciência médico-psiquiátrica, manifestada por meio de laudo pericial, é quem irá definir os limites da curatela, levando-se em conta, logicamente, o nível de intoxicação e de dependência do curatelado.[26]

Entende-se que tal medida também deve ser considerada extraordinária, com esteio em uma aplicação analógica do § 3º, do art. 84 e § 2º, do art. 85, da Lei 13.146/2015. Aliás, segundo a doutrina de Paulo Lôbo:[27]

> A tendência da legislação brasileira, de acordo com a orientação mundial nessa matéria, é de preservação no limite máximo da autonomia dessas pessoas e de seus direitos fundamentais, de modo a que não sejam subtraídos de sua vida social, cultural e econômica, ainda que, em determinadas circunstâncias, sob cuidado e acompanhamento de outras. Essa é a orientação observada pela Lei Antidrogas (Lei 11.343/2006), que prevê a necessidade de tratamento personalizado para os usuários e dependentes de drogas, a implantação de políticas de reinserção social, a prevenção, além do fortalecimento da autonomia e da responsabilidade individual em relação ao uso indevido de drogas.

Norteando-se pelas diretrizes da Lei 13.146/2015, a curatela afetará tão somente os atos relacionados aos direitos de natureza patrimonial e negocial. Logo, entende-se que o ato de declaração de óbito não possui tal natureza, pois não se trata de negócio jurídico, nem de ato de disposição de patrimônio. Deste modo, entende-se que o ébrio habitual e/ou viciado em tóxico, pode, por si só, ser declarante do óbito, desde que consiga se manifestar livremente.

Com efeito, a declaração de óbito pode ser definida como um ato jurídico em sentido estrito, consistindo em uma manifestação de vontade, sem conteúdo negocial, que determina a produção de efeitos legalmente previstos.[28] É o ato de levar ao conhecimento do registrador a ocorrência do falecimento de uma pessoa, para fins de registro público, mediante a apresentação de um atestado firmado por um

---

24. FARIAS, Cristiano Chaves de; ROSENVALD, Nelson. *Curso de direito civil*: parte geral e LINDB. 15. ed. rev., ampl. e atual. Salvador: JusPodivm, 2017, p. 345.
25. GONÇALVES, Carlos Alberto. *Direito Civil brasileiro*: parte geral. 19. ed. São Paulo: Saraiva. 2021, v. 1, p. 45.
26. GONÇALVES, Carlos Alberto. *Direito Civil brasileiro*: parte geral. 19. ed. São Paulo: Saraiva. 2021, v. 1, p. 45.
27. LÔBO, Paulo. *Direito civil*. 8. ed. São Paulo : Saraiva Educação, 2019, v. 1: parte geral, p. 157-158.
28. GAGLIANO, Pablo Stolze; PAMPLONA FILHO, Rodolfo. *Novo curso de direito civil*. 19.ed. São Paulo: Saraiva, 2017, v. 1: parte geral, p. 456.

médico (D.O.). Note-se, para além disso, que cabe ao declarante do óbito declarar, por exemplo: o estado civil do falecido; se deixou filhos; herdeiros; bens; testamento; etc. Todavia, tais manifestações não conferem a declaração de óbito natureza jurídica patrimonial e negocial.

Registre-se, por fim, que se não for de conhecimento público ou notório, é tarefa difícil para o registrador civil de pessoas naturais identificar se um determinado declarante está submetido ou não a curatela, uma vez que, na prática, não se exige do declarante que este apresente certidão negativa de curatela ou certidão de nascimento ou de casamento sem anotações à margem do termo acerca de eventual curatela.

Portanto, ante as razões supramencionadas, comparecendo pessoa curatelada em razão de ser ébrio habitual ou viciada em tóxico, entende-se que, caso possua discernimento para a prática ato, atestada pelo registrador, poderá esta ser declarante do óbito, independentemente de assistência ou representação.

4.3 Declaração de óbito e aqueles que, por causa transitória ou permanente, não puderem exprimir sua vontade

Atualmente, após as modificações trazidas pelo Estatuto da Pessoa com Deficiência (Lei 13.146/2015), o inciso III, do art. 4º, do Código Civil passou a dispor que são relativamente incapazes a certos atos da vida civil ou a maneira de exercer aqueles que, por causa transitória ou permanente, não puderem exprimir sua vontade.

Primeiramente, tem-se que a norma trata de expressão genérica, a qual não abrange as pessoas portadores de deficiência mental ou intelectual.[29] Refere-se entretanto, a qualquer circunstância que impeça a pessoa de manifestar livremente a sua vontade, ainda que sua integridade mental não tenha sido prejudicada. Paulo Lôbo cita, como exemplos, o caso de pessoa submetida a anestesia geral ou o caso de pessoa em estado de coma.[30]

Tal dispositivo, entretanto, é merecedor de críticas por parte da doutrina, visto que o Estatuto da Pessoa com Deficiência, converteu, precipitadamente, aqueles maiores que eram absolutamente incapazes em relativamente capazes. Nos dizeres de Pablo Stolze Gagliano e Rodolfo Pamplona Filho "(...) não nos convence tratar essas pessoas, sujeitas a uma causa temporária ou permanente impeditiva da manifestação da vontade (como aquele que esteja em estado de coma) no rol dos relativamente incapazes. Se não podem exprimir vontade alguma, a incapacidade não poderia ser considerada meramente relativa."[31]

---

29. GONÇALVES, Carlos Alberto. *Direito Civil brasileiro*: parte geral. 19. ed. São Paulo: Saraiva. 2021, v. 1, p. 45.
30. LÔBO, Paulo. *Direito civil*. 8. ed. São Paulo : Saraiva Educação, 2019, v. 1: parte geral, p. 158-159.
31. GAGLIANO, Pablo Stolze; PAMPLONA FILHO, Rodolfo. *Novo curso de direito civil*. 19.ed. São Paulo: Saraiva, 2017, v. 1: parte geral, p. 189-190.

No mesmo sentido, Flávio Tartuce é entusiasta da ideia de se retornar alguma previsão em relação a maiores absolutamente incapazes, em especial, para aqueles que não têm condição alguma de se manifestar e que não são necessariamente pessoas deficientes, citando, inclusive, o Projeto de Lei 11.091/2018, que está em tramitação na Câmara dos Deputados.[32]

Realizadas as críticas pertinentes, não há como negar que a Lei estabelece que estão sujeitos a curatela aqueles que, por causa transitória ou permanente, não puderem exprimir sua vontade (art. 1.767, III, do Código Civil). Nesta senda, aplica-se, igualmente, o art. 755 do Código de Processo Civil, que dispõe que compete ao juiz, na sentença que decretar a interdição, fixar os limites da curatela, segundo o estado e o desenvolvimento mental do interdito, considerando as características pessoais deste e observando suas potencialidades, habilidades, vontades e preferências.

Veja-se que na presente hipótese, prevista no inciso III, do art. 4.º, do Código Civil, a pessoa carece de capacidade de manifestação, de maneira que, certamente, o juiz, ao fixar os limites da curatela, atribuirá ao curador poderes totais de representação.

Sendo assim, na prática, é improvável, para não dizer impossível, o comparecimento de pessoas nesse estado na serventia, vez que se encontram em uma condição que sequer podem exprimir sua vontade.

O que pode acontecer, contudo, é o comparecimento pessoal do curador, para praticar o ato em nome do curatelado legitimado (art. 79 da Lei de Registros Públicos), representando-o.

Evidentemente, deverá o registrador civil qualificar a identidade e a capacidade civil do curador do declarante (curatelado) para a prática do ato, bem como todos documentos comprobatórios que demonstram a sua qualidade de curador (ex: certidão de interdição ou curatela), consignando-se no assento de óbito tais circunstâncias, e, colhendo, ao final, apenas a assinatura do curador do declarante.

4.4 Declaração de óbito e o pródigo

Findando as hipóteses de incapacidade relativa previstas nos incisos do art. 4º do Código Civil, encontramos a referência ao pródigo. O referido inciso não sofreu nenhuma alteração oriunda do Estatuto da Pessoa com Deficiência (Lei 13.146/2015), permanecendo inalterada a redação originária do Código.

O pródigo é o indivíduo que gasta desmedidamente, dissipando seus bens e sua fortuna, estando sujeito à curatela, mediante pronunciamento judicial (art. 1.767, V, do Código Civil e art. 755, do Código de Processo Civil).[33] Enquanto o pródigo

---

32. TARTUCE, Flávio. *Direito civil*. Lei de introdução e parte geral. 17. ed. Rio de Janeiro: Forense, 2021. v. 1, p. 139.
33. VENOSA, Sílvio de Salvo. *Direito civil*: parte geral. 17. ed. São Paulo : Atlas, 2017, p. 150-151.

não for declarado como tal, presume-se a sua capacidade plena para todos os atos da vida civil.

Nos termos do art. 1.782 do Código Civil, a interdição do pródigo apenas o privará de, sem curador, emprestar, transigir, dar quitação, alienar, hipotecar, demandar ou ser demandado, e praticar, em geral, atos que não sejam de mera administração.

Como a incapacidade do pródigo é relativa e restrita às hipóteses acima previstas, poderá este praticar todos os demais atos da vida civil. A limitação, portanto, não atinge a prática de atos existenciais, pois tais atos não têm o condão de diminuir o patrimônio do pródigo.[34] É permitido assim ao pródigo o exercício do poder familiar, o exercício de profissão ou atividades, bem como também o ato de declarar nascimento, o ato de reconhecer filho, de casar (podendo optar pelo regime de bens)[35] e o ato de declarar óbito.

Como dito alhures, cabe ao declarante do óbito declarar, por exemplo: o estado civil do falecido; se deixou filhos; herdeiros; bens; testamento etc. Todavia, tais manifestações não conferem a declaração de óbito natureza jurídica patrimonial e negocial.

Assim, comparecendo pessoa pródiga para declarar o óbito, deverá o registrador civil das pessoas naturais proceder com devida qualificação, sem maiores dificuldades, e, estando presentes todos os requisitos legais, deverá lavrar o registro, sendo, inclusive, despicienda qualquer menção acerca da incapacidade relativa do declarante, vez que não há repercussão para o registro.

5. DECLARAÇÃO DE ÓBITO REALIZADA PELO MENOR EMANCIPADO

A emancipação consiste na antecipação da aquisição da capacidade de exercício ou de fato. Por meio desta, a pessoa emancipada adquire aptidão para exercer, por si só, os atos da vida civil. De acordo com a sua origem ou causa, a emancipação pode ser de três tipos: voluntária, judicial e legal. Portanto, pode advir da concessão dos pais, de sentença judicial, ou, de determinados fatos atribuídos pela Lei.[36]

Estabelece, deste modo, o parágrafo único, do art. 5º do Código Civil que cessará, para os menores, a incapacidade: I – pela concessão dos pais, ou de um deles na falta do outro, mediante instrumento público, independentemente de homologação judicial, ou por sentença do juiz, ouvido o tutor, se o menor tiver dezesseis anos completos; II – pelo casamento; III – pelo exercício de emprego público efetivo; IV – pela colação de grau em curso de ensino superior; V – pelo estabelecimento civil ou

---

34. GAGLIANO, Pablo Stolze; PAMPLONA FILHO, Rodolfo. *Novo curso de direito civil*. 19.ed. São Paulo: Saraiva, 2017, v. 1: parte geral, p. 191.
35. TARTUCE, Flávio. *Direito civil*. Lei de introdução e parte geral. 17. ed. Rio de Janeiro: Forense, 2021. v. 1, p. 141.
36. GONÇALVES, Carlos Alberto. *Direito Civil brasileiro*: parte geral. 19. ed. São Paulo: Saraiva: 2021, v. 1, p. 51.

comercial, ou pela existência de relação de emprego, desde que, em função deles, o menor com dezesseis anos completos tenha economia própria.

Note-se, por sua vez, que somente poderão ser emancipadas as pessoas relativamente incapazes, ou seja, os maiores de 16 (dezesseis) anos e menores de 18 (dezoito) anos. Isso porque, os menores de 16 (dezesseis) anos, por força do art. 3º do Código Civil, são considerados absolutamente incapazes, pelo mero critério etário adotado pelo legislador.

Pois bem, sem se preocupar em discorrer sobre cada hipótese específica de emancipação, até para não se desviar do tema do presente artigo, limitar-se-á a fazer algumas observações importantes no que diz respeito à declaração de óbito realizada por pessoa emancipada.

Assim, comparecendo menor emancipado para declarar óbito, comprovando-se tal qualidade por meio dos documentos necessários (Certidão de registro da emancipação; certidão ou sentença judicial; certidão de casamento; Termo de Posse em cargo/emprego público; certificado de colação de grau; certidão da junta comercial; contrato de trabalho; etc), deverá o registrador civil, satisfeitos os requisitos registrais, proceder com a lavratura do registro, visto que o menor emancipado possui aptidão para exercer, por si só, os atos da vida civil.

Aliás, no entendimento do autor do presente artigo, considera-se indiferente o fato do maior de 16 (dezesseis) anos e menor de 18 (dezoito) anos ser emancipado ou não, para declarar o óbito, pois, como visto no capítulo 4, subcapítulo 4.1, há atos que os menores relativamente incapazes podem praticar, por si só, sem a assistência, como se casar, elaborar testamento, votar, declarar nascimento, reconhecer filho e, como já mencionado, declarar óbito.

6. DECLARAÇÃO DE ÓBITO REALIZADA PELO INDÍGENA

O Código Civil de 2002, diferentemente do Código Civil de 1916, não mais categorizou o indígena como pessoa relativamente incapazes. Com efeito, o parágrafo único, do art. 4º, do CC/2002, após redação dada pela Lei 3.146/2015, estabelece que a capacidade dos indígenas será regulada por legislação especial.

Atualmente é a Lei 6.001/1973, denominada de Estatuto do Índio, que regulamenta a situação jurídica dos indígenas em nosso país. Por seu turno, o artigo 4º do Estatuto classifica os indígenas em 03 (três) grupos, a saber: i) isolados, quando vivem em grupos desconhecidos; ii) em vias de integração, quando em contato intermitente ou permanente com grupos estranhos, preservando condições de vida nativa, mas assentindo algumas práticas e modos de existência comuns aos demais setores da comunhão nacional, da qual dependem cada vez mais para seu sustento e; iii) e integrados, quando incorporados à comunhão nacional e reconhecidos no pleno exercício dos direitos civis, mesmo que conservem usos, costumes e características de sua cultura.

Leciona Carlos Alberto Gonçalves, que:[37]

> A tutela dos índios constitui espécie de tutela estatal e origina-se no âmbito administrativo. O que vive nas comunidades não integradas à civilização já nasce sob tutela. É, portanto, independentemente de qualquer medida judicial, incapaz desde o nascimento, até que preencha os requisitos exigidos pelo art. 9º da Lei n. 6.001/73 (idade mínima de 21 anos, conhecimento da língua portuguesa, habilitação para o exercício de atividade útil à comunidade nacional, razoável compreensão dos usos e costumes da comunhão nacional) e seja liberado por ato judicial, diretamente, ou por ato da Funai homologado pelo órgão judicial.

Perceba-se, deste modo, que os indígenas não integrados ficam sujeitos à tutela da União (§ 2º, art. 7º, do Estatuto do Índio), sendo nulos os atos praticados entre o indígena não integrado e qualquer pessoa estranha à comunidade indígena quando não tenha havido assistência do órgão tutelar competente (art. 8º do Estatuto do Índio). Elucida-se que a tutela do indígena será exercida especialmente por meio da Fundação Nacional do Índio (Funai), nos termos do parágrafo único do art. 1º da Lei 5.371/1967, *in verbis*: *"A Fundação exercerá os poderes de representação ou assistência jurídica inerentes ao regime tutelar do índio, na forma estabelecida na legislação civil comum ou em leis especiais."*

Deste modo, comparecendo pessoa indígena não integrada para ser declarante do óbito, esta poderá ser representada ou assistida por agente da Fundação Nacional do Índio (Funai). Evidentemente que o registrador civil das pessoas naturais deverá proceder com a qualificação registral de tudo aquilo que lhe for apresentado, a exemplo do Registro Administrativo de Nascimento do Indígena (RANI), entre outros, além dos documentos de identificação do seu representante ou assistente.

É possível também que o índio, para os fins de comprovar a plenitude de sua capacidade civil, apresente ato judicial emancipatório e liberatório do regime tutelar (art. 9º e 10, do Estatuto do Índio). Conseguintemente, poderá ser declarante do óbito normalmente.

Outrossim, comparecendo indígena integrado, este também poderá ser declarante do óbito, sem objeções, vez que a estes já são reconhecidos o pleno exercício dos direitos civis.

7. DECLARAÇÃO DE ÓBITO REALIZADA POR PESSOA COM DEFICIÊNCIA

Para finalizar o presente artigo, passa-se então ao estudo da declaração de óbito realizada por pessoa com deficiência.

Como dito alhures, o sistema das incapacidades sofreu grandes transformações a partir da Lei 13.146/2015, que instituiu o Estatuto da Pessoa com Deficiência. Verdadeiramente, a Lei 13.146/2015 veio corroborar as idealizações já

---

37. GONÇALVES, Carlos Alberto. *Direito Civil brasileiro*: parte geral. 19. ed. São Paulo: Saraiva: 2021, v. 1, p. 47.

previstas na Convenção de Nova York, de 30/03/2007, promulgada pelo Decreto 6.949/2009.[38]

Com efeito, o sistema de incapacidade antecedente não salvaguardava a pessoa em si, mas sim, os negócios e atos praticados, em uma concepção demasiadamente patrimonialista.[39]

Assim, caminhando-se para uma maior personalização do Direito Civil, adotando-se uma concepção civil-constitucional mais moderna, o art. 6º da Lei 13.146/2015, vem dispor que a deficiência não afeta a plena capacidade civil da pessoa, inclusive para: a) casar-se e constituir união estável; b) exercer direitos sexuais e reprodutivos; c) exercer o direito de decidir sobre o número de filhos e de ter acesso a informações adequadas sobre reprodução e planejamento familiar; d) conservar sua fertilidade, sendo vedada a esterilização compulsória; e) exercer o direito à família e à convivência familiar e comunitária; e f) exercer o direito à guarda, à tutela, à curatela e à adoção, como adotante ou adotando, em igualdade de oportunidades com as demais pessoas. Por sua vez, preconiza o art. 84 do estatuto que a pessoa com deficiência tem assegurado o direito ao exercício de sua capacidade legal em igualdade de condições com as demais pessoas.

Saliente-se, portanto, que apenas quando necessário, a pessoa com deficiência será submetida à curatela, constituindo-se esta como uma medida protetiva extraordinária, que somente poderá afetar os atos relacionados aos direitos de natureza patrimonial e negocial.

De outro modo, a pessoa com deficiência, caso possua alguma vulnerabilidade para qual não seja necessária a curatela, poderá ser submetida ao processo de tomada de decisão apoiada, que é o processo judicial pelo qual a pessoa com deficiência elege pelo menos 2 (duas) pessoas idôneas, com as quais mantenha vínculos e que gozem de sua confiança, para prestar-lhe apoio na tomada de decisão sobre atos da vida civil, fornecendo-lhes os elementos e informações necessários para que possa exercer sua capacidade (art. 1.783-A do Código de Processo Civil). Note-se que a tomada de decisão apoiada, deve-se limitar, igualmente a curatela, para atos de natureza negocial e patrimonial, tendo em vista que tal instituto preconiza uma limitação na capacidade da pessoa ainda menor que na curatela.

Cristiano Chaves de Farias e Nelson Rosenvald, ao doutrinar sobre o tema, destacam que existem: i) pessoas com deficiência (física, mental ou intelectual) que podem exprimir a sua vontade e que conseguem se autodeterminar, mas que, eventualmente, podem ser amparadas por apoiadores, a fim de que exerçam a sua capacidade de exercício em condição de igualdade com as demais pessoas, com absoluta proteção de seus interesses existenciais e patrimoniais; e ii) pessoas com deficiência

---

38. ALMEIDA, Vitor. *A capacidade civil das pessoas com deficiência e os perfis da curatela*. Belo Horizonte: Fórum, 2019, p. 101.
39. TARTUCE, Flávio. *Direito civil*. Lei de introdução e parte geral. 17. ed. Rio de Janeiro: Forense, 2021. v. 1, p. 134.

(física, mental ou intelectual), que, extraordinariamente, são submetidas a curatela, em razão da impossibilidade de autogoverno e de exprimir a sua vontade, sendo a curatela exercida pelos institutos da representação e/ou assistência, a depender do grau de possibilidade de externar a vontade.[40]

Dessarte, ao comparecer na serventia pessoa com deficiência para declarar o óbito, caberá ao registrador civil das pessoas naturais analisar se a deficiência que lhe é imputada compromete ou não a sua manifestação de vontade. Verificando que a deficiência em nada afeta a livre manifestação de vontade do declarante deficiente, não há motivos para se criar óbices para efetivação do registro do óbito, ainda que o deficiente seja submetido a tomada de decisão apoiada ou até mesmo a curatela.

Isso porque, como visto nos capítulos supra, a curatela e, consequentemente, a tomada de decisão apoiada, afetará tão somente os atos relacionados aos direitos de natureza patrimonial e negocial, não atingindo, deste modo, a prática de atos existenciais. Reitere-se que o cerne da questão é saber se o declarante deficiente consegue ou não se manifestar para o ato de declaração de óbito. É permitido assim ao deficiente, caso possa se manifestar livremente, declarar nascimento, reconhecer filho, casar e declarar óbito, sendo, inclusive, inapropriada qualquer menção acerca da deficiência do declarante nos respectivos assentos, em perfeita, consonância com o disposto no art. 4º do Estatuto da Pessoa com Deficiência.[41]

De outro modo, caso compareça pessoa deficiente submetida à curatela, que não consegue manifestar vontade, juntamente com o seu curador, ou, simplesmente, apenas o curador, no intuito de declarar o óbito representando o deficiente legitimado, em hipótese semelhante aqueles que, por causa transitória ou permanente, não puderem exprimir sua vontade, deverá o registrador civil, além de proceder com toda qualificação registral de costume, qualificar também a identidade e a capacidade civil do curador do declarante (curatelado), bem como todos documentos comprobatórios que demonstram a sua qualidade e poderes de curador (ex: certidão de interdição ou curatela), consignando-se no assento de óbito tais circunstâncias, e, colhendo, ao final, a assinatura do curador.

8. CONCLUSÃO

O presente artigo teve por finalidade discorrer sobre a qualificação registral realizada pelo registrador civil de pessoas naturais especificamente no que se refere à capacidade civil do declarante do óbito.

Assim, no presente artigo, foi elucidado que ao registrador civil de pessoas naturais compte, antes de se proceder com registro do óbito, na fase da qualificação registral,

---

40. FARIAS, Cristiano Chaves de; ROSENVALD, Nelson. *Curso de direito civil*: parte geral e LINDB. 15. ed. rev., ampl. e atual Salvador: JusPodivm, 2017, p. 351.
41. Art. 4º Toda pessoa com deficiência tem direito à igualdade de oportunidades com as demais pessoas e não sofrerá nenhuma espécie de discriminação.

verificar a existência do preenchimento dos requisitos formais dos documentos e manifestações que lhes são apresentadas, cabendo, em síntese: qualificar o declarante, verificando sua identidade, capacidade e legitimidade; receber a declaração de óbito (DO) ou Mandado Judicial; verificar a territorialidade, tempestividade e atribuição para prática do ato; conferir toda documentação referente ao falecido; colher as declarações do declarante e qualificá-las; conferir a legalidade a tudo que lhe for declarado e aos atos praticados; lavrar o assento de óbito e; emitir a primeira via da certidão de óbito.

Afirmou-se que uma das primeiras providências do registrador civil é qualificar o declarante, verificando a capacidade deste, averiguando se este é plenamente capaz, absolutamente incapaz, relativamente incapaz, menor emancipado, indígena ou pessoa com deficiência.

Esclareceu-se que a capacidade civil plena é a regra, bastando o registrador civil, por meio dos documentos de identificação do declarante, verificar se este já atingiu a maioridade (maior de 18 (dezoito) anos) e se possui capacidade de se manifestar livremente. Conseguintemente, destacou-se que verificada a capacidade plena do declarante, bem como preenchidos os demais requisitos formais de qualificação, o ato estará apto para registro.

Em relação à possibilidade de pessoa absolutamente incapaz (legitimada) ser declarante do óbito, foi esclarecido que o registrador civil das pessoas naturais deve exigir a presença do representante legal, para que este declare o óbito em nome do legitimado.

Por sua vez, no que se refere às pessoas relativamente incapazes, foi explanado, primeiramente, que o menor relativamente incapaz poderá, independentemente de assistência, ser declarante do óbito, desde que seja legitimado e devidamente qualificado. Quanto aos os ébrios habituais e/ou viciados em tóxico, ainda que submetidos a curatela, foi demonstrado que estes, por si só, podem ser declarantes do óbito, desde que consigam se manifestar livremente, visto que os limites a curatela não atinge o ato de declaração de óbito.

Diferentemente, no que tange aqueles legitimados que, por causa transitória ou permanente, não puderem exprimir sua vontade, pela evidente impossibilidade de praticar o ato, foi visto que estes podem ser representados pelo curador nomeado em processo judicial. Logicamente, nessa situação, deverá o registrador civil qualificar a identidade e a capacidade civil do curador do declarante (curatelado) para a prática do ato, bem como todos documentos comprobatórios que demonstram a sua qualidade de curador (ex: certidão de interdição ou curatela), consignando-se no assento de óbito tais circunstâncias, e, colhendo, ao final, apenas a assinatura do curador do declarante.

No tocante ao pródigo, visto que a sua incapacidade é relativa e restrita aos atos de natureza negocial e patrimonial, não atingindo a prática de outros atos, concluiu-se que estes podem ser declarantes do óbito, sendo despicienda qualquer menção acerca da incapacidade relativa do declarante, vez que não há repercussão para o registro.

Foi explanado, também, que comparecendo menor emancipado para declarar óbito, deverá o registrador civil, satisfeitos os requisitos registrais, proceder com a lavratura do registro, visto que o menor emancipado possui aptidão para exercer, por si só, os atos da vida civil. Aliás, como já visto, no entendimento do autor do presente artigo, tem-se que o maior de 16 (dezesseis) anos e menor de 18 (dezoito) anos declarar óbito, independentemente de ser emancipado.

Em relação aos indígenas, foi visto que estes podem ser classificados em 03 (três), a saber: i) isolados; ii) em vias de integração; e iii) e integrados. Quanto à pessoa indígena não integrada, esclareceu-se que, por ocasião da declaração de óbito, estas podem ser representadas ou assistidas por agente da Fundação Nacional do Índio (Funai). Ressaltou-se, também a possibilidade de o índio apresentar ato judicial emancipatório e liberatório do regime tutelar (arts. 9º e 10, do Estatuto do Índio), para os fins de comprovar a plenitude de sua capacidade civil. Outrossim, em se tratando indígena integrado, verificou-se que este pode ser declarante do óbito, sem objeções, vez que a estes já são reconhecidos o pleno exercício dos direitos civis.

Quanto à pessoa com deficiência, destacou-se que caberá ao registrador civil das pessoas naturais analisar se a deficiência que lhe é imputada compromete ou não a sua manifestação de vontade. Ressaltou-se que, verificando que a deficiência em nada afeta a livre manifestação de vontade do declarante deficiente, não há motivos para se criar óbices para efetivação do registro do óbito, ainda que o deficiente seja submetido a tomada de decisão apoiada ou até mesmo a curatela, sendo, inclusive, inapropriada qualquer menção acerca da deficiência do declarante nos respectivos assentos, em perfeita, consonância com o disposto no art. 4º do Estatuto da Pessoa com Deficiência.

Por fim, restou explicado que a pessoa deficiente submetida à curatela, que não consegue manifestar vontade, em hipótese semelhante aqueles que, por causa transitória ou permanente, não consegue exprimir sua vontade, poderá ser representada por seu curador, devendo o registrador civil, além de proceder com toda qualificação registral de costume, qualificar também a identidade e a capacidade civil do curador do declarante (curatelado), bem como todos documentos comprobatórios que demonstram a sua qualidade e poderes de curador (ex: certidão de interdição ou curatela), consignando-se no assento de óbito tais circunstâncias, e, colhendo, ao final, a assinatura do curador.

Deste modo, pretendeu-se com o presente artigo trazer maior segurança ao registrador civil para o ato de qualificar o declarante do óbito, tendo em vista que algumas destas variações de capacidade podem ocasionar certas aflições e inquietações ao mesmo. Espera-se, assim, que o oficial de registro civil de pessoas naturais enfrente o presente tema com maior competência jurídica, não olvidando-se de prestigiar aquele legitimado que, dentre as situações acima previstas, comparece a serventia para declarar o óbito, dando-lhe, portanto, tratamento mais igualitário e sem distinções.

9. REFERÊNCIAS

ALMEIDA, Vitor. *A capacidade civil das pessoas com deficiência e os perfis da curatela*. Belo Horizonte: Fórum, 2019.

AMARAL. Francisco. *Direito civil*: introdução. 6. ed. Rio de Janeiro: Renovar, 2006.

CAMARGO NETO, Mario de Carvalho; OLIVEIRA, Marcelo Salaroli de. Registro civil das pessoas naturais: parte geral e registro de nascimento. In: CASSETTARI, Christiano (Coord.). *Coleção cartórios*. São Paulo: Saraiva, 2014. v. 1.

CHINELLATO, Silmara Juny (Coord.). *Código Civil interpretado*: artigo por artigo, parágrafo por parágrafo. 10. ed. Barueri, SP: Manole, 2017.

DINIZ, Maria Helena. *Curso de Direito Civil brasileiro* – Teoria geral do direito civil. São Paulo: Saraiva, 2015.

FARIAS, Cristiano Chaves de; ROSENVALD, Nelson. *Curso de direito civil*: parte geral e LINDB. 15. ed. rev., ampl. e atual. Salvador: JusPodivm, 2017.

GAGLIANO, Pablo Stolze; PAMPLONA FILHO, Rodolfo. *Novo curso de direito civil*. 19.ed. São Paulo: Saraiva, 2017. v. 1: parte geral.

GONÇALVES, Carlos Alberto. *Direito civil brasileiro*: parte geral. 19. ed. São Paulo: Saraiva. 2021. v. 1.

LÔBO, Paulo. *Direito civil*. 8. ed. São Paulo : Saraiva Educação, 2019. v. 1: parte geral.

LOUREIRO, Luiz Guilherme. *Registros Públicos*: teoria e prática. 8. ed. rev., atual. e ampl. Salvador: JusPodivm, 2017.

PAIVA, João Pedro Lamana. *Procedimento de dúvida no registro de imóveis*. São Paulo: Saraiva, 2011.

PELUSO, Cézar (Coord.). Código civil comentado: doutrina e jurisprudência. 12. ed., rev. e atual. Barueri, SP: Manole, 2018.

TARTUCE, Flávio. *Direito civil*. Lei de introdução e parte geral. 17. ed. Rio de Janeiro: Forense, 2021.

VENOSA, Sílvio de Salvo. *Direito civil*: parte geral. 17. ed. São Paulo: Atlas, 2017.

A NATUREZA JURÍDICA DO ÓBITO E SUA REPERCUSSÃO NO TABELIONATO DE NOTAS E NO REGISTRO DE IMÓVEIS

Larissa Aguida Vilela Pereira de Arruda

Doutoranda pela Universidade Museo Social Argentino. Mestre em Direito pela Universidade Portucalense. Especialista em Direito do Estado e Direito Processual Civil. Graduada em Direito. Discente no Programa de Pós-Graduação em Direito/UNOESC. Tabeliã e Registradora em Cuiabá-MT. Professora na UNIFACC/MT. E-mail larissa_aguida@hotmail.com.

Resumo: O artigo apresenta o propósito de discorrer sobre a natureza jurídica do óbito e sua repercussão no Tabelionato de Notas e no Registro de Imóveis. Como base para a investigação, buscou-se analisar essa declaração quando não tenha sido feita corretamente, e suas repercussões no Registro e Notas, indicando o ponto em que tais elementos convergem no âmbito da temática proposta. Como procedimentos metodológicos, fez-se uso da abordagem qualitativa, com viés exploratório, de modo a investigar a natureza jurídica da declaração. Foram trazidos argumentos e respaldos legais que demonstram a possibilidade de retificação do registro por mera declaração no inventário, sem que haja necessidade de procedimento de retificação judicial ou extrajudicial.

Sumário: 1. Introdução – 2. Natureza jurídica do óbito – 3. Repercussões do registro do óbito no tabelionato de notas e no registro de imóveis – 4. Das averbações do óbito – 5. Proposta de minuta de provimento ao CNJ – 6. Conclusão – 7. Referências.

1. INTRODUÇÃO

A personalidade civil se inicia do nascimento com vida, com o registro de nascimento, e se extingue com a morte, conforme preceitua o art. 6º do Código Civil, a qual produz diversos efeitos jurídicos, como a dissolução do vínculo matrimonial, o término das relações de parentesco, e a transmissão da herança, dentre outros.

Assim o registro desse fato jurídico é importante para se fazer a prova segura e fácil do ato, de modo a se permitir que todos tenham acesso a essas informações, em decorrência do princípio da publicidade registral.

Cabe ao registrador civil o registro e a publicidade de fatos e negócios jurídicos inerentes à pessoa física, desde seu nascimento até a morte, tendo em vista que tais fatos e atos repercutem na vida do indivíduo, e interessam a toda a sociedade.

Tamanha a importância deste registro, que a Constituição Federal, em seu artigo 5º, inciso LXXVI, determina que todos os registros e primeiras certidões de óbito e nascimento são gratuitas, independentemente da condição econômica das partes.

Nesse contexto, o presente artigo traz a importância do registro de óbito, abordando no primeiro capítulo a sua natureza jurídica, no segundo capítulo as repercussões desse registro no tabelionato de notas e no registro civil, como vem se posicionando os registradores frente a essa declaração, e se haveria necessidade ou não de retificação dessa declaração ou se seria suprida pelas declarações dos herdeiros em inventário judicial ou extrajudicial.

O método empregado buscou investigar estas disposições enquanto ato declaratório, que dispensa provas para sua declaração que não a necessidade da Declaração de Óbito, sendo que para isso foi realizada uma revisão teórica acerca da natureza jurídica do óbito, e da sua declaração, indicando o ponto em que tais elementos se convergem no âmbito da temática ora abordada.

De viés exploratório, aliada a apropriação das abordagens qualitativa, o presente trabalho é oriundo de pesquisas doutrinárias, em artigos, legislações e decisões judiciais.

2. NATUREZA JURÍDICA DO ÓBITO

A Morte é um fato natural perfeitamente reconhecível na maioria dos casos, pela cessação da circulação e da respiração, e que produz efeitos relevantes, devendo por isso ser tornado público aos demais membros da comunidade, através do Registro de óbito, lavrado nos Registros civis das Pessoas Naturais do último domicílio do falecido ou lugar do óbito.[1]

O conceito e os critérios de morte, para a medicina, estão em constante evolução, bem como os exames que permitem atestar a morte de uma pessoa.

No mundo ocidental, o conceito tradicional de morte, que se encontra profundamente enraizado em cada um de nós, baseia-se principalmente em duas fortes influencias históricas culturais: a influência da filosofia grega da antiguidade, que estabelece o coração como órgão sede da alma e, portanto, de todas as emoções humanas e a influência religiosa judaico-cristã, muito forte durante a Idade Média, que estabelece a respiração como processo vital fundamental, uma vez que "Deus criou o homem do barro da terra e soprou-lhe pelas narinas o Sopro da Vida, e o homem tornou-se um ser vivente".[2]

Os critérios médicos tradicionais para o diagnóstico de morte foram também influenciados por esses conceitos, ressaltando a ausência de função cardiocirculatória e respiratória como premissa básica para esse diagnóstico.[3]

---

1. Art. 77 da Lei 6.015/1973.
2. Bíblia, Genesis 2.7.
3. DANTAS FILHO, Venâncio Pereira; SARDINHA, Luis Antonio da Costa; FALCÃO, Antonio Luis Eiras; ARAÚJO, Sebastião; TERZI, Renato Giuseppe Giovanni; DAMASCENO, Benito Pereira. *Dos conceitos de morte aos critérios para o diagnóstico de morte encefálica*. Disponível em: https://doi.org/10.1590/S0004-282X1996000400025. Arq. Neuro-Psiquiatr. 54 (4) • Dez 1996.

Com o intuito de oferecer maior certeza a tal diagnóstico, no âmbito da ética médica, foi editada a Resolução 1.480/97 do Conselho Federal de Medicina, a qual estabelece os parâmetros clínicos que devem ser verificados para a constatação de morte encefálica.

O Código Civil, em seu art. 6º, prevê que "a existência da pessoa natural termina com a morte", o que produz diversos efeitos jurídicos, sendo de extrema relevância no mundo jurídico, por criar direitos aos herdeiros, e extinguir direitos do falecido.

Resta claro que a prova do fato jurídico morte é de extrema relevância no mundo jurídico.

Miguel Maria de Serpa Lopes assegura que "com a morte, extinguem-se todos os direitos personalíssimos do de cujus para só se transmitirem os direitos patrimoniais".[4]

Assim, o Código Civil prevê, no art. 9º, inciso I, que o óbito deve ser registrado nos registros públicos. No mesmo sentido, a Lei de Registros Públicos estabelece em seu art. 29, inciso III, que o óbito será registrado no registro civil das pessoas naturais e, no art. 77, que o sepultamento somente será realizado à vista de certidão extraída após a lavratura do registro.

O artigo 77 da Lei 601573 preceitua que:

> Nenhum sepultamento será feito sem certidão do oficial de registro do lugar do falecimento ou do lugar de residência do de cujus, quando o falecimento ocorrer em local diverso do seu domicílio, extraída após a lavratura do assento de óbito, em vista do atestado de médico, se houver no lugar, ou em caso contrário, de duas pessoas qualificadas que tiverem presenciado ou verificado a morte.

Tal registro obtém publicidade por meio da certidão de óbito, que, no ordenamento brasileiro, é o meio hábil para se provar o fato jurídico morte, como se pode depreender de inúmeros dispositivos normativos, como, por exemplo: morte é declarada geralmente por médicos que assistiram ao falecido em fase terminal, ou que foi posteriormente requisitado apenas para fazer a declaração.

No caso do registro de óbito, o registrador civil reveste de fé pública a afirmação de que determinadas pessoas compareceram e declararam o fato sujeito ao registro.

A Declaração de óbito do paciente internado sob regime hospitalar deverá ser fornecida pelo médico assistente e, na sua ausência ou impedimento, pelo médico substituto, independente do tempo decorrido entre a admissão ou internação e o óbito.

Em conformidade com a Portaria 116/2009 do Ministério da Saúde, a Declaração de Óbito (DO) é de responsabilidade do médico, conforme preceitua o Art. 18, que disciplina que "os dados informados em todos os campos da DO são de responsabilidade do médico que atestou a morte, cabendo ao atestante preencher pessoalmente e revisar o documento antes de assiná-lo."

---

4. LOPES, Miguel Maria de Serpa. *Curso de direito civil*. Rio de Janeiro: Liv. Freitas Bastos, 1962, p. 265.

Quando inexiste médico na localidade, a declaração cabe ao responsável pelo falecido, que comparece no cartório acompanhado de duas testemunhas qualificadas que presenciaram a morte, conforme dispõe o artigo 77 da Lei 6.015/73.

Nos óbitos naturais em localidades sem médico, a emissão das três vias deve ser solicitada ao Cartório de Registro Civil de referência, pelo responsável do falecido, acompanhado de duas testemunhas.

Se forem mortes por acidentes ou violência, obrigatoriamente o legista do IML deve declarar (na sua falta, o perito designado). Os natimortos também devem possuir atestado de óbito.

Trata-se, portanto, de um ato jurídico declaratório, no qual é feita a declaração de um fato jurídico ocorrido.

Nesse sentido, os atos praticados no Registro Civil das Pessoas Naturais possuem natureza jurídica diversa,[5] podendo ser declaratórios, quando atestem fato preexistente, possuindo não apenas efeito comprobatório como também o condão de atribuir eficácia *erga omnes* aos fatos assentados.

Em outras palavras, a publicidade declaratória é ao mesmo tempo condição de eficácia e meio de prova,[6] citando-se como exemplo, o registro de nascimento e de óbito, pois nestes o registro prova a existência e veracidade do ato.

Poderá, em outras situações, conter natureza constitutiva, consubstanciado ao fato do ato registral implicar a criação do direito, assim como ocorre no registro de emancipação.

Há, ainda, fatos cujo assento no registro civil têm como única finalidade torná-los cognoscíveis a terceiros, e, assim, gerar a presunção de conhecimento por todos. Tem-se, nesses casos, a chamada "publicidade notícia", com intuito meramente informativo, sem a pretensão de criar, extinguir ou atribuir eficácia ao ato registrado,[7] como é o caso das anotações, realizadas à margem dos assentos com o intuito de remeter a atos e fatos assentados em outros livros.

O princípio da instância deve ser atendido: para tanto, o registro de óbito será feito mediante declaração de pessoa legitimada nos termos do art. 79 da Lei 6.015/73.

Fica, desta maneira, estabelecido que a declaração deve ser feita por pessoa próxima ao falecido, preferencialmente um parente, somente sendo aberto o rol de declaração a outras pessoas, na ausência destes, como previsto nos números seguintes do mencionado artigo 79:

---

5. CENEVIVA, W. *Lei dos Registros Públicos* comentada. 18. ed. São Paulo: Saraiva, 2008, p. 6,
6. CAMARGO NETO, M. de C.; OLIVEIRA, M. S. de. Registro Civil das Pessoas Naturais I – Parte geral e registro de nascimento. In: CASSETARI, Christiano (Coord.). *Coleção Cartórios*. São Paulo: Saraiva, 2014, p. 50.
7. OLIVEIRA, M. S. *Publicidade registral imobiliária*. São Paulo: Saraiva, 2010, p. 13-14.

1º) o chefe de família, a respeito de sua mulher, filhos, hóspedes, agregados e fâmulos;

2º) a viúva, a respeito de seu marido, e de cada uma das pessoas indicadas no número antecedente;

3º) o filho, a respeito do pai ou da mãe; o irmão, a respeito dos irmãos e demais pessoas de casa, indicadas no n. 1; o parente mais próximo maior e presente;

4º) o administrador, diretor ou gerente de qualquer estabelecimento público ou particular, a respeito dos que nele faleceram, salvo se estiver presente algum parente em grau acima indicado;

5º) na falta de pessoa competente, nos termos dos números anteriores, a que tiver assistido aos últimos momentos do finado, o médico, o sacerdote ou vizinho que do falecimento tiver notícia;

6º) a autoridade policial, a respeito de pessoas encontradas mortas.

Parágrafo único. A declaração poderá ser feita por meio de preposto, autorizando-o o declarante em escrito, de que constem os elementos necessários ao assento de óbito.

Esses dois primeiros números devem ser analisados em conformidade com a igualdade entre o homem e a mulher conferida pela Constituição Federal, em especial no art. 5º, inciso II, e no art. 226, § 5º. Dessa maneira não há como se priorizar o homem sobre a mulher em uma família, devendo ser equiparados, como fazem normas estaduais.

A ordem de legitimação deve ser observada, uma vez que, como será visto adiante, muitos dados do registro são apenas informados pelo declarante, sendo de extrema relevância que este conheça o falecido e seja próximo dele.

A principal função dos Registros Públicos é garantir a publicidade, autenticidade, segurança e eficácia dos atos jurídicos, conforme artigo 1º da Lei 6015/73, art. 1º da Lei 8935/94 e art. 2º da Lei 9492/97.

É uma publicidade necessária declarativa, pois relativa a fatos anteriores já perfeitos, tendo como efeito apenas a prova da existência e veracidade do ato.

A regra é que o assento de óbito seja lavrado no lugar em que houve o falecimento ou no lugar de residência do falecido, ainda que o sepultamento seja em outro local, e assentado no Livro C, em conformidade com o artigo 33 da Lei 6015/73, inciso IV, sendo o ato anotado nos registros de nascimento e casamento.

Também será lavrado no Livro C o assento de óbito de pessoa desaparecida em naufrágio, inundação, terremoto ou qualquer outra catástrofe, mediante o cumprimento de mandado judicial expedido nos autos de justificação. Nesse sentido são as Normas da CGJ/SP, artigo 102, e CNGC/MT, artigo 1551, sendo a morte presumida registrada no Livro E.

Ocorre que muitas vezes essa declaração é feita por um parente que não faz as declarações corretas acerca do seu estado civil, declarando por exemplo como sendo solteira, uma pessoa viúva, o que traz implicações e repercussões no tabelionato de notas e registro de imóveis.

Assim, veremos a seguir como essas declarações repercutem no Tabelionato de Notas e no Registro de Imóveis e se elas podem ser comprovadas por outros documentos apresentados no momento da elaboração do inventário judicial ou extrajudicial e no registro de imóveis.

3. REPERCUSSÕES DO REGISTRO DO ÓBITO NO TABELIONATO DE NOTAS E NO REGISTRO DE IMÓVEIS

Os elementos do atestado do óbito são extraídos de duas fontes primordialmente, seja médico, seja por duas testemunhas, e das informações prestadas pelo declarante.

A apresentação de documentos do falecido, embora recomendável para revestir de maior segurança as informações assentadas, não é essencial ao ato, não podendo ser o registro a ela condicionado.

É possível que certas informações prestadas pelo declarante divirjam do que consta da Declaração de Óbito médica (DO), caso em que se requer cautela do registrador. Deve ser feita breve análise da situação a exemplo do que foi feito pela Lei 12.662/2012 em relação à Declaração de Nascido Vivo.

A Declaração de Óbito preenchida pelo médico carrega diversas informações que podem ser dividias em 3 grupos: de responsabilidade do médico e com interesse exclusivamente para a saúde; de responsabilidade do médico e com ingresso no registro civil; colhida pelo médico na DO, mas de responsabilidade do declarante para fins de registro.

Divergências comprovadas em elementos de identificação do falecido, desde que não comprometam a certeza de sua identificação, poderão ser corrigidas mediante prova bastante (e.g. nome na declaração médica é o de solteira como constava no documento de identificação, mas a pessoa falecida adotava nome de casada comprovada por certidão apresentada no momento do registro)[8] diversas informações constantes do registro de óbito têm efeitos meramente publicitários, dependendo de outro documento para serem comprovadas.

Assim ocorre com informações prestadas pelo declarante, como: o estado civil e o nome do cônjuge sobrevivente, que dependerão da certidão de casamento para que sejam provados; a existência de testamento, que dependerá de certidão da central de testamentos instituída pelo Provimento n. 18 do Conselho Nacional de Justiça, da certidão do próprio testamento, ou ainda apresentação de testamento particular; os filhos deixados, seus nomes e suas idades, o que dependerá das certidões de nascimento; o fato de ter deixado bens, o que dependerá de documentos que atestem a propriedade; entre outros.

Desta maneira, percebe-se que o registro do óbito carrega informações com eficácia probatória, como o fato do óbito e suas circunstâncias (momento e local), a identificação do falecido e a causa da morte; e outras informações meramente publicitárias, que, muito embora deem publicidade ao fato, dependem de outros documentos para que sejam provadas e produzam efeitos.

---

8. CAMARGO NETO, M. de C.; OLIVEIRA, M. S. de. Registro Civil das Pessoas Naturais I – parte geral e registro de nascimento. In: CASSETARI, Christiano (Coord.). *Coleção Cartórios*. São Paulo: Saraiva, 2014, p. 129.

O artigo 80 da Lei 6.015/73 preceitua que o registro do óbito conterá: a) a hora, se possível, dia, mês e ano do falecimento; b) o lugar do falecimento, com indicação precisa; c) o prenome, nome, sexo, idade, cor, estado civil, profissão, naturalidade, domicílio e residência e o número de um documento de identidade do morto; d) se era casado, o nome do cônjuge sobrevivente, mesmo quando separado; se viúvo, o do cônjuge premorto; e o Ofício do realizar o casamento, em ambos os casos; e) os nomes, prenomes, profissão, naturalidade e residência dos pais; f) se o morto faleceu com testamento conhecido; g) se deixou filhos, nomes e idade de cada um; h) se a morte foi natural ou violenta, e a causa conhecida, com os nomes dos atestantes; i) o lugar do sepultamento; j) se deixou bens e herdeiros menores ou interditos; l) se era eleitor.

Assim, alguns itens como se o cônjuge era casado, nomes e qualificação dos pais, se deixou testamento, filhos, se deixou bens e herdeiros são meramente publicitárias e feitas por declaração.

Ocorre que muito embora sejam atos declaratórios, muitas vezes as partes ainda têm que se socorrer à justiça para retificar declarações equivocadas realizadas no momento do registro, que poderiam ser retificadas de forma extrajudicial ou mesmo mediante a apresentação de documentos.

Muito embora tenha a natureza jurídica declaratória, não é raro que os declarantes no momento do registro não tenham certeza do estado civil, ou mesmo da quantidade de filhos daquele falecido, até porque em diversas ocasiões acabam sendo feitas por um parente próximo e não pelo cônjuge ou filho, que acabam não tendo condições emocionais de cuidar da documentação.

Não são raras as notas de devolução dos registros de imóveis em decorrência de irregularidades nas certidões de óbito. Por exemplo: os filhos declararam que o falecido era solteiro, quando na verdade era divorciado.

Esse problema é enfrentado na maioria dos Tabelionatos de Notas e Registro de imóveis quando da tramitação do inventário extrajudicial ou mesmo judicial.

Por exemplo, podemos citar equívocos nas declarações quanto ao cônjuge ser casado com uma pessoa, e ter sido declarado na certidão que seria com outra. Nessas situações, por se tratar de ato declaratório, poderia ser retificado pelas partes em sede de inventario extrajudicial, ou mesmo em retificação administrativa?

Muito embora a grande maioria dos registradores civis entendam ser declaratório o registro do óbito, a lei veda qualquer alteração posterior ao registro e não é o que entende a grande maioria dos tabeliães e registradores de imóveis.

A função da certidão de óbito é comprovar a morte. O registro de óbito e a certidão que dele se extrai tem a função de atestar o falecimento de uma pessoa. Outros elementos constantes do assento, como números de filhos ou se deixou bens, não são comprovados pela certidão, a qual não se presta para isso.[9]

---
9. TJSP – Apelação Cível 1029180-74.2019.8.26.0100 – São Paulo – 9ª Câmera de Direito Privado – Rel. Des. Galdino Toledo Júnior – DJ 1º.04.2020.

Desta maneira, percebe-se que o registro do óbito carrega informações com eficácia probatória, como o fato do óbito e suas circunstâncias (momento e local), a identificação do falecido e a causa da morte; e outras informações meramente publicitárias, que, muito embora deem publicidade ao fato, dependem de outros documentos para que sejam provadas e produzam efeitos.

O direito de retificar os registros (base de dados) é direito fundamental do cidadão, inerente à dignidade da pessoa humana (CF, art. 5°, inc. LXXII). É extremamente brutal e desumano subjugar o indivíduo por conta de um erro a que ele não deu causa e, muitas vezes, sequer teve conhecimento.

Podemos citar um caso em que o declarante tenha mencionado que o falecido tenha três filhos, e no curso do inventario se apresente um novo herdeiro. Caso os herdeiros façam o DNA espontaneamente, e concordem em que este herdeiro faça parte do inventário, não haveria necessidade de retificação do óbito, mas apenas da declaração dos herdeiros no inventário, reconhecendo a paternidade, justamente pelos efeitos declaratórios do óbito.

Não são raros os casos em que os declarantes mencionam que a parte é solteira, desconhecendo seu estado de viuvez. Nesse sentido se no momento do inventário for apresentada certidão de seu casamento com averbação do óbito de seu falecido esposo, não haveria necessidade de retificação do óbito, mas sim que o fato fosse feito por declaração das partes e comprovação.

Os registros presumem-se verdadeiros e devem sempre corresponder à realidade, razão pela qual é necessário um meio descomplicado e eficiente para se demonstrar que a declaração feita não corresponde à verdade.

E o óbito, nos termos do art. 167, inc. II, n. 5, e 246, parágrafo único, da Lei 6.015/73, pode ingressar nas matrículas por averbação.

Antigo precedente do E. Conselho Superior da Magistratura, a propósito, já proclamava que:

> A averbação, todavia, encontra suporte no art. 167, II, n. 5, da Lei n. 6.015, de 31.12.1973, pois o falecimento do cônjuge codonatário, que figura na transcrição correspondente, envolve circunstância de manifesta influência no registro e nas pessoas nele interessadas. Não há denegá-la. O que não quadra a este procedimento é decidir-lhe dos efeitos jurídicos, que hão de ser discutidos e reconhecidos no processo de inventário (Ap. Cív.267.499, relator Des. Andrade Junqueira. Registro de Imóveis – Dúvidas – Decisões do Conselho Superior da Magistratura de São Paulo (De janeiro de 1978 a fevereiro de 1981).[10]

A Lei 11.441/2007 veio em boa hora, para auxiliar a desburocratização, e pode ser conjugada para auxiliar a questão ora levantada.

Observados os requisitos que a própria Lei 11.441 menciona, e são poucos – como a capacidade das partes, o acordo entre os interessados, não haver filhos incapazes,

---
10. ORLANDI NETO, Narciso (Org.). São Paulo: Saraiva, verbete 194, p. 193 a 194.

a assistência de advogado –, por uma simples escritura pública, perante o tabelião, as pessoas, em poucos instantes, numa questão de horas, resolvem problemas que outrora levavam um tempo incalculável, idas e vindas intermináveis e muitas angústias para chegar a uma definição

Assim, não se faz necessário retificar elementos que podem ser comprovados por outros documentos, como por exemplo, o reconhecimento de uma união estável feita em inventário, ou mesmo o reconhecimento de paternidade, feito à vista de exame de DNA pelos filhos.

4. DAS AVERBAÇÕES DO ÓBITO

Assim, tecidas essas considerações, evidenciamos a necessidade de uma forma célere de retificar esses dados que são meramente declaratórios, eis que não se necessita alterar o registro se há provas do fato em outro documento.

O Óbito, como trás repercussões de ordem patrimonial, deve ser averbado à margem da matrícula, conforme preceitua o art. 167, II da Lei 6.015/73, que preceitua a necessidade de averbação da alteração do nome por casamento ou por desquite, ou ainda, de outras circunstâncias que, de qualquer modo, tenham influência no registro ou nas pessoas nele interessadas.

Assim, caso haja divergência nas informações constantes do registro e as apresentadas documentalmente, não se faz necessária a retificação extrajudicial para que a certidão seja aceita, como acima já exposto nas situações dadas como exemplo, de um registro que consta a declaração da existência de apenas um filho, e posteriormente ter-se conhecimento da existência de outro, cuja prova documental não precisa ser retificada no óbito, mas apenas fazendo-se constar no inventário judicial ou extrajudicial tal fato e a documentação seja ali apresentada.

Outra situação que se mostra desnecessária ocorre quando consta no óbito a informação de que o falecido é solteiro, mas na verdade detém prova de ser viúvo, razão pela qual sua correta qualificação como viúvo no inventário, dispensa a retificação do óbito, com o ingresso do inventário e suas declarações diretamente no registro de óbito.

5. PROPOSTA DE MINUTA DE PROVIMENTO AO CNJ

Em conformidade com o direito civil contemporâneo e as novas tendencias da desjudicialização, e após discorrer sobre a necessidade de adequação da norma à atualidade, de forma a trazer mais efetividade a atividade extrajudicial, o presente estudo sugere uma proposta de Provimento, conforme segue:

Provimento _____, de (dia) do (mês) do (ano).

Dispõe sobre o procedimento de averbação, no registro de óbito, da alteração de dados pessoais do de cujus, mediante apresentação de documentos e declaração do cônjuge sobrevivente e herdeiros.

O Corregedor Nacional da Justiça, usando de suas atribuições constitucionais, legais e regimentais e CONSIDERANDO o poder de fiscalização e de normatização do Poder Judiciário dos atos praticados por seus órgãos (art. 103-B, § 4º, I, II e III, da Constituição Federal de 1988);

Considerando a competência do Poder Judiciário de fiscalizar os serviços extrajudiciais (arts. 103-B, § 4º, I e III, e 236, § 1º, da Constituição Federal);

Considerando a competência do Corregedor Nacional de Justiça de expedir provimentos e outros atos normativos destinados ao aperfeiçoamento das atividades dos ofícios de Registro Civil das Pessoas Naturais (art. 8º, X, do Regimento Interno do Conselho Nacional de Justiça);

Considerando a obrigação dos Oficiais de Registro Civil das Pessoas Naturais de cumprir as normas técnicas estabelecidas pelo Poder Judiciário (arts. 37 e 38 da Lei 8.935, de 18 de novembro de 1994);

Considerando a possibilidade de realização de inventário pela via extrajudicial em conformidade com a Lei 11441/2007 e a necessária desjudicialização;

Resolve: Art. 1º Poderá ser requerida, perante o Oficial de Registro Civil competente, a averbação no registro de óbito das alterações de dados, mediante requerimento conjunto dos herdeiros ou cônjuge meeira, mediante a apresentação da respectiva declaração, ou mediante outros documentos oficiais comprobatórios.

§ 1º O procedimento administrativo previsto no caput deste artigo não depende de autorização judicial.

§ 2º. Fica dispensada a retificação do registro de óbito, quando a declaração nele inserida for modificada por prova cabal apresentada perante o inventário judicial ou extrajudicial, tal qual, dados com relação a quantidade de filhos, estado civil e filiação.

Art. 2º Este provimento entra em vigor na data de sua publicação. MINISTRO HUMBERTO MARTINS

6. CONCLUSÃO

Tecidas as considerações acima e considerando a natureza jurídica declaratória do registro de óbito, evidencia-se a necessidade de readequação da norma, para que esta efetivamente cumpra seu papel na desjudicialização, de forma a permitir que correções no registro de óbito possam ser realizadas mediante retificação extrajudicial no ato do inventário por meio de declaração das partes, com seu posterior ingresso junto ao Registro de imóveis.

Tal medida nos casos em que envolvam pessoas capazes e com a anuência de todos é salutar, e visa não só a desjudicialização, mas também a proteção das partes, pois o direito de retificação é um direito fundamental do cidadão e inerente à dignidade da pessoa humana, concretizando os princípios registrais de que os registros devem corresponder a realidade.

7. REFERÊNCIAS

CAMARGO NETO, M. de C.; OLIVEIRA, M. S. de. Registro Civil das Pessoas Naturais I – parte geral e registro de nascimento. In: CASSETARI, Christiano (Coord.). *Coleção Cartórios*. São Paulo: Saraiva, 2014.

CASSETTARI, Christiano. *Separação, divórcio e inventário por escritura pública*: teoria e prática. 7. ed. rev., atual. e ampl. Rio de Janeiro: Forense; São Paulo: Método, 2015.

CENEVIVA, W. *Lei dos Registros Públicos comentada*. 18. ed. São Paulo: Saraiva, 2008.

CESAR, Gustavo Sousa. *A função social das serventias extrajudiciais e a desjudicialização*. Disponível em http://www.notariado.org.br/blog/notarial/funcao-social-das-serventias-extrajudiciais-e-desjudicializacao. Acesso em: 07 dez. 2019.

Código de Processo Civil. Disponível em: www.planalto.gov.br/ccivil_03/_Ato2015-2018/2015/Lei/L13105.htm. Acesso em: 1º mar. 2022.

Constituição Federal. Disponível em: http://www.planalto.gov.br/ccivil_03/Constituicao/Constituicao.htm. Acesso em: 1º mar. 2022.

Lei 8.935/1994. Disponível em: http://www.planalto.gov.br/ccivil_03/Leis/L8935.htm. Acesso em: 1º mar. 2022.

Lei 6.015/1973. Disponível em: http://www.planalto.gov.br/ccivil_03/Leis/L6015compilada.htm. Acesso em: 1º mar. 2022.

FELIPE, Diogo Francisco; NOGUEIRA, André Murilo Parente. *O fenômeno da desjudicialização e o crescente rito extrajudicial*. Disponível em: https://jus.com.br/artigos/35629/o-fenomeno-da-desjudicializacao-e-o-crescente-rito-extrajudicial. Acesso em: 10 dez. 2019.

HELENA, Eber Zoehler Santa. O fenômeno da desjudicialização. Jus Navigandi, Teresina, ano 11, n. 922, 11 jan. 2006. Disponível em: http://jus.com.br/artigos/7818. Acesso em: 1º mar. 2022.

LOPES, Miguel Maria de Serpa. *Curso de direito civil*. Rio de Janeiro: Liv. Freitas Bastos, 1962.

OLIVEIRA, M. S. *Publicidade registral imobiliária*. São Paulo: Saraiva, 2010.

Portaria 116/2009 do Ministério da Saúde

TJSP – Apelação Cível 1029180-74.2019.8.26.0100 – São Paulo – 9ª Câmara de Direito Privado – Rel. Des. Galdino Toledo Júnior – DJ 1º.04.2020.

DANTAS FILHO, Venâncio Pereira; SARDINHA, Luis Antonio da Costa; FALCÃO, Antonio Luis Eiras; ARAÚJO, Sebastião; TERZI, Renato Giuseppe Giovanni; DAMASCENO, Benito Pereira. *Dos conceitos de morte aos critérios para o diagnóstico de morte encefálica*. Disponível em: https://doi.org/10.1590/S0004-282X1996000400025, Arq. Neuro-Psiquiatr. 54 (4) • Dez 1996.

POSSIBILIDADE DO REGISTRO DE ÓBITO TARDIO DIRETAMENTE NO REGISTRO CIVIL DAS PESSOAS NATURAIS

Luciana Vila Martha

Especialista em Direito de Família pela Universidade Anhanguera – UNIDERP e em Direito Imobiliário pela Universidade Estácio de Sá. Aluna da Escola Nacional de Notários e Registradores – ENNOR. Oficial de Registro Civil de Pessoas Naturais do Subdistrito de Conceição da Praia – Salvador/BA. Contato: luciana.frade@hotmail.com

Resumo: O presente trabalho parte da premissa que cabe ao Estado incentivar a população a realizar os registros de todos os atos pertinentes à sua vida, desde o seu nascimento e culminando com o registro de óbito. A adoção de campanhas e a prática de políticas públicas vem contribuindo consideravelmente na melhora desses índices, porém ainda há margem para lutarmos pela erradicação do sub-registro, sem contar com os casos de óbito não notificados pelas autoridades médicas. Deste modo, este artigo pretende demonstrar a possibilidade de se estender `as serventias de Registro Civil das Pessoas Naturais a competência para velar por todo o procedimento para lavratura do registro tardio de óbito, independentemente de autorização judicial, nos moldes do permitido no Provimento nº 28 que regula o registro de nascimento tardio.

Sumário: 1. Da morte e do assento de óbito – 2. O sub-registro de óbito no Brasil – 3. Conceito e implicações na lavratura do registro de óbito tardio – 4. Provimento 28 de 05/02/2013 do CNJ e suas adequações ao registro tardio de óbito – 5. Registro de óbito tardio administrativo – 6. Proposta legislativa – 7. Referências.

1. DA MORTE E DO ASSENTO DE ÓBITO

A morte vem a ser um fato jurídico natural certo e que põe fim à existência humana, dada a sua certeza de ocorrência, trata-se de tema que sempre traz desconforto, preocupações e discussões de ordem filosóficas, religiosas, médicas, legais, entre outras.

Para a medicina, a morte é um processo que demanda um período mínimo de observação, realização de exames clínicos e o reconhecimento de certas condições, para ao final ser reconhecida a morte encefálica como o evento irreversível da finitude humana, conforme previsão na Resolução 1.480/97 do Conselho Federal de Medicina.

Todavia, para a aplicação do direito é necessário a fixação de marcos temporais, acerca dos quais existem duas posições: I) morte cerebral: aplicação da Lei 9.434/1997, na qual o momento da morte se dá com a cessação das funções cerebrais e independe das funções circulatórias ou respiratórias. É a tese reconhecida para fins penais para possibilitar a remoção de órgãos e tecidos para a realização de transplantes em terceiros. II) teoria da morte integral: demanda a cessação das três funções vitais: coração, pulmão e cérebro.

Para Kumpell (p. 766), "Em se considerando que a vida é um conjunto de sistemas químicos nos quais as reações ocorrem de maneira coordenada e sincrônica e se sucedem ordenadas no espaço e no tempo, somente é possível falar em morte com a cessação das funções respiratória, circulatória e cerebral. No momento da paralisação da última função, deve ser considerada morta a pessoa."

A importância da fixação do momento da morte para o direito se dá pois ela ao mesmo tempo em que determina o fim da personalidade jurídica da pessoa natural, determina o momento exato da abertura da sucessão.[1]

Fixada a morte, cujo evento demanda a atestação médica por meio da declaração de óbito, se houver médico no local, ou a presença de duas pessoas qualificadas que tiveram presenciado ou verificado a morte, nos termos do art. 77 da LRP, cabe ao registrador civil prosseguir com o assento de óbito.

Nesse sentido, pode-se dizer que o registro de óbito tem por finalidade atestar o fato jurídico morte, com o condão de atribuir eficácia erga omnes, possuindo portanto, natureza jurídica declaratória.

Segundo Loureiro: "... a morte é um fato natural que produz efeitos jurídicos relevantes, e por isso, deve ser tornada pública aos demais membros da comunidade, não só para a prova do desaparecimento físico e jurídico da pessoa, como para que os efeitos jurídicos derivados de tal evento possam ser oponíveis *erga omnis*."[2]

A ocorrência do evento morte põe fim ao ciclo da vida do indivíduo e em consequência repercute em diversas searas do direito, como o início da sucessão (princípio da *saisine*), cessa o regime de bens no casamento, gera a extinção da sociedade conjugal e do poder familiar, entre outras, sendo portanto de real importância a lavratura do seu registro o mais breve possível.

Sobre o tema, Camargo Neto e Marcelo Salaroli de Oliveira, assim se manifestaram:

> A ausência da declaração para o registro de óbito serve de comprovação da violação de direitos humanos. Descumprir o dever de declarar o óbito perante o Oficial de Registro é uma forma de ocultar o óbito, e, dessa forma, é o primeiro elemento a levantar suspeita quanto à violação de direitos da pessoa humana.

Segue entendimento do Superior Tribunal de Justiça:

> Processual civil. Administrativo. Violação ao art. 535 do CPC. Não configurada. Litisconsórcio ativo e facultativo. Indenização. Reparação de danos materiais e morais. Regime militar. Dissidente

---

1. Art.6º, do CC/2002.
2. LOUREIRO, Luiz Guilherme. *Registros públicos*: teoria e prática. 7 ed. rev., atual. e ampl. Salvador: JusPodivm, 2016.p.268-269.

político procurado na época do regime militar. *Falta de registro de óbito e não comunicação à família. Dano moral. Fato notório. Nexo causal. Prescrição.*

(...)

13. A dignidade humana violentada, in casu, decorreu do sepultamento do irmão da parte, realizado sem qualquer comunicação à família ou assentamento de óbito, gerando aflição ao autor e demais familiares, os quais desconheciam o paradeiro e o destino do irmão e filho, gerando suspeitas de que, por motivos políticos, poderia estar sendo torturado – revelando flagrante atentado ao mais elementar dos direitos humanos, os quais, segundo os tratadistas, são inatos, universais, absolutos, inalienáveis e imprescritíveis.

(...)

17. A exigibilidade a qualquer tempo dos consectários às violações dos direitos humanos decorre do princípio de que o reconhecimento da dignidade humana é o fundamento da liberdade, da justiça e da paz, razão porque a Declaração Universal inaugura seu regramento superior estabelecendo no art. 1º que "todos os homens nascem livres e iguais em dignidade e direitos" (...) (grifo nosso) (Resp 612.108/PR, rel. Ministro Luiz Fux, Primeira Turma, julgado em 02.09.2004, DJ 03.11.2004, p. 147).

Assim, estabelece o art. 78 c.c 50 da LRP que o registro de óbito deverá ser lavrado no prazo de 24h, não sendo possível registrar neste prazo, será de 15 dias ou 03 meses, para os locais distantes mais de 30 km da sede do cartório.

Frise-se que tal prazo é destinado às partes e não ao registrador, que em virtude do princípio da instância, deverá lavrar o registro imediatamente, dependendo tão somente de provocação para tanto. Ultrapassado o prazo legal, a doutrina entende que o registro de óbito será considerado tardio, não tendo a Lei de Registros Públicos trazido qualquer regulação acerca dessa temática e tão pouco punição, o que obriga às Corregedorias Estaduais dos Tribunais de Justiça a darem solução para essa real demanda das serventias de registro civil, sem contudo, em sua maioria, observado o melhor interesse dos assistidos pelo registro e a facilitação de acesso ao registro público.

2. O SUB-REGISTRO DE ÓBITO NO BRASIL

A obrigatoriedade do registro, tanto o de nascimento quanto de óbito, em que pese seja de extrema relevância para o exercício dos direitos fundamentais, abarca outras questões, também de suma importância, porém agora sob a ótica do Estado.

Com efeito, o Estado possui grande interesse em que as pessoas se utilizem do Registro Civil das Pessoas Naturais e comuniquem os acontecimentos de sua vida, pois a partir desses dados se é possível conhecer e exercer maior controle sobre sua população, realizar o planejamento de medidas sociais mais adequadas a cada realidade social às necessidades de cada região, sendo importante instrumento em uma sociedade como a nossa marcada pela desigualdade social.

Para tanto, existe no Brasil dois grandes sistemas que versam sobre estatística vitais. Um de responsabilidade do Instituto Brasileiro de Geografia e Estatística – IBGE, que leva em consideração as estatísticas do Registro Civil, sobre os nascidos vivos, casamentos, óbitos e óbitos fetais informados pelos cartórios de Registro Civil das Pessoas Naturais, sendo importante instrumento para mapeamento demográfico da população brasileira.

E outro, criado pelo Ministério da Saúde e que reúne dados administrativos do Sistema de Informações sobre Nascidos Vivos – SINASC e do Sistema de Informações sobre Mortalidade – SIM, os quais provêm dados para traçar perfil epidemiológico e orientação na gestão e planejamento de políticas públicas.

Segundo o IBGE, antes da Lei que estabeleceu a gratuidade do registro civil, o índice de sub-registro era elevado, as estatísticas indicavam que em torno de 60% dos nascimentos estavam sendo levados a registro, resultando numa média de 40% de sub-registros.

> Para se ter uma ideia da magnitude dos sub-registros dos eventos vitais, em 1991, a cobertura de nascidos vivos no Brasil, conforme estimativas baseadas nas projeções populacionais, era de 63,8%, sendo de 29,8% na Região Norte e 38,8% no Nordeste (IBGE, 2018, p. 14).

Segundo dados fornecidos pelo IBGE por meio do Sistema de Estatísticas Vitais, no ano 2017 a região norte do país liderava o ranking de sub-registros de óbitos no país com índice de 13,27%, seguida pela região nordeste com 9,06%, centro-oeste com 3,28%, sul com 1,23% e finalmente a região sudeste com 0,83%. A média nacional de sub-registros de óbito ficou em 4,09%.

Como indicado pelas estatísticas, houve uma melhora expressiva nos sub-registros, tendo a gratuidade fornecida pelo Registro Civil das Pessoas Naturais colaborado na melhora desse índice.

Todavia, ainda há margem para melhorias, o que pode ser feito por meio do registro tardio de óbito pelas serventias extrajudiciais.

A expressão sub-registro é uma definição proveniente do Instituto Brasileiro de Geografia e Estatística – IBGE que por sua vez consiste na diferença apurada pelo número de declarações de óbito expedidas pelos estabelecimentos médicos e o número de registros de óbitos realizados.

Os dados de sub-registro acabam mostrando que pessoas que moram em locais mais afastados, tanto socialmente quanto geograficamente, ou ainda, que não possuem formação escolar adequada, acabam tendo menos acesso à saúde e à justiça e culminam na sua exclusão social.

Vale destacar que nesse índice, apenas são considerados os óbitos que tiveram atendimento médico, vez que o parâmetro básico do mesmo é a emissão de declaração de óbito, que em regra, deverá ser preenchida pelo médico responsável pelo atendimento ou que atestou o óbito.

Assim, a realização do registro tardio de óbito, nos moldes como será proposto neste artigo, acaba por abarcar situação que vem sendo excluída dos índices oficiais do Governo, que se trata dos óbitos onde não há atendimento médico e cuja declaração de óbito será preenchida pelo próprio registrador civil.

Deste modo, pretende-se trazer à luz números que até então são considerados invisíveis pelo Estado.

3. CONCEITO E IMPLICAÇÕES NA LAVRATURA DO REGISTRO DE ÓBITO TARDIO

O registro de óbito busca conferir certeza jurídica do fim da existência da pessoa natural, sendo portanto indispensável para repercussão de efeitos civis em diversos aspectos do falecido, tais como eventual sociedade de que participava, contratos personalíssimos, sua vida conjugal, entre outros.

A realização do registro de óbito, portanto, pode ser encarado como uma obrigação pertencente originariamente ao Estado de fiscalizar e ordenar meios que facilitem os registros e secundariamente aos familiares e à sociedade, de contribuírem com a observância dos prazos e veracidade das informações.

A provocação da atuação do registrador civil por meio da declaração de óbito é indispensável para o início do procedimento de registro de óbito e que culmina com a expedição da guia de sepultamento, sendo este considerado documento indispensável para a inumação do cadáver. Sendo assim, a Lei 6.015/73 prevê em seu art. 78 o exíguo prazo de 24 horas para a sua declaração.

Todavia, a própria Lei de Registros Público, prevê que na inobservância desse prazo, seja aplicado o prazo previsto em seu artigo 50, isto é, de 15 dias ou 03 meses para falecimentos distantes a mais de 30 km da sede da serventia.

Sendo o registro de óbito um importante instrumento de política pública, ele deve sempre preceder ao sepultamento, como estabelece a própria LRP em seu artigo 77:

Art. 77. "Nenhum sepultamento será feito sem certidão do oficial de registro do lugar do falecimento ou do lugar de residência do de cujus, quando o falecimento ocorrer em local diverso do seu domicílio, extraída após a lavratura do assento de óbito, em vista do atestado de médico, se houver no lugar, ou em caso contrário, de duas pessoas qualificadas que tiverem presenciado ou verificado a morte."

Ainda, o Art. 67 do Decreto-Lei 3.688/41 considera contravenção penal a inumação de cadáver em violação às disposições legais.

Ressalta-se que não há nenhuma previsão em lei acerca do pagamento de multa ou da impossibilidade do registro de óbito tardio, mas sim uma omissão legislativa que acaba por permitir que Estados estabeleçam cada qual a sua regulação para a matéria.

Aliás, ainda que a lei de registros tivesse regulado o registro de óbito feito após o decurso do prazo legal, não haveria possibilidade para qualquer cobrança de multa, haja vista ser considerado o registro de óbito um instrumento de cidadania, tal qual o registro de nascimento.

Não prevê a LRP nenhuma sanção na hipótese de serem desobedecidos tais prazos ou de não haver motivo relevante para que o registro seja feito após o decurso de 24 horas contados do falecimento (*Lei e Registros Públicos anotada*. 2. ed. São Paulo: Ed. Juarez de Oliveira, p. 145).

Vale dizer que a única correspondência prevista na LRP e que pode vir a ser aplicada ao registro de óbito tardio é a prevista no seu artigo 83 que regula o assento posterior ao enterro faltando atestado médico ou duas pessoas qualificadas, e que permite o registro de óbito seja feito com base em atestação de duas testemunhas que tiverem assistido ao falecimento ou ao funeral e puderem atestar a identidade do cadáver.

Assim, ultrapassado o prazo legal, a doutrina tem conceituado o registro de óbito como sendo tardio e se preocupado em estabelecer critérios que melhor regulem a situação, sendo que em sua grande maioria entendem pela necessidade de autorização judicial para o seu prosseguimento. Vejamos:

Para Loureiro, "O registro de óbito por ser de interesse de toda a sociedade que o fato jurídico tenha acesso à publicidade registral, pode ser lavrado a qualquer tempo, mas, ultrapassado o prazo máximo previsto no art. 78 c/c art. 50, seja no que se refere à distância do local da morte até o local da sede do RCPN competente, ou a outro obstáculo comum a ambos os assentos, o registrador apenas poderá lavrar o registro com autorização judicial."[3]

Segundo ainda Kumpell, Vitor Frederico, na sua obra Tratado Notarial e Registral, estabelece: "... se impossível a declaração de óbito em 24 horas contadas da morte, deverá ser feita, em caráter de urgência, em 15 dias, ou 3 meses caso o falecimento ocorra a mais de 30 km da sede da serventia. Ultrapassados os referidos prazo, a lavratura do assento dependerá de autorização do juiz corregedor permanente."[4]

Sobre o tema, segue jurisprudência do E. Tribunal de Justiça do Estado de Goiás:

> Apelação cível. Autorização judicial para lavratura de certidão de óbito. Possibilidade. O registro fora dos prazos estabelecidos no estatuto legal específico (artigo 50 c/c 78 da Lei 6.015/1973) só se fará mediante despacho do juiz. Observância do § 4º do artigo 578 da Consolidação dos Atos Normativos da Corregedoria-Geral de Justiça de Goiás. Apelação cível conhecida e provida (TJGO, Apelação 0006956-25.2015.8.09.0149, Rel. Itamar De Lima, 3ª Câmara Cível, julgado em 06.12.2017, DJe de 06.12.2017).

Nesse sentido, segue ainda entendimento da CGJSP:

> Registro civil – Óbito – Pretendido assentamento tardio – *Requerimento administrativo dirigido ao Juízo da Corregedoria Permanente – Possibilidade – Inteligência dos arts. 78 e 83 da Lei 6.015/73 e dos subitens 95.1 e 100.1 das Normas de Serviço da CGJ – Recurso provido* (CGJSP – Processo: 530/2004 Localidade: Araras Data de Julgamento: 13.08.2004 Data DJ: 05.01.2006 Relator: José Mário Antonio Cardinale). (grifo nosso)

O fundamento, para aqueles que entendem acerca da necessidade de autorização judicial para registro de óbito tardio, é dado por interpretação analógica do art. 109 da Lei 6.015/73, que determina: "Quem pretender que se restaure, supra

---

3. LOREIRO, Luiz Guilherme. Op. cit., p. 271.
4. KUMPELL, Vitor Frederico. *Tratado notarial e registral*. Ofício de Registro Civil das Pessoas Naturais. São Paulo: YK editora, abr. 2017. p. 779.

ou retifique assentamento no Registro Civil, requererá, em petição fundamentada e instruída com documentos ou com indicação de testemunhas, que o Juiz o ordene, ouvido o órgão do Ministério Público e os interessados, no prazo de cinco dias, que correrá em cartório."

Deste modo, resta claro que ainda que fora do prazo, não há discordância acerca da possibilidade do registro de óbito tardio, e nem tão pouco que, perante os Estados que entendem pela necessidade de autorização judicial, se tratar de procedimento administrativo a se desenvolver no âmbito da Corregedoria Geral de Justiça.

No que se refere à contagem desse prazo, a doutrina diverge se seriam três meses contados a partir do falecimento ou três meses contados a partir do prazo de quinze dias.

No entendimento do Professor Gentil, Alberto, o prazo a ser considerado a partir do qual será o registro considerado tardio é contado por três meses do esgotamento do prazo de quinze dias.

Para o Kümpell, o prazo adequado a ser considerado como registro de óbito tardio é três meses contados do falecimento, tal qual como vem sendo aplicado aos registros de nascimento.

Assim, pelo fato de inexistir sanção correspondente pela inobservância do prazo, o registro de óbito, não pode ser conceituado como um dever jurídico, mas sim uma obrigação, como outrora já repisado.

Deste modo, o registro de óbito, que diferentemente do nascimento, possui um conteúdo meramente informativo, isto é, nele não há possibilidade da prática de atos personalíssimos, como o reconhecimento, por exemplo, sem todavia perder sua importância para a saúde pública e para o meio social a que pertencia o falecido, o registro de óbito, ainda que tardio, não possui implicações que justifiquem o seu trâmite se condicione à autorização de um juiz Corregedor, tendo o registro de nascimento contribuído robustamente para essa comprovação.

Deve-se destacar ainda que a única particularidade pertencente ao registro tardio de óbito, deve-se referir, como a própria denominação indica, a inobservância do prazo para o registro, ou seja, não haverá margem para qualquer dúvida acerva da comprovação da morte e da identidade do cadáver.

Superado o conceito do que se pode entender um registro de óbito como sendo tardio, cabe tecer considerações sobre o já existente Provimento nº 28 que regula o registro tardio de nascimento.

4. PROVIMENTO 28 DE 05/02/2013 DO CNJ E SUAS ADEQUAÇÕES AO REGISTRO TARDIO DE ÓBITO

Conforme a redação original do artigo 46 da Lei 6.015/73, para que fosse realizado o registro tardio de nascimento, era necessário despacho de juiz competente do lugar da residência do registrado, bem como a cobrança de multa para registros realizados fora do prazo.[5]

Posteriormente, a Lei 9.534/97, com fundamento no art. 5º, LXXVI da Constituição Federal, o registro de nascimento e de óbito passaram a ser reconhecidos como direitos fundamentais e indispensáveis para o exercício da cidadania, sendo portanto superada qualquer ideal de cobrança de multa na realização de registros de nascimento e óbito.

Já no que se refere à necessidade de autorização judicial, a medida busca evitar a duplicidade de registro, vez que competia ao magistrado instaurar procedimento tendente a identificar se dado registro já havia sido registrado anteriormente ou não.

Em que pese a medida seja salutar, dada a importância de um registro de nascimento, a medida seguia na contramão dos ideais de desoneração do Judiciário, além de burocratizar desnecessariamente o procedimento, daí ser editada a Lei 11.790/2008, que alterando o art. 46 da Lei 6.015/73 permitiu que o processamento do registro de nascimento, ainda que fora do prazo, ocorresse integralmente nas serventias extrajudiciais.

Assim, cada Estado, por meio de sua Corregedoria, tratava de regular o procedimento ao seu modo, abrindo margem para insegurança jurídica.

Como se denota, o registro de nascimento tardio, experimentou o processo inicial onde se reconhecia a presença do Judiciário como indispensável e crucial para o verdadeiro controle dos atos de registro de nascimento, evoluindo posteriormente para sua realização exclusivamente na via administrativa, independentemente do pagamento de multa.

Posteriormente, com a criação do Provimento 28, uniformizou-se o procedimento em caráter nacional, tendo sido o mesmo, pensado e estudado para conferir segurança jurídica tanto para as partes quanto para o oficial de registro e sem perder de vista o objetivo maior da lei, que é garantir a cidadania para todo indivíduo nascido no território nacional e auxiliar no combate ao sub-registro.

Assim, o Provimento 28 do CNJ que dispõe sobre o registro tardio de nascimento diretamente nas serventias extrajudiciais surge então da necessidade de regulamentar o art.46 da Lei 6.015/73, visando conferir agilidade e presteza aos registros de nascimento extemporâneos.

Tal situação se assemelha em demasia com o que verificamos com os registros tardios de óbito. Atualmente, dado o silêncio da Lei de Registro Público, cada Estado edita seu próprio procedimento, sendo que sua grande maioria entende pela necessidade de autorização judicial.

---

5. Art.46, *caput*, da Lei 6.015/73: "As declarações de nascimento feitas após o prazo legal somente serão registradas mediante despacho do Juiz competente do lugar da residência do interessado e recolhimento de multa correspondente a 1/10 do salário mínimo da região."

Deste modo, sem pretender esgotar a matéria, busca-se por meio do presente artigo, traçar um paralelo do registro tardio de óbito e o Provimento nº 28 do CNJ para ao final reconhecer pela possibilidade ou não do tratamento matéria diretamente pelas serventias de registro civil, tal qual se deu com o registro de nascimento. Vejamos.

Cabe frisar que considerar-se-á tardio o óbito, para efeito de aplicação de procedimento administrativo, aquele que ultrapassar o prazo previsto no artigo 78 c/c art.50 da LRP, isto é, não tem aplicabilidade para óbitos ocorridos a bordos de navios ou aeronaves ou ocorridos em campanha, por possuírem regulação própria.[6]-[7]

O art. 2º do provimento trata da competência territorial para a realização do registro tardio de nascimento e estabelece a circunscrição da residência do interessado ou se não tiver moradia ou residência fixa, será considerado competente o Oficial de Registro Civil das Pessoas Naturais do local onde se encontrar.

Em se tratando de registro de óbito, ressalta-se que o termo "interessado" não deve ser empregado no sentido eventuais herdeiros ou credores, mas sim ao próprio de cujus.

Sendo assim, a serventia de registro civil competente para processar o requerimento de registro de óbito tardio seria a do último domicílio do falecido, por provavelmente concentrar o maior volume ou os mais recentes atos da sua vida civil, sendo a publicidade decorrente do registro primordial para o término das suas relações jurídicas de caráter continuativo, desconsiderando portanto o local do falecimento.[8]

Nesse sentido, a jurisprudência:

> Registro civil das pessoas naturais. Casamento – nascimento tardio – via jurisdicional. Nascimento de pessoa falecida. Óbito. CSMSP – Apelação Cível: 0111877-30.2009.8.26.0583 Localidade: São Paulo Data de Julgamento: 12.04.2012 Data DJ: 06.07.2012 Relator: José Renato Nalini Jurisprudência: Indefinido Registro civil – Ausência de previsão legal para realização de registro de casamento tardio em sede administrativa – Necessidade da utilização da via jurisdicional – Invalidade da decisão da Corregedoria Permanente – Registro tardio de nascimento de pessoa falecida – *Atribuição da unidade do registro civil do lugar da residência do falecido e não do herdeiro* – Recurso não provido e reconhecimento parcial da nulidade da decisão administrativa. (grifo nosso)

No que se refere ao procedimento, o Provimento 28 estabelece diferenciação conforme a idade da criança e a presença ou não da DNV.

---

6. LRP – Art. 84. Os assentos de óbitos de pessoas falecidas a bordo de navio brasileiro serão lavrados de acordo com as regras estabelecidas para os nascimentos, no que lhes for aplicável, com as referências constantes do artigo 80, salvo se o enterro for no porto, onde será tomado o assento.
7. LRP – Art. 85. Os óbitos, verificados em campanha, serão registrados em livro próprio, para esse fim designado, nas formações sanitárias e corpos de tropas, pelos oficiais da corporação militar correspondente, autenticado cada assento com a rubrica do respectivo médico chefe, ficando a cargo da unidade que proceder ao sepultamento o registro, nas condições especificadas, dos óbitos que se derem no próprio local de combate.(Renumerado do art. 86, pela Lei 6.216, de 1975).
8. São Paulo. CSMSP – Apelação Cível: 0111877-30.2009.8.26.0583.

Do mesmo modo, entende-se pela necessidade de fixação de prazo para a utilização do presente procedimento, não podendo este servir de instrumento para encobrir comportamentos negligentes, daqueles que deixam transcorrer abusivamente os prazos, sem receio de prejuízos ou sanções, mas sim buscar acolher aquelas situações que provavelmente viessem engrossar os índices de sub-registro em decorrência de circunstâncias sociais.

Assim, utilizando-se como parâmetro o prazo atribuído pelo Código Civil para abertura da sucessão provisória,[9] sugere-se o prazo razoável de 03 anos a contar do falecimento para utilização das vias administrativas para registro tardio de óbito, sendo que ultrapassado tal prazo, entende-se que os resquícios do falecimento restariam cada vez mais comprometidos, sendo necessário recorrer às vias judiciais diante da necessidade de dilação probatória mais apurada.

Ainda, faz-se necessário observar se a parte comparecente apresentou ou não declaração de óbito.

Assim, estando o registro dentro do prazo previsto como regular para o registro tardio de óbito e a parte comparecente portar declaração de óbito, o oficial dará prosseguimento normalmente, isso porque a declaração de óbito afasta qualquer dúvida acerca do evento morte. Vejamos:

> Apelação. Direito civil. Sucessão. Registro tardio de óbito. Requisitos legais. *A declaração de óbito é prova suficiente da verossimilhança de que o filho da demandante realmente faleceu*. Essa documentação é suficiente para que seja deferido o mandado judicial ao Registro Civil. Eventuais informações faltantes e necessárias ao registro do óbito, deverão ser solicitadas diretamente pelo Oficial do Registro ao apelante, desnecessário que sejam encaminhadas, primeiro, ao Poder Judiciário. Recurso Provido (Apelação Cível 70075429639, Sétima Câmara Cível, Tribunal de Justiça do RS, Relator: Liselena Schifino Robles Ribeiro, Julgado em: 22.11.2017). (grifo nosso)

Ainda:

> Apelação cível. Registros públicos. Registro tardio de óbito. *Procedência do pedido diante da prova carreada aos autos. Atestado médico e documentos referentes à internação hospitalar da falecida*. Sentença reformada. Impõe-se a autorização para o registro tardio de óbito se comprovado o falecimento mediante declaração subscrita por médico, devidamente acompanhada de prova documental decorrente dos registros hospitalares. Apelo provido. (Apelação Cível 70069085959, Sétima Câmara Cível, Tribunal de Justiça do RS, Relator: Sandra Brisolara Medeiros, Julgado em: 28.09.2016). (grifo nosso)

Todavia, caso a parte compareça desacompanhada de declaração de óbito, o registro somente poderá prosseguir se estiver dentro do prazo previsto e se tratar de morte natural em localidade que não disponha de médico, situação em que a D.O poderá ser emitida pelo próprio oficial,[10] caso contrário, a via judicial será indispensável.

---

9. Código Civil – Art. 26. "Decorrido um ano da arrecadação dos bens do ausente, ou, se ele deixou representante ou procurador, em se passando três anos, poderão os interessados requerer que se declare a ausência e se abra provisoriamente a sucessão."
10. *Manual de instruções para o preenchimento de declaração de óbito*. 3. ed. Brasília: Ministério da Saúde: Fundação Nacional de Saúde, 2001, p;10.

Os legitimados para apresentar o requerimento serão os mesmos caso o registro fosse considerado no termo correto,[11] devendo o oficial observar a ordem das pessoas obrigadas a declarar o óbito.

Todavia, seguindo o entendimento esposado no Código de Normas de São Paulo,[12] caso a parte apresente o requerimento acompanhado da D.O, estaria o oficial de registro dispensado de observar a ordem das pessoas obrigadas a declarar o óbito, sendo possível que qualquer apresentante inicie o procedimento para registo do óbito.

Seguindo com o paralelismo do registro tardio de nascimento, e em atendimento ao princípio da rogação ou instância, o procedimento demandará provocação do oficial mediante elaboração de requerimento escrito pelo interessado, e deverá ser assinado por 02 (duas) testemunhas, no caso da parte não portar a declaração de óbito. Em existindo declaração de óbito e observado o prazo regular de 03 anos, o registro seguirá normalmente.

No que se refere aos elementos do requerimento, estes deverão ser as mesmas informações para lavratura do registro de óbito[13], acrescida da atestação pelas 02 testemunhas e quando possível, da individual dactiloscópica.

---

11. LRP – Art. 79. São obrigados a fazer declaração de óbitos: (Renumerado do art. 80 pela Lei 6.216, de 1975).
    1°) o chefe de família, a respeito de sua mulher, filhos, hóspedes, agregados e fâmulos;
    2°) a viúva, a respeito de seu marido, e de cada uma das pessoas indicadas no número antecedente;
    3°) o filho, a respeito do pai ou da mãe; o irmão, a respeito dos irmãos e demais pessoas de casa, indicadas no n° 1; o parente mais próximo maior e presente;
    4°) o administrador, diretor ou gerente de qualquer estabelecimento público ou particular, a respeito dos que nele faleceram, salvo se estiver presente algum parente em grau acima indicado;
    5°) na falta de pessoa competente, nos termos dos números anteriores, a que tiver assistido aos últimos momentos do finado, o médico, o sacerdote ou vizinho que do falecimento tiver notícia;
    6°) a autoridade policial, a respeito de pessoas encontradas mortas.
    Parágrafo único. A declaração poderá ser feita por meio de preposto, autorizando-o o declarante em escrito, de que constem os elementos necessários ao assento de óbito.
12. Código de Normas Extrajudiciais do Estado de São Paulo, item: 93.3. O Oficial ficará dispensado de observar a ordem sucessiva de pessoas obrigadas a declarar o óbito se for apresentado o respectivo atestado médico (DO). Neste caso, qualquer apresentante estará legitimado a efetuar a declaração.
13. LRP, Art. 80. O assento de óbito deverá conter: (Renumerado do art. 81 pela, Lei 6.216, de 1975).
    1°) a hora, se possível, dia, mês e ano do falecimento;
    2°) o lugar do falecimento, com indicação precisa;
    3°) o prenome, nome, sexo, idade, cor, estado, profissão, naturalidade, domicílio e residência do morto;
    4°) se era casado, o nome do cônjuge sobrevivente, mesmo quando desquitado; se viúvo, o do cônjuge predefunto; e o cartório de casamento em ambos os casos;
    5°) os nomes, prenomes, profissão, naturalidade e residência dos pais;
    6°) se faleceu com testamento conhecido;
    7°) se deixou filhos, nome e idade de cada um;
    8°) se a morte foi natural ou violenta e a causa conhecida, com o nome dos atestantes;
    9°) lugar do sepultamento;
    10°) se deixou bens e herdeiros menores ou interditos;
    11°) se era eleitor.
    12°) pelo menos uma das informações a seguir arroladas: número de inscrição do PIS/PASEP; número de inscrição no Instituto Nacional do Seguro Social – INSS, se contribuinte individual; número de benefício

Ainda quanto às testemunhas, elas deverão assinar apenas o requerimento, ou seja, não há necessidade da assinatura das mesmas no assento de óbito, porém as assinaturas deverão ser apostas na presença do oficial, que atestará as suas firmas.

Frisa-se que as testemunhas, que devem se tratar de pessoas capazes, caberão atestar o falecimento ou o funeral e por conhecimento próprio ou por informação tiverem colhido, a identidade do cadáver.[14]

Assim, as declarações prestadas pelas testemunhas atestam o próprio fato submetido a registro, não se tratando, portanto, de testemunhas meramente instrumentárias, estando por tudo isso, sujeito às penas das leis em caso de declarações inverídicas.

Por fim, a individual dactiloscópica, quando colhida, será indispensável para o registro de pessoas desconhecidas, devendo conter o maior número de informações tendentes a contribuir no futuro com o reconhecimento, tais como: estatura ou medida, se for possível, cor, sinais aparentes, idade presumida, vestuário.

Como se denota, as circunstâncias que envolvem a realização de um registro de óbito, demandam extensa dilação probatória no registro civil, principalmente quando não estiver acompanhado de declaração de óbito, devendo o requerimento ser instruído com o maior número de documentos pessoais do falecido possível, como certidão de nascimento e casamento, quando for o caso; documento de identificação pessoal RG; CPF; título de eleitor; número de benefício previdenciário; passaporte; carteira de trabalho, os quais serão cuidadosamente averiguados. Deverão ser apresentados em original e acompanhados da referida cópia. Tais cuidados visam evitar o risco de homônimos.

Outro cuidado essencial que caberá ao registrador, será diligenciar no local do falecimento e da última residência do falecido em busca de eventual registro anterior, a fim de impedir a duplicidade de registros.

Por fim, ainda no tocante à qualificação, se o registrador suspeitar da falsidade da declaração, poderá exigir prova suficiente e, persistindo a suspeita, encaminhar os autos ao juízo competente conforme as normas de organização judiciária estadual.

Como foi possível se verificar, dada a similitude das peculiaridades que cercam tanto os registros de nascimento como os de óbito, as formalidades prescritas no Provimento 28, servem como parâmetro para justificar a criação de provimento que regule especificamente os registros tardios de óbito, vez que a experiência de quase uma década de criação demonstram o quanto colaborou como um facilitador de

---

previdenciário – NB, se a pessoa falecida for titular de qualquer benefício pago pelo INSS; número do CPF; número de registro da Carteira de Identidade e respectivo órgão emissor; número do título de eleitor; número do registro de nascimento, com informação do livro, da folha e do termo; número e série da Carteira de Trabalho (Vide Medida Provisória 2.060-3, de 2000) (Incluído pela Medida Provisória 2.187-13, de 2001).

14. LRP, Art. 83. Quando o assento for posterior ao enterro, faltando atestado de médico ou de duas pessoas qualificadas, assinarão, com a que fizer a declaração, duas testemunhas que tiverem assistido ao falecimento ou ao funeral e puderem atestar, por conhecimento próprio ou por informação que tiverem colhido, a identidade do cadáver (Renumerado do art. 84 pela Lei 6.216, de 1975).

registro, contribui para desafogar o Judiciário e reconheceu no oficial de registro competência o suficiente para prosseguir com o procedimento sob a sua exclusiva responsabilidade.

5. REGISTRO DE ÓBITO TARDIO ADMINISTRATIVO

A definição do que vem a ser registro tardio de óbito fora conferida pela Lei 6.015/73 como sendo aquele que não fora realizado dentro dos prazos legais de 24h, 15 dias ou 03 meses para óbitos distantes mais de 30km da serventia.

A lei federal não traçou um procedimento para regular os casos em questão, deixando margem para as Corregedorias dos Estados definirem, cada qual ao seu modo, as formalidades que entenderem suficientes para tanto.

Sobre o tema, segue Código de Normas de São Paulo no seu Capítulo XV, item 92.1, que assim dispõe: "Ultrapassados os prazos acima estipulados para o registro de óbito, o Oficial deverá requerer autorização do Juiz Corregedor Permanente."

Ainda, estabelece o Código de Normas do Espírito Santo, em seu art. 1001, §1º: "Excedido o prazo legal o assento de óbito somente será lavrado por determinação judicial."

O Código de Normas de Goiás também prevê a necessidade de autorização judicial, no parágrafo único do seu art.695: "Ultrapassados os prazos estipulados no *caput,* o assento de óbito somente será lavrado por determinação do juízo com competência em registros públicos."

Conforme restou demonstrado o registro tardio de óbito enfrenta as mesmas dificuldades e exige critérios semelhantes aos exigidos para o registro tardio de nascimento, os quais foram previstos e se mostraram suficientes no Provimento nº 28 do CNJ.

Atualmente, passado quase uma década dessa experiência junto ao registro de nascimento, o registro de óbito permanece com uma regulação determinada por cada Estado e que em sua maioria ainda optam por condicioná-lo à determinação judicial, medida esta que somente contribui para burocratizar um procedimento que encontra-se apto para ser desenvolvido integralmente na seara extrajudicial.

Por tudo o que foi exposto, a fim de uniformizar o procedimento e garantir a segurança jurídica para os atos de registro, propõe-se então a elaboração de provimento que autorize os registradores civis das pessoas naturais a realizarem os registros de óbito que tiveram ultrapassado o seu prazo legal, mediante comunicação posterior ao juiz competente para registros públicos.

Considerando o seu caráter urgencial, bem como o interesse público e social para lavratura de registros de óbitos, a possibilidade da realização do registro mesmo que já tenha ultrapassado o prazo legal previsto no art. 78 LRP, mediante o cumprimento de procedimento administrativo realizado diretamente junto à serventia de registro civil competente, colabora com a desjuridicização do sistema registral, garante celeridade e atualização das informações e contribui para a eficácia da elaboração de políticas públicas.

Ressalta-se que a tal possibilidade se assemelha ao que ocorre o processo voltado para o registro de nascimento tardio previsto no Provimento nº 28 do CNJ, em que pese o registro de nascimento possua maiores complexidades, onde diferentemente do que ocorre com o óbito que possui caráter informativo, o registro de nascimento implica também em reconhecimento, com fortes reflexos nos direitos da personalidade e direitos sucessórios.

Permitir que tal procedimento se dê diretamente nas serventias registrais colabora com àqueles que são incumbidos legalmente a prestarem a declaração e aproxima ainda mais a população dos ofícios da cidadania.

Sobre o tema, entende o Superior Tribunal de Justiça que o descumprimento do dever de declarar o óbito se traduz em uma forma de ocultá-lo. (STJ, 1ª T., REsp. 612.108/PR, rel. Luiz Fux)

Para registros de óbitos de crianças menores de 01 ano, deverá o oficial verificar se houve o prévio registro de nascimento, em caso de falta, o mesmo deverá ser previamente realizado.

Assim, em havendo declaração de óbito firmada por médico, poderá ser feito o registro de óbito, ainda que ultrapasse o prazo legal, mediante posterior comunicação ao juiz corregedor permanente.

O requerimento de registro tardio de óbito deverá ser direcionado ao registrador civil do local do último domicílio do falecido, sendo que na hipótese da parte comparecer portando declaração de óbito, o registro prosseguirá sem maiores delongas.

Todavia, na ausência de D.O e em se tratando de morte natural ocorrida em localidade que não disponha de médico, a mesma poderá ser emitida pelo próprio oficial, porém o procedimento demandará a presença de 02 testemunhas capazes as quais caberão atestar o falecimento ou o funeral e por conhecimento próprio ou por informação tiverem colhido, a identidade do cadáver, bem como deverá ser realizada entrevista com o legitimado.

Referente à entrevista, sugere-se os seguintes pontos:

Entrevista:

1. Qual o seu vínculo com o de cujus?

2. Por que o registro de óbito não lavrado no prazo adequado?

3. Houve sepultamento? Se sim, em qual local?

4. Como o sepultamento foi realizado sem o registro anterior?

5. Qual a hora e dia do falecimento?

6. Qual o lugar?

7. Qual a causa do óbito?

8. Qual a qualificação completa do de cujus? (estado civil, profissão, data nascimento, endereço residencial)

9. Qual o nome completo dos genitores do de cujus?

10. Deixou testamento?

11. Possui filhos?

12. Deixou bens? Quais?

13. Atestação de 02 (duas) testemunhas entrevistadas pelo Oficial de Registro ou preposto expressamente autorizado, devidamente qualificadas (nome completo, data de nascimento, nacionalidade, estado civil, profissão, residência, número de documento de identidade, número de inscrição no CPF) sob responsabilidade civil e criminal, da identidade do falecido e das circunstâncias do seu falecimento

14. Fotografia do de cujus e, quando possível, sua impressão datiloscópica, as quais ficarão arquivadas na serventia para futura identificação, caso venha a surgir dúvida acerca da identidade do cadáver.

A ausência de alguma das informações indagadas em entrevista não impedirão o registro, desde que plenamente justificadas.

Acerca das testemunhas, não se aplicam as restrições presentes no art. 228 do Código Civil,[15] podendo comparecer no ato para atestação parentes em qualquer grau do falecido, desde que maiores e capazes.

No requerimento, o Oficial certificará a autenticidade das firmas do legitimado e das testemunhas, que forem lançadas na sua presença ou de preposto autorizado

O Oficial, em 05 (cinco) dias da lavratura do registro tardio de óbito, comunicará o juízo competente para registros públicos.

Em qualquer caso, caso o Oficial suspeite de falsidade da declaração, poderá exigir prova suficiente.

Persistindo a suspeita, o Oficial encaminhará os autos para o juiz Corregedor Competente.

O assento de óbito lavrado na forma sugerida constará anotação à margem do assento de que se trata de registro de óbito tardio lavrado na forma do Provimento X, sem contudo constar referência ao fato nas certidões, exceto as de inteiro teor.

---

15. Código Civil. Art. 228. Não podem ser admitidos como testemunhas:
    I – os menores de dezesseis anos;
    II – (Revogado); (Redação dada pela Lei 13.146, de 2015)
    III – (Revogado); (Redação dada pela Lei 13.146, de 2015)
    IV – o interessado no litígio, o amigo íntimo ou o inimigo capital das partes;
    V – os cônjuges, os ascendentes, os descendentes e os colaterais, até o terceiro grau de alguma das partes, por consanguinidade, ou afinidade.

Por fim, nos termos do Provimento 46/2015 do CNJ, caberá ao Oficial, dentro do prazo de 24 (vinte e quatro) horas, disponibilizar as informações referentes ao registro tardio de óbito à Central de Informações de Registro Civil das Pessoas Naturais – CRC.

6. PROPOSTA LEGISLATIVA

Dispõe sobre o Registro Tardio de Óbito diretamente nas Serventias Extrajudiciais de Registro Civil das Pessoas Naturais

Considerando o art. 5°, incisos LXXVI e LXXVII da Constituição Federal de 1988 que considerou o registro de nascimento e de óbito indispensáveis ao exercício da cidadania;

Considerando a cidadania e a dignidade da pessoa humana como fundamentos da República Federativa do Brasil (art.1° da CF);

Considerando a previsão constante no §3° do art.29 da Lei de Registros Públicos que considerou os ofícios do registro civil das pessoas naturais como Ofícios da Cidadania;

Considerando os relevantes impactos sociais no combate ao sub-registro;

Considerando a previsão constante no art. 78 da Lei de Registro Públicos que prevê o registro tardio de óbito e,

Considerando o Provimento 28 do CNJ que regula o registro de nascimento tardio diretamente nas Serventias Extrajudiciais de Registro Civil

Resolve:

Art. 1° Dispor sobre o registro tardio de óbito diretamente no Registro Civil das Pessoas Naturais.

Art. 2° As declarações de óbito realizadas após o prazo previsto no artigo 78 da Lei de Registro Público deverão ser realizadas nos termos desse provimento.

Art. 3° O procedimento administrativo para o registro de óbito tardio poderá ser instaurado por provocação de qualquer dos legitimados constantes do art.79 da Lei de Registros Públicos, devendo o oficial observar a ordem das pessoas obrigadas a declarar o óbito.

§ 1° Caso o declarante apresente declaração de óbito, estará o Oficial dispensado de observar a regra constante do *"caput"*, podendo o óbito ser declarado por qualquer pessoa.

Art. 4° O registro de óbito tardio será direcionado ao Oficial de Registro Civil das Pessoas Naturais do último domicílio do falecido.

Art. 5° Para requerimentos realizados em até 03 (três) anos do falecimento, estando o declarante de posse da declaração de óbito, o registro prosseguirá normalmente.

§ 1º Caso a parte declarante não apresente a declaração de óbito, o registro necessitará de requerimento escrito, a atestação de 02 (testemunhas), sob as penas da lei e entrevista, separadamente, com o Oficial.

§ 2º Na entrevista, o declarante e as testemunhas serão indagados acerca dos seguintes quesitos:

01. Qual o seu vínculo com o de cujus?

02. Por que o registro de óbito não lavrado no prazo adequado?

03. Houve sepultamento? Se sim, em qual local?

04. Como o sepultamento foi realizado sem o registro anterior?

05. Qual a hora e dia do falecimento?

06. Qual o lugar?

07. Qual a causa do óbito?

08. Qual a qualificação completa do de cujus? (estado civil, profissão, data nascimento, endereço residencial)

09. Qual o nome completo dos genitores do de cujus?

10. Deixou testamento?

11. Possui filhos?

12. Deixou bens? Quais?

13. Atestação de 02 (duas) testemunhas entrevistadas pelo Oficial de Registro ou preposto expressamente autorizado, devidamente qualificadas (nome completo, data de nascimento, nacionalidade, estado civil, profissão, residência, número de documento de identidade, número de inscrição no CPF) sob responsabilidade civil e criminal, da identidade do falecido e das circunstâncias do seu falecimento

14. Fotografia do de cujus e, quando possível, sua impressão datiloscópica, as quais ficarão arquivadas na serventia para futura identificação, caso venha a surgir dúvida acerca da identidade do cadáver.

Art. 6º Em se tratando de morte natural, ocorrida em localidade sem atendimento médico e estando o óbito dentro do prazo abrangido pelo presente provimento, deverá o Oficial de Registro emitir a declaração de óbito correspondente.

Art. 7º Para registros de óbitos de crianças menores de 01 ano, deverá o oficial verificar se houve o prévio registro de nascimento, em caso de falta, o mesmo deverá ser previamente realizado.

Art. 8º Os oficiais de registro civil deverão efetuar carga à Central de Informações do Registro Civil no tocante aos registros de óbitos tardios no prazo de 24 h(vinte e quatro) horas.

Art. 9º Os oficiais de registro civil deverão comunicar ao SIRC no prazo de até 01 (um) dia útil no tocante aos assentos de óbito nos termos deste provimento.

Art. 10. O presente provimento não se aplica à óbitos ocorridos à bordo de navios ou aeronaves.

Art. 11. Em caso de suspeita de fraude, falsidade ou má-fé, deverá o registrador manifestar a sua recusa e encaminhar o processo para o juiz corregedor permanente.

Art. 12. O assento de óbito lavrado na forma sugerida constará anotação à margem do assento de que se trata de registro de óbito tardio lavrado na forma do Provimento X, sem contudo constar referência ao fato nas certidões, exceto as de inteiro teor.

Art. 13. Após a lavratura do assento de óbito tardio, deverá o Oficial de Registro comunicar o juiz Corregedor Permanente no prazo de 05 (cinco) dias.

Art. 14. Este provimento entra em vigor na data de sua publicação.

7. REFERÊNCIAS

CAMARGO NETO, Mário de Carvalho, SALAROLI DE OLIVEIRA, Marcelo. *Registro Civil das Pessoas Naturais II. Habilitação e Registro de Casamento, Registro de Óbito e Livro "E"*. São Paulo: Saraiva 2014

DINIZ, Maria Helena. *Teoria Geral do direito civil*. São Paulo: Saraiva, 2016.

GENTIL, Alberto. *Registros públicos*. 2. ed. São Paulo: Método, 2020.

KÜMPEL, Vitor Frederico. *Tratado Notarial e Registral*. São Paulo: YK Editora, 2017. v. 2.

LOUREIRO, Luiz Guilherme. *Registros Públicos. Teoria e prática*. 8. ed. Salvador: Editora JusPodivm, 2017.

MINISTÉRIO DA SAÚDE. *A declaração de óbito. Documento necessário e importante*. 3. ed. Brasília. 2009.

MINISTÉRIO DA SAÚDE. *Manual de Instruções para o preenchimento da declaração de óbito*. Brasília, 2001.

PAZIN FILHO, Antônio. *Morte*: Considerações para a prática médica. Simpósio. Morte: Valores e Dimensões. Capítulo II. Ribeirão Preto:2005.

PEREIRA, Caio Mário da Silva. *Instituições de Direito Civil*. 19. ed. Rio de Janeiro: Forense, 2000. v. 1.

TARTUCE, Flávio. *Manual de Direito Civil*. 5. ed. São Paulo: Método, 2015.

A FORMALIZAÇÃO DA MORTE PRESUMIDA: SUA INSTRUMENTALIZAÇÃO E INGRESSO NO REGISTRO CIVIL DAS PESSOAS NATURAIS

Mariane Paes Gonçalves de Souza

Oficiala de Registros e Tabeliã do Registro Civil das Pessoas Naturais e Notas do Município de Lagoa do Carro/PE. Mestranda em História do Pensamento Jurídico pela Faculdade Damas da Instrução Cristã (FADIC). Especialista em Direito Civil e Processo Civil pela Faculdade Joaquim Nabuco em parceria com a Escola Superior de Advocacia de Pernambuco (2015). Especialista em Direito Notarial e Registral pela Faculdade Arthur Thomas (2016). Especialista em Direito e Mercado Imobiliário pelo Instituto Luiz Mário Moutinho em parceria com a Faculdade de Integração do Sertão (2021). Bacharela em Direito pela Universidade Católica de Pernambuco (2011). E-mail: marianepaesg@hotmail.com.

Resumo: O presente trabalho visa propor uma análise sobre a extinção da pessoa natural e do ingresso do óbito perante as Serventias de Registro Civil das Pessoas Naturais, em especial, destrinchando a morte presumida e suas espécies, quais sejam, morte presumida com declaração de ausência e morte presumida sem declaração de ausência. Destacando, por seu turno, que o instituto "morte presumida" sem declaração de ausência abarcou a previsão da justificação de óbito. Para tanto, foram analisadas todas as espécies de óbitos e seus reflexos diante do serviço registral.

Sumário: 1. Extinção da pessoa natural e ingresso no registro civil das pessoas naturais; 1.1 Morte real; 1.2 Natimorto; 1.3 Morte civil; 1.4 Justificação de óbito; 1.5 Morte presumida; 1.5.1 Morte presumida com declaração de ausência; 1.5.2 Morte presumida sem declaração de ausência; 1.5.3 Ingresso da morte presumida no registro civil das pessoas naturais – 2. Conclusão – 3. Referências.

1. EXTINÇÃO DA PESSOA NATURAL E INGRESSO NO REGISTRO CIVIL DAS PESSOAS NATURAIS

O fim da existência da pessoa natural ocorre com o evento da morte, conforme preceitua o artigo 6º do Código Civil.[1] Aliás, "para o direito, com a morte, tudo que se refere à pessoa, acaba".[2]

Porém, "[...] o que é a morte? Os conceitos de vida e morte estão sujeitos a diferentes momentos culturais e não apenas científicos".[3] E mais, o evento "morte"

---

1. "Artigo 6º, CC – A existência da pessoa natural termina com a morte; presume-se esta, quanto aos ausentes, nos casos em que a lei autoriza a abertura de sucessão definitiva".
2. DE MIRANDA, Pontes; CAVALCANTI, Francisco. *Tratado de direito privado*. Rio de Janeiro: Borsoi, 1954. p. 335.
3. LÔBO, Paulo. *Direito Civil*: Parte Geral. São Paulo: Saraiva Educação S.A., 2019. p. 131.

pode acarretar alguns efeitos jurídicos de extrema importância, como o fim da personalidade, a extinção do poder familiar, o fim da sociedade conjugal, a extinção da punibilidade no direito penal, entre outros.[4]

Neste sentido, a definição de qual seria o momento da morte tornou-se salutar diante de alguns avanços da ciência, como a crescente possibilidade de prolongamento da vida com a utilização de aparelhos médicos cada vez mais elaborados e com o desenvolvimento e a crescente utilização dos transplantes.

Por seu turno, o ordenamento brasileiro optou por definir o momento do evento "morte" na Lei 9.434/1997,[5] que dispõe sobre a remoção de órgãos, tecidos e partes do corpo humano para fins de transplante e tratamento, como sendo a morte encefálica, ou seja, "cessação de todas as funções cerebrais, bem como aquelas do córtex e do tronco cerebral (ausência de atividade elétrica cerebral, ausência de atividade metabólica cerebral e ausência de perfusão sanguínea cerebral)".[6]

Neste tom, Christiano Cassettari define que a morte deve ter "declaração médica, também denominada atestado de óbito, que deve ser levada a registro no Cartório de Registro Civil, para que seja lavrado o assento em livro próprio".[7]

Um fato interessante ocorre quando duas ou mais pessoas falecem no mesmo evento ficando difícil ou impossível de comprovar quem faleceu primeiro. Tal previsão legislativa é denominada de comoriência, estando disciplinada no artigo 8º do Código Civil.[8] Dessa forma, existe uma presunção legal relativa de que ambos morreram simultaneamente.

O tema da comoriência, neste sentido, acaba sendo de extrema importância para o direito sucessório quando duas ou mais pessoas falecerem no mesmo acidente e estas forem uma herdeira ou beneficiária da outra, haja vista que não existe transmissão de bens entre os comorientes.

Destarte, o evento "morte" acarreta alguns efeitos de extrema importância para o mundo jurídico e a sua prova se faz salutar. A publicidade do óbito, no ordenamento pátrio, ocorre através da lavratura do assento e emissão da certidão de óbito que deve ocorrer antes do sepultamento.

---

4. CASSETTARI, Christiano et al. *Registro Civil das Pessoas Naturais*. Indaiatuba: Foco, 2020. p. 347.
5. "Artigo 3º, Lei 9.434/1997 – A retirada post mortem de tecidos, órgãos ou partes do corpo humano destinados a transplante ou tratamento deverá ser precedida de diagnóstico de morte encefálica, constatada e registrada por dois médicos não participantes das equipes de remoção e transplante, mediante a utilização de critérios clínicos e tecnológicos definidos por resolução do Conselho Federal de Medicina".
6. LOUREIRO, Luiz Guilherme. *Registros Públicos*: teoria e prática. 9. ed. rev., atual. e ampl. São Paulo: Método, 2018. p. 278.
7. CASSETTARI, Christiano. *Elementos de direito civil*. São Paulo: Saraiva, 2021. p. 91.
8. "Artigo 8º, CC – Se dois ou mais indivíduos falecerem na mesma ocasião, não se podendo averiguar se algum dos comorientes precedeu aos outros, presumir-se-ão simultaneamente mortos".

Nessa senda, observa-se que o artigo 9º, inciso I, do Código Civil[9] combinado com o artigo 29, inciso III, da Lei de Registros Públicos[10] estabelece a necessidade do registro do óbito nas Serventias Extrajudiciais de Registro Civil das Pessoais Naturais do lugar do falecimento ou do lugar de residência do *de cujus*.

Neste tom, a lavratura do assento de óbito e a emissão da respectiva certidão constituem notáveis meios de evidência da extinção da pessoa natural, capazes de produzir prova a fim de lastrear a produção dos efeitos jurídicos decorrentes da morte.

Todavia, é necessário salientar a eficácia relativa da extinção da personalidade pelo registro de óbito e emissão da respectiva certidão, conforme o pensamento de Luiz Guilherme Loureiro:

> Em suma, a morte é um fato natural que produz efeitos jurídicos relevantes e, por isso, deve ser tornada pública aos demais membros da comunidade, não só para prova do desaparecimento físico e jurídico da pessoa, como para que os efeitos jurídicos derivados de tal evento possam ser oponíveis *erga omnes*. Mas, [...] o registro de óbito constitui meio probatório com eficácia relativa da extinção da personalidade, porque o evento não é constatado pessoalmente pelo agente estatal. O âmbito probatório do assento e respectiva certidão se limitam ao fim da vida, isso é, ao desaparecimento físico e jurídico da pessoa natural [...].[11]

Observa-se que a lavratura do assento de óbito e a emissão da respectiva certidão pela Serventia Extrajudicial de Registro Civil das Pessoas Naturais competente, apesar de serem oponíveis *erga omnes*, ou seja, de conhecimento de toda a sociedade, apenas possuem eficácia relativa como meio probatório, uma vez que o agente estatal não constata pessoalmente o fato jurídico "morte", mas se limita a retratar informações constantes na declaração de óbito médica (DO).

Aliás, fundamental evidenciar a importância da lavratura do assento de registro do óbito e da emissão da respectiva certidão perante o Registro Público competente para que possam surtir seus eventuais efeitos, uma vez que "descumprir o dever de declarar o óbito perante o Oficial de Registro é uma forma de ocultar o óbito, e, dessa forma, é o primeiro elemento a levantar suspeita quanto a violação de direitos da pessoa humana".[12]

Outro ponto que demonstra o grau de relevância e magnitude da lavratura do assento de registro do óbito consiste na gratuidade universal para a lavratura do assento de óbito e a primeira via de sua certidão, como forma de garantir o pleno exercício dos atos necessários para a cidadania, em decorrência da aplicação da Lei 9.534/1997.

No momento da lavratura do assento de registro do óbito, o registrador, por sua vez, deve prestar algumas cautelas, como: verificar aqueles que são obrigados

---

9. "Artigo 9º, CC – Serão registrados em registro público: I – os nascimentos, casamentos e óbitos [...]".
10. "Artigo 29, Lei 6.015/1973 – Serão registrados no registro civil de pessoas naturais: [...] III – os óbitos".
11. LOUREIRO, Luiz Guilherme. *Registros Públicos*: teoria e prática. 9. ed. rev., atual. e ampl. São Paulo: Método, 2018. p. 279.
12. CASSETTARI, Christiano et al. *Registro Civil das Pessoas Naturais*. Indaiatuba: Foco, 2020. p. 348.

a declarar o óbito (artigo 79 da Lei de Registros Públicos), o prazo para a lavratura (artigo 78 da Lei de Registros Públicos), a competência de sua circunscrição (artigo 77 da Lei de Registros Públicos) e os requisitos obrigatórios para constar no registro (artigo 80 da Lei de Registros Públicos).

Outras precauções para a lavratura são necessárias em casos excepcionais, ou seja, em específicos casos de lavratura de óbito no caso de finado desconhecido (artigo 81 da Lei de Registros Públicos), óbito de criança com menos de um ano (artigo 77, § 1º da Lei de Registros Públicos), cremação de cadáver (artigo 77, § 2º da Lei de Registros Públicos) e nos casos de utilização do cadáver para estudo ou pesquisa (Lei 8.501/1992).

Expostas algumas precauções e cautelas no ato de lavratura do assento de óbito em geral, desenvolve-se o tema da extinção da pessoa natural e do ingresso do óbito perante as Serventias de Registro Civil sob a perspectiva de subdividir o assunto do óbito em cinco grupos: morte real (ou certa); natimorto (ou óbito fetal); morte civil; morte presumida (seja a morte presumida com declaração de ausência ou morte presumida sem declaração de ausência); e justificação do óbito.

1.1 Morte real

Na morte real ou certa, há a certeza do fato jurídico "morte", que pode ser constatado pela presença do cadáver ou restos mortais, juntamente com atestado médico ou pela declaração de testemunhas que tiverem presenciado ou verificado a morte, quando não houver assistência médica.[13]

Ou seja, "havendo regular declaração médica, atestando o óbito, tem-se a chamada morte real, cujo pressuposto é a certificação de um profissional habilitado para tanto, à luz do próprio cadáver".[14]

Esta perspectiva do óbito é a mais cotidiana, sendo seu tratamento perante as Serventias de Registro Civil das Pessoas Naturais e comprovação realizados sem maiores indagações.

Assim, neste tipo de evento, o registro é realizado perante o Livro "C" da Serventia de Registro Civil das Pessoas Naturais do lugar do falecimento ou do lugar de residência do *de cujus*, conforme preceitua o artigo 33 combinado com o artigo 77 da Lei de Registros Públicos.

Desde modo, o Registro Civil das Pessoas Naturais competente lavrará o devido assento mediante a apresentação de atestado médico ou, excepcionalmente, se não houver assistência médica, com a declaração de duas testemunhas que tiverem presenciado a morte.

---

13. LOUREIRO, Luiz Guilherme. *Registros Públicos*: teoria e prática. 9. ed. rev., atual. e ampl. São Paulo: Método, 2018. p. 279.
14. CHAVES DE FARIAS, Cristiano; ROSENVALD, Nelson. *Curso de Direito Civil*: Parte Geral e LINDB. São Paulo: Saraiva, 2015. p. 308.

Denota-se, assim, que neste tipo de situação, a lavratura do assento de óbito e a emissão da respectiva certidão ocorrem sem maiores controvérsias quanto à competência da Serventia Extrajudicial e do respectivo Livro para o registro do óbito, uma vez que existe previsão legal que é devidamente seguida pelos Códigos de Normas das Serventias Extrajudiciais dos Estados.

1.2 Natimorto

O natimorto ou óbito fetal ocorre quando, embora concebido o feto, não nasceu com vida, ou seja, não apresentou qualquer sinal de vida quando da expulsão e separação completa da genitora.

Cristiano Chaves e Nelson Rosenvald, por seu turno, apresentam a discussão de quais direitos são salvaguardados pela legislação brasileira nos casos de natimorto, perfilhando o entendimento o qual prevê que "o natimorto titulariza, regularmente, os direitos da personalidade, como o direito à imagem e ao nome, exemplificativamente",[15] fundamentando tal posicionamento na tutela da pessoa, proteção e vida humana, em todas as suas manifestações.

Todavia, há de salientar que o natimorto não adquire direitos de cunho patrimonial, aqueles que o possibilitem obter resultados de proveito econômico, pois não chegaram a possuir personalidade jurídica.

Denota-se uma importante observação de que nem toda interrupção de gravidez ensejará a emissão de declaração de óbito fetal e, por consequência, o registro do natimorto, mas apenas os casos previstos pelo Ministério de Saúde como aqueles com duração igual ou superior a vinte (20) semanas de gestação ou se o feto tiver peso corporal igual ou superior a quinhentos (500) gramas e/ou estatura igual ou superior a vinte e cinco (25) centímetros.[16]

Desta feita, salienta-se que este artigo não tem o condão de discutir e aprofundar o tema do natimorto e seus efeitos quanto à personalidade jurídica, uma vez que adentra nas diversas correntes sobre o tempo e o modo de aquisição, bem como seus potenciais efeitos, inclusive jurídicos.

Focalizando o ingresso do natimorto perante as Serventias de Registro Civil das Pessoas Naturais, observa-se que, por força de previsão legislativa na Lei de Registros Públicos, em seu artigo 33, V, os registros de natimortos são efetuados no Livro "C-aux" do Cartório Extrajudicial do lugar do falecimento ou do lugar de residência da genitora do natimorto.

---
15. CHAVES DE FARIAS, Cristiano; ROSENVALD, Nelson. *Curso de Direito Civil*: Parte Geral e LINDB. São Paulo: Saraiva, 2015. p. 267.
16. CASSETTARI, Christiano et al. *Registro Civil das Pessoas Naturais*. Indaiatuba: Foco, 2020. p. 376.

A promoção da lavratura do assento de óbito do natimorto mostra-se essencial, "servindo o registro como prova do fim da gestação deste nascituro sem o nascimento com vida, cessando a referida proteção aos seus direitos".[17]

Isto posto, para que seja exequível a lavratura do assento de natimorto faz-se necessária a apresentação de atestado de óbito devidamente preenchido por médico e a declaração de um dos legitimados, que será analogicamente aplicada à lista de competentes a comunicar o registro de nascimento.

Sem embargo, registra-se a atenção no tocante à declaração e inscrição do genitor do natimorto no assento de registro, uma vez que serão aplicadas as regras constantes para a lavratura do registro de nascimento, quais sejam: "em caso de incidência da presunção do art. 1.597 do Código Civil, ou em caso de reconhecimento nos termos do art. 1.609, inciso I, do Código Civil, do contrário, lavra-se o registro apenas com o nome da mãe".[18]

Por fim, resta apontar certa cautela e prudência na aplicação da segunda parte do artigo 77 da Lei de Registros Públicos, que remete à possibilidade de lavratura de assentos de óbitos com duas pessoas qualificadas que tiverem presenciado ou verificado a morte, se não houver assistência médica no local.

Ora, a legislação brasileira confere tratamento diferenciado àqueles que já nascem mortos (natimorto) daqueles que, apesar de terem nascido com vida, logo após morrem. Tais repercussões se mostram mais patentes na esfera sucessória, em que aqueles que chegaram a nascer com vida, mesmo que breve, terão seus direitos assegurados, principalmente no tocante aos direitos da personalidade e patrimonial.

Desta forma, no exemplo hipotético acima aventado, percebe-se que a inscrição e a lavratura do assento de nascimento e óbito com apenas base testemunhal, sem qualquer fixação em laudos médicos, podem acarretar certa insegurança quanto aos efeitos patrimoniais do *de cujus*.

1.3 Morte civil

A morte civil é reconhecida como pena acessória a certas condutas do agente, como uma sanção criminal ou uma sanção civil, em que a "pessoa condenada com a morte civil perdia todos os direitos civis e políticos, cessando as relações de família e abrindo-se sua sucessão, como se estivesse morto".[19]

Ora, a morte civil era retratada entre a Idade Média e a Moderna, "especialmente para os condenados a penas perpétuas e para os que abraçavam a profissão religiosa, permanecendo recolhidos. [...] Embora vivas, eram tratadas pela lei como se mortas fossem".[20]

---

17. CASSETTARI, Christiano et al. *Registro Civil das Pessoas Naturais*. Indaiatuba: Foco, 2020. p. 375.
18. CASSETTARI, Christiano et al. *Registro Civil das Pessoas Naturais*. Indaiatuba: Foco, 2020. p. 377.
19. LÔBO, Paulo. *Direito Civil*: Parte Geral. São Paulo: Saraiva Educação S.A., 2019. p. 133.
20. FERRARINI, Fernanda. O fim da personalidade jurídica no viés registral das pessoas naturais. In: FERRO JÚNIOR, Izaías Gomes; DEBS, Martha El (Org.). *O Registro Civil das Pessoas Naturais*: reflexões sobre temas atuais. Salvador: JusPodivm, 2017. p. 357.

Todavia, tal instituto não foi contemplado no direito moderno brasileiro. Mesmo tendo sido aventado pelo Código Comercial, nunca vigorou, constituindo tal dispositivo letra morta, pois as atuais legislações condenam qualquer tipo de perda da personalidade em vida.[21]

No entanto, Cleyson de Moraes[22] acrescenta que a morte civil foi timidamente tratada no Código Civil em seu artigo 1.816, quando trata dos excluídos da sucessão e seu efeito na abertura da sucessão, pois aqueles excluídos da sucessão por indignidade (artigo 1.814 do Código Civil) ou deserdação em determinadas hipóteses (artigo 1.962 do Código Civil) são considerados como se mortos fossem antes da abertura da sucessão.

Em conclusão, salienta-se que, apesar da morte civil ter sido aqui retratada, tal instituto não possui ingresso perante as Serventias de Registro Civil, pois apenas trata-se de uma pena acessória a certas condutas do agente que é tratado como se morto estivesse.

1.4 Justificação de óbito

A justificação do óbito ocorre quando há uma morte certa em decorrência de uma situação especial de desastre ou qualquer outra catástrofe, porém não é possível a emissão de atestado de óbito (Declaração de Óbito – DO), pois não existe cadáver para verificação e eventuais exames.

Ou seja, para que o instituto da justificação de óbito seja cabível,

> exige-se a convergência, pelo emprego de meios probatórios e dos moralmente legítimos [...], dos fatores convincentes, no sentido da comprovação da ocorrência legal da [...] catástrofe, bem como da indicação induvidosa da presença da vítima no sítio do acontecimento, e da impossibilidade verificada da localização do cadáver.[23]

Tal situação é prevista legalmente no artigo 88 da Lei de Registros Públicos e dependerá de procedimento judicial, que, apenas com o trânsito em julgado, terá acesso perante a Serventia de Registro Civil para que seja exequível a lavratura do assento de óbito.

Todavia, a discussão doutrinária que predomina sobre o instituto da justificação do óbito decorre justamente da entrada em vigor do Código Civil de 2002, o qual previu o instituto da morte presumida sem declaração de ausência.

Tal embate doutrinário é decorrente da redação conferida ao artigo 7º do Código Civil de 2002 que acrescentou a previsão legal do instituto da morte presumida

---
21. TEPEDINO, Gustavo; BARBOZA, Heloisa Helena; MORAES, Maria Celina Bodin de. *Código civil interpretado*. Rio de Janeiro: Renovar, 2014. p. 20.
22. MELLO, Cleyson de Moraes. *Direito civil*: parte geral. Rio de Janeiro: Freitas Bastos, 2017. p. 126.
23. ALVIM NETO, José Manuel de Arruda; CLÁPIS, Alexandre Laizo; CAMBLER, Everaldo Augusto. *Lei de Registros Públicos comentada*. Rio de Janeiro: Forense, 2014. p. 285.

sem decretação de ausência, disciplinando os casos especiais em que não se detém a necessidade de esperar todo o processo de ausência para que, finalmente, seja reconhecida a morte do ausente.

Ora, com a entrada em vigor do Código Civil de 2002, restaria admitir que a morte presumida sem declaração de ausência abarcaria o instituto da justificação do óbito ou os dois institutos permaneceriam em vigor?

Aqueles que defendem a diferença entre os institutos da justificação de óbito e da morte presumida sem declaração de ausência apontam que a diferença consiste no fato de que na justificação de óbito "há certeza da morte em alguma catástrofe e o corpo não foi encontrado. Trata-se de um procedimento destinado a suprir a falta do atestado de óbito, haja vista a ausência do corpo".[24]

Corroborando com o pensamento de tratar-se de institutos diferentes, cita-se Décio Antônio Erpen[25] e Fernanda Ferrarini.[26] Baseiam-se, assim, principalmente nas repercussões e procedimentos diferentes perante as Serventias de Registro Civil das Pessoas Naturais, sendo previstos em distintos comandos legislativos.

Nesta senda, explica-se que as repercussões são determinadas pela competência da Serventia de Registro Civil, bem como pelo livro de registro competente para a lavratura do assento de óbito.

Aplicando o instituto da justificação de óbito, delimita-se como competente para a lavratura e registro do assento de óbito a Serventia de Registro Civil das Pessoas Naturais do local da ocorrência da morte, do desastre ou catástrofe ou do lugar da residência do falecido.

Entretanto, aqueles que defendem que as hipóteses do artigo 88 da Lei de Registros Públicos foram abarcadas pelas disposições do Código Civil de 2002, ou ser a justificação do óbito o nome do procedimento adotado nos casos de morte presumida sem declaração de ausência, afirmam que a lavratura do assento deverá ocorrer pelo oficial de registro civil do 1º Ofício ou da 1ª subdivisão judiciária da comarca do último domicílio do presumidamente falecido.

Já quanto ao livro de registro competente para a lavratura do assento de óbito, observa-se que caracterizada a hipótese contida no artigo 88 da Lei de Registros Públicos, o juiz deverá determinar a lavratura e a inscrição da justificação do óbito perante o Livro "C", em regra geral, que produzirá os efeitos similares àquele óbito real.

---

24. FERRARINI, Fernanda. O fim da personalidade jurídica no viés registral das pessoas naturais. In: FERRO JÚNIOR, Izaías Gomes; DEBS, Martha El (Org.). *O Registro Civil das Pessoas Naturais*: reflexões sobre temas atuais. Salvador: JusPodivm, 2017. p. 375.
25. ERPEN, Décio Antônio. *O instituto da família e os registros públicos*. 2002. Disponível em: https://academia.irib.org.br/xmlui/handle/123456789/721. Acesso em: 29 abr. 2022.
26. FERRARINI, Fernanda. O fim da personalidade jurídica no viés registral das pessoas naturais. In: FERRO JÚNIOR, Izaías Gomes; DEBS, Martha El (Org.). *O Registro Civil das Pessoas Naturais*: reflexões sobre temas atuais. Salvador: JusPodivm, 2017. p. 375.

De outra banda, caracterizada a morte presumida sem decretação de ausência, incidirá o artigo 9º, IV, do Código Civil de 2002, determinando a lavratura e a inscrição da morte perante o Livro "E", em regra geral.

Salienta-se que o posicionamento quanto ao livro de registro competente para a lavratura e inscrição do óbito decorrente da aplicação do instituto da justificação de óbito e/ou da morte presumida sem decretação de ausência não é unânime, pois será necessário combinar com as regras constantes nos Códigos de Normas dos Serviços Extrajudiciais Estaduais, que podem ter disposições divergentes dependendo de cada Estado.

Outro ponto levantado por aqueles que defendem a diferenciação dos referidos institutos consiste no teor do parágrafo único do artigo 7º do Código Civil de 2002, que disciplina a necessidade de esgotamento das buscas e averiguações para que seja exequível a declaração da morte presumida.

Não obstante, os civilistas mais modernos acreditam que a justificação de óbito seria um exemplo de morte presumida sem declaração de ausência, tais como Cleyson de Moraes Mello, Flávio Tartuce, Christiano Cassettari, Gustavo Tepedino,[27] Cristiano Chaves e Nelson Rosenvald.[28]

Para estes autores, "a regra, que era preconizada em termos análogos no art. 88 da Lei 6.015/73, vem agora prevista expressamente no CC",[29] não subsistindo diferenciação dos institutos.

Aliás, alguns desses civilistas têm denominado o processo de jurisdição voluntária da morte presumida sem declaração de ausência como justificação de óbito, combinando o disciplinado no Código Civil de 2002 com a Lei de Registros Públicos. Dentre os civilistas que possuem tal entendimento, podemos citar: Christiano Cassettari,[30] Cláudia Mara e Rodolfo Pamplona Filho[31] e Cezar Peluso.[32]

1.5 Morte presumida

A morte presumida consiste em uma certeza do fim da existência da pessoa natural que deve ser constatada e declarada através de procedimento judicial, pois "há certeza da morte, ainda que não tenha sido encontrado o cadáver".[33]

---

27. TEPEDINO, Gustavo; BARBOZA, Heloisa Helena; MORAES, Maria Celina Bodin de. *Código Civil interpretado*. Rio de Janeiro: Renovar, 2014. p. 23.
28. CHAVES DE FARIAS, Cristiano; ROSENVALD, Nelson. *Curso de Direito Civil*: Parte Geral e LINDB. São Paulo: Saraiva, 2015. p. 308.
29. TEPEDINO, Gustavo; BARBOZA, Heloisa Helena; MORAES, Maria Celina Bodin de. *Código Civil interpretado*. Rio de Janeiro: Renovar, 2014. p. 73.
30. CASSETTARI, Christiano. *Elementos de direito civil*. São Paulo: Saraiva, 2021. p. 91.
31. VIEGAS, Cláudia Mara de Almeida Rabelo; PAMPLONA FILHO, Rodolfo. *A morte presumida na lama de Brumadinho*. 2019. Disponível em: https://claudiamaraviegas.jusbrasil.com.br/artigos/790067766/a-morte-presumida-na-lama-de-brumadinho. Acesso em: 28 abr. 2022.
32. PELUSO, Cezar et al. *Código Civil comentado*: doutrina e jurisprudência. São Paulo: Manole, 2018. p. 27.
33. CASSETTARI, Christiano. *Elementos de direito civil*. São Paulo: Saraiva, 2021. p. 286.

De outra maneira, resta apontar a imprescindibilidade do procedimento judicial, uma vez que "a pessoa viva presume-se viva até que se prove ao contrário; de modo que, havendo ausência, ou, até, ausência qualificada, é preciso que se estabeleça presunção de morte em virtude de decisão judicial, para que aquela presunção de continuação de vida desapareça".[34]

Neste tom, a morte presumida produz os mesmos efeitos sucessórios da morte natural, todavia tal presunção pode cair diante de fundadas "presunções e probabilidades, e a comprovação da existência do 'morto'",[35] caso em que cessam os efeitos da sentença declaratória de morte presumida.

Nessa última hipótese, caso o "morto" reapareça, pode-se constatar, além da cessação dos efeitos da sentença de ausência e/ou morte presumida, a ocorrência de diversas repercussões de cunho sucessório, familiar e outras áreas, como, por exemplo, na restituição dos bens.

Isto posto, a morte presumida, em conformidade com o Código Civil brasileiro (Lei 10.406/2002), pode ser constatada em duas situações: i) morte presumida com declaração de ausência; e ii) morte presumida sem declaração, as quais serão destrinchadas a seguir.

1.5.1 Morte presumida com declaração de ausência

Uma das hipóteses de morte presumida é quanto aos ausentes, pois nesses casos a própria legislação (artigo 6º do Código Civil) destacou o fim da existência da pessoa natural dos ausentes nos casos em que a lei autoriza a abertura de sucessão definitiva.

Vale destacar que ausente é aquele que desaparece de seu domicílio sem notificar seu paradeiro ou deixar representante por um longo período de tempo, interrompendo qualquer tipo de informação sob sua localização.

Todavia, há de se observar que a ausência não pode ser confundida com a morte presumida, conquanto a ausência seja definida com o desaparecimento da pessoa natural de seu domicílio sem deixar notícias, paradeiro ou representante legal, a morte presumida é estabelecida quando as circunstâncias do caso induzem ao fato jurídico da morte.

Observa-se, desta feita, que a decretação de morte presumida com declaração de ausência é dividida em três fases, que se sucedem no decurso do tempo, quais sejam: i) curadoria dos bens do ausente; ii) sucessão provisória; e iii) sucessão definitiva.

---

34. DE MIRANDA, Pontes; CAVALCANTI, Francisco. *Tratado de direito privado*. Rio de Janeiro: Borsoi, 1954. p. 341.
35. LOUREIRO, Luiz Guilherme. *Registros Públicos*: teoria e prática. 9. ed. rev., atual. e ampl. São Paulo: Método, 2018. p. 291.

Na primeira fase, curadoria dos bens do ausente, há a decretação de comprovação dos requisitos da ausência, bem como a determinação da administração dos bens do ausente na esperança de seu encontro e retorno.

Já na segunda fase, na sucessão provisória, "defere a posse dos bens aos sucessores, mas impondo uma série de restrições com intuito ainda de proteger o interesse do ausente no caso de seu eventual reaparecimento".[36]

Por fim, a terceira fase, chamada sucessão definitiva, é caracterizada pelo deferimento da propriedade dos bens do ausente para seus herdeiros e sucessores, ressalvando o direito do ausente em reaver tais bens caso reapareça no prazo de dez anos. Esgotado tal prazo, encerra-se o processo com a decretação de morte presumida do ausente.

Neste artigo, por seu turno, não iremos discorrer com maiores detalhes do instituto da ausência para não cairmos na tentação de dispersar do assunto central e da problemática aqui proposta, qual seja, apresentar o instituto da formalização da morte, em especial da morte presumida e o ingresso no registro civil das pessoas naturais.

Destarte, pode-se concluir que o ausente apenas é reputado presumidamente morto após decorrido o prazo de dez anos depois do trânsito em julgado da sentença que concede a abertura da sucessão provisória, ou dos cinco anos a contar das últimas notícias do ausente, quando este tiver oitenta anos de idade.

Nessa senda, "transcorrido o interregno de um decênio, contado do trânsito em julgado da decisão que determinou a abertura da sucessão provisória, atinge sua plena eficácia a declaração de ausência, consubstanciada na morte presumida do ausente e na abertura da sua sucessão definitiva".[37]

1.5.2 Morte presumida sem declaração de ausência

A morte presumida sem declaração de ausência é estabelecida pelo artigo 7º do Código Civil de 2002 desde que "o perigo de vida há de ser configurado como de probabilidade extrema, além da prova de esgotamento das buscas possíveis, de acordo com os meios e tecnologia disponíveis".[38]

Desta forma, a declaração de morte presumida sem declaração de ausência pressupõe o esgotamento das vias de buscas e averiguações para o encontro da pessoa, bem como os eventos e circunstâncias levam a crer no alto grau do evento "morte", mesmo não tendo sido encontrado o cadáver.

Aliás, enfatiza-se que o requisito do esgotamento das vias de buscas e averiguações para encontrar o "desaparecido" é apontado como um dos pontos primordiais

---

36. TEPEDINO, Gustavo; BARBOZA, Heloisa Helena; MORAES, Maria Celina Bodin de. *Código Civil interpretado*. Rio de Janeiro: Renovar, 2014. p. 69.
37. MELLO, Cleyson de Moraes. *Direito civil*: parte geral. Rio de Janeiro: Freitas Bastos, 2017. p. 127.
38. LÔBO, Paulo. *Direito Civil*: Parte Geral. São Paulo: Saraiva Educação S.A., 2019. p. 134.

de diferenciação do instituto da morte presumida sem declaração de ausência com a justificação de óbito.

Ou seja, para que seja caracterizado como o instituto da morte presumida sem declaração de ausência, constitui "necessária a declaração oficial das autoridades de que não foi possível seu reconhecimento ou localização, sendo certo que no procedimento exige intervenção do Ministério Público [...] mediante a comprovação idônea de que a pessoa estava no local do desastre".[39]

Todavia, pontua-se a observação realizada por Priscila Cristhian da Cunha e Sofia Martins Moreira Lopes, analisando a tragédia ocorrida em 2019 na Barragem B1 da Mina do Córrego do Feijão em Brumadinho/MG e os casos recepcionados pelo Cartório de Registro Civil das Pessoas Naturais de Brumadinho/MG, na qual observou-se que nas sentenças de mortes presumidas recebidas

> [...] constam os seguintes dizeres a respeito do artigo 7º do Código Civil de 2002: 'Irrelevante que ainda não tenham cessado as buscas, já que, decorridos vários meses desde a data da tragédia, é cediço que infelizmente não é mais possível encontrarem-se pessoas sobreviventes'.[40]

Neste tom, ainda complementam afirmando que o fundamento legal para a decretação de ausência sem a necessidade do transcurso do tempo para a declaração de encerramento das buscas é decorrente da aplicação do princípio da dignidade humana, "já que não seria justo exigir dos familiares, que tanto sofreram com a perda de seu ente querido, que aguardem o fim das buscas para terem a certidão de óbito por morte presumida".[41]

Ora, neste ponto percebe-se que o requisito do esgotamento das vias de buscas e averiguações para encontrar o "desaparecido" foi devidamente relativizado pelo Poder Judiciário brasileiro, não sendo mais requisito essencial para a caracterização do instituto a declaração pelo órgão competente do não reconhecimento ou localização, encerrando-se as buscas.

Outrossim, ainda cabe observar que nos casos de morte presumida sem declaração de ausência existe uma peculiaridade na questão da fixação do evento "morte",

---

39. VIEGAS, Cláudia Mara de Almeida Rabelo; PAMPLONA FILHO, Rodolfo. *A morte presumida na lama de Brumadinho*. 2019. Disponível em: https://claudiamaraviegas.jusbrasil.com.br/artigos/790067766/a-morte-presumida-na-lama-de-brumadinho. Acesso em: 28 abr. 2022.
40. CUNHA, Priscila Cristhian da; LOPES, Sofia Martins Moreira. *Morte presumida sem decretação de ausência*: a insegurança jurídica frente à declaração de morte presumida antes do fim das buscas nos casos do rompimento da Barragem em Brumadinho/MG. Disponível em: https://recivil.com.br/artigo-morte-presumida-sem-decretacao-de-ausencia-a-inseguranca-juridica-frente-a-declaracao-de-morte-presumida-antes-do-fim-das-buscas-nos-casos-do-rompimento-da-barragem-em-brumadinho-mg/. Acesso em: 16 mar. 2022.
41. CUNHA, Priscila Cristhian da; LOPES, Sofia Martins Moreira. *Morte presumida sem decretação de ausência*: a insegurança jurídica frente à declaração de morte presumida antes do fim das buscas nos casos do rompimento da Barragem em Brumadinho/MG. Disponível em: https://recivil.com.br/artigo-morte-presumida-sem-decretacao-de-ausencia-a-inseguranca-juridica-frente-a-declaracao-de-morte-presumida-antes-do-fim-das-buscas-nos-casos-do-rompimento-da-barragem-em-brumadinho-mg/. Acesso em: 16 mar. 2022.

pois o juiz definirá como data do falecimento aquela da ocorrência do fato ou tragédia e não a do esgotamento das buscas e averiguações.

Por fim, é relutante salientar que o instituto da morte presumida sem declaração de ausência não possui correspondência com qualquer outro instituto no Código Civil de 1916, sendo uma inovação legislativa do Código Civil de 2002.

Neste sentido, foi necessário admitir que "hipóteses fundamentalmente distintas merecem tratamento diferenciado; não era isonômico igualar os casos em que a pessoa simplesmente evanesce, sem deixar notícias, e outros casos em que a morte é altamente provável, por motivos conhecidos".[42]

Em outros termos, o sistema brasileiro evoluiu no sentido de disciplinar, em sua legislação, variadas hipóteses de morte presumida que, hodiernamente, não podem se resumir àquelas presunções de ausência, possibilitando abarcar imprevistos e circunstâncias em que a pessoa estava em perigo de vida.

1.5.3 Ingresso da morte presumida no registro civil das pessoas naturais

De início, cabe alertar que a diferença procedimental e registrária perante as Serventias de Registro Civil entre os institutos da justificação de óbito e da morte presumida sem declaração de ausência apenas será passível de discussão para aqueles que enxergam uma distinção entre os institutos.

Ou seja, aqueles que defendem a diferença entre os institutos da justificação de óbito e da morte presumida sem declaração de ausência apontam como diferença primordial o fato de que tais institutos possuem repercussões e procedimentos diferentes perante as Serventias de Registro Civil das Pessoas Naturais, sendo previstos em distintos comandos legislativos.

Nesta senda, para aqueles que enxergam a diferença entre os institutos, as repercussões são sentidas no tocante à competência da Serventia de Registro Civil, bem como ao livro de registro competente para a lavratura do assento de óbito.

Assim, o instituto da justificação de óbito, em regra geral, teria como competente a Serventia de Registro Civil das Pessoas Naturais do local da ocorrência da morte, do desastre ou catástrofe ou do lugar da residência do falecido, sendo o Livro "C" competente para lavratura e inscrição do óbito.

Por outra banda, em regra geral, o instituto da morte presumida sem declaração de ausência possuiria como competente a Serventia de Registro Civil das Pessoas Naturais do 1º Ofício ou da 1ª subdivisão judiciária da comarca do último domicílio do presumidamente falecido, sendo o Livro "E" competente para lavratura e inscrição do óbito.

---

42. TEPEDINO, Gustavo; BARBOZA, Heloisa Helena; MORAES, Maria Celina Bodin de. *Código civil interpretado*. Rio de Janeiro: Renovar, 2014. p. 23.

Ocorre que aqueles que fundamentam a diferença entre tais institutos baseiam-se no fato de possuírem distintos comandos legislativos, bem como no requisito do esgotamento das vias de buscas e averiguações para caracterização do instituto da morte presumida sem declaração de ausência.

O argumento dos distintos comandos legislativos pode ser repelido diante de uma análise histórica dos institutos, uma vez que o Código Civil de 1916 apenas disciplinava o instituto da ausência, possuindo a morte presumida com declaração de ausência um efeito.

Todavia, quando da elaboração do Projeto de Lei que resultou na Lei 6.015/73, a sociedade brasileira passava por algumas tragédias de grande magnitude, como incêndios e alagamentos, o que ocasionou a comoção dos representantes legislativos.

Fernando Garcia Algarte Filho, por sua vez, analisou que tais tragédias certamente influenciaram na criação do instituto da justificação de óbito enquanto forma de driblar a demorada sentença de morte presumida com declaração de ausência por incidência do Código Civil de 1916. Colaciona-se:

> A elaboração e criação da Lei de Registros Públicos, datada do ano de 1973, certamente fora influenciada pelas tragédias ocorridas na sociedade brasileira, as quais possivelmente embasaram a criação do instituto da justificação de óbito previsto em seu artigo 88, sendo este um mecanismo para acalentar as necessidades dos familiares de pessoas cuja morte, não obstante a inexistência material de cadáver, era dotada de absoluta e indubitável certeza. Importante destacar que a sensibilidade do legislador em referido momento histórico deve ser ponto que merece destaque e aclamações, visto que o instituto "sui generis" da morte presumida através da justificação de óbito fora alicerçado pelo clamor da população, que necessitava de um amparo do Estado, seja de forma material ou mesmo institucional, como ocorrido.[43]

Mais adiante, com o advento do Código Civil de 2002, o legislador previu o instituto da morte presumida sob duas modalidades: morte presumida com declaração de ausência e morte presumida sem declaração de ausência, já devidamente expostas.

Logo, a argumentação de diferenciação dos institutos jurídicos da justificação de óbito e da morte presumida sem declaração de ausência, por tratar-se de comandos legislativos distintos, pode ser repelida diante dos argumentos históricos. Já o argumento do esgotamento das vias de buscas e averiguações, disciplinado no artigo 7º do Código Civil de 2002, para caracterização da morte presumida sem declaração de ausência já foi relativizado pelo Judiciário, conforme já exposto.

Ora, se o requisito do esgotamento das vias de buscas e averiguações para encontrar o "desaparecido", apontado por muitos como principal divisor do instituto da morte presumida sem decretação de ausência do instituto da justificação de óbito, já foi devidamente relativizado pelo Poder Judiciário brasileiro, bem como podemos

---

43. ALGARTE FILHO, Fernando Garcia. *A subsunção do instituto da morte presumida decorrente da justificação de óbito em casos de catástrofes e desastres naturais*. Disponível em: https://ambitojuridico.com.br/cadernos/direito-civil/a-subsuncao-do-instituto-da-morte-presumida-decorrente-da-justificacao-de-obito-em-casos-de-catastrofes-e-desastres-naturais/. Acesso em: 21 mar. 2022.

rechaçar a diferença dos comandos legais por uma análise histórica, o que realmente diferencia tais institutos?

A propósito, a jurisprudência brasileira tem se consolidado no sentido de enxergar uma complementação entre o artigo 7º do Código Civil de 2002 com o artigo 88 da Lei de Registros Públicos, ponderando as sentenças como um único instituto de morte presumida sem declaração de ausência.

Cleyson de Moraes Mello, corroborando com o entendimento de que a justificação de óbito foi devidamente abarcada pelas disposições do Código Civil de 2002, traz à baila o caso da tragédia com o avião da Air France (voo AF 447) que caiu no Oceano Atlântico, em que foram aplicadas as disposições da morte presumida sem declaração de ausência sob fundamento no artigo 7º do Código Civil brasileiro combinado com o artigo 88 da Lei de Registros Públicos (Lei 6.015/1973).[44]

Outro exemplo já devidamente assentado pelo Tribunal de Justiça de São Paulo ocorreu com as vítimas do voo JJ 3054/TAM, que resultou no óbito de 199 pessoas. Igualmente foi determinada a lavratura dos assentos de óbitos, com sucedâneo no artigo 7º do Código Civil brasileiro combinado com o artigo 88 da Lei de Registros Públicos.[45]

Superada a discussão doutrinária concernente ao englobamento do instituto da justificação de óbito pela morte presumida sem declaração de ausência, passa-se a discorrer sobre o ingresso e o trâmite do instituto da morte presumida perante as Serventias de Registro Civil.

No instituto da morte presumida com declaração de ausência, devem ser destacadas duas situações de ingresso das Serventias de Registro Civil das Pessoas Naturais: i) o registro das sentenças declaratórias de ausência; e ii) posteriormente, o registro da declaração de morte presumida daquela ausência anteriormente decretada.

Quanto ao registro da ausência, não existe controvérsia legislativa e doutrinária de sua lavratura perante o Livro "E" do Registro Civil das Pessoas Naturais do domicílio anterior do ausente, em decorrência da aplicação da disposição do artigo 94 da Lei de Registros Públicos.

Destaca-se a peculiaridade de que apenas as Serventias Extrajudiciais de Registro Civil do 1º Ofício ou da 1ª subdivisão judiciária de cada comarca detêm a competência para possuir o Livro "E".

Já quanto ao registro das sentenças de declaração de morte presumida, seja na modalidade com declaração de ausência ou sem declaração de ausência, a maioria dos autores converge na posição de que deve ser inscrito no Livro "E" da Serventia de Registro Civil das Pessoas Naturais do 1º Ofício da comarca onde o *de cujus* teve seu último domicílio.

---

44. MELLO, Cleyson de Moraes. *Direito civil*: parte geral. Rio de Janeiro: Freitas Bastos, 2017. p. 129.
45. BONILHA FILHO, Márcio Martins. Registro Civil das Pessoas Naturais. Vítimas do voo JJ3054 da TAM. Dificuldade na identificação das vítimas. Morte presumida. Autorização para lavratura dos assentos de óbito. *Revista de Direito Imobiliário*, v. 63, p. 317-319, 2007.

Compartilhando este entendimento quanto ao livro competente para a lavratura do assento de óbito nos casos de enquadramento de morte presumida, cita-se Luiz Guilherme Loureiro[46] e Fernanda Ferrarini.[47]

Aliás, Christiano Cassettari adverte sobre a necessidade de observar que apenas será competente a Serventia de Registro Civil do 1º Ofício da Comarca, que poderá ser em cidade diversa da que o presumidamente morto detinha residência, a saber:

> As sentenças declaratórias de ausência e de morte presumida devem ser inscritas no Registro Civil das Pessoas Naturais do 1º Ofício da Comarca do domicílio anterior do ausente, já que apenas no primeiro cartório é que terá o livro "E", em que se faz tal registro, por determinação expressa do art. 94 da Lei de Registros Públicos.[48]

Aponta-se aqui, todavia, a cautela da comunicação da inscrição do assento de óbito nos casos de morte presumida para que seja plausível a anotação de tal circunstância nos assentos de nascimento e/ou casamento do *de cujus* quando o registrador finalizar a inscrição do assento.

2. CONCLUSÃO

Conclui-se, assim, que a comprovação do fato jurídico "morte" é salutar para que ocorra a cessação dos direitos da personalidade, a abertura da sucessão, a extinção do poder familiar, a cessação de algumas obrigações, como a de alimentos, o fim de contratos personalíssimos, dentre outras consequências jurídicas, em searas distintas.

Destarte, tentou abordar as diversas perspectivas que a extinção da pessoa natural pode adotar, quais sejam: morte real (ou certa), natimorto (ou óbito fetal), morte civil e morte presumida (seja a morte presumida com declaração de ausência ou morte presumida sem declaração de ausência).

Os diversos tratamentos jurídicos que estas perspectivas do óbito assumem quando transportadas para a lavratura do assento de óbito perante a Serventia Extrajudicial de Registro Civil das Pessoas Naturais tentam focar, em especial, na abordagem e no tratamento da lavratura do assento de óbito de pessoa presumidamente morta (seja com decretação de ausência ou não).

Neste tom, buscou-se salientar que a discussão doutrinária a respeito da diferenciação dos institutos da morte presumida sem declaração de ausência e justificação de óbito consiste apenas em uma aparência, sendo rechaçada quando os referidos institutos são analisados de forma aprofundada, especialmente sob a perspectiva histórica.

---

46. LOUREIRO, Luiz Guilherme. *Registros Públicos*: teoria e prática. 9. ed. rev., atual. e ampl. São Paulo: Método, 2018. p. 279.
47. FERRARINI, Fernanda. O fim da personalidade jurídica no viés registral das pessoas naturais. In: FERRO JÚNIOR, Izaías Gomes; DEBS, Martha El (Org.). *O Registro Civil das Pessoas Naturais*: reflexões sobre temas atuais. 1. ed. Salvador: JusPodivm, 2017. p. 375.
48. CASSETTARI, Christiano. *Elementos de direito civil*. São Paulo: Saraiva, 2021. p. 95.

3. REFERÊNCIAS

ALGARTE FILHO, Fernando Garcia. *A subsunção do instituto da morte presumida decorrente da justificação de óbito em casos de catástrofes e desastres naturais.* Disponível em: https://ambitojuridico.com.br/cadernos/direito-civil/a-subsuncao-do-instituto-da-morte-presumida-decorrente-da-justificacao--de-obito-em-casos-de-catastrofes-e-desastres-naturais/. Acesso em: 21 mar. 2022.

ALVIM NETO, José Manuel de Arruda; CLÁPIS, Alexandre Laizo; CAMBLER, Everaldo Augusto. *Lei de Registros Públicos comentada.* Rio de Janeiro: Forense, 2014.

BONILHA FILHO, Márcio Martins. Registro Civil das Pessoas Naturais. Vítimas do voo JJ3054 da TAM. Dificuldade na identificação das vítimas. Morte Presumida. Autorização para lavratura dos assentos de óbito. *Revista de Direito Imobiliário*, v. 63, p. 317-319, 2007.

BRASIL. Lei 10.406, de 10 de janeiro de 2002. Institui o Código Civil. Disponível em: https://www.planalto.gov.br/ccivil_03/LEIS/2002/L10406compilada.htm. Acesso em: 10 fev. 2022.

BRASIL. Lei 9.434, de 4 de fevereiro de 1997. Dispõe sobre a remoção de órgãos, tecidos e partes do corpo humano para fins de transplante e tratamento e dá outras providências. Disponível em: https://www.planalto.gov.br/ccivil_03/LEIS/L9434.htm. Acesso em: 10 fev. 2022.

BRASIL. Lei 6.015, de 31 de dezembro de 1973. Dispõe sobre os registros públicos, e dá outras providências. Disponível em: https://www.planalto.gov.br/ccivil_03/Leis/L6015compilada.htm. Acesso em: 10 fev. 2022.

CASSETTARI, Christiano et al. *Registro Civil das Pessoas Naturais.* Indaiatuba: Foco, 2020.

CASSETTARI, Christiano. *Elementos de direito civil.* São Paulo: Saraiva, 2021.

CHAVES DE FARIAS, Cristiano; ROSENVALD, Nelson. *Curso de Direito Civil*: Parte Geral e LINDB. São Paulo: Saraiva, 2015.

CUNHA, Priscila Cristhian da; LOPES, Sofia Martins Moreira. *Morte presumida sem decretação de ausência*: a insegurança jurídica frente à declaração de morte presumida antes do fim das buscas nos casos do rompimento da Barragem em Brumadinho/MG. Disponível em: https://recivil.com.br/artigo-morte--presumida-sem-decretacao-de-ausencia-a-inseguranca-juridica-frente-a-declaracao-de-morte-presumida-antes-do-fim-das-buscas-nos-casos-do-rompimento-da-barragem-em-brumadinho-mg/. Acesso em: 16 mar. 2022.

DE MIRANDA, Pontes; CAVALCANTI, Francisco. *Tratado de direito privado.* Rio de Janeiro: Boros, 1954.

ERPEN, Décio Antônio. *O instituto da família e os registros públicos.* 2002. Disponível em: https://academia.irib.org.br/xmlui/handle/123456789/721. Acesso em: 29 abr. 2022.

FERRARINI, Fernanda. O fim da personalidade jurídica no viés registral das pessoas naturais. In: FERRO JÚNIOR, Izaías Gomes; DEBS, Martha El (Org.). *O Registro Civil das Pessoas Naturais*: reflexões sobre temas atuais. Salvador: JusPodivm, 2017.

LÔBO, Paulo. *Direito Civil*: Parte Geral. São Paulo: Saraiva Educação S.A., 2019.

LOUREIRO, Luiz Guilherme. *Registros Públicos*: teoria e prática. 9. ed. rev., atual. e ampl. São Paulo: Método, 2018.

MELLO, Cleyson de Moraes. *Direito civil*: parte geral. Rio de Janeiro: Freitas Bastos, 2017.

PELUSO, Cezar et al. *Código Civil comentado*: doutrina e jurisprudência. São Paulo: Manole, 2018.

TEPEDINO, Gustavo; BARBOZA, Heloisa Helena; MORAES, Maria Celina Bodin de. *Código civil interpretado.* Rio de Janeiro: Renovar, 2014.

VIEGAS, Cláudia Mara de Almeida Rabelo; PAMPLONA FILHO, Rodolfo. *A morte presumida na lama de Brumadinho.* 2019. Disponível em: https://claudiamaraviegas.jusbrasil.com.br/artigos/790067766/a--morte-presumida-na-lama-de-brumadinho. Acesso em: 28 abr. 2022.

AS HIPÓTESES DE RETIFICAÇÃO EXTRAJUDICIAL DO REGISTRO DE ÓBITO E SEUS IMPACTOS

Ricardo Santiago Teixeira

MBA pela FGV/Rio em Direito Tributário. Especialista em Direito Processual pela Unama. Especialista em Agroambiental e Minerário pela UFPA. Tabelião e Oficial Registrador em Belém/Pa.

Resumo: A emissão de uma certidão de óbito sempre vem acompanhado de momentos tristes e provocam ainda mais tristeza quando há falhas a serem sanadas em seu registro. Há duas formas de retificar um erro em registro de óbito, a forma judicial e a extrajudicial, sendo esta última direto no cartório que fez o registro. Analisaremos a possibilidade de retificar o registro de óbito direto na serventia extrajudicial, seus limites, qual a forma a ser efetivada e como isso pode ajudar a resolver o problema registral. A proposta é de investigar o tema de retificação de registro de óbito de forma administrativa, na serventia, superando as dúvidas da prática no serviço diariamente, em decorrência das grandes variáveis fáticas e suas repercussões jurídicas previdenciária, bem como nas partilhas de bens a serem inventariados. Para ter uma boa solução teórica será usada a base normativa nacional de leis e de institutos de medicina legal, com apoio da metodologia de interpretação das regulações existentes, de maneira sistemática, em conformidade com a CRFB/88, objetivando responder quais hipóteses são passíveis de retificação do registro de óbito diretamente na serventia extrajudicial e em que medida isso repercute juridicamente. Inicia-se por saber quem são os legitimados a pedir a retificação; dentro da retificação se é possível retificar a causa básica da morte, seu prazo e possibilidades; será detalhado se apenas o declarante pode retificar; a possibilidade ou não de retificar a profissão do falecido; mudar o estado civil para união estável; e inserir nome de filho ou de ter deixado bens. Ao final irá verificar a relação da lei geral de proteção de dados com a retificação de óbito.

Sumário: 1. Retificação de óbito: os legitimados ou interessados a requerer o procedimento – 2. Retificação de óbito: causa básica da morte, prazo e possibilidades – 3. O declarante e os legitimados a requerer a retificação do óbito – 4. Alteração ou inclusão da profissão do falecido – 5. Retificação administrativa do estado civil para união estável – 6. Averbação para inserir nome de filho ou o fato de ter deixado bens – 7. Retificação de óbito e a lei geral de proteção de dados – 8. Referência.

1. RETIFICAÇÃO DE ÓBITO: OS LEGITIMADOS OU INTERESSADOS A REQUERER O PROCEDIMENTO

Ao iniciar o estudo sobre a retificação no registro do óbito percebe-se a necessidade de tratar separadamente os temas relacionados, como registro, averbação, anotação, óbito, efeitos jurídicos, para só então ingressar na retificação e poder compreender toda a sistemática sobre o tema e perceber a sua importância e suas consequências diretas.

A Lei 6015, de 31 de dezembro de 1973, criou o sistema de registro dos fatos da vida no acervo da serventia de registro civil das pessoas naturais, separando os momentos do nascimento, casamento e óbito, determinando a anotação de um fato no registro anterior, para poder manter uma coerência de informações, ou seja, ter-se toda a informação atualizada no assento de nascimento ou casamento, pois quando a pessoa se casa, com efeito civil, o cartório que registrou o casamento deverá enviar a informação deste registro para ser anotado no registro de nascimento das partes envolvidas e, claro que, se essa pessoa vier a se divorciar, deverá notificar essa averbação do divórcio no registro de nascimento, para anotar a mudança deste estado civil, de casado para divorciado. Assim, quando for requerida uma segunda via de nascimento essa terá a mesma informação de uma certidão de casamento, com as devidas averbações.

Ao se fazer o registro de óbito, também deve ser enviada a informação desta ocorrência para o assento de casamento e nascimento, para que todos os registros anteriores passem a ter a mesma informação.

Os eventos naturais relativos a vida do humano são registrados para vários fins, principalmente para efetivar os efeitos jurídicos, como a cidadania, e vir a receber a proteção do Poder Público necessária, como saúde, creche, educação, etc. Surge, com o registro de nascimento o vínculo dos atos posteriores que se encerram com o óbito, registrado também nos assentos da serventia de registro civil das pessoas naturais. E, este registro do óbito, vincula também com o mundo jurídico, comunicando aos órgãos públicos a sua ocorrência para cancelar o registro do cadastro da pessoa física na receita federal, do título de eleitor no Tribunal Regional Eleitoral, além de poder gerar uma pensão previdenciária e transferir bens, necessitando de um inventário e partilha para sua concretização.

A importância dos registros da vida nos assentos do livro no cartório é elevada e devem estar corretos, pois na existência de erros registrais pode provocar uma falha previdenciária, dentre outros. Esses registros são conhecidos como elementos de estado, por permitir identificar a situação da pessoa em relação ao direito. E esse conjunto de informações se vinculam e passam a ser chamado de estado da pessoa, a situação dela em relação ao direito, com base nos elementos de estado,[1] tais como o estado político, constituído pelo direito, ou mesmo a sua ausência, de cidadão; estado de família, seu vínculo dentro do grupo familiar.

As informações constantes no assento de nascimento, casamento e óbito são a base para o estado pessoal, por constar a informação singular do nascimento até a morte, pois é no registro que se encontram a informação de vínculo familiares. Pode, ainda, ser a base de um estado econômico, quando consta a informação profissional.

---

1. Nas palavras de Loureiro (2018, p. 132) 'conjunto das qualidades de um indivíduo que a lei toma em consideração para daí estabelecer certos efeitos jurídicos'.

As informações registrais do estado civil, de um fato individual, interessam para toda a sociedade, ao saber se alguém é solteiro, casado, divorciado, interditado ou viúvo, em decorrência da influência jurídica patrimonial. E, para isso, se está falando de um fato jurídico em um registro público dos fatos naturais da vida humana em livro próprio, com publicidade do ato de estado civil, para dar conhecimento a terceiros de forma verdadeira, perene e pública que é exatamente a publicidade do registro, do nascimento até o óbito e suas averbações e anotações em decorrências fáticas.

Esta publicidade dos atos registrados serve para ser o fato de conhecimento notório a todos, com divulgação pública (aos órgãos públicos) da sua ocorrência para determinadas situações jurídicas e tutela dos direitos, pois a publicidade registral tem como objeto os fatos registrados (nascimento, casamento divórcio, interdição, reconhecimento de paternidade, óbito), considerando os destinatários (pessoas físicas interessadas e as pessoas jurídicas, principalmente as governamentais), bem como o seu meio (seja por comunicação ao órgão público ou por emissão da certidão).

A atividade registral dá uma publicidade ampla quando emite uma certidão ou remete a informação aos serviços públicos, mas é a publicidade jurídica[2] que surge quando dos efeitos de uma publicidade de um fato (como o óbito) gera um efeito jurídico, como a transmissão de bens.

Ao se efetuar o registro do óbito ocorre a extinção da personalidade civil,[3] bem como seus direitos pessoais, por serem intransmissíveis,[4] porém inicia a transmissão do direito patrimonial aos seus sucessores. E, para que isso ocorra de forma perfeita há necessidade de atenção para algumas informações, como nome correto, dados de identidade, filiação e, em alguns casos, causas do óbito, para apuração de fatos jurídicos, de homicídio, seguros, dentre outros definidos no art. 80, da Lei 6.015/73, detalhado mais a diante.

E, quando há necessidade de alterações, deve ser feita por meio de averbação,[5] realizada diretamente pelo oficial da serventia, responsável pelo registro, a margem do assento ao anotar algum fato que altera, modifica, ou amplia o conteúdo do assento, sendo por isso uma espécie do gênero registro. Promove, desta forma, o dina-

---

2. Sobre o mesmo tema conceituou Francisco Hernández Gil, em Introducción al derecho hipotecario, 1970, p. 2: "Em sentido amplo publicidade é a atividade dirigida a difundir e fazer notório um acontecimento. Em sentido menos amplo, consiste na exteriorização ou divulgação de uma situação jurídica para produzir cognoscibilidade geral. Em sentido mais estrito e técnico por publicidade devemos entender o sistema de divulgação encaminhado a fazer cognoscível a todas determinadas situações jurídicas para a tutela dos direitos e a segurança no tráfico".
3. "Os direitos da personalidade relacionam atributos inerentes à condição da pessoa humana. Trata-se de direitos subjetivos essenciais, que forma a medula do indivíduo", por Limongi França, 1966, p. 7.
4. Nas palavras de Ferrarini (2020, p. 66) "Os direitos da personalidade têm certas particularidades que lhe conferem posição singular no cenário dos direitos privados: a extrapatrimonialidade, a intransmissibilidade, a indisponibilidade, a imprescritibilidade, a impenhorabilidade, a irrenunciabilidade, além de serem vitalícios, necessários e oponíveis 'erga omnes'".
5. Nas palavras de Reinaldo Velloso dos Santos, em Registro Civil das Pessoas Naturais, Porto Alegre, 2006, p. 160: "A averbação é a consignação à margem do assento da alteração de um de seus elementos, como a retificação, o reconhecimento de paternidade, a alteração de nome, a separação e o divórcio".

mismo registral, um princípio específico, em que a pessoa natural permanece com a informação sempre atual no registro, ou seja, o assento de nascimento vai constar as informações sobre casamento, reconhecimento de paternidade, casamento, viuvez ou divórcio e, finalmente, o óbito (este ocorre por anotação).

A anotação[6] é uma informação realizada de um registro ou de uma averbação de um livro para um outro registro anterior, também à margem direita do assento, com remissões recíprocas, para promover a continuidade registral, como ocorre com o óbito[7] ao comunicar o registro no assento de nascimento e casamento (caso exista), fazendo com que a mesma informação registrada do óbito passe a estar anotada no assento de nascimento, promovendo o seu dinamismo, atualização.

Esta alteração de informação é realizada quando de ordem por mandado judicial, carta de sentença ou petição acompanhada de certidão ou documento legal e autêntico, ou seja, este último é por procedimento extrajudicial realizado na serventia, diretamente com o oficial de registro.

Para se averbar[8] uma alteração fática, ou mesmo por correção, há necessidade de se fazer a qualificação registral, onde se verificam as informações e suas comprovações verídicas, documentais, apresentadas pelo interessado cumprindo o que se conhece como princípio da rogação,[9] ou seja, a requerimento.

E, quando se suspeita da veracidade dos documentos deve ser encaminhado ao representante do Ministério Público, com a indicação da suspeita para análise, porém, por cautela, antes se faz uma nota devolutiva para corrigir a documentação e, só depois, se a informação suspeita permanecer se irá encaminhar ao MP para análise, até para se evitar de mandar algo que apenas foi apresentado de forma equívoca, pois ocorre de pedir a inclusão de uma averbação e apresentar documento antigo ou de outra pessoa, necessitando corrigir os comprovantes, sem que se envie ao Representante do MP por 'mera' desconfiança, por isso a qualificação registral antes.

A qualificação registral é a análise documental para fins de registro, quando se verifica o cumprimento dos requisitos legais exigidos, ou seja, é a aplicação do prin-

---

6. BRASIL. Lei 6.015/73. Art. 106. Sempre que o oficial fizer algum registro ou averbação, deverá, no prazo de cinco dias, anotá-lo nos atos anteriores, com remissões recíprocas, se lançados em seu cartório, ou fará comunicação, com resumo do assento, ao oficial em cujo cartório estiverem os registros primitivos, obedecendo-se sempre à forma prescrita no artigo 98.
7. BRASIL. Lei 6.015/73. Art. 107. O óbito deverá ser anotado, com as remissões recíprocas, nos assentos de casamento e nascimento, e o casamento no deste.
8. BRASIL. Lei 6.015/73. Art. 97. A averbação será feita pelo oficial do cartório em que constar o assento à vista da carta de sentença, de mandado ou de petição acompanhada de certidão ou documento legal e autêntico. Parágrafo único. Nas hipóteses em que o oficial suspeitar de fraude, falsidade ou má-fé nas declarações ou na documentação apresentada para fins de averbação, não praticará o ato pretendido e submeterá o caso ao representante do Ministério Público para manifestação, com a indicação, por escrito, dos motivos da suspeita
9. "Ainda podemos mencionar como princípio relacionado, o princípio da instância ou rogação, princípio pelo qual atividade do Oficial deve iniciar mediante provocação da parte interessada (...) ainda que verbal, e apresentação de documento hábil". Conforme Lima (2020, p. 447).

cípio da legalidade registral,[10] quando se assegura a validade e perfeição do registro pelo registrador.[11]

Esta avaliação dos documentos apresentados é sobre a conformidade para fins de registro sem analisar seu mérito, no caso de uma sentença, ou mesmo de seus motivos e, no caso de faltar informações ou documentos para se efetuar o registro (aqui entenda-se também por averbação), se estará dentro do que se chama de qualificação negativa, e nesse caso se devolve os documentos juntamente com um ofício (se for uma sentença) ou uma resposta de análise, conhecido este documento como devolutiva,[12] a qual deverá ser complementada com as informações faltantes e finalmente registrada. Nesta situação, em caso de sentença,[13] é importante relatar que não se trata de desobediência, apenas da necessidade de mais informações para o seu registro, como a informação de seu trânsito em julgado.

Quando da análise se terá todos os itens da qualificação preenchida, ter-se-á por positiva, logo o seu devido registro e emissão da certidão respectiva.

E, se houve alguma falha a ser sanda no assento deve-se retificá-la. Essa retificação da informação constante do registro pode ser de forma judicial ou extrajudicial, a depender da apresentação completa dos dados a serem analisados ou a necessidade de fazer prova, conforme a orientação dos arts. 109[14] para o procedimento judicial e do art. 110[15] para o procedimento extrajudicial, ambos da Lei 6.015/73, sendo as causas objetivas autorizadoras já enumeradas para o procedimento extrajudicial.

---

10. Ao tratar sobre qualificação em seu livro volume 1, Cassettari, Camargo Neto e Oliveira, aduziram à pg. 326: "para verificar a sua conformação com a legalidade, a presença dos elementos necessários, a possibilidade de averbação do determinado ou requerido e o cumprimento dos princípios registrais"
11. Sobre a qualificação registral, nas palavras de Loureiro (2014, p. 940): "para que possam ser registrados, os títulos devem ser submetidos a um exame de qualificação por parte do registrador, que assegure sua validade e perfeição"
12. Kumpel (2017, p. 450) ensina que: "O oficial deve fundamentar a referida nota com lei, súmula de tribunais superiores, ou, ainda, jurisprudência consolidada e vinculante à sua atividade".
13. Loureiro (2014, p. 918) informa que já houve decisão sobre este tema no Conselho Superior da Magistratura (CSM) do Estado de São Paulo, procedimento RJTJESP 137/588, em que teve a oportunidade de assentar que "a circunstância de exibir-se a inscrição do título de origem judicial não implica isenção dos requisitos registrários, incumbindo ao registrador: a) verificar a competência (absoluta) da autoridade judiciária; b) aferir a congruência do que se ordena ao registro com o processo respectivo; c) apurar a presença das formalidades documentais; d) examinar se o título esbarra em obstáculos propriamente registrários (p. ex.: legalidade, prioridade, especialidade, consecutividade)".
14. BRASIL. Lei 6.015/73. Art. 109. Quem pretender que se restaure, supra ou retifique assentamento no Registro Civil, requererá, em petição fundamentada e instruída com documentos ou com indicação de testemunhas, que o Juiz o ordene, ouvido o órgão do Ministério Público e os interessados, no prazo de cinco dias, que correrá em cartório.
15. BRASIL. Lei 6.015/73. Art. 110. O oficial retificará o registro, a averbação ou a anotação, de ofício ou a requerimento do interessado, mediante petição assinada pelo interessado, representante legal ou procurador, independentemente de prévia autorização judicial ou manifestação do Ministério Público, nos casos de: I – erros que não exijam qualquer indagação para a constatação imediata de necessidade de sua correção; II – erro na transposição dos elementos constantes em ordens e mandados judiciais, termos ou requerimentos, bem como outros títulos a serem registrados, averbados ou anotados, e o documento utilizado para a referida averbação e/ou retificação ficará arquivado no registro no cartório; III – inexatidão da ordem cronológica e sucessiva referente à numeração do livro, da folha, da página, do termo, bem como da data do registro; IV – ausência de indicação do Município relativo ao nascimento ou naturalidade do registrado, nas hipóteses

O objetivo deste estudo é sobre a retificação extrajudicial, para depois saber quem pode pedir a retificação. Assim, as causas especificadas no art. 110, da citada lei acima, passível de análise pelo oficial de registro, se inicia no caso dos erros que não exijam qualquer indagação para a constatação imediata de necessidade de sua correção, com uma anotação errônea no assento diferente do constante nos documentos apresentados, exemplo de uma informação de que a pessoa faleceu e era solteira, mas em seguida foi apresentado a certidão de casamento, logo não há o que discutir, simplesmente deve retificar para averbar o fato de ter deixado esposa(o).

A outra possibilidade é referente ao erro na transposição dos elementos constantes em ordens e mandados judiciais, termos ou requerimentos, bem como outros títulos a serem registrados, averbados ou anotados, e o documento utilizado para a referida averbação e/ou retificação, quando se ficará arquivado no registro no cartório, ou seja, a informação constante do documento a ser averbado foi transposta de forma errada, devendo ser corrigida, neste caso, até de ofício, pois já se possui as informações nos arquivos da serventia.

A terceira possibilidade é sobre a inexatidão da ordem cronológica e sucessiva referente à numeração do livro, da folha, da página, do termo, bem como da data do registro, pois afeta a sequência dos assentos, devendo ser retificada de ofício.

A quarta hipótese de retificação é sobre a ausência de indicação do Município relativo ao nascimento ou naturalidade do registrado, nas hipóteses em que existir descrição precisa do endereço do local do nascimento, devendo ser corrigida quando de sua descoberta, analisando os documentos apresentados.

A última possibilidade de se retificar registro, em procedimento extrajudicial é no caso de elevação de Distrito a Município ou alteração de suas nomenclaturas por força de lei.

Em todas essas situações expostas deve-se executar o procedimento de ofício ou a requerimento do interessado, mediante petição assinada pelo interessado, representante legal ou procurador, independentemente de prévia autorização judicial ou manifestação do Ministério Público.

E para se ingressar com este procedimento de retificação de dados, no assento de óbito, deve-se verificar os autorizados, especificamente os do art. 79, da Lei 6.015/73, pois são os mesmos obrigados a fazer a declaração de óbito, tratados de forma objetiva na lei de registros públicos, iniciando pelos familiares, passando pelas pessoas administradoras de locais do falecimento, até chegar ao médico responsável e autoridade policial quando de seu conhecimento.

---

em que existir descrição precisa do endereço do local do nascimento; V – elevação de Distrito a Município ou alteração de suas nomenclaturas por força de lei. (...) § 5º Nos casos em que a retificação decorra de erro imputável ao oficial, por si ou por seus prepostos, não será devido pelos interessados o pagamento de selos e taxas.

Assim, temos como os legitimados, ou mesmo interessados,[16] a requerer a retificação de alguma informação inclusa no assento de registro do óbito, os mesmos autorizados pela lei a declarar o óbito, desde que apresente a comprovação da informação a ser retificada, são eles: 1º) o chefe de família, a respeito de sua mulher, filhos, hóspedes, agregados e fâmulos; 2º) a viúva, a respeito de seu marido, e de cada uma das pessoas indicadas no número antecedente; 3º) o filho, a respeito do pai ou da mãe; o irmão, a respeito dos irmãos e demais pessoas de casa, indicadas no n. 1; o parente mais próximo maior e presente; 4º) o administrador, diretor ou gerente de qualquer estabelecimento público ou particular, a respeito dos que nele faleceram, salvo se estiver presente algum parente em grau acima indicado; 5º) na falta de pessoa competente, nos termos dos números anteriores, a que tiver assistido aos últimos momentos do finado, o médico, o sacerdote ou vizinho que do falecimento tiver notícia; 6º) a autoridade policial, a respeito de pessoas encontradas mortas.

Não há necessidade de ser a mesma pessoa que declarou o óbito a requerer a retificação, pois pode ser que o óbito seja declarado por uma autoridade pública e depois retificada por alguém parente, ou mesmo declarado pelo cônjuge supérstite e depois retificado por algum neto.

E, exatamente neste momento é que se faz a prestação das informações a serem incluídas no registro do óbito, definidas no art. 80, da lei de registros públicos, tais como: 1º) a hora, se possível, dia, mês e ano do falecimento; 2º) o lugar do falecimento, com indicação precisa; 3º) o prenome, nome, sexo, idade, cor, estado, profissão, naturalidade, domicílio e residência do morto; 4º) se era casado, o nome do cônjuge sobrevivente, mesmo quando desquitado; se viúvo, o do cônjuge predefunto; e o cartório de casamento em ambos os casos; 5º) os nomes, prenomes, profissão, naturalidade e residência dos pais; 6º) se faleceu com testamento conhecido; 7º) se deixou filhos, nome e idade de cada um; 8º) se a morte foi natural ou violenta e a causa conhecida, com o nome dos atestantes; 9º) lugar do sepultamento; 10º) se deixou bens e herdeiros menores ou interditos; 11º) se era eleitor. 12º) pelo menos uma das informações a seguir arroladas: número de inscrição do PIS/PASEP; número de inscrição no Instituto Nacional do Seguro Social – INSS, se contribuinte individual; número de benefício previdenciário – NB, se a pessoa falecida for titular de qualquer benefício pago pelo INSS; número do CPF; número de registro da Carteira de Identidade e respectivo órgão emissor; número do título de eleitor; número do registro de nascimento, com informação do livro, da folha e do termo; número e série da Carteira de Trabalho.

Na necessidade de corrigir qualquer das informações citadas acima se faz por meio da retificação, vejamos agora a sua possibilidade.

---

16. O interessado, no caso de processo administrativo de retificação ou averbação, é aquele que necessita do processo para tutela do seu direito, naquela situação concreta, sendo que a lei prevê a possibilidade de averbação ou retificação administrativa para o caso apresentado. Assumpção (2019, p. 384).

2. RETIFICAÇÃO DE ÓBITO: CAUSA BÁSICA DA MORTE, PRAZO E POSSIBILIDADES

O procedimento de retificação de óbito pode ocorrer por vários motivos, possibilidades, dentro do ofício da serventia extrajudicial, diretamente no local em que se encontra o assento, ou mesmo pela Central de Registro Civil (CRC) por meio do e-protocolo, desde que apresente os documentos autênticos para o ajuste necessário.

Caso iniciado o procedimento na serventia, mas seja verificada a necessidade de produção de provas, testemunhal, deverá ser feita uma nota devolutiva para embasar o início de um procedimento judicial pela parte interessada, pois se estará dentro dos limites determinados pelo art. 109, da lei de registro públicos – LRP, acima detalhado.

Atenta-se ainda para a mudança ocorrida com a vigência da Lei 13.484/2017, a qual possibilitou a retificação de ofício, mas não detalhou as hipóteses, ou seja, facilitou o procedimento em casos de retificações de registros que nada afete as informações ali constantes, como ajustes interno entre serventias, pois qualquer outro tipo de retificação precisaria de documentos, os quais são apresentados pela parte interessada, mediante petição, mesmo que seja de forma oral.

Com a apresentação do requerimento e documentos para retificação, deverá o oficial[17] deferir o pedido, indeferir, determinar a apresentação de outros documentos ou fazer remessa dos autos ao Ministério Público.

Para a mudança na causa básica da morte, do registro do óbito, há de considerar algumas informações médicas, constante do manual de instruções para o preenchimento da declaração de óbito, do Ministério da Saúde, especificamente da Secretaria de Vigilância em Saúde, de onde se extrai as informações acerca dos limites e formas de preenchimento e intercorrência no preenchimento das informações no atestado de óbito.

Esse atestado, preenchido pelo médico que de alguma forma presenciou ou atestou o óbito, é o documento expedido pela unidade de saúde que confirma a morte e sua causa, sendo vedado ao médico atestar óbito que não presenciou ou que tenha feito exame necroscópico, logo, não cabe a outro médico fazer retificação de atestado de óbito, somente o mesmo médico[18] que assinou o atestado primário poderá fazer um atestado retificador. Documento básico usado para produzir o registro do óbito, juntamente com outros documentos a serem apresentados na serventia.

---

17. No caso de determinar a apresentação de outros documentos ou indeferir o pedido, segundo Assumpção (2019, p. 378), "deverá o Oficial informar ao requerente sobre a possibilidade de suscitação de dúvida ou de optar pelo procedimento judicial, previsto no art. 109, da lei de registros públicos".
18. Brasil. Resolução CFM 2.217, de 27.09.2019, conhecido como Código de Ética Médica. Capítulo X – Documentos médicos. É vedado ao médico: Art. 80. Expedir documento médico sem ter praticado ato profissional que o justifique, que seja tendencioso ou que não corresponda à verdade. (...) Art. 83. Atestar óbito quando não o tenha verificado pessoalmente, ou quando não tenha prestado assistência ao paciente, salvo, no último caso, se o fizer como plantonista, médico substituto ou em caso de necropsia e verificação médico-legal. Art. 84. Deixar de atestar óbito de paciente ao qual vinha prestando assistência, exceto quando houver indícios de morte violenta.

É no atestado de óbito que o médico preenche todas as doenças, estados mórbidos ou lesões que contribuíram para produzir a morte, além de circunstâncias de acidente, violência ou lesões. Ocasião que deve o médico declarar a causa básica do óbito somente em último lugar, estabelecendo uma sequência de causas até o óbito, devendo colocar até quatro causas, inclusive as preexistentes.

O problema tem ocorrido com as mortes ocorridas em decorrência da pandemia do Coronavírus – Covid-19, quando de seu registro sem o exame definitivo da doença ou mesmo sem ter feito o respectivo exame, tendo autorização normativa[19] administrativa para colocar no registro, inclusive, a suspeita da doença do Covid-19, criando uma exceção ao atestado de óbito, o qual fica passível de retificação, caso a suspeita não se confirme.

Para melhor embasar o procedimento de retificação, sobre a causa básica da morte, amparado pelo provimento do CNJ, acima citado, a Corregedoria Geral do Tribunal de Justiça do Estado do Pará expediu o provimento conjunto autorizando o procedimento administrativo para incluir ou excluir a causa básica de morte, desde que seja apresentado documento legal e autêntico que consiste no exame laboratorial conclusivo,[20] realizado por unidade de saúde reconhecida por autoridade governamental, que ateste a causa da morte.

No mesmo sentido foi no enunciado 69,[21] de 21.03.2020, em que a Associação dos Registradores de Pessoas Naturais de São Paulo expediu autorizando a retificação

---

19. BRASIL. Portaria Conjunta 2, de 28.04.2020, do Conselho Nacional de Justiça e Ministério da Saúde, autorizando em seu art. 5º, parágrafo único, que havendo morte por doença respiratória suspeita para Covid-19, não confirmada por exames ao tempo do óbito, deverá ser consignado na Declaração de Óbito a descrição da causa mortis como "suspeito para Covid-19".
20. Provimento conjunto 09/2020-CJRMB/CJCI – TJE/PA publicado em 04.06.2020 DJ 6915. Autoriza os Serviços de Registro Civil de Pessoas Naturais do Estado do Pará a realizar administrativamente os procedimentos de retificação de Registros de Óbitos cujas certidões foram expedidas em decorrência da infecção humana provocada pelo novo Coronavírus (SarsCov-2), em conformidade com a Portaria Conjunta 1 de 30.03.2020 do CNJ; artigos 78, 79 e 110 da Lei 6.015/73; e dá outras providências. Art. 1º – Autorizar os registradores civis de pessoas naturais do Estado do Pará a realizarem administrativamente os procedimentos para retificação de Registro de Óbito, nos quais tenha constado como a causa da morte "suspeita de Covid-19", "Covid-19", ou não constou referência à Covid-19, para excluir ou incluir essa causa da morte. Parágrafo único: Para solicitar a retificação de que trata o caput deste artigo, é indispensável a apresentação de documento legal e autêntico que consiste no exame laboratorial conclusivo, realizado por unidade de saúde reconhecida por autoridade governamental, que ateste a causa da morte. Art. 2º Tem legitimidade para requerer ao registrador civil de pessoas naturais o procedimento administrativo de retificação de registro de óbito, nos casos previstos neste provimento, qualquer das pessoas legitimadas nos termos do art. 79 da Lei 6.015/73.
    Art. 3º Este Provimento entra em vigor na data de sua publicação. Belém, 03 de junho de 2020.
21. A Associação dos Registradores de Pessoas Naturais do Estado de São Paulo (Arpen-SP) divulga o enunciado nº 69 que trata da possibilidade de retificação dos registros de óbito que possuem relação com o novo coronavírus (Covid-19). Registro de Óbito. Enunciado 69. O registro de óbito em que constou a causa da morte como "suspeita de Covid-19", como "Covid-19" ou não constou referência ao Covid-19 poderá ser retificado para excluir ou incluir essa causa da morte, mediante procedimento administrativo requerido por qualquer das pessoas legitimadas a declarar o óbito e apresentação de documento legal e autêntico que consiste no exame laboratorial conclusivo. Fundamento legal: art. 110 da Lei 6.015/73 e Resolução SS 32 da Secretaria Estadual de Saúde do Estado de São Paulo, publicada no DOE de 21.03.2020.

na causa básica de morte em decorrência de exames conclusivos sobre a doença de Covid-19.

E como se trata de documento, apresentado em original ou cópia autêntica, se estará dentro dos limites autorizados pelo art. 110, inciso I, da LRP, por ser baseado em erros que não exijam qualquer indagação para a constatação imediata de necessidade de sua correção, ou seja, basta a apresentação de documento com nova informação da causa básica da morte.

Sobre o prazo, não há limites legais para retificar uma informação. Não se trata de dados imutáveis, pois se errados, devem ser corrigidos quando se descobrir da existência do erro, sem qualquer limite temporal para intentar a retificação, seja de forma administrativa ou judicial.

3. O DECLARANTE E OS LEGITIMADOS A REQUERER A RETIFICAÇÃO DO ÓBITO

O declarante no registro de óbito deve ser conforme definido na lista do art. 79, da Lei 6015/73. Ocorre que haverá ocasiões em que mais de uma pessoa será o responsável por declarar o óbito a depender de algum fato, como no caso de ocorrência do óbito em acidente socorrido por uma autoridade policial, no transporte de uma ambulância com ou sem assistência médica, dentro de uma unidade de tratamento hospitalar, ou mesmo em casa, seja de morte natural ou violenta.

Devido a isso há uma lista que, de forma resumida, por ser entendido que a ordem do declarante pode ser iniciada pelo viúvo (cônjuge sobrevivente) para o registro do óbito de seu ente querido, seguido pelo chefe de família, filho, irmã(o), parente mais próximo, administrador, diretor, ou gerente do estabelecimento em que ocorreu o óbito, pessoa que assistiu os últimos momentos do finado, médico, sacerdote ou vizinho e a autoridade policial que encontrou o finado.

É uma ordem sucessiva que demonstra proximidade com o finado e, em razão disso, possivelmente tenha mais informações a prestar de sua ocorrência, bem como a apresentação documental para fins de registro. Ocorre que na existência de um atestado de óbito, a doutrina entende ser desnecessário observar a ordem legal do declarante a proceder com o registro, desde que seja a pessoa que saiba dar melhor informações e juntar os documentos corretos.

Assim como não precisa cumprir, à risca, a linha de possíveis declarantes do óbito, também não precisa quando da retificação do registro, pois é possível que um médico assine o atestado do óbito, vizinho assine o registro e, só depois de um certo tempo compareça um parente com as informações completas para sanar as falhas do registro.

Há fatos já presenciados de que um neto deseja retificar o assento do avô para incluir uma letra correta no sobrenome, mais de 50 anos depois, para poder ficar igual ao registro de nascimento português, para fins de montar a linha sucessória documental e conseguir a dupla cidadania.

Tendo conhecido quem pode pedir a retificação do registro, passamos a estudar sobre a mudança do elemento objetivo da profissão.

4. ALTERAÇÃO OU INCLUSÃO DA PROFISSÃO DO FALECIDO

Dentre os vários elementos objetivos do registro de óbito se encontra o item 3 (três) com a necessidade de incluir a profissão do(a) falecido(a).

Toda informação constante do registro é baseada em documentos autênticos, ou seja, até para informar no assento a profissão deve-se apresentar o documento respectivo, identificador da profissão, seja com a apresentação da Carteira de Trabalho (CTPS) ou mesmo de inscrição em alguma associação profissional ou de permissão de atuação em alguma profissão específica. Exemplo: se a pessoa falecida tiver trabalhado no banco, terá em sua CTPS a informação de ser caixa, atendente bancária; se atuava de forma autônoma, provavelmente vai ter alguma declaração combinada com alguma inscrição associativa de sua profissão pretérita. São esses documentos autênticos que devem ser apresentados para servir de base para a retificação requerida.

Não é possível retificar os dados de profissão com a simples informação da profissão sem comprovar com documentos, nem mesmo uma foto da pessoa dirigindo um trator ou em uma plantação e querer a inclusão da profissão de lavrador, pois aí haverá a necessidade de produção de provas, o que só pode ser feito judicialmente, seguindo o art. 109, da LRP.

Algo simples de retificar, mas com consequências jurídicas previdenciárias importantes, pois pode gerar uma despesa futura, devendo ter cautela e, se encontrar indícios de fraude, encaminhar todo o procedimento para análise do Representante do Ministério Público.

Veja agora sobre a retificação do estado civil.

5. RETIFICAÇÃO ADMINISTRATIVA DO ESTADO CIVIL PARA UNIÃO ESTÁVEL

A união estável é reconhecida como entidade familiar entre o homem e a mulher, configurada na convivência pública, contínua e duradoura com o objetivo de constituição de família, consoante CC, art. 1.723. O Conselho Nacional de Justiça, por meio do Provimento 37, de 2014, dispôs sobre o registro da união estável no livro 'E', na serventia de registro civil das pessoas naturais, visando conferir segurança jurídica na relação mantida entre os companheiros e desses com terceiros, inclusive no que tange aos aspectos patrimoniais, bem como acrescentou a possibilidade da união estável entre pessoas do mesmo sexo.

O estado civil é a situação conjugal em que o indivíduo se encontra, como o de solteiro, casado, separado judicialmente, divorciado e viúvo. Não existe, ainda, o estado civil de 'em união estável', mesmo que possua uma escritura pública de união estável ou contrato particular com firma reconhecida.

O art. 80, da LRP, trata da qualificação e do estado civil no registro de óbito, da pessoa falecida, no seu item três, como o prenome, nome, sexo, idade, cor, estado, profissão, naturalidade, domicílio e residência do morto, e no item quatro se era casado, o nome do cônjuge sobrevivente, mesmo quando desquitado; se viúvo, o do cônjuge predefunto; e o cartório de casamento em ambos os casos. Em nenhum momento há a delimitação de inclusão do estado fático de união estável, ou mesmo de que convivia em união estável.

A norma administrativa extrajudicial do Tribunal de Justiça de São Paulo, no tomo II, em seu artigo 99, trata da possibilidade de inclusão de que era casado ou vivia em união estável, o nome do cônjuge ou companheiro supérstite, a ser incluída no registro do óbito e será incluída no campo na certidão de óbito nas observações.

No mesmo sentido trata o Código de Normas Extrajudiciais do Tribunal de Justiça do Pará, em seu art. 682, ao especificar que o assento de óbito conterá expressamente se era casado convivia em união estável, o nome do cônjuge ou companheiro sobrevivente, finalizando o inciso quatro com a determinação de informar a serventia do casamento ou registro da união estável.

Trata-se de uma informação declaratória, mas se for apresentado o documento público (escritura pública de união estável) registro no livro 'E', deverá constar essa informação no registro do óbito, mas ocupará apenas o campo de observações da certidão, juntamente com as informações de que deixou ou não filhos, bens ou testamento.

Tais informações são apenas informativas e não fazem prova, devendo ser apresentado os respectivos documentos comprobatórios quando de sua necessidade, como em caso de um inventário, ocasião que se irá apresentar os documentos da união estável e poder participar da partilha ou mesmo meação.

A discussão sobre a possibilidade de incluir o fato de viver com companheiro(a) já foi decido de forma administrativa pela Corregedoria Geral junto ao TJSP em que se decidiu que a simples existência de 'união estável', feita junto ao assento de óbito, além de não produzir, por si só, qualquer efeito como elemento de prova ou de proteção de direitos subjetivos, viola a imprescindível segurança dos registros públicos.[22]

O sistema extrajudicial nada decide, apenas cumpre normas e decisões judiciais, assim, só deve registrar o que a lei permite.

O mesmo tema também já foi decidido algumas vezes pelo Poder Judiciário, trazendo dentre as várias decisões, uma linear com a atitude do sistema extrajudicial, e a decisão[23] (em nota de rodapé) foi plenamente legalista, seguiu os pre-

---

22. Processo CG 23.911/92 do TJSP.
23. BRASIL. TJES. Ementa: processo civil. Certidão de óbito. Ação ajuizada pela companheira de homem que veio a falecer. Pedidos de retificação para inserção do estado civil do falecido, da data de seu sepultamento, da existência de bens a inventariar, do nome de seus filhos e do nome de sua companheira. Ilegitimidade

ceitos da pirâmide de Kelsen, trazendo a linha normativa a ser seguida, embasada no citado artigo 80, da LRP, o qual nada trata na referida norma sobre inclusão do estado fático de união estável, mesmo que já reconhecido por outras normas como similar ao casamento.

Com a informação acima fica claro ao leitor que não é possível mudar o estado civil do morto para união estável, por ser tratar apenas, ou justamente, de um estado fático com consequências patrimoniais, porém se aceita a inclusão da informação de que a pessoa falecida vivia em união estável, a ser incluída no campo das observações gerais, de forma declaratória, sendo impressa ao final da certidão.

Esta possibilidade, com base em provas documentais autênticas, torna possível a retificação do registro diretamente na Serventia Extrajudicial em que foi realizado o assento (ou mesmo por meio do e-protocolo do CRC) para incluir a informação da união estável, desde que apresente uma escritura pública de união estável ou mesmo um contrato particular assinado por ambos com firma reconhecida ou ordem judicial, mas não para mudar o estado civil do(a) falecido(a).

Com o requerimento se terá a qualificação registral, já citado acima, para analisar as informações e autenticidade da prova apresentada. Caso haja alguma necessidade de produção de provas, deverá ser feita a devolutiva do requerimento, ou mesmo seu indeferimento imediato, para que use a resposta para ingressar judicialmente com o pedido e produção da prova pretendida. Isso ocorre em situações de falta de prova da união estável ou munido de uma declaração unilateral de informação de que vivia em união estável, como prova antecipada a ser confirmada judicialmente em posterior procedimento específico para este fim.

Há uma possibilidade de reconhecer, por escritura pública, o direito à meação na união estável, no inventário, com a informação confirmada por todos os herdeiros, no procedimento extrajudicial, conforme a previsão legislativa de alguns

---

quanto à inserção do nome dos filhos. Falta de interesse de agir necessidade-utilidade para fazer constar o nome da companheira e da existência de união estável. (...) 2. A mens legis do art. 80, da Lei 6.015/73, do CCB/02, é justamente, fazer constar o estado civil do de cujus. Ora, como consabido a relação de companheirismo decorrente da união estável não diz respeito ao estado civil das pessoas, sendo mera situação fática reconhecida pelo ordenamento jurídico. Assim, incabível é a sua inserção na certidão de óbito do falecido. Ademais, o Código Civil, no § 1.º, em seu art. 1.723, reconheceu a existência de união estável mesmo entre pessoas separadas de fato ou de direito e, em seu art. 1790, autorizou a participação da companheira na sucessão do falecido. Assim sendo, a via processual empregada não ensejará um resultado útil, nem necessário, pelo que se mostra descabida a pretensão da apelante em fazer constar seu nome na condição de companheira do falecido. 3. Verifica-se que a certidão de óbito foi omissa no que diz respeito a existência de bens a inventariar. Ocorre que, como afirmado pela própria autora/apelante, já foi aberto o inventário dos bens do de cujus. Destarte, desnecessária a inserção de tal expressão na citada certidão de óbito. (...) 5. No que toca ao estado civil do falecido, é exigência o art. 80, da Lei 6.015/73, que o faça constar na certidão de óbito. Tendo sido devidamente comprovado o estado civil do falecido (separado judicialmente), há de ser julgado procedente o pedido da autora/apelante para retificação da certidão de óbito nesse pormenor. 6. Recurso parcialmente provido. Sentença reformada em parte. (TJES, Classe: Apelação, 035050081443, data de Julgamento: 30.01.2007, Data da Publicação no Diário: 08.03.2007).

Códigos de Normas Extrajudiciais,[24] como o do Estado do Pará, na ocasião da partilha de bens.

Lembre-se que não há necessidade de se incluir a informação de união estável para ter direito a meação ou partilha de bens, pois a prova da união estável não será a certidão de óbito com a informação declaradora de que deixou companheiro(a) e sim a escritura pública da união estável ou mesmo decisão judicial que reconheceu o fato, após produção probatória.

Tendo compreendido que a retificação para incluir união estável não se trata de mudar estado civil, vejamos a averbação para inserir nome de filho ou de ter deixado bens.

6. AVERBAÇÃO PARA INSERIR NOME DE FILHO OU O FATO DE TER DEIXADO BENS

O documento que prova a filiação é a certidão de nascimento, a qual poderá ser substituída pela de casamento, ou casamento averbado o divórcio, mas não a de óbito, pois a origem de tudo sempre é a de nascimento, a qual servirá de base para qualquer retificação nos assentos futuros, nunca o contrário, querer corrigir os dados no nascimento com a certidão de óbito.

A inclusão dos dados de nome de filho no registro de óbito é possível, nos mesmos moldes do art. 110, I, da LRP, desde que seja apresentada a certidão de nascimento ou casamento (autêntica) em que se encontre a informação de filiação, para poder incluir (averbar) a informação no registro de óbito. E cada inclusão de filho será cobrada uma averbação.

O fato de não constar a informação da existência de um filho determinado no registro do óbito, que irá constar do campo observações gerais, não impede a sua inclusão no inventário e partilha de bens, pois como já exposto acima, o documento que prova a filiação é a certidão de nascimento.

Da mesma forma é a informação de que deixou bens no registro de óbito, pois deve ser demonstrado por documentos autênticos a existência de bens em nome do falecido para se incluir os dados no campo de observações gerais, da mesma maneira do já citado art. 110, I, da LRP.

Esclarece-se que em nada afeta ou prejudica o procedimento de inventário e partilha de bens, muito menos o testamento, até porque o óbito não é o local para incluir os bens deixados pelo(a) falecido(a), cabendo este procedimento específico ao inventário, com advogado, nomeação de inventariante, nos limites legais da Lei 11.441/2007.

---

24. Brasil. Código de Normas Extrajudiciais do TJPA. Art. 293. A meação de companheiro pode ser reconhecida na escritura pública desde que todos os herdeiros e interessados na herança, absolutamente capazes, estejam de acordo.

Em suma, é possível incluir nome de filho ou de que deixou bens no registro do óbito, a constar no campo das observações gerais, desde junte provas em documentos autênticos, caso contrário será necessário produzir provas judiciais, mas em nada afeta o procedimento da partilha de bens, pois no inventário os herdeiros irão declarar que são aqueles os filhos, bem como são aqueles os únicos bens do inventário. Caso haja alguma falha por ausência de herdeiros ou omissão de bens, estes serão ajustados em procedimento posterior.

Como os dados de um registro de óbito são públicos, vejamos qual a influência da aplicação da lei geral de proteção de dados.

7. RETIFICAÇÃO DE ÓBITO E A LEI GERAL DE PROTEÇÃO DE DADOS

A lei geral de proteção de dados, LGPD 13.709/2018, trata de forma clara e bem delineada sobre o tratamento de dados pessoais, inclusive nos meios digitais, por pessoa natural ou por pessoa jurídica de direito público ou privado, com o objetivo de proteger os direitos fundamentais de liberdade e de privacidade e o livre desenvolvimento da personalidade da pessoa natural.

A disciplina da proteção de dados pessoais tem como fundamentos o respeito à privacidade, a autodeterminação informativa, a liberdade de expressão, de informação, de comunicação e de opinião, a inviolabilidade da intimidade, da honra e da imagem, o desenvolvimento econômico e tecnológico e a inovação, a livre iniciativa, a livre concorrência e a defesa do consumidor, os direitos humanos, o livre desenvolvimento da personalidade, a dignidade e o exercício da cidadania pelas pessoas naturais.

As serventias de registro civil das pessoas naturais são de natureza privada, mas por delegação pública, em que seus livros e dados são de acesso público, concedido pelo particular, quando do registro de nascimento, casamento e óbito. Concessão ocorrida na ocasião de sua execução e assinatura no assento do livro, por seus representantes autorizados por lei ou pessoalmente (no casamento), com os seus dados pessoais.

O importante a saber, e ligado diretamente à atividade registral civil das pessoas naturais, se encontra na definição de dados pessoais, sendo a informação relacionada a pessoa natural identificada ou identificável, além dos dados pessoais considerados sensíveis, como o dado pessoal sobre origem racial ou étnica, convicção religiosa, opinião política, filiação a sindicato ou a organização de caráter religioso, filosófico ou político, dado referente à saúde ou à vida sexual, dado genético ou biométrico, quando vinculado a uma pessoa natural.

Ao seguir a aplicação da LGPD, se tiver dados sensíveis na certidão, deverá se atentar para a verificação da finalidade do pedido, porém tais dados não são padrão de registro.

Ocorre que as serventias de registro já possuem a regulamentação específica, com a Lei 6015/73, além da Lei 8.560/92, art. 6º, o qual também possuem tratamento de proteção de dados, onde se encontra a determinação de que as certidões de nascimento não constarão indícios de a concepção haver sido decorrente de relação extraconjugal e, que não deverá constar, em qualquer caso, o estado civil dos pais e a natureza da filiação, bem como o lugar e cartório do casamento, proibida referência à presente lei, claro que faz ressalvas para as autorizações ou requisições judiciais de certidões de inteiro teor, mediante decisão fundamentada, assegurados os direitos, as garantias e interesses relevantes do registrado.

A norma traz informação do tratamento das serventias como de direito público e que devem refornecer acesso aos dados por meio eletrônico para a administração pública para a finalidade e persecução de interesse público.[25]

Há ainda no Estatuto da Criança e Adolescente, no art. 48, a determinação de que o adotado tem direito de conhecer sua origem biológica, bem como de obter acesso irrestrito ao processo no qual a medida foi aplicada e seus eventuais incidentes, após completar 18 (dezoito) anos. E com isso o acesso ao processo de adoção poderá ser também deferido ao adotado menor de 18 (dezoito) anos, a seu pedido, assegurada orientação e assistência jurídica e psicológica.

Trazendo a LGPD apenas a forma deste tratamento dos dados para se evitar riscos e prevenir danos. Importante enfatizar que a norma em comento trata do uso dos dados, criando os fluxos, protegendo do mal uso deles. Não se trata de vedar a publicação dos dados, até porque as pessoas que lhe fornecem os dados e permitem o seu uso, autorizado por lei, quando do registro nos livros da serventia, e seu posterior repasse aos outros cartórios ou órgãos públicos, bem como quem a peça na serventia.

O problema é a perda dos dados e seu uso não autorizado por terceiros.

No caso do registro do óbito, em que alguém declarante traz a informação[26] ao registro, fornecendo os dados, bem com alguns documentos, estes deverão ser arquivados de forma correta, triturados alguns (caso do título de eleitor), e repassados para anotações aos cartórios de forma direta (malote digital, comunicado via CRC, e-mails), bem como aos órgãos censores e previdenciários respectivos.

Não há vedação ou aplicação de multa por repassar a informação recebida do óbito, mas ao permitir que o documento fornecido de título de eleitor seja usado

---

25. BRASIL. Lei geral de proteção de dados 13.709/2018. Art. 23. O tratamento de dados pessoais pelas pessoas jurídicas de direito público referidas no parágrafo único do art. 1º da Lei 12.527, de 18 de novembro de 2011 (Lei de Acesso à Informação) , deverá ser realizado para o atendimento de sua finalidade pública, na persecução do interesse público, com o objetivo de executar as competências legais ou cumprir as atribuições legais do serviço público, desde que: (...) § 4º Os serviços notariais e de registro exercidos em caráter privado, por delegação do Poder Público, terão o mesmo tratamento dispensado às pessoas jurídicas referidas no caput deste artigo, nos termos desta Lei. § 5º Os órgãos notariais e de registro devem fornecer acesso aos dados por meio eletrônico para a administração pública, tendo em vista as finalidades de que trata o *caput* deste artigo.
26. 'Para dados pessoais cujo acesso é público, o tratamento deve considerar a finalidade, a boa-fé e o interesse público que justificarem sua disponibilização, sendo dispensada a exigência do consentimento para os dados tornados manifestamente públicos pelo titular, resguardados os direitos do titular e os princípios previstos na referida Lei'. Conforme ensinamentos de Santos (2021, p. 296).

por terceiros (uso indevido) tem como consequência a aplicação da multa, além de outros procedimentos judiciais e administrativos.

A LGPD se aplica a dados digitais e físicos,[27] recebidos e publicados, divulgados[28] por meios eletrônicos, conhecidos como '*big data*',[29] até porque existe a possibilidade autorizada pelo CNJ de registro de óbito[30] eletrônico,[31] sempre visando proteger a informação do seu uso indevido.

Certo é que a LGPD trouxe proteção aos dados pessoais, principalmente os sensíveis, promovendo ajustes normativos, administrativos, ao harmonizar a o sistema registral e notarial para o bem da publicidade e evitar sanções por eventuais danos sofridos, os quais refletem no óbito, ou mesmo em sua retificação, quando da necessidade de emissão de uma certidão de inteiro teor, caso haja dados sensíveis, necessitante de autorização judicial para a sua emissão.

Assim, aprendemos como a retificar os dados no registro de óbito, quem são os legitimados, como se procede e que documentos devem ser apresentados, para a sua efetivação direta na serventia do registro ou por meio eletrônico.

8. REFERÊNCIA

ALVES, Francyer Moreira; SIQUEIRA, Jamille Morais de; ALVES, Luciano Moreira. Lei geral de proteção de dados pessoais: novos desafios à gestão privada do registro civil das pessoas naturais. In: l DEBS, Martha E (Coord.). *O Registro Civil na atualidade*: a importância dos ofícios da cidadania na construção da sociedade atual / coordenadora. Salvador: JusPodivm, 2021.

ASSUMPÇÃO, Letícia Franco Maculan. A averbação e a retificação administrativa: desjudicialização no registro civil das pessoas naturais pela Lei 13.484/2017, p. 373-394. In: FERRO JÚNIOR, Izaías

---

27. 'A proteção de dados determinada pela nova lei não restringe ao tratamento realizado em meio de digital, mas abrange também os meios "não digitais", aplicando-se às pessoas naturais e jurídicas, de direito público ou privado, visando a proteção da liberdade, da privacidade e a garantia do desenvolvimento da pessoa natural, devendo ser observada por União, Estados, Distrito Federal e Municípios'. Conforme palavras de Alves, Siqueira e Alves (2021, p. 560).
28. BRASIL. Lei geral de proteção de dados 13.709/2018. Art. 5º Para os fins desta Lei, considera-se: X – tratamento: toda operação realizada com dados pessoais, como as que se referem a coleta, produção, recepção, classificação, utilização, acesso, reprodução, transmissão, distribuição, processamento, arquivamento, armazenamento, eliminação, avaliação ou controle da informação, modificação, comunicação, transferência, difusão ou extração.
29. 'Nesse sentido o '*big data*', por meio de algoritmos, cálculos matemáticos, cria perfis, baseados em acesso do usuário à internet e extrai importantes informações dos indivíduos como: hábitos de pesquisa, que transparecem desejos de consumo, ocasionando a possibilidade de envio de propagandas direcionadas, específicas daqueles clientes em potencial. Segundo Silva e Mazin (2021, p. 1.009).
30. Entende Canela (2021, p. 1.189) que '(...) além da possibilidade de validação de documentos, meios que comprovam a integridade da assinatura digital. O comparecimento do declarante à serventia competente para assinar o assento de óbito é desnecessário, gerando custos com o deslocamento e dependendo tempo de balcão do oficial'.
31. BRASIL. Provimento 93/2020 do CNJ. Art. 2º As Declarações de Óbito poderão ser assinadas presencialmente pelos Declarantes nos Hospitais e ser enviadas por meio eletrônico para o e-mail oficial do serviço do registro civil das pessoas naturais competente, no endereço divulgado no sitio da Associação Nacional dos Registradores de Pessoas Naturais – ARPEN Brasil.

Gomes; SCHWARZER, Márcia Rosália (Coord.); DEBS. Martha el (Coord. Geral). *Registro Civil das Pessoas Naturais* – Temas aprofundados. Salvador: JusPodivm, 2019.

Brasil. Resolução CFM 2.217, de 27/09/2019, conhecido como Código de Ética Médica. Disponível em: https://cdn-flip3d.sflip.com.br/temp_site/issue-3b3fff6463464959dcd1b68d0320f781.pdf.

Brasil. Provimento conjunto 09/2020-CJRMB/CJCI – TJE/PA publicado em 04/06/2020 DJ 6915. Disponível em: https://www.tjpa.jus.br//CMSPortal/VisualizarArquivo?idArquivo=908985.

CANELA, Rafael Vano. Registro de óbito eletrônico. In: DEBS, Martha El (Coord.). *O Registro Civil na atualidade*: a importância dos ofícios da cidadania na construção da sociedade atual. Salvador: JusPodivm, 2021.

CAMARGO NETO, Mário de Carvalho; OLIVEIRA, Marcelo Salaroli de. In: CASSETTARI, Christiano (Coord.). *Coleção Cartórios* – Registro Civil de Pessoas Naturais: Parte geral e Registro de nascimento. São Paulo: Saraiva, 2014. v. 1.

FRANÇA, Rubens Limongi. *Direitos privados da personalidade*. São Paulo: Ed. RT, ago. 1966. v. 370.

FERRARINI, Fernanda. Direitos da personalidade e a publicidade no registro civil das pessoas naturais. In: FERRO JUNIOR, Izaías Gomes (Coord.); DEBS, Martha El (Coord. geral). *O registro civil das pessoas naturais* – Novos estudos. 2. ed. rev. e atual. Salvador: JusPodivm, 2020.

GIL, Francisco Hernández. *Introducción al derecho hipotecario*, 1970.

KUMPEL, Vitor Frederico et. al. Tratado Notarial e Registral. São Paulo : YK Editora, 2017. v. II.

LIMA, Viviane Pereira. Averbações e anotações no registro civil das pessoas naturais. In: FERRO JUNIOR, Izaías Gomes (Coord.); DEBS, Martha El (Coord. geral). *O registro civil das pessoas naturais* – Novos estudos. 2. ed. rev. e atual. Salvador: JusPodivm, 2020.

LOUREIRO, Luiz Guilherme. *Registros públicos*: teoria e prática. 9. ed. rev., atual e ampl. Salvador: Juspodivm, 2018.

LOUREIRO, Luiz Guilherme. *Registros Públicos* – Teoria e prática. 4. ed. rev., atual e ampl. Rio de Janeiro: Forense; São Paulo: Método, 2014.

SANTOS, Anderson Mascarenhas. O registro civil das pessoas naturais diante das transformações digitais e a lei geral de proteção de dados. In: DEBS, Martha El (Coord.). *O Registro Civil na atualidade*: a importância dos ofícios da cidadania na construção da sociedade atual. Salvador: JusPodivm, 2021.

SANTOS, Reinaldo Velloso dos. *Registro Civil das Pessoas Naturais*. Porto Alegre: Fabris, 2006.

REGISTRO DE IMÓVEIS

ALIENAÇÃO DA POSSE *AD USUCAPIONEM* JÁ CONSUMADA, PORÉM NÃO DECLARADA: ACESSÃO DA POSSE COMO PROBLEMA NO PROCEDIMENTO EXTRAJUDICIAL PARA RECONHECIMENTO DA USUCAPIÃO

Lucas da Silva Peres

Doutorando e Mestre em Sistema Constitucional de Garantia de Direitos pelo Centro Universitário de Bauru/SP mantido pelo Instituto Toledo de Ensino – ITE. Graduado em Direito pela Faculdade de Direito de Ribeirão Preto da Universidade de São Paulo – FDRP/USP. Tabelião de Notas e de Protesto de Letras e Títulos da Comarca de Pirajuí/SP.

Resumo: O presente trabalho tem por escopo o estudo do ato decisório por agente delegado do ofício de registro imobiliário no contexto do procedimento extrajudicial para reconhecimento de usucapião, possuindo a acessão da posse como problema. Procurou-se analisar os argumentos e raciocínios jurídicos hábeis a construir a interpretação mais adequada aos casos para os quais seja possível atestar com clareza a ocorrência de alienação da posse *ad usucapionem* já consumada, porém não declarada, e seus reflexos para a formação do juízo do oficial registrador, notadamente no tocante à existência – ou não – do direito real de propriedade neste contexto da configuração da prescrição aquisitiva.

Sumário: 1. Introdução – 2. Metodologia – 3. Da posse; 3.1 Posse *ad usucapionem;* 3.2 Acessão da posse; 3.3 Acessão da posse *ad usucapionem* já consumada, porém não declarada – 4. Perspectiva tributária do negócio jurídico oneroso de alienação da posse *ad usucapionem* já consumada, porém não declarada – 5. Perspectiva registral: formação do título e ato decisório; 5.1 Requisitos gerais; 5.2 Perfeita orientação de quais são os interessados no procedimento; 5.3 Terceiros interessados na relação jurídica entre alienante e adquirente da posse *ad usucapionem* já consumada, porém não declarada; 5.4 Da fiscalização anômala; 5.5 Vetor axiológico da regularização fundiária – 6. Conclusão – 7. Referências.

1. INTRODUÇÃO

A Usucapião,[1] para além de modalidade de aquisição de direitos reais, comporta – em especial no contexto dos bens imóveis – a importante função regularizadora do domínio: a posse qualificada por certo tempo de bens ou direitos aptos trasmudarão sua qualidade jurídica a fim de assegurar maior estabilização e pacificação social do

---

1. RIBEIRO, Moacyr Petrocelli de Ávila. A usucapio libertatis no registro de imóveis: perspectivas registrais a partir da incidência de ônus reais na propriedade imobiliária. *Revista de Direito Imobiliário*. v. 88. p. 112. jan.-jun. 2020

exercício sobre a coisa, com a declaração de direitos em favor da posse qualificada, e a perda dos direitos pelo titular inerte.

A origem datada do Direito Romano contrapõe-se à resiliente sobrevivência do instituto, cuja atual posição de destaque pode ser comprovada pelas variadas situações concretas levadas ao conhecimento das autoridades competentes, bem como por recentes inovações legislativas e regulamentares disciplinando a matéria, com especial enfoque aos bens enraizados.[2]

Notícias dão conta[3] de que aproximadamente metade dos bens imóveis do Brasil encontram-se irregulares, razão pela qual a Usucapião – juntamente a outras modalidades de Regularização Fundiária – sobressai como remédio ao que especialistas[4] sobre o tema denominam "Capital Morto", isto é: "riquezas" no plano da informalidade são incapazes de potencializar retornos privados (p.ex. utilização de bens como garantia de financiamentos) ou coletivos (v.g tributos e outros planejamentos urbanos e/ou fundiários pelo Poder Público), situação diretamente conectada à sua não-conformação formal e material às regras estabelecidas.

A informalidade e irregularidade dos bens do solo brasileiro compreendem fatores de variadas ordens: i) a exploração colonial portuguesa;[5] ii) o grande êxodo rural ocorrido ao longo do sec. XX, cujo crescimento urbano sistematicamente desobedeceu às exigências normativas de sustentabilidade urbanística; iii) as perenes insuficiências legislativa e fiscalizatória do Poder Público; iv) a precariedade dos cadastros e ofícios de registro imobiliário ao longo da ocupação territorial brasileira etc.

Notadamente acerca do último ponto, o jurista Ivan Jacopetti do Lago afirma em sua obra "História do Registro de Imóveis"[6] que até o ano de 1846 não havia no Brasil qualquer meio de publicidade imobiliária que produzisse efeitos jurídicos, quer quanto à constituição dos direitos reais e transmissão da propriedade, quer quanto a seus efeitos em relação a terceiros.[7]

---

2. Destaque-se a inovação legislativa inaugurada com o Código de Processo Civil, e sua regulamentação a partir do Provimento CNJ 65 de 14 de Dezembro de 2017.
3. MACEDO, Paola de Castro Ribeiro. *Regularização fundiária urbana e seus mecanismos de titulação de ocupantes*: Lei 13.465/2017 e Decreto 9.310/2018. São Paulo: Thomson Reuters Brasil, 2020. (Coleção Direito Imobiliário; v. V; Coord. Alberto Gentil de Almeida Pedroso). p. 41.
4. Neste sentido, consulte-se considerações de Cintia Maria Scheid em trabalho referencial sobre o tema publicado na Revista de Direito Imobiliário, em especial nas páginas 436 e 437 desenvolvendo as ideias a partir da citação do economista peruano Hermano de Soto. v. SCHEID, Cintia Maria. O princípio da função social da propriedade e sua repercussão na evolução da regularização fundiária urbana no ordenamento jurídico brasileiro. *Revista de Direito Imobiliário*, v. 83, ano 40, p. 423-454. São Paulo: Ed. RT, jul.-dez. 2017.
5. RIBEIRO, Moacyr Petrocelli de Ávila. A usucapio libertatis no registro de imóveis: perspectivas registrais a partir da incidência de ônus reais na propriedade imobiliária. *Revista de Direito Imobiliário*. v. 88. p. 114. jan.-jun. 2020.
6. LAGO, Ivan Jacopetti do. *História do registro de imóveis*. São Paulo: Thomson Reuters Brasil, 2020. (Col. Direito Imobiliário; v. I; Coord. Alberto Gentil de Almeida Pedroso).
7. Op. cit., p. 175.

Referido marco temporal traz como referência o Decreto 482 de 14 de Novembro de 1846 o qual introduziu, nas palavras do jurista acima citado, a primeira manifestação do fenômeno do registro imobiliário no Brasil a partir do registro de hipotecas.[8]

Por longo período, predominou no Brasil a mera posse da terra, a qual foi legitimada oficialmente a partir da Lei 601 de 1850[9] e seu Regulamento 1.318 de 1854, no entanto

> (...) toda a documentação resultante desta tentativa de regularização era extremamente desordenada. Isto tornava complexa e insegura a atividade de se buscar a titularidade verdadeira de um dado imóvel, que dependeria de um levantamento da cadeia filiatória do imóvel mediante o encadeamento dos proprietários, título a título. O problema era agravado pela dispersão e falta de centralização dos dados sobre cada imóvel, e pela existência de hipotecas ocultas e gerais, abrangendo bens presentes e futuros de certas pessoas arroladas pela lei.[10]

Entre altos e baixos, erros e acertos, a criação e legislação pertinente aos Ofícios de Registro Imobiliário passaram desde o marco fundamental[11] da Lei 1.237 de 24 de Setembro de 1864, perpassando pelo Código Civil de 1916, os Decretos 18.542 de 24 de Dezembro de 1928 e 4.857 de 09 de Novembro de 1939, até a promulgação da vigente Lei de Registros Públicos,[12] a qual a despeito das críticas, representou um marco importante na história da publicidade brasileira pela introdução do sistema de base real – a matrícula – em direção a uma maior segurança e precisão.[13]

Em suma, inúmeros fatores admitem reconhecer e justificar o descompasso entre a situação fática da inflexão de poderes sobre a coisa e a sua formalização jurídica tal qual "deveria ser" a partir dos comandos normativos urbanísticos. O desenho de regularidade jurídica do direito real de propriedade pautado pelo sistema do fólio real, organizado sob a perspectiva do bem imóvel, foi implementado e encontra-se em constante aperfeiçoamento há meio século de vigência.

Argumente-se, ademais, que a maior perfeição no que diz respeito ao dimensionamento objetivo e subjetivo do bem imóvel traz como consequência o aprimoramento aos cadastros correlativos, tornando mais eficientes a fiscalização tributária futura, a promoção de políticas públicas urbanísticas, ambientais, de reforma agrária etc.

Se por um lado há de se regulamentar meios com a finalidade de apropriar tais bens e direitos ao fluxo regular de trânsito jurídico; doutro, a fluidez e diversidade de ações dos seres humanos que conquistam o direito real de propriedade a partir da posse *ad usucapionem* exigem o esforço da compreensão das casuísticas, adaptando-se regras e raciocínios jurídicos aos princípios e vetores do Ordenamento Jurídico

---

8. Op. cit., p. 182.
9. Referido diploma normativo ficou conhecido como "Lei de Terras".
10. Op. cit., p. 178.
11. Expressão cunhada por Ivan Jacopetti do Lago. V. op. cit., p. 192.
12. Lei Federal 6.015 de 31 de Dezembro de 1973, com vigência iniciada aos 1º de Janeiro de 1976.
13. LAGO, Ivan Jacopetti do. *História do registro de imóveis*. São Paulo: Thomson Reuters Brasil, 2020. (Col. Direito Imobiliário; v. I; Coord. Alberto Gentil de Almeida Pedroso). p. 256.

neste ponto específico, em especial a função social da propriedade e a operabilidade dos direitos reais.

A Usucapião não se configurará pura e simplesmente em um etéreo momento no tempo. Ao contrário, existem diversos modelos, fatos jurídicos, manifestações de vontade qualificadas e uma enorme combinação para a concorrência do acontecimento – e futuro reconhecimento – da posse qualificada, sob certo período de tempo de coisa ou direito apto à usucapião.

O procedimento extrajudicial para seu reconhecimento possui uma série de exigências no que diz respeito a apresentação de elementos e outros documentos que comprovem a posse qualificada pelo prazo exigível em lei, o que nem sempre admitirá o recorte temporal preciso entre o início e o fim da fluência do prazo prescritivo legal, trazendo ao conhecimento da autoridade extrajudicial processante situações imperfeitas sob o ponto de vista da subsunção legal.

Neste sentido, o objeto a ser explorado diz respeito à posse qualificada para usucapião em contorno bastante específico da dinâmica jurídica de sua acessão onerosa em circunstância na qual o alienante já possuiria todos os requisitos para demandar a declaração de reconhecimento de usucapião, ao passo que o adquirente não possuiria – por si próprio – o prazo de posse hábil para pleitear o direito autonomamente.

Para fins ilustrativos, considerar-se-á o instituto sob sua faceta da aquisição/ regularização do direito real de propriedade de bens imobiliários sob o regime jurídico dos artigos 1.238 e seguintes do Código Civil Brasileiro (Usucapião Extraordinária) uma vez que não se pretende tangenciar modalidades de aquisição originária as quais discutam justo título ou outro elemento em sua origem: tão somente se tem por escopo analisar a acessão de posse como problema.

Tal questão não impede, per si, que a partir dos argumentos desenvolvidos possa haver readequações às situações das outras modalidades de prescrição aquisitiva.

As análises se darão no específico contexto do procedimento extrajudicial (consensual) para reconhecimento da usucapião e seu futuro ato de acolhimento/ rejeição pelo Ofício de Registro Imobiliário.

Além disso, o caso em tese explorado deixa clara a existência de negócio jurídico voluntário, derivado e oneroso entre os sujeitos concorrentes na posse qualificada, sendo que pontuar-se-ão questões teóricas a fim de justificar e legitimar a atuação do Oficial de Registro de Imóveis que presidirá o feito.

2. METODOLOGIA

Os critérios para estudo dos conceitos indispensáveis ao artigo visarão responder as seguintes questões:

> A Usucapião se verifica automaticamente com fluência do prazo da posse qualificada sobre bem usucapível ou apenas se caracterizará a partir do ato jurídico declaratório da autoridade competente?

É possível sustentar que a alienação da posse de Usucapião já consumada – porém não declarada – em realidade seria a transmissão do Direito Real de Propriedade?

Neste contexto, verificada a fluência do prazo prescricional em favor do alienante, será possível à autoridade competente reconhecê-la ex officio ou, ao revés, deverá privilegiar diretamente a parte interessada (requerente)?

Buscar-se-á aproximar a construção do raciocínio jurídico a partir do ponto de vista de atuação do delegado extrajudicial e prepostos autorizados, voltado para o procedimento extrajudicial para reconhecimento do Direito Real de Propriedade a partir da prescrição aquisitiva.

Possuirá papel de destaque a analogia, assim compreendida nas palavras de Carlos Maximiliano

> (...) a presunção de que duas coisas que tem entre si um certo número de pontos de semelhança possam consequentemente assemelhar-se quanto a um outro mais. Se entre a hipótese conhecida e a nova a semelhança se encontra em circunstâncias que se deve reconhecer como essencial, isto é, como aquela da qual dependem todas as consequências merecedoras de apreço na questão discutida; ou por outra, se a circunstância comum aos dois casos, com a consequências que da mesma decorrem, é a causa principal de todos os efeitos; o argumento adquire a força de uma indução rigorosa.[14]

Segundo Lloyd L. Weinreb,[15] Professor Emérito da Harvard Law School, um dos problemas fundamentais da teoria do direito consiste em como resolver essa conjunção entre o que é e o que deveria ser,[16] sendo característico ao raciocínio jurídico basear-se na analogia,[17] uma vez que a força normativa do direito depende de seu compromisso com a razão, cujos argumentos analógicos encontram posição de destaque.[18]

Como conclui Victor Gabriel Rodriguez, Professor da Universidade de São Paulo, um dos fundamentos do direito é o de tratar de maneira idêntica situações essencialmente semelhantes.[19]

É possível endossar o acima exposto a partir de dois brocardos jurídicos,[20] assim considerados as máximas jurídicas constituídas por frases sintéticas – geralmente em latim – denotando princípios gerais do direito os quais, juntamente à analogia,

---

14. MAXIMILIANO, Carlos. Hermenêutica e aplicação do direito: (apres: Alyson Mascaro). 21. ed. 3. reimp. Rio de Janeiro: Forense, 2018. (Col. Fora de Série). p. 188.
15. Disponível em: https://hls.harvard.edu/faculty/directory/10941/Weinreb/. Acesso em: 1º dez. 2021.
16. WEINREB, Lloyd L. A razão jurídica: o uso da analogia no argumento jurídico. Trad. Bruno Costa Simões; Rev. Marcelo Brandão Cipolla, Percival Panzoldo de Carvalho. São Paulo: Editora WMF Martins Fontes, 2008. p. XII-XIII.
17. Op. cit., p. XIV.
18. Op. cit., p. 20.
19. RODRIGUEZ, Víctor Gabriel. Argumentação jurídica: técnicas de persuasão e lógica informal. 6. ed. São Paulo: Editora WMF Martins Fontes, 2015. p. 147.
20. Disponível em: https://www.conjur.com.br/2013-mar-24/segunda-leitura-conhecidos-lembrados-brocardos-juridicos. Acesso em: 29 dez. 2021.

são meios de integração do ordenamento jurídico nos termos do artigo 4º da Lei de Introdução às Normas de Direito Brasileiro, quais sejam:

> i) *ubi eadem est ratio, ibi est eadem iuris dispositio* (trad.: Onde existe a mesma razão, aí se aplica o mesmo dispositivo legal);
>
> ii) *commodissimum est, id accipi, quo res de qua agitur, magis valeat quam pereat* (trad.: Prefira-se a inteligência dos textos que torne viável o seu objetivo, ao invés da que os reduza à inutilidade).

Há de se pontuar, desde logo, que a discussão a qual se pretende enfrentar diferencia-se de outros trabalhos publicados, notadamente dos estudos conduzidos por Eduardo Sócrates Castanheira Sarmento Filho[21] e por Luiza Fontoura da Cunha Brandelli.[22]

O primeiro autor externaliza como preocupação o previsto no §2º do artigo 13 do Provimento CNJ 65 de 14 de Dezembro de 2017, sob a perspectiva da fraude a lei. Dispõe o item normativo em comento

> Art. 13. Considera-se outorgado o consentimento mencionado no caput do art. 10 deste provimento, *dispensada a notificação*, quando for apresentado pelo requerente justo título ou instrumento que demonstre a existência de relação jurídica com o titular registral, acompanhado de prova da quitação das obrigações e de certidão do distribuidor cível expedida até trinta dias antes do requerimento que demonstre a inexistência de ação judicial contra o requerente ou contra seus cessionários envolvendo o imóvel usucapiendo
>
> (...)
>
> §2º Em qualquer dos casos, *deverá ser justificado o óbice à correta escrituração das transações para evitar o uso da usucapião como meio de burla dos requisitos legais do sistema notarial e registral e da tributação dos impostos de transmissão incidentes sobre os negócios imobiliários*, devendo registrador alertar o requerente e as testemunhas de que a prestação de declaração falsa na referida justificação configurará crime de falsidade, sujeito às penas da lei. (grifou-se do original)

Destacou-se no dispositivo supracitado as locuções de maior relevo levantadas por Eduardo Sócrates Castanheira Sarmento Filho, cuja problemática gravita em especial: i) na dispensa de intimação do proprietário matricial previsto no regulamento do Conselho Nacional de Justiça, o que não encontra paralelo ao procedimento comum de reconhecimento da usucapião judicial, em que o proprietário tabular haveria de ser citado; ii) o ajuste da qualificação do Oficial Registrador Imobiliário ao caso concreto, onde deverá precaver-se mediante a detida análise verificando as justificativas apresentadas pelo requerente para não obter o normal cumprimento da obrigação.

Ponderou, ademais, a hipótese na qual o "possuidor se abstenha de requerer a aplicação do prazo reduzido, preferindo se valer do prazo da usucapião extraordinária, de maneira a não apoiar sua pretensão no justo título" objeto do dissenso previsto no citado § 2º do artigo 13 do Prov. CNJ 65/2017.

---

21. SARMENTO FILHO, Eduardo Sócrates Castanheira. A fraude à lei e a usucapião extrajudicial, na perspectiva do Provimento 65 do Conselho Nacional de Justiça. *Revista de Direito Imobiliário (RDI)*. v. 86, ano 42, p. 49-59. São Paulo: Ed. RT, jan.-jun. 2019.

22. BRANDELLI, Luiza Fontoura da Cunha. O ITBI na usucapião administrativa. *Revista de Direito Imobiliário (RDI)*, v. 81, ano 39, p. 85-99. São Paulo: Ed. RT, jul.-dez. 2016.

Por outro lado, Luiza Fontoura da Cunha Brandelli embasou os argumentos em primazia ao estudo do Imposto de Transmissão (ITBI) e a ausência de fato imponível tributária, ainda que averiguado o procedimento extrajudicial para reconhecimento da usucapião o qual possui como seu cerne justificador a consensualidade entre os envolvidos, em especial no tocante à concordância – seja expressa ou tácita – de todos os titulares de direitos registrados ou averbados na matrícula do imóvel. Pontue-se sua conclusão

> Está claro que o antigo proprietário não transfere a propriedade, mas a perde em favor do usucapiente. Isto é, o domínio não é transferido de um proprietário ao outro, o que ocorre é a extinção da condição de proprietário pela inércia do seu titular, que dá espaço a uma nova realidade, desvinculada da anterior, em que um terceiro adquire o domínio sobre o bem.
> (...)
> O fato de o art. 216-A prever a necessidade de anuência expressa dos titulares de direitos registrados ou averbados na matrícula do imóvel não é suficiente para fazer nascer o ato de transmissão da propriedade. Referida concordância expressa seguramente não se consubstancia em negócio jurídico bilateral.

O objeto do presente artigo se diferencia em relação aos referidos estudos uma vez que não tangencia a usucapião pautada no justo título formado em concorrência com o proprietário registral, ou mesmo sob a premissa de elemento subjetivo fraudulento (*concilium fraudis*) que vincule o senhorio matricial ao alienante da posse *ad usucapionem* e o adquirente/requerente do procedimento extrajudicial para reconhecimento de usucapião.

Não discute sob o aspecto tributário a verificação da hipótese de incidência do ITBI sobre a transmissão operada pela aquisição originária em relação aos titulares de direitos registrados ou averbados na matrícula os quais invariavelmente deverão estar concordes ao procedimento extrajudicial.

Resumidamente, o contraponto dá-se na medida em que não se está a olhar para aqueles contra quem a usucapião será oponível; verificar-se-á a dinâmica entre agentes de direitos não formalmente declarados por autoridade competente, com pontos de interesse diversos, e o que isto pode impactar na atuação do foro procedimental extrajudicial.

3. DA POSSE

Segundo Luciano de Camargo Penteado,[23] a posse é considerada um dos temas de mais difícil estudo para o direito como um todo.[24] Isto decorre da complexidade do fenômeno possessório e a diversidade de suas manifestações, conectadas a questões

---

23. Saudoso jurista, falecido precocemente no ano de 2015. Era Professor de Direito Civil da Faculdade de Direito de Ribeirão Preto da Universidade de São Paulo (FDRP/USP), autor de obras referenciais neste campo do direito e atualizador responsável pelos Tomos VIII, XIX, XX, XXI e XXII do Tratado de Direito Privado de Pontes de Miranda.
24. PENTEADO, Luciano de Camargo. *Direito das coisas*. 3. ed. rev., atual., ampl. São Paulo: Ed. RT, 2014. (versão digital ProView), cap. XXII.

sociais subjacentes de enorme relevância – tais quais: reforma agrária, grilagem de terras, movimentos sociais de ocupação e moradia etc. – e sobretudo por se tratar da dimensão física que permeia a existência humana: "o homem existe no corpo e, portanto, precisa sempre de espaço."[25]

Referido jurista utiliza-se como argumento, a fim de endossar a complexa peculiaridade do instituto da posse no direito brasileiro, o fato de que Francisco Cavalcanti Pontes de Miranda dedicou um volume inteiro (Tomo X) de seu Tratado de Direito Privado exclusivamente destinado ao seu estudo.[26]

É conhecida e bastante difundida em sede doutrinária o embate entre as teorias subjetiva e objetiva da posse, capitaneadas pelos históricos juristas germânicos Friedrich Carl Von Savigny e Rudolf Von Jhering, sobretudo diferenciadas pela imputação semântica às variáveis *corpus* e *animus*: ao subjetivista, os dois elementos seriam separadamente analisáveis; aos objetivistas, o *animus* estaria intimamente conectado ao *corpus*.[27]

Importa destacar a opinião do Desembargador Bandeirante Francisco Eduardo Loureiro para quem embora o Código Civil atualmente vigente tenha-se inclinado à teoria objetiva, não é possível conceitua-lo como tal tendo em vista algumas importantes concessões à teoria subjetivista.[28]

Dentre elas, conforme ressaltado por Luciano de Camargo Penteado, variados dispositivos existentes na Constituição Federal, Código Civil e Estatuto da Cidade, ao informar as normas jurídicas relativas à usucapião apontam a posse termos tais quais "ter a coisa como sua", ou seja, com *animus*.

O referido autor conclui que em consonância ao artigo 1.196 do Código Civil Brasileiro, a posse é um poder de fato, cujo conteúdo consiste em usar, fruir, dispor ou perseguir o bem objeto da situação possessória, sendo que esses verbos designam uma ação efetiva e não algum tipo de situação jurídica real prévia e formalmente instruída, como ocorre com o direito de propriedade previsto no artigo 1.225 do Código Civil Brasileiro.

3.1 Posse *ad usucapionem*

Nem toda posse pode ser caracterizada como *ad usucapionem*, uma vez que essa necessariamente deve ser qualificada[29] minimamente por: i) com ânimo de titular

---

25. PENTEADO, Luciano de Camargo. *Direito das coisas*. 3. ed. rev., atual., ampl. São Paulo: Ed. RT, 2014. (versão digital ProView), cap. XXII.
26. Op. cit.
27. LOUREIRO, Francisco Eduardo. Arts. 1.196 a 1.510-E – Coisas. In: PELUSO, Ministro Cezar (Coord.). *Código Civil Comentado*: doutrina e jurisprudência: Lei 10.406 de 10.01.2002. 15. ed. rev. e atual. Barueri/SP: Manole, 2021. p. 1067.
28. Op. cit., p. 1067.
29. BRANDELLI, Leonardo. *Usucapião administrativa*: de acordo com o novo código de processo civil. São Paulo: Saraiva, 2016. p. 35.

do direito real; ii) mansa e pacífica; e iii) contínua (ou "ininterrupta"); iv) por certo período de tempo (também denominada "duradoura").

Algumas modalidades de usucapião existentes no direito pátrio possuem exigências de ordem pessoal,[30] formal[31] ou real[32] para configuração da qualificação possessória hábil ao seu desenho prescritivo, demandando apuração com maior rigor procedimental, justamente por preverem aos seus beneficiários vantagens diretamente proporcionais às exigências, sendo o principal proveito a redução do tempo[33] de exercício da posse qualificada sobre a coisa ou direito hábil a fim de se reconhecer a Usucapião

Em contraponto, a Usucapião Extraordinária somente exige tais elementos mínimos, e justamente por não necessitar de verificações de ordem pessoal, formal ou real, será acompanhada pelo maior prazo previsto para prescrição aquisitiva no ordenamento jurídico brasileiro.

Inevitavelmente, será a modalidade com o maior potencial regularizatório, pois frustradas as comprovações de elementos específicos de ordem pessoal, formal ou real nada impedirá a postulação da Usucapião Extraordinária a partir da fluência de seu prazo máximo com a posse qualificada: essa será reconhecida imperativamente.

Ao mesmo tempo, a modalidade extraordinária carrega consigo alta carga de onerosidade ao antigo titular da coisa ou direito usucapido, uma vez que as opções de defesa e/ou impugnações à pretensão pelo reconhecimento da prescrição aquisitiva serão mais restritas e, consequentemente, com menor chance de êxito em relação aos demais tipos de usucapião.

Para fins do presente trabalho, é ponto de destaque da posse *ad usucapionem* o seu caráter volitivo, assim compreendido o elemento subjetivo essencial para sua qualificação e ulterior reconhecimento, como sendo a conduta física/social de ações como se proprietário fosse somado à condição psicológica de compreensão da própria soberania sobre a coisa, ao mesmo tempo de não reconhecimento de superioridade de outro direito alheio sobre o bem.[34]

---

30. A título de exemplo, a Usucapião Especial Urbana exige, dentre outros elementos, que o novo titular do direito real de propriedade a partir da usucapião não seja proprietário de outro imóvel urbano ou rural.
31. É o caso da existência do justo título para a Usucapião na modalidade Ordinária, ou ainda a verificação de situações bastante corriqueiras tais quais a utilização do bem imóvel usucapido como moradia habitual, ou nele realizado obras ou serviços de caráter produtivo; ou ainda da usucapião familiar por abandono do lar, a qual exige certa situação fática específica.
32. Por último, verbi gratia, as condições conectadas ao bem usucapido em si mesmo considerado, como por exemplo o bem imóvel rural objeto da usucapião especial agrária na extensão máxima de 50 hectares.
33. MIRANDA, Caleb Matheus Ribeiro de; MELLO, Henrique Ferraz Corrêa de; LAGO, Ivan Jacopetti do; BOTTEGA, Jéverson Luís. *Usucapião extrajudicial*. São Paulo: IRIB, 2020. (Col. Cadernos Irib). p. 20.
34. LOUREIRO, Francisco Eduardo. Arts. 1.196 a 1.510-E – Coisas. In: PELUSO, Ministro Cezar (Coord.). *Código Civil comentado*: doutrina e jurisprudência: Lei 10.406 de 10.01.2002. 15. ed. rev. e atual. Barueri/SP: Manole, 2021. p. 1142.

3.2 Acessão da posse

Para fins do reconhecimento, o tempo da posse poderá ser somado ao(s) antecessores nos termos do artigo 1.243 do Código Civil Brasileiro, com remissão ao regime jurídico da Aquisição da Posse (art. 1.207 do Código Civil Brasileiro). A isto, a doutrina elenca duas figuras distintas: *sucessio possessionis* e *accessio possessionis*.

Conforme leciona Francisco Eduardo Loureiro,[35] a *sucessio possessionis* (ou sucessão de posses) é aquela que opera *ex lege*, isto é, automática e independentemente da vontade dos sujeitos interessados.

A posse em tais situações é única, e não pode o sucessor rejeitá-la ou alterar o *status* de seu recebimento. São exemplos de sucessão possessória a contração de casamento pelo regime de bens da comunhão universal, a incorporação/fusão de pessoas jurídicas, bem como por sucessão *causa mortis*, a título de herança ou legado.[36]

Diferentemente, a *accessio possessionis* (ou acessão de posses) é aquela transmitida por modo de aquisição derivado, oriundo de relação jurídica instaurada entre a parte transmitente/alienante e o adquirente, sendo faculdade deste último juntá-la à última ou inaugurar uma nova contagem e cadeia possessória.

O efeito prático para tal questão – segundo o doutrinador acima mencionado – se dará na medida do aproveitamento de contagem de tempo para fins de reconhecimento de usucapião, uma vez que os vícios que inicialmente maculam a exteriorização do domínio se prolongarão no tempo.

O adquirente, desta feita, poderá inverter o *status* possessório a partir da opção pela contagem de prazo por si só, inaugurando-se uma nova contagem estando o acessor da posse habilitado a postular a Usucapião a partir de então.[37]

Resumidamente, o escopo da acessão da posse visa facilitar o meio de prova da fluência do prazo prescricional da posse qualificada frente ao titular do direito a ser usucapido. Privilegia-se o atual possuidor independentemente do período de posse que si próprio tenha exercitado, sendo a única condicionante o cômputo total do período de posse qualificada.

Tendo tais questões em mente, indaga-se: o negócio jurídico existente entre o alienante da posse e seu adquirente exigirá forma específica, designadamente aquela do artigo 108 do Código Civil Brasileiro?

Embora o tema seja controverso, a melhor doutrina[38] dispõe ser inexigível a Escritura Pública como requisito de validade de referido negócio jurídico, uma vez que a posse, enquanto categoria jurídica *sui generis* não é inserida no rol dos direitos

---

35. LOUREIRO, Francisco Eduardo. Arts. 1.196 a 1.510-E – Coisas. In: PELUSO, Ministro Cezar (Coord.). *Código Civil comentado*: doutrina e jurisprudência: Lei 10.406 de 10.01.2002. 15. ed. rev. e atual. Barueri/SP: Manole, 2021. p. 1166.
36. Op. cit., p. 1087.
37. Op. cit., p. 1087.
38. Op. cit., p. 1166.

reais do artigo 1.225 do Código Civil Brasileiro, e, de modo consequente, dispensará formato especial para fins de prova ou validade jurídica.

É necessário destacar que em razão da especialidade de algumas das modalidades de aquisição prescritiva não haverá a possibilidade de somarem-se as posses mediante acessão, como por exemplo as exigências a nível de qualidade pessoal dos adquirentes originários prevista na Usucapião especial rural ou na Usucapião Familiar do artigo 1.240-A do Código Civil Brasileiro, muito embora sempre seja-lhe admitida a figura da sucessão da posse.

3.3 Acessão da posse *ad usucapionem* já consumada, porém não declarada

Dessarte, é de extrema relevância notar que o artigo 1.243 do Código Civil Brasileiro – pautado no regime jurídico do artigo 1.207 do mesmo diploma – diz respeito às hipóteses nas quais o escopo será o de soma – ou não – de prazos para fins de se atingir o período de tempo necessário para a aquisição prescritiva, restando silente para as situações nas quais já existam reunidos os caracteres necessários para o reconhecimento da Usucapião em favor do alienante da posse *ad usucapionem* já consumada, porém não declarada.

Recorde-se que o objeto de estudo parte da premissa de que a posse alienada seria aquela *ad usucapionem* já consumada, porém não declarada, superando-se as discussões a respeito de vícios que maculariam sua caracterização hábil a postular a prescrição aquisitiva, tornando injustificável a opção pelo reinício de contagem da posse autonomamente.

Neste cenário, indaga-se: será aplicado analogicamente o regime jurídico previsto em referidos dispositivos, favorecendo o atual possuidor (beneficiário final); ou a fluência do prazo prescricional em favor do alienante – e levada a conhecimento da autoridade competente – será impositiva, culminando na aplicabilidade do regime jurídico dos artigos 108 e 1.225, ambos do Código Civil Brasileiro para a alienação da posse *ad usucapionem* já consumada?

A proposta que se apresenta neste presente escrito é o de que a acessão da posse *ad usucapionem* já consumada em favor do alienante, porém não declarada, encontra mais similitude ao regime jurídico possessório do que ao direito real de propriedade, uma vez que a sistemática do direito brasileiro permite afirmar que direitos reais ou obrigacionais com efeito real imobiliário deverão ser publicizados no Registro de Imóveis para surtirem regulares efeitos perante terceiros; antes disso, restringem-se a resultados *inter partes*.[39]

Até que exista a intervenção da autoridade competente para o feito – Poder Judiciário ou o Ofício de Registro Imobiliário – não é possível apurar a qualidade da

---

39. v. BRANDELLI, Leonardo. *Usucapião administrativa*: de acordo com o novo código de processo civil. São Paulo: Saraiva, 2016. p. 64.

posse *ad usucapionem*, a fluência do prazo sem interrupções ou contestações e, inclusive, não raro é também impossível dimensionar a real extensão objetiva daquela: a depender da situação matricial ou cadastral do bem imóvel, haverá a necessidade de se proceder aos trabalhos técnicos de engenharia e/ou arquitetura a fim de determinar as características e confrontações do bem imóvel usucapiendo, em observância à especialidade objetiva, nos termos dos artigos 216-A, II e 226, ambos da Lei de Registros Públicos.

O exercício do direito daquele que já preencheu os requisitos para prescrição aquisitiva sempre demanda atos probatórios, em sede de ação autônoma ou defesa judicial.[40]

Decorrência sistemática da Tutela da Aparência como princípio jurídico existente no ordenamento jurídico brasileiro,[41] aquele que voluntariamente transferiu a posse, automaticamente terá renunciado à estabilização decorrente do direito real publicizado pelo Ofício de Registro Imobiliário após sua declaração e inscrição; de igual maneira, renunciará aos interditos possessórios, os quais possuem como interesse de agir processual a situação imediata de esbulho ou turbação da posse.

Até que a autoridade competente evidencie a existência de situação apta a gerar a aquisição originária de bem ou direito em razão da posse qualificada e prolongada no tempo, fortes indícios jurídicos admitem confirmar a fragilidade de referido direito,[42] restrito ao regime jurídico de direito obrigacional *inter partes*.

A título de argumento, há similaridade ao procedimento das ações possessórias previsto no artigo 554 e seguintes do Código de Processo Civil, o qual condiciona o regular exercício (ou legítimo interesse) à situação fática presentemente verificada (interesse processual).

Reflita-se, ademais, acerca da existência – ou não – dos elementos da posse *ad usucapionem* no momento do requerimento/peticionamento para seu reconhecimento ou, igualmente, quando da apresentação de defesa em que alega a usucapião.

A alienação voluntária da posse *ad usucapionem* faz automaticamente desaparecer o critério subjetivo do *animus dominii* e a característica de continuidade/ininterrupção da fluência do prazo.

---

40. Nos termos da Súmula 237 do STF: "O usucapião pode ser arguido em defesa"; e Enunciado 569 da VI Jornada de Direito Civil do Conselho da Justiça Federal: "(...) a usucapião, como matéria de defesa, prescinde do ajuizamento da ação de usucapião, visto que, nessa hipótese, o usucapiente já é o titular do imóvel no registro".
41. Neste sentido, vide: BRANDELLI, Leonardo. *Usucapião administrativa*: de acordo com o novo Código de Processo Civil. São Paulo: Saraiva, 2016. p. 57; BRANDELLI, Leonardo. *Registro de imóveis*: eficácia material. Rio de Janeiro: Forense, 2016.; e GRUBER, Rafael Ricardo. *A proteção do adquirente de imóvel pelo registro de imóveis*: a ineficácia de ônus ocultos em face do adquirente de boa-fé. São Paulo: Thomson Reuters Brasil, 2021.
42. Saliente-se, a título de nota, a possibilidade de ajuizamento de "Ação Publiciana", como ação real de reminiscência histórica no ordenamento atualmente vigente, a qual possui como fundamento a propriedade já adquirida por usucapião ainda não declarada por sentença, cuja procedência resultará na declaração de aquisição originária da propriedade. v. KÜMPEL, Vitor Frederico; FERRARI, Carla Modina. *Tratado Notarial e Registral*: ofício de registro de imóveis. São Paulo: YK Editora, 2020. (v. 5, t. I). p. 843 e ss.

E por não mais possuir interesse jurídico no reconhecimento de sua prescrição aquisitiva, é de difícil operacionalização a perda da propriedade (frise-se: não declarada) através da alienação (art. 1.275, I do Código Civil Brasileiro), pois a inscrição da transmissão da posse *ad usucapionem* já consumada, porém não declarada, no Ofício de Registro Imobiliário, obrigatoriamente exigiria a formação do título anterior (processo extrajudicial de reconhecimento da usucapião) a partir da provocação da parte interessada ao agente delegado, em razão do princípio da instância.

4. PERSPECTIVA TRIBUTÁRIA DO NEGÓCIO JURÍDICO ONEROSO DE ALIENAÇÃO DA POSSE *AD USUCAPIONEM* JÁ CONSUMADA, PORÉM NÃO DECLARADA

No contexto da alienação onerosa da posse *ad usucapionem* já consumada, porém não declarada, o tributo em análise será o que dispõe o artigo 156, II da Constituição Federal de 05 de Outubro de 1988, que competirá aos Municípios instituir impostos sobre "transmissão 'inter vivos', a qualquer título, por ato oneroso, de bens imóveis, por natureza ou acessão física, e de direitos reais sobre imóveis, exceto os de garantia, bem como cessão de direitos a sua aquisição".

Este desenho constitucional de competência tributária possui caráter estruturante do sistema em função dúplice: distribuição de atribuições hábeis a serem exercidas pelas pessoas políticas federativas no plano fiscal; ao mesmo tempo que limitam o poder de tributar na exata medida das prerrogativas legiferantes.

O regime jurídico constitucional após 1988 determinou que o ITBI competiria privativamente aos Entes Federativos Municipais, formatação esta que perdura até os dias atuais.

Por tal razão, todas as leis municipais atualmente vigentes acerca do Imposto de Transmissão por ato oneroso *inter vivos* relativos a bens imóveis são, necessariamente posteriores à Constituição Federal de 05 de Outubro de 1988, o que significa dizer: todas elas são fruto da competência tributária constitucional inaugurada a partir de promulgação da carta cidadã, e a ela se curvam sob a perspectiva da competência legislativa e aos respectivos limites materiais.

Segundo Narciso Orlandi Neto,[43] o poder fiscalizador anômalo dos tributos incidentes sobre os atos levados a seu mister seria decorrência do próprio princípio da legalidade para o qual estaria submetido os Oficiais do Registro Imobiliário.

A delegação da função notarial e registral caracteriza-se como descentralização administrativa por colaboração, nas palavras do Desembargador do Tribunal de Justiça do Estado de São Paulo Luís Paulo Aliende Ribeiro.[44]

---

43. ORLANDI NETO, Narciso. *Retificação do registro de imóveis*. São Paulo: Editora Oliveira Mendes, 1997. p. 75.
44. RIBEIRO, Luís Paulo Aliende. *Regulação da função pública notarial e de registro*. São Paulo: Saraiva, 2009. p. 56.

A outorga é realizada ao particular após aprovação em concurso público,[45] o que segundo o Ex-Presidente da Corte Bandeirante José Renato Nalini foi a solução estratégica mais inteligente adotada pelo constituinte de 1988,[46] desonerando o custeio do exercício de serviços públicos, admitindo-se flexibilização no regime de custeios e contratações, mas por outro lado sob forte regime de fiscalização pelo Poder Judiciário a nível local,[47] regional[48] e nacional.[49]

O regime jurídico de direito público informa os procedimentos e atos típicos de notários[50] e registradores,[51] sob o corolário do princípio da legalidade administrativa previsto no artigo 37, *caput* da Constituição Federal Brasileira.

E somente a partir deste desenho institucional é que a organização técnica e administrativa notarial e registral serão destinados a garantir a publicidade, autenticidade, segurança e eficácia dos atos jurídicos, os designados "princípios de regência" indicados pelo ilustre Desembargador e ex-Juiz da 1ª Vara de Registros Públicos da Comarca da Capital/SP Venicio Antonio de Paula Salles.[52]

Dispõe o artigo 30, XI da Lei de Notários e Registradores ser dever "fiscalizar o recolhimento dos impostos incidentes sobre os atos que devem praticar", previsto de igual maneira no artigo 289 da Lei de Registros Públicos "no exercício de suas funções, cumpre aos oficiais de registro fazer rigorosa fiscalização do pagamento dos impostos devidos por força dos atos que lhes forem apresentados em razão do ofício".

Tais previsões são potencializadas a partir da previsão do artigo 134 do Código Tributário Nacional o qual dispõe a responsabilização subsidiária de notários e registradores diante dos casos de impossibilidade de exigência do cumprimento da obrigação principal pelo contribuinte nos casos de omissões para as quais forem responsáveis sobre os atos praticados por eles, ou perante eles, em razão de seu ofício.

Importa notar que a leitura isolada da locução "respondem solidariamente" no *caput* de referido artigo 134 do Código Tributário Nacional não traduz a melhor interpretação corrente, conforme elucidam Rachel Leticia Curcio Ximenes de Lima

---

45. Nos termos do artigo 236 da Constituição Federal e Lei Federal 8.935 de 18 de Novembro de 1994.
46. É possível encontrar referida passagem por diversas obras referenciais do citado jurista, que para além dos relevantes cargos ocupados junto ao Tribunal de Justiça do Estado de São Paulo (Corregedor-Geral de Justiça e Presidente), foi também Secretário de Educação do Estado de São Paulo e atualmente é reitor da UNIREGISTRAL. Cite-se um dos mais recentes trabalhos publicados de onde é possível extrair referida citação. NALINI, José Renato. O tabelionato do amanhã. *Revista de Direito Notarial*, Colégio Notarial do Brasil Seção São Paulo, v. 3, n. 1, p. 126-142, São Paulo, jan.-jun. 2021.
47. Pelo juízo de direito indicado pelas leis e normas estaduais competentes da organização judiciária.
48. Pela Corregedoria Geral de Justiça, ou outro órgão congênere indicado na organização administrativa do Tribunal de Justiça do Estado.
49. Exercido pelo Conselho Nacional de Justiça.
50. Vide Seção II (Das atribuições e competências dos Notários) do Capítulo II da Lei Federal 8.935 de 18 de Novembro de 1994.
51. Vide Seção III (Das atribuições e competências dos Oficiais de Registros) do Capítulo II da Lei Federal 8.935 de 18 de Novembro de 1994, a qual remete à Lei Federal 6.015 de 31 de Dezembro de 1973.
52. SALLES, Venicio. *Direito registral imobiliário*. Atualizado com a colaboração de Daniel M. de Paula Salles. 3. ed. rev., atual. e ampl. São Paulo: Saraiva, 2012. p. 11-16.

Almeida e Tiago de Lima Almeida,[53] uma vez que ao se analisar os casos de responsabilização solidária previstas no artigo 124 e respectivo parágrafo único, é traço notável a extensão obrigacional sem benefício de ordem, incompatibilizando-se a harmonização de um regime jurídico ao outro, o que torna imperativo o reconhecimento do benefício de ordem em tais situações.

De acordo com a 2ª edição do relatório "Cartório em Números" publicado pela Associação de Notários e Registradores do Brasil (ANOREG/BR), estima-se as serventias extrajudiciais brasileiras auxiliaram o Poder Público (União, Estados, Distrito Federal e Municípios) a fiscalizarem ou arrecadarem R$ 542 bilhões dentre janeiro de 2010 até setembro de 2020, dentre os quais R$ 73 bilhões seriam apenas entre janeiro e o dia 30 de setembro do mesmo ano.[54]

O protagonismo[55] fiscalizatório dos Notários e Registradores ficará a cargo dos tributos sobre a transmissão de direitos, pois são aqueles diretamente conectados ao seu mister, em especial no tocante à transferência e inscrição do Direito Real de Propriedade.

Sob a perspectiva de escolha política[56] dos Constituintes de 1987-1988,[57] é clara a opção do Ordenamento Tributário Brasileiro pela prévia e rígida enunciação de competências tributárias aos respectivos Entes Federativos no que diz respeito aos Impostos.

A partir da delimitação dos limites a serem exercidos pelas pessoas políticas designadas, cada ente federativo promulgará as respectivas legislações com a finalidade de instituir e abalizar os respectivos tributos sob sua competência.

Considerando-se o dever de fiscalizar tributos exercido por notários e registradores, colimado pela legalidade, qual deve ser a atuação no contexto em que a legislação municipal do ITBI é contrária à manifestação do Supremo Tribunal Federal em repercussão geral? Haveria tal situação o poder de revisitar o dever fiscalizatório

---

53. ALMEIDA, Rachel Leticia Curcio Ximenes de Lima; ALMEIDA, Tiago de Lima. *Direito Tributário*. São Paulo: Thomson Reuters Brasil, 2021. (Coleção O Direito e o Extrajudicial, v. 1). p. 152-153.
54. Disponível em: https://www.anoreg.org.br/site/wp-content/uploads/2020/11/Cart%C3%B3rios-em-N%-C3%BAmeros-2-edi%C3%A7%C3%A3o-2020.pdf. Acesso em: 13 dez. 2021. p. 10.
55. Pontue-se que são muitos os tributos.
56. CARVALHO, Paulo de Barros. *Direito tributário*: linguagem e método. 7. ed. rev. São Paulo: Noeses, 2018. p. 246-247. "É da tradição do direito brasileiro reger a matéria das competências no altiplano constitucional, deixando bem claro o poder jurídico atribuído às pessoas, aos órgãos e às instituições. E, no que concerne ao direito tributário, é procedimento iterativo, traço inconfundível do nosso sistema, principalmente pela abundância principiológica, como já demonstramos, e pela maneira exaustiva com que os constituintes foram moldando as leis fundamentais, no correr da História.".
57. Há de se indicar que a opção por delimitação de competências aos Entes Federados concentrados em Capítulo especialmente destinado ao "Sistema Tributário" é fenômeno iniciado pela Constituição Outorgada de 24 de Janeiro de 1967 e continuado pela Emenda Constitucional 1 de 17 de Outubro de 1969, em ambos os casos, verificável a partir do artigo 18 de cada um dos documentos constitucionais. Nas Constituições Federais anteriores (1891, 1934, 1937 e 1946) não se identificou paralelo sob tal perspectiva em tamanho grau de minuciosidade e denominação de capítulo próprio. No entanto é de se reforçar, conforme nota de rodapé acima, a historicidade do constituinte brasileiro que sempre optou por tal linha de ação legislativa.

anômalo operado pelo extrajudicial e, consequentemente, sua responsabilidade tributária subsidiária?

Respeitando-se entendimentos contrários, é preciso reconhecer a eficácia vinculativa da atuação do Supremo Tribunal Federal no controle de constitucionalidade realizado nesta espécie, a qual será capaz de orientar impositivamente os atos de ofício praticado por notários e registradores.

Com base em tal premissa, recentemente foi julgado pelo Supremo Tribunal Federal a Repercussão Geral no Recurso Extraordinário com Agravo 1.294.969 São Paulo, possuindo como relator o Ministro Luiz Fux, presidente da corte, e como requerente o Município de São Paulo representado por seu Procurador-Geral municipal.

Tratou-se de caso oriundo de Mandado de Segurança no qual se discutia a incidência do imposto de transmissão ITBI sobre a cessão de direitos de compromisso de compra e venda, uma vez que ausente o registro da transferência da propriedade frente ao Ofício de Registro Imobiliário competente do negócio jurídico preliminar cedido.

A transcendência aos limites subjetivos da causa, somada a multiplicidade de recursos extraordinários os quais versavam sobre a mesma tese motivaram a imputação à sistemática da repercussão geral com a finalidade e necessidade de se atribuir racionalidade ao sistema de precedentes qualificados e garantir segurança jurídica aos jurisdicionados, a partir da afirmação da tese com base em entendimento pacificado perante a corte constitucional brasileira:

> O fato gerador do imposto sobre transmissão inter vivos de bens imóveis (ITBI) somente ocorre com a efetiva transferência da propriedade imobiliária, que se dá mediante o registro.

Referida tese foi acolhida por unanimidade do Pretório Excelso[58] e trouxe como consequência a criação da tese com repercussão geral de número 1124 publicada aos 12.02.2021.[59]

Conforme enunciado pelo voto vencedor, a referida tese permeará a legislação de todos os 5.570 municípios do país, afetando consideravelmente referidas hipóteses de incidência e, evidentemente, a fiscalização sobre referidos tributos.

Ou seja, muito embora não esteja contemplada dentre as competências da função extrajudicial declarar a inconstitucionalidade de normas jurídicas – ainda que sejam detectáveis com alto grau de certeza por seus aplicadores – é necessário fazer a ressalva de que no plano administrativo de atuação, os tabeliães e oficiais de registro necessariamente deverão aplicar o entendimento consolidado pela Jurisprudência acerca da inconstitucionalidade da norma,[60] inclusive com a finalidade de evitar a provocação ao Poder Judiciário – seja no plano correicional ou jurisdicional – o qual

---

58. Excetuado o Ministro Gilmar Mendes.
59. Disponível em: http://www.stf.jus.br/portal/jurisprudenciaRepercussao/abrirTemasComRG.asp.
60. KERN, Marinho Dembinski; COSTA JÚNIOR, Francisco José de Almeida Prazo Ferra. *Princípios do registro de imóveis brasileiro*. São Paulo: Thomson Reuters Brasil, 2020. (Coleção Direito Imobiliário; v. V; Coord. Alberto Gentil de Almeida Pedroso). p. 239.

estará vinculado à prévia orientação do Supremo Tribunal Federal nos termos dos artigos 926 e seguintes do Código de Processo Civil.

Em arremate e antecipando-se as questões desenvolvidas no tópico posterior, a prudência registral recomenda que ao dar ciência do requerimento e documentos instrutórios ao Ente Municipal, o Ofício de Registro Imobiliário possa apresentar ao conhecimento da pessoa jurídica de direito público interno a referida celeuma tributária para sua manifestação em quinze dias, sem prejuízo de sua manifestação ulterior a qualquer fase do procedimento, sendo que eventual ressalva insuperável neste tocante deverá direcionar o procedimento ao juízo competente para o rito judicial da usucapião, nos termos do artigo 15 do Provimento CNJ 65 de 14 de Dezembro de 2017.

5. PERSPECTIVA REGISTRAL: FORMAÇÃO DO TÍTULO E ATO DECISÓRIO

O procedimento extrajudicial para reconhecimento da usucapião é um conjunto de ações organizadas, com participação de diferentes atores, o qual culminará em ato decisório da autoridade extrajudicial: seja pelo deferimento e consequente reconhecimento da aquisição prescritiva com inscrição dos atos pertinentes no fólio real; ou seu indeferimento, ficando os envolvidos habilitados a opção de ajuizar a ação judicial competente nos termos do artigo 216-A, § 9º da Lei de Registros Públicos e artigo 5º, XXXV da Constituição Federal Brasileira.

Estudiosos apontam como embrião do instituto a Medida Provisória 2.220/2001[61] – regulamentadora da concessão de uso especial de que trata o § 1º do art. 183 da Constituição Federal – e, principalmente, a Usucapião Administrativa da Lei Federal 11.977 de 07 de Julho de 2009, enquanto etapa final da regularização fundiária de interesse social.[62]

Porém, foi a partir da promulgação do Código de Processo Civil aos 16 de Março de 2015 que houve o "grande salto para uma aplicação integral da usucapião extrajudicial, passando a tornar possível, e exigível, uma sistematização a respeito."[63]

Somente com a inauguração do novo formato que inseriu o artigo 216-A na Lei de Registros Públicos é que o Ofício de Registro Imobiliário assumiu o protagonismo no procedimento a fim de construir o título o qual ingressará no fólio real, sempre com a lembrança de que fica a exclusivo critério dos interessados a opção por esta via, não havendo exigência de prévio exaurimento para ingresso

---

61. Referência retirada por nota introdutória da Evolução Histórica da Usucapião Administrativa no Brasil por Leonardo Brandelli. v. BRANDELLI, Leonardo. *Usucapião administrativa*: de acordo com o novo código de processo civil. São Paulo: Saraiva, 2016. p. 21.
62. v. MELLO, Henrique Ferraz Corrêa de. *Usucapião extrajudicial*: atualizado com a Lei 13.465 e Provimento 65/17 do CNJ. 2. ed. São Paulo: YK Editora, 2018. p. 224.
63. BRANDELLI, Leonardo. *Usucapião administrativa*: de acordo com o novo Código de Processo Civil. São Paulo: Saraiva, 2016. p. 21.

da competente ação judicial,[64] sendo possível, no entanto, a qualquer momento solicitar a suspensão pelo prazo de trinta dias ou a desistência da via judicial para promoção da via extrajudicial.[65]

A natureza jurídica do procedimento extrajudicial presidido pelo agente delegado, consoante doutrina majoritária sobre o tema,[66] é o de processo administrativo, cujos efeitos da procedência serão os mesmos daquele verificado no âmbito da jurisdição voluntária, muito embora sujeita à discussão judicial durante o prazo prescricional de eventual pretensão contraposta.[67]

Fundamentando-se no fenômeno da desjudicialização de atos antes reservados com exclusividade ao Poder Judiciário, o procedimento extrajudicial para reconhecimento de usucapião colabora para reduzir a sobrecarga, logrando maior celeridade com igual nível de segurança jurídica, em boa medida sustentadas pelos princípios os quais permeiam a função registral imobiliária, sendo possível sustentar ser o Ofício de Registro Imobiliário aquele dotado das características certas para depurar juridicamente o contexto fático da prescrição aquisitiva, reunindo as competências para ser o *gatekeeper* de referida esfera não litigiosa.[68]

Por sinal, este é o principal traço distintivo pela opção perante a serventia extrajudicial, a qual exigirá a manifestação de concordância daqueles potencialmente interessados, mediante assinatura em planta e memorial descritivo, outro documento equivalente ou a partir de intimação para tanto – pessoal ou editalícia, a depender do caso –, considerando-se o silêncio como concordância tácita.[69]

O regime jurídico será fundado sobretudo no artigo 216-A da Lei de Registros Públicos e Provimento CNJ 65 de 14 de Dezembro de 2017, podendo haver peculiaridades locais que justifiquem a normatização de certas questões pelas Normas de Serviço e/ou Código de Normas da Corregedoria de Justiça dos Estados, como por

---

64. Neste sentido, vide REsp 1.824.133/RJ, rel. Min Paulo de Tarso Sanseverino. Disponível em: https://processo.stj.jus.br/processo/pesquisa/?aplicacao=processos.ea&tipoPesquisa=tipoPesquisaGenerica&termo=REsp%201824133. Acesso em: 21 dez. 2021.
65. Art. 2º, § 2º do Prov. CNJ 65/2017.
66. BRANDELLI, Leonardo. *Usucapião administrativa*: de acordo com o novo código de processo civil. São Paulo: Saraiva, 2016. p. 22 e ss.; MELLO, Henrique Ferraz Corrêa de. *Usucapião extrajudicial*: atualizado com a Lei 13.465 e Provimento 65/17 do CNJ. 2. ed. São Paulo: YK Editora, 2018. p. 222-223.; e, de maneira geral, RIBEIRO, Luís Paulo Aliende. *Regulação da função pública notarial e de registro*. São Paulo: Saraiva, 2009. Cap. 2.
67. BRANDELLI, Leonardo. *Usucapião administrativa*: de acordo com o novo Código de Processo Civil. São Paulo: Saraiva, 2016. p. 23.
68. BRANDELLI, Leonardo. *Usucapião administrativa*: de acordo com o novo Código de Processo Civil. São Paulo: Saraiva, 2016. p. 16-17.
69. Importa destacar que somente com a alteração legislativa promovida pela Lei Federal 13.465 de 2017 é que houve a alteração deste dispositivo. Anteriormente, o silêncio ou falta de manifestação eram interpretados como recusa, remetendo os interessados às vias ordinárias e inviabilizando a via extrajudicial. Por todos, importa indicar o importante trabalho da doutrina no sentido de fornecer subsídios para referida alteração legal após o biênio de vigência legal: BRANDELLI, Leonardo. *Usucapião administrativa*: de acordo com o novo código de processo civil. São Paulo: Saraiva, 2016. p. 134-136.

exemplo a autorização para publicação do edital em meio eletrônico previsto no §14 do artigo 216-A da Lei de Registros Públicos.[70]

5.1 Requisitos gerais

Notabiliza-se o procedimento extrajudicial para reconhecimento da usucapião pelo aprofundamento exigido a fim de se averiguar os elementos necessários à configuração da prescrição aquisitiva no que diz respeito à posse qualificada por certo período ininterrupto, buscando-se intimar todos aqueles os quais concorram para a cadeia possessória ou que possam apresentar impugnações à pretensão da prescrição aquisitiva.

O procedimento se iniciará a partir de requerimento[71] formulado pela parte interessada, assim considerada aquela que pleiteia em nome próprio o direito à aquisição originária oriunda da prescrição aquisitiva.

Ela será representada por advogado ou defensor público constituído, instruído com os documentos e informações previstos nos incisos de I a IV do artigo 216-A da Lei de Registros Públicos e – mais pormenorizadamente – artigo 4º do Prov. CNJ 65/2017.

Dentre outros fatores,[72] relevante ao procedimento será o instrumento público notarizado, a partir de documentos e declarações, a forma de aquisição da posse, o tempo, características e demais fatores que permitam elucidar, com segurança, a qualidade *ad usucapionem* da inflexão sobre a coisa, e a perfeita constatação do elemento temporal.

Neste momento, dado o contexto do presente artigo, é essencial a exposição dos elementos aptos à configuração da fluência do prazo prescricional a partir da acessão da posse.

O Notário ou preposto autorizado deverá exigir da parte interessada e advogado/defensor público o documento do negócio jurídico de alienação da posse *ad usucapionem* a fim de mencioná-lo na Ata Notarial.

Para tanto, caso seja viável a apuração dos sujeitos, objeto, preço e o negócio jurídico de transmissão, o simples reconhecimento de firma das partes contratantes signatárias[73] será elemento suficiente para comprovação do mesmo em razão da combinação dos artigos 108 e 221, ambos do Código Civil Brasileiro e, por destinação, o artigo 221, II da Lei de Registros Públicos.

---

70. A título de exemplo, cite-se o item 418.17 e seguintes do Cap. XX das Normas de Serviço da Corregedoria Geral de Justiça do Estado de São Paulo.
71. Artigo 3º do Prov. CNJ 65/2017.
72. Como por exemplo a apresentação de trabalhos técnicos de engenharia ou arquitetura para perfeita individualização do imóvel sobre o qual se estará usucapindo a propriedade ou direito.
73. Para tanto, filia-se ao entendimento de que é prescindível a existência de testemunhas participantes do ato, por falta de reprodução do disposto no artigo 135 do Código Civil de 1916.

Não obstante, caso o agente delegado possua razões para suspeitar da higidez do negócio jurídico ou, em extremo, averigue a eventual falta documental, rememorando a inexigência de forma legal[74] do negócio jurídico de alienação da posse, poderá realizar diligências em busca de recibo(s) de pagamento(s), ou ao testemunho do alienante, deduzindo-se a termo no instrumento público os elementos do negócio jurídico encetado a partir das declarações das partes.

Não deve ser fator obstativo à comprovação da acessão da posse sua imperfeição formal ou formação tardia[75] a partir da colaboração dos sujeitos diretamente envolvidos na posse *ad usucapionem* do bem imóvel objeto da prescrição aquisitiva, sendo de extrema relevância a colaboração do Notário na apuração da faceta obrigacional do procedimento extrajudicial para reconhecimento da usucapião.

Com a função de caracterizar o aspecto "manso e pacífico" da posse qualificada para prescrição aquisitiva, o inciso IV do artigo 4º do ato normativo do Conselho Nacional de Justiça exige a apresentação de certidões negativas dos distribuidores da Justiça Estadual e Federal do local da situação do imóvel, expedida nos últimos trinta dias, demonstrando a inexistência de ações que caracterizem oposição à posse do imóvel não apenas em nome do requerente (*in casu*: beneficiário final e adquirente da posse *ad usucapionem* já consumada, porém não declarada), como do proprietário e respectivo cônjuge/companheiro e de todos os demais possuidores e respectivos cônjuges ou companheiros em caso de sucessão de posse.[76]

5.2 Perfeita orientação de quais são os interessados no procedimento

A motivação do Oficial de Registro Imobiliário na condução do procedimento administrativo para reconhecimento da usucapião deve sempre se atentar ao duplo aspecto da regularização e formalização do direito adquirido em razão do prolongado exercício qualificado no tempo, aliado à desídia do titular que não cumpriu sua função social.

É preciso sobrepujar a falta de interesse jurídico de quem voluntariamente alienou a posse a outrem e não mais exerce a inflexão fática sobre a coisa, não guardando pretensão em relação àqueles os quais sofrerão os maiores impactos da prescrição aquisitiva mediante perda da coisa ou direito usucapível.

A razoabilidade impõe que o raciocínio jurídico – e consequente tomada de decisões – pela autoridade extrajudicial deve se dar sob o duplo enfoque da regularização da propriedade em favor do possuidor imediato em contraponto à perda do direito pelo proprietário negligente.

---

74. Poderia ocorrer verbalmente, por exemplo.
75. Nada impede, por fim, que a própria parte interessada, orientada por seu patrono, formalize com data retroativa o contrato de transmissão da posse *ad usucapionem* com o alienante da posse, o que evidencia a colaboração e ausência de litígio no que diz respeito à acessão da posse.
76. Há de se interpretar este inciso de maneira ampla, não apenas contemplando a *sucessio possessionis*, como também o objeto do estudo: *accessio possessionis*.

Diferentemente do que a intuição recomendaria,[77] exceder os limites do preciso recorte temporal necessário à Usucapião Extraordinária não deve problematizar seu reconhecimento direto ao beneficiário final da cadeia possessória sob o argumento da exigibilidade de reconhecimento em relação ao alienante da posse *ad usucapionem* já consolidada.

Ao revés, instado a se manifestar, tal qual o Estado-Juiz estará circundado a decidir o mérito nos limites propostos pelas partes, sendo-lhe vedado conhecer de questões não suscitadas a cujo respeito a lei exige iniciativa da parte,[78] o reconhecimento do direito de propriedade em favor de parte estranha ao procedimento estará completamente vedado, uma vez que a legislação inaugurada no ano de 2015 somente admite duas soluções terminativas ao procedimento extrajudicial: procedência ou improcedência.

5.3 Terceiros interessados na relação jurídica entre alienante e adquirente da posse *ad usucapionem* já consumada, porém não declarada

Situações estranhas ao conservatório de direitos reais somente são oponíveis a terceiros em situações excepcionais, revelando-se a racionalidade jurídica de estímulo à diligência dos interessados a inscreverem as situações conectadas aos direitos reais ou obrigacionais com eficácia real.

A respeito dos efeitos da Usucapião enquanto aquisição originária, é pacífico o entendimento no sentido a reconhecer o rompimento/inexistência de vínculos com os antigos titulares dos direitos usucapidos.

Por outro lado, no que diz respeito a outros direitos incidentes sobre o bem imóvel no contexto da *usucapio libertatis*, as abalizadas vozes doutrinárias de Leonardo Brandelli[79] e Moacyr Petrocelli de Ávila Ribeiro[80] estão de acordo que a análise dependerá do caso concreto.

Se por um lado não impedirão a declaração da Usucapião em relação ao titular do direito real usucapido; de outro, a consequente abertura de matrícula em nome do usucapiente poderá trazer consigo encargos previamente existentes.

Porém, indaga-se: haverá libertação a quaisquer ônus relativos ao alienante da posse *ad usucapionem* já consumada, porém não declarada?

---

77. A partir da consolidada doutrina acerca da inexorabilidade da usucapião a partir do exato instante da fluência do prazo da posse qualificada.
78. Artigo 141 do Código de Processo Civil, denominado pela doutrina como "princípio da vinculação do juiz ao pedido". v. BUENO, Cassio Scarpinella. *Novo código de processo civil anotado*. 3. ed. São Paulo: Saraiva, 2017. p. 201.
79. BRANDELLI, Leonardo. *Usucapião administrativa*: de acordo com o novo código de processo civil. São Paulo: Saraiva, 2016. p. 53-65.
80. RIBEIRO, Moacyr Petrocelli de Ávila. A *usucapio libertatis* no registro de imóveis: perspectivas registrais a partir da incidência de ônus reais na propriedade imobiliária. *Revista de Direito Imobiliário*. v. 88/2020. p. 111-178. jan.-jun. 2020. Destaque-se os elementos indicados pelo doutrinador os quais deverão ser avaliados: i) natureza jurídica do ônus real; ii) momento de sua constituição ou publicização em face de terceiros; iii) a natureza do procedimento de usucapião escolhido.

A casuística recomendará uma análise pormenorizada da situação, sendo necessário convir a improvável pré-existência de gravames ou ônus reais regularmente publicizados e imponíveis *erga omnes* no fólio real do imóvel usucapiendo referente à parte transmitente, o que imporá o regime jurídico do artigo 54, 55 e 56 da Lei Federal 13.097/2015, potencializando o princípio da concentração da matrícula e a tutela da aparência ao adquirente de boa-fé.

Se ainda assim houver espaço argumentativo para afronta ao adquirente da posse de boa-fé, será preciso pontuar neste contexto específico referente a contrato oneroso de alienação da posse, o reconhecimento – ou não –da aplicação do regime jurídico da evicção, afastando-se o artigo 457 do Código Civil[81] à espécie.

São dois os principais argumentos a endossarem a tese da aplicabilidade da garantia legal de evicção: i) existe a aparência fática de propriedade pelo alienante da posse *ad usucapionem* já consumada; ii) o adquirente poderá postular a produção de prova em processo judicial litigioso no contexto da evicção, comprovando-se não lhe aplicar a excludente da garantia legal no que diz respeito à ciência de se tratar de coisa alheia.

Porém, a Medida Provisória 1.085, de 27 de dezembro de 2021, convertida na Lei Federal 14.382 de 27 de Junho de 2022, alterou substancialmente a possibilidade de oposição de situações jurídicas não publicizadas ao adquirente de boa-fé, conforme dispõe o novel § 1º do artigo 54 da Lei Federal 13.097/2015:

> Não poderão ser opostas situações jurídicas não constantes da matrícula no registro de imóveis, inclusive para fins de evicção, ao terceiro de boa-fé que adquirir ou receber em garantia direitos reais sobre o imóvel, ressalvados o disposto nos art. 129 e art. 130 da Lei 11.101, de 9 de fevereiro de 2005, e as hipóteses de aquisição e extinção da propriedade que independam de registro de título de imóvel.

Conforme anteriormente exposto, há no procedimento extrajudicial para reconhecimento da usucapião uma série de atos que visam apurar detalhadamente a situação possessória, notadamente a emissão de certidões de distribuição de ações judiciais,[82] com o exclusivo desiderato de verificar situações jurídicas que possam abalar os elementos da continuidade, mansidão e pacificidade.

Não obstante, ressalta-se que o direito obrigacional de crédito dificilmente será capaz de abalar a qualidade de posse *ad usucapionem* exercida em razão daquele que perderá o direito real usucapido, razão pela qual tais fatos escaparão à análise decisória do Ofício de Registro Imobiliário.

O escopo principal do procedimento extrajudicial para reconhecimento da usucapião é diretamente conectado à regularização em favor do possuidor *ad usucapionem* atual em desfavor ao titular do direito usucapido, sendo ilegítima a ampliação

---

81. Art. 457 do Código Civil Brasileiro: Não pode o adquirente demandar pela evicção, se sabia que a coisa era alheia ou litigiosa.
82. Art. 4º, IV do Prov. CNJ 65/2017.

do objeto do procedimento à discussão de direito creditício do alienante da posse *ad usucapionem*.

Eventual impugnação por terceiro interessado – seja ela oferecida antes ou após a expedição de edital nos termos do § 4º do artigo 216-A da Lei de Registros Públicos e artigo 16 do Prov. CNJ 65/2017 – referente a direito obrigacional de efeito *inter partes* relativo ao alienante da posse *ad usucapionem* já consumada, porém não declarada, deverá ser julgada não-fundamentada pelo Ofício de Registro Imobiliário no que diz respeito ao deferimento da perda da propriedade em função do antigo proprietário de direito usucapido, sequer inaugurando-se o estágio de conciliação e mediação previsto no artigo 18 do Provimento do Conselho Nacional de Justiça.

Nada impedirá que eventualmente o terceiro interessado ajuíze a ação cabível baseada, dentre outros argumentos, nos regimes jurídicos da fraude contra credores[83] ou fraude à execução[84] e posterior averbação no fólio real da distribuição de referido feito judicial, observando-se os artigos 113 e seguintes do Código de Processo Civil no tocante a formação do litisconsórcio passivo entre alienante e adquirente da posse *ad usucapionem* já consumada, porém não declarada.

5.4 Da fiscalização anômala

A respeito do dever jurídico de fiscalização dos tributos incidentes sobre os atos levados ao seu conhecimento, dificilmente poderá ser o Ofício de Registro Imobiliário responsabilizado no tocante à incidência, ou não, do Imposto sobre Transmissão (ITBI) da alienação da posse *ad usucapionem* já consumada, porém não declarada.

No contexto de atividade fiscalizatória anômala, a compulsoriedade de intimação às pessoas jurídicas de direito público interno (União, Estado e Município) levando ao conhecimento o procedimento em trâmite para reconhecimento de usucapião pela via extrajudicial, retira da conduta do Ofício de Registro Imobiliário o caráter culposo necessário à responsabilização tributária.[85]

Baseado no recente *decisum* do Supremo Tribunal Federal o qual delimitou os alcances e limites à cobrança do Imposto de Transmissão *inter vivos*, eventual impugnação pelo pagamento do ITBI pela Municipalidade em relação ao negócio jurídico de alienação da posse deverá ser considerado infundado pelo Ofício de Registro Imobiliário, cabendo ao Procurador Municipal responsável pelo expediente, entendendo o caso, solicitar a instauração de dúvida registral nos termos do § 7º do art. 216-A c/c art. 198 e seguintes, ambos da Lei de Registros Públicos.

Conclui-se que sob nenhuma perspectiva haverá justificações que permitam ao Ofício de Registro Imobiliário inscrever o direito real de propriedade em favor do

---

83. Art. 158 e ss. do Código Civil Brasileiro.
84. Art. 792 do Código de Processo Civil.
85. CARVALHO, Paulo de Barros. *Direito tributário*: linguagem e método. 7. ed. rev. São Paulo: Noeses, 2018. p. 559-560.

alienante da posse *ad usucapionem* já consumada, porém não declarada, bem como esta não deverá causar entraves à procedência e regular inscrição da aquisição originária a partir da formalização jurídica da posse qualificada e a perda dos direitos dos titulares inertes.

5.5 Vetor axiológico da regularização fundiária

Sob a perspectiva econômica, considerar a aquisição de propriedade em favor do alienante da posse *ad usucapionem* já consumada, porém não declarada, aumenta os custos de transação em face do principal interessado desconsiderando-se que o procedimento de reconhecimento de prescrição aquisitiva se justifica em razão do requerente *versus* o titular do direito usucapido.

Ventilar a continuidade registral[86] demandaria a difícil argumentação no sentido a caracterizar o alienante da posse como "outorgante" de direito inscritível, em um contexto no qual a transmissão da posse não se encontra no rol legal[87] de ingresso no Ofício de Registro Imobiliário.

Condicionar a prévia matrícula ou registro em nome do alienante exigiria sua efetiva/compulsória participação no procedimento, cuja obrigatoriedade – por falta de disposição expressa – se daria ao arrepio do artigo 5º, II da Constituição Federal de 05 de Outubro de 1988 em que "ninguém será obrigado a fazer ou deixar de fazer alguma coisa senão em virtude de lei."

O caminho intuitivo de condicionar a prévia declaração em prol do alienante da posse *ad usucapionem* já consumada, porém não declarada, causaria impactos diretamente relevantes sob a perspectiva dos custos de regularização da propriedade imobiliária, contrários aos vetores axiológicos de promoção do instituto em seu viés regularizador.

A exigibilidade do prévio registro da propriedade em nome do alienante da posse *ad usucapionem* já consumada, porém não declarada, poderia motivar, em termos de racionalidade econômica, o prolongamento da informalidade até a fluência do prazo que admitisse o pedido por direito próprio sem acessão da posse ou, contraintuitivamente, estimular negativamente a procura por regularização fundiária individual a partir da usucapião extrajudicial, prolongando situações informais de alienações possessórias do bem imóvel.

Este importante desestímulo, evidentemente, confrontaria o vetor axiológico da normatização do procedimento para reconhecimento da usucapião, atentando-se contra segurança jurídica e função social, à margem do regime jurídico do direito real de propriedade.

---

86. Primordialmente o Art. 195 da Lei de Registros Públicos, embora seja possível associá-lo também aos artigos 176, § 1º, II e III; 197; 222; 223; 225, § 2º; 228 e 229. Por todos, vide: PASSOS, Josué Modesto. *Arrematação no registro de imóveis: continuidade do registro e natureza da aquisição*. 2. ed. rev., atual. e ampl. São Paulo: Ed. RT, 2015.
87. Art. 167, II da Lei de Registros Públicos.

Há de se aproximar analogamente o procedimento de regularização dominial a título individual – via Usucapião – à regularização fundiária coletiva, cujo regime jurídico atualmente vigente encontra-se sobretudo localizado na Lei Federal 13.465 de 11 de Julho de 2017.[88]

Tal qual exposto por Paola de Castro Ribeiro Macedo, há de se distinguir a extensão e propósitos da regularização fundiária e as usucapiões individuais, sendo que estas destinam-se somente a regularização jurídica/registral, que a depender do contexto fático no qual se localiza o bem imóvel a ser usucapido, será apenas uma medida paliativa e individualizada para um problema multifacetado, instituto este incapaz de por si só solucionar o aspecto urbanístico, sanitário e ambiental de forma ordenada e organizada.[89]

O contexto da regularização fundiária necessariamente exigirá a intervenção do Poder Público competente, o qual estará no completo controle da formação do título a ingressar no Ofício de Registro Imobiliário, diferentemente do processo diligencial e decisório operado no procedimento extrajudicial para reconhecimento da usucapião.

Como última nótula a qual se pretende chamar atenção a respeito do regime jurídico da Lei Federal 13.465 de 11 de Julho de 2017, diz respeito à rígida limitação temporal no tocante aos procedimentos regularizadores, os quais deverão se atentar aos contextos fáticos existentes até a data máxima de 22 de Dezembro de 2016,[90] obrigatoriedade inexigível para a prescrição aquisitiva.

Abstraídas as diferenças e focalizadas as similitudes, é preciso destacar que os procedimentos para averiguação e posterior titulação dos beneficiários da regularização fundiária, ainda que diligenciados pelos órgãos públicos competentes a origem e qualidade da posse, privilegiar-se-á a situação atual de inflexão sobre a coisa a fim de outorga do direito real aos titulares atuais.[91]

Não haverá publicização ou reconhecimento de efeitos *erga omnes* da cadeia dominial e/ou possessória anterior para tal finalidade de regularização fundiária coletiva.

É de se admitir, analogamente, que a publicização e reconhecimento do direito real de propriedade àquele que alienou a posse *ad usucapionem* já consumada, porém não declarada, não privilegiaria a racionalidade ao sistema regularizatório brasileiro

---

88. É necessário reconhecer que a temática é tratada com maior extensão e relevo a partir da mencionada lei e o Decreto 9.310 de 15 de Março de 2018, seu regulamentado infralegal. Há de se mencionar a existência de figuras presentes em leis esparsas, além de outros atos normativos, dentre os quais aqueles promulgados administrativamente pelo Poder Judiciário. Cite-se, ademais, a tramitação no congresso nacional de projetos de leis referentes ao assunto, dentre as quais os PLs 2.633/2020 e 510/2021, de iniciativa do Dep. Federal Zé Silva (Solidariedade/MG) e Senador Irajá (PSD/TO), respectivamente.
89. MACEDO, Paola de Castro Ribeiro. *Regularização fundiária urbana e seus mecanismos de titulação de ocupantes*: Lei 13.465/2017 e Decreto 9.310/2018. São Paulo: Thomson Reuters Brasil, 2020. (Coleção Direito Imobiliário; v. V; Coord. Alberto Gentil de Almeida Pedroso). p. 48.
90. Por todos, verifiquem-se os artigos 2º e 98 de referida lei.
91. MACEDO, Paola de Castro Ribeiro. *Regularização fundiária urbana e seus mecanismos de titulação de ocupantes*: Lei 13.465/2017 e Decreto 9.310/2018. São Paulo: Thomson Reuters Brasil, 2020. (Coleção Direito Imobiliário; v. V; Coord. Alberto Gentil de Almeida Pedroso). Cap. 25.

sob a perspectiva registral, uma vez que não guardaria pertinência à situação fática atualmente verificada.

A interpretação do artigo 1.243 do Código Civil Brasileiro, especialmente a partir da complexa *práxis* probatória da configuração da posse *ad usucapionem*, deve ser construída a partir de dois objetivos: i) ao se admitir a exclusiva vontade do atual possuidor *ad usucapionem* no que diz respeito à soma da posse ou sua rejeição com a finalidade de se atingir a fluência do prazo prescricional, resta clara a intenção legislativa de assegurar os efeitos da prescrição aquisitiva ao beneficiário atual; ii) por outro lado, a possibilidade de soma de posses para fins de contagem de prazo é mecanismo hábil a facilitar instrumento probatório a fim de regularizar a propriedade em favor de seu beneficiário, e ao mesmo tempo impor sanção civil da perda dos direitos do titular negligente.

Em via de conclusão, é possível argumentar com evidente segurança que a dinâmica jurídica a qual envolva a alienação da posse *ad usucapionem* já consumada, porém não declarada, guarda similitude ao regime jurídico possessório (de caráter relativo, *inter partes* e transitório), sendo despicienda sua aproximação à alienação de direitos reais (*erga omnes*, formal e perpétuo), principalmente a partir da perspectiva das duas principais figuras do instituto: o adquirente originário do bem ou direito; e o antigo titular da coisa ou direito usucapido.

6. CONCLUSÃO

O Ofício de Registro Imobiliário responsável por presidir o Procedimento Extrajudicial para Reconhecimento de Usucapião poderá se deparar com situações incomodas sob o ponto de vista da subsunção legal.

Se por um lado sua atuação é dirigida por rigorosa qualificação; doutro, essa é sempre pautada pelas regras e princípios que justificam e legitimam sua atuação: Uma não se dá em detrimento da outra.

Buscou-se propor reflexões, e fornecer elementos que permitam ao delegado extrajudicial decidir com maior clareza unicamente em favor do requerente do procedimento, assim compreendido o beneficiário final e principal interessado na declaração da aquisição prescritiva.

As diligências probatórias do período possessório nem sempre admitirão seu perfeito recorte ao período legal, quando não raro serão trazidos ao conhecimento elementos que superam o prazo legal minimamente exigido.

A tese defendida se dá no sentido de que, em tais circunstâncias, a interpretação sistemática dos institutos aplicáveis à espécie admitirão, à luz da função do registro imobiliário enquanto repositório confiável dos direitos reais ou obrigacionais com eficácia real, a qualificação e deferimento diretamente em favor do principal interessado.

Se por um lado reinterpreta-se a infalibilidade da automática ocorrência da usucapião em favor daquele que estava na posse *ad usucapionem* do bem no exato momento de sua ocorrência; de outro, adequa-se a atuação da autoridade extrajudicial ao fim social de regularização fundiária individual almejado, em especial sob o ponto de vista da facilitação e menor oneração ao diretamente beneficiado pela prescrição aquisitiva, estimulando-se positivamente a procura por formalização do direito real, privilegiando-se as consequências sociais positivas da dissipação do denominado "Capital Morto".

7. REFERÊNCIAS

ALMEIDA, Rachel Leticia Curcio Ximenes de Lima; ALMEIDA, Tiago de Lima. *Direito Tributário*. São Paulo: Thomson Reuters Brasil, 2021. (Coleção O Direito e o Extrajudicial, v. 1).

BRANDELLI, Leonardo. Abstração e causalidade entre o plano real e o obrigacional e as espécies registrais imobiliárias. *Revista de Direito Imobiliário*, v. 79, ano 38, p. 85-124. São Paulo: Ed. RT, jul.-dez. 2015

BRANDELLI, Leonardo. *Registro de imóveis*: eficácia material. Rio de Janeiro: Forense, 2016

BRANDELLI, Leonardo. *Usucapião administrativa*: de acordo com o novo Código de Processo Civil. São Paulo: Saraiva, 2016.

BRANDELLI, Luiza Fontoura da Cunha. O ITBI na usucapião administrativa. *Revista de Direito Imobiliário*, v. 81, ano 39, p. 85-99. São Paulo: Ed. RT, jul.-dez. 2016.

BUENO, Cassio Scarpinella. *Novo código de processo civil anotado*. 3. ed. São Paulo: Saraiva, 2017.

CARVALHO, Paulo de Barros. *Direito tributário*: linguagem e método. 7. ed. rev. São Paulo: Noeses, 2018.

ERPEN, Décio Antonio; LAMANA PAIVA, João Pedro. Princípios do registro imobiliário formal. In: DIP, Ricardo (Coord.). *Introdução ao Direito Notarial e Registral*. Porto Alegre: Irib : Fabris, 2004.

GRUBER, Rafael Ricardo. *A proteção do adquirente de imóvel pelo registro de imóveis*: a ineficácia de ônus ocultos em face do adquirente de boa-fé. São Paulo: Thomson Reuters Brasil, 2021.

KERN, Marinho Dembinski; COSTA JÚNIOR, Francisco José de Almeida Prazo Ferra. *Princípios do registro de imóveis brasileiro*. São Paulo: Thomson Reuters Brasil, 2020. (Coleção Direito Imobiliário; v. V; Coord. Alberto Gentil de Almeida Pedroso).

KÜMPEL, Vitor Frederico; FERRARI, Carla Modina. *Tratado notarial e registral*: ofício de registro de imóveis. São Paulo: YK Editora, 2020. (v. 5, t. I).

LAGO, Ivan Jacopetti do. *História do registro de imóveis*. São Paulo: Thomson Reuters Brasil, 2020. (Col. Direito Imobiliário; v. I; Coord. Alberto Gentil de Almeida Pedroso).

LOUREIRO, Francisco Eduardo. Arts. 1.196 a 1.510-E – Coisas. In: PELUSO, Ministro Cezar (Coord.). *Código Civil comentado*: doutrina e jurisprudência: Lei 10.406 de 10.01.2002. 15. ed. rev. e atual. Barueri/SP: Manole, 2021.

MACEDO, Paola de Castro Ribeiro. *Regularização fundiária urbana e seus mecanismos de titulação de ocupantes*: Lei 13.465/2017 e Decreto 9.310/2018. São Paulo: Thomson Reuters Brasil, 2020. (Coleção Direito Imobiliário; v. V; Coord. Alberto Gentil de Almeida Pedroso).

MAXIMILIANO, Carlos. *Hermenêutica e aplicação do direito*. Apres: Alyson Mascaro. 21. ed., 3. reimp. Rio de Janeiro: Forense, 2018. (Col. Fora de Série).

MIRANDA, Caleb Matheus Ribeiro de; MELLO, Henrique Ferraz Corrêa de; LAGO, Ivan Jacopetti do; BOTTEGA, Jéverson Luís. *Usucapião Extrajudicial*. São Paulo: IRIB, 2020. (Col. Cadernos Irib).

NALINI, José Renato. O tabelionato do amanhã. *Revista de Direito Notarial*. Colégio Notarial do Brasil Seção São Paulo, v. 3, n. 1, p. 126-142, São Paulo, jan.-jun. 2021.

ORLANDI NETO, Narciso. *Retificação do registro de imóveis*. São Paulo: Editora Oliveira Mendes, 1997.

PASSOS, Josué Modesto. *Arrematação no registro de imóveis: continuidade do registro e natureza da aquisição*. 2. ed. rev., atual. e ampl. São Paulo: Ed. RT, 2015.

PENTEADO, Luciano de Camargo. *Direito das coisas*. 3. ed. rev., atual., ampl. São Paulo: RT, 2014. (versão digital ProView)

RIBEIRO, Luís Paulo Aliende. *Regulação da função pública notarial e de registro*. São Paulo: Saraiva, 2009.

RIBEIRO, Moacyr Petrocelli de Ávila. A *usucapio libertatis* no registro de imóveis: perspectivas registrais a partir da incidência de ônus reais na propriedade imobiliária. *Revista de Direito Imobiliário*. v. 88. p. 111-178. jan.-jun. 2020.

RODRIGUEZ, Víctor Gabriel. *Argumentação jurídica*: técnicas de persuasão e lógica informal. 6. Ed. São Paulo: Editora WMF Martins Fontes, 2015.

SALLES, Venicio. *Direito registral imobiliário*. Atualizado com a colaboração de Daniel M. de Paula Salles. 3. ed. rev., atual. e ampl. São Paulo: Saraiva, 2012.

SARMENTO FILHO, Eduardo Sócrates Castanheira. A fraude à lei e a usucapião extrajudicial, na perspectiva do Provimento 65 do Conselho Nacional de Justiça. *Revista de Direito Imobiliário*. v. 86, ano 42, p. 49-59. São Paulo: Ed. RT, jan.-jun. 2019.

TAKEDA, George. Princípio da eficiência em face da segurança jurídica no serviço notarial e registral. In: AHUALLI, Tânia Mara; BENACCHIO, Marcelo (Coord.); SANTOS, Queila Rocha Carmona dos (Org.). *Direito notarial e registral*: homenagem às varas de registros públicos da comarca de São Paulo. São Paulo: Quartier Latin, 2016.

WEINREB, Lloyd L. *A razão jurídica*: o uso da analogia no argumento jurídico. Trad. Bruno Costa Simões; Rev. Marcelo Brandão Cipolla, Percival Panzoldo de Carvalho. São Paulo: Editora WMF Martins Fontes, 2008.

TABELIONATO DE PROTESTO

REFLEXÕES SOBRE O PROCEDIMENTO DE SOLUÇÃO NEGOCIAL PRÉVIA

Anderson Garcia Cirilo

Especialista em Direito Notarial e Registral. Tabelião de Notas e de Protesto de Letras e Títulos da Comarca de Lucélia, Estado de São Paulo.

Resumo: O presente artigo tem como objetivo refletir sobre o procedimento de solução negocial prévia, com foco nas emendas às Medidas Provisórias 958/2020 e 1.040/2021, que estabelecem normas para a facilitação do acesso ao crédito e mitigação dos impactos econômicos decorrentes da pandemia de coronavírus (Covid-19), e também sobre a facilitação para abertura de empresas, a proteção de acionistas minoritários, a facilitação do comércio exterior, o Sistema Integrado de Recuperação de Ativos, as cobranças realizadas pelos conselhos profissionais, a profissão de tradutor e intérprete público, a obtenção de eletricidade e a prescrição intercorrente na Lei 10.406, de 10 de janeiro de 2002 – Código Civil, respectivamente.

Sumário: 1. Introdução – 2. Como será deflagrado procedimento da solução negocial prévia? – 3. Quais títulos poderão ser objeto da solução negocial prévia? – 4. Qual tabelião será o competente? – 5. Qual o limite das bases da solução negocial prévia? – 6. Da comunicação – 7. Dos livros – 8. Da prescrição – 9. Da novação – 10. Dos emolumentos – 11. Referências.

1. INTRODUÇÃO

A solução negocial prévia estava prevista nas seguintes propostas legislativas:
- emenda à medida provisória 958, de 24 de abril de 2020;
- emenda à medida provisória 1.040, de 2021.

Ambas restaram rejeitas no Congresso Nacional

As considerações a serem realizadas terão com base os textos das propostas acima mencionadas, com os objetivos de demonstrar:

a) como será o seu desenvolvimento dentro da Serventia;

b) que a solução negocial prévia será uma ferramenta célere e útil à recuperação de ativos para o credor e menos onerosa ao devedor.

2. COMO SERÁ DEFLAGRADO PROCEDIMENTO DA SOLUÇÃO NEGOCIAL PRÉVIA?

Atualmente os títulos apresentados à Serventia de Protesto ingressam por duas vias, com o objetivo de satisfazer o princípio da rogação, uma vez que o Tabelião de Protesto não pode iniciar o procedimento de ofício:

a) pela apresentação física realizada presencialmente, entregue pelo apresentante ou via Correios;

b) pela CENPROT por meio do módulo Central de Remessa de Arquivos.

Na apresentação física é necessário que o título venha acompanhado pelo requerimento padrão de apresentação, neste constará todos os dados do credor, devedor e do título de crédito ou outro documento de dívida ao qual irá espelhar o registro de protesto na eventualidade de não pagamento pelo credor.

A apresentação via CRA dispensa o requerimento padrão, uma vez que será enviada eletronicamente uma ordem de protesto para que seja iniciado o procedimento.

A solução negocial prévia também irá observar as mesmas formas de apresentação para o protesto, porém com as seguintes informações adicionais:

Qual o valor do desconto fornecido;

Existindo a previsão de incidência de juros se os mesmos sofrerão redução ou serão desconsiderados;

Se o valor poderá ser dividido e em quantas parcelas, e o prazo de seus vencimentos (segunda parcela vencerá 30 dias após o pagamento da primeira);

Se haverá novação da dívida ou não;

Indicação para a conversão imediata para o protesto.

Das propostas legislativas consta a seguinte frase: "podendo ser convertida em indicação para protesto"

Dos textos legais percebe-se que é permitido ao credor iniciar ou não o procedimento da solução negocial prévia, portanto haverá uma facultatividade da sua conversão para o procedimento do protesto. Desta forma, caberá ao credor manifestar já no requerimento padrão ou no layout da CRA, em campo próprio, a informação desta conversão automática caso a solução negocial prévia seja infrutífera.

Dos dispositivos legais propostos consta que o procedimento da solução negocial prévia somente o credor terá a legitimidade para iniciar o procedimento, diferente do incentivo a quitação, ou renegociação de dívidas protestadas, onde tanto o credor quanto o devedor podem dar início.

3. QUAIS TÍTULOS PODERÃO SER OBJETO DA SOLUÇÃO NEGOCIAL PRÉVIA?

Poderão ser objeto da solução negocial prévia todos os títulos de crédito e outros documentos de dívidas.

A solução negocial prévia poderá ter por objeto a certidão da dívida ativa?

Penso que sim, porém deverá ser mencionado tanto no requerimento padrão quanto no layout da CRA a informação de que os benefícios: exclusão dos juros de mora, da correção monetária ou parcelamento, deverão constar de lei municipal, estadual ou federal onde exista previsão de tais benefícios.

Essas condições mais favoráveis já ocorrem nos programas de incentivo de pagamento que as Prefeituras promovem no final do ano com base em leis específicas, buscando o recebimento de seus créditos.

4. QUAL TABELIÃO SERÁ O COMPETENTE?

A atribuição para a solução negocial prévia será determinada pelas regras já estabelecidas para o protesto, ou seja, praça de pagamento constante do título de crédito ou de outro documento de dívida ou quando não for requisito do título e não havendo indicação da praça de pagamento ou aceite, será considerada a praça do sacado ou devedor ou, se não constar essa indicação, a praça do credor ou sacador.

Existem títulos que tem duplo local de apresentação a critério do credor, tais como:

a) cheque: lugar do pagamento ou domicilio do emitente;

b) títulos judiciais: onde tramitou o processo, ou no domicilio do devedor;

c) cédula de crédito bancário garantida por alienação fiduciária: no lugar do pagamento ou domicílio do devedor

Nesse ponto surgem as seguintes indagações:

a) uma vez solicitada a negociação prévia, se houver desistência *antes* da comunicação ao devedor, em uma nova apresentação o Tabelião de Protesto que recebeu a primeira solicitação fica prevento para nova distribuição?

b) *efetivada* a comunicação, porém restando infrutífera a solução negocial prévia e não havendo requerimento para conversão para o procedimento de protesto, na eventualidade de nova apresentação o Tabelião de Protesto em que correu o procedimento da solução negocial prévia será o competente para o procedimento do protesto?

c) restando frutífera a solução negocial prévia, entretanto não sendo cumprida em sua integralidade, poderá o título ser distribuído livremente?

Penso que para todos os questionamentos a resposta deverá ser única, ou seja, a liberdade de escolha do Tabelião de Protesto permanecerá livre, não havendo prevenção do Tabelião para nova distribuição, seja para nova tentativa de solução negocial prévia, ou para o início do procedimento de protesto, isto decorre de estarmos diante de um procedimento administrativo e não perante um processo judicial.

5. QUAL O LIMITE DAS BASES DA SOLUÇÃO NEGOCIAL PRÉVIA?

A princípio toda a base negocial ficará a cargo do credor em estabelecer as condições (descontos, parcelamentos, redução de juros etc.), uma vez que pela leitura das propostas legislativas fica claro ser a solução negocial prévia é uma faculdade e não uma fase obrigatória antecedente ao protesto.

Indaga-se, mesmo na ausência de previsão legal, poderá o devedor oferecer uma contraproposta, de forma a alterar as condições estabelecidas pelo credor? Se admitido, como seria levada ao credor as novas condições, e em qual prazo?

Considerando que o intuito dos projetos que tratam da solução negocial prévia é evitar a ocorrência do protesto, poderá, dentro do prazo que o devedor dispõe para aceitar a proposta feita pelo credor, comunicar ao Tabelião sobre uma eventual contraproposta.

A contraproposta será encaminhada pelos mesmos caminhos de comunicação previstos para o devedor, de forma que o credor terá o prazo de três dias uteis para se manifestar pela aceitação ou não, permanecendo inerte o credor, presumir-se-á a sua recusa.

Ocorrendo a recusa expressa ou tácita, nova mensagem será encaminhada ao devedor, concedendo a este o prazo de mais um dia útil para realizar o pagamento nas condições iniciais.

6. DA COMUNICAÇÃO

A comunicação poderá ser feita por:

a) Carta simples;

b) Correio eletrônico;

c) Aplicativo de mensagem;

d) Ou outro meio similar.

Percebemos deste rol a não exigência da confirmação do recebimento ou recusa por parte do devedor para considerar instaurada a solução negocial prévia, o que a torna mais informal.

Em ambas as propostas legislativas não verifica-se o prazo para que seja realizada a comunicação, havendo apenas a previsão de duração máxima de 20 dias úteis para a concretização da negociação prévia.

Penso que o prazo de 20 dias úteis ser excessivo, uma vez que o protesto, que seria a medida mais gravosa, ter o prazo de duração de 3 dias úteis entre o seu início e o seu término.

O legislador deve levar em consideração não somente a posição do devedor e sim também as consequências para o credor, na eventualidade de ser mantido tal prazo, dificilmente o credor irá se valer da solução negocial prévia.

A solução negocial prévia deve ter o mesmo prazo estabelecido para o protesto, ou seja, de três dias úteis, porém o início deste seria diferente do estabelecido para o protesto que tem a contagem iniciada no dia seguinte ao protocolo, ao passo que na solução negocial prévia o devedor teria o início do prazo de 3 dias úteis contados da confirmação da efetivação da comunicação.

Encaminhada à comunicação e não havendo resposta, qual o prazo o tabelião deverá aguardar?

Nesta situação, levará a incidência da regra do artigo 246, § 1º-A do Código de Processo Civil, que foi alterado pela Lei 14.195 de 2021, que estabelece o prazo de 3 (três) dias úteis para a confirmação do recebimento da citação. Desta forma, não havendo manifestação do devedor no prazo de 3 (três) dias úteis, e em havendo indicação para conversão, será iniciado o procedimento do protesto, em não havendo, será encerrado o procedimento de solução negocial prévia.

No bojo da comunicação constará a advertência prevista no artigo 29 da Lei 9.492/97, ou seja, que não restando frutífera a solução negocial prévia e havendo solicitação do credor, será instaurado o procedimento do protesto extrajudicial e caso este seja concretizado será fornecido às entidades representativas da indústria e do comércio ou aquelas vinculadas à proteção do crédito a informação da ocorrência do protesto.

Encaminhada a comunicação ao devedor teremos as seguintes situações:

a) *não localização*. O que levará ao *encerramento* do procedimento da solução negocial prévia. Caso já exista manifestação por parte do credor no requerimento inicial a *conversão imediata* para o procedimento de protesto e não havendo tal indicação encerra-se o procedimento aguardando nova rogação do credor.

b) *a efetivação da comunicação*. Neste caso deverá ser aguardado o prazo de 3 dias úteis para verificar qual o desfecho que o devedor dará:

b1) o pagamento encerra o procedimento com a disponibilização do crédito ao credor no dia útil imediato ao recebimento;

b2) o devedor informa novas condições para a realização da solução negocial prévia, repassadas ao credor aguardar o prazo de um dia útil para sua manifestação, não havendo resposta o silêncio deverá ser considerado como recusa. Nova comunicação ao devedor informando a recusa da contraproposta e dando mais um dia útil para realizar o pagamento.

b3) não há o pagamento e nem manifestação do devedor, inicia-se o procedimento do protesto, no caso de haver autorização para a conversão e em caso negativo encerra-se o procedimento da solução negocial prévia com comunicação ao credor.

7. DOS LIVROS

Com a inclusão da solução negocial prévia deverá ser criado um novo livro de protocolo e um novo livro para o seu registro?

Em relação ao livro protocolo deve ser mantido o mesmo utilizado para o protesto, de forma a ser a única fonte de controle de entrada de títulos e de outros documentos dívidas na Serventia Extrajudicial.

Entretanto, deverá ser lançada de forma inovadora, a informação do desfecho da solução negocial prévia, ou seja, se houve pagamento, parcelamento ou sua conversão em procedimento de protesto, *sem a criação de um livro específico*.

8. DA PRESCRIÇÃO

A solução negocial prévia abre-se uma oportunidade para que o credor tenha uma nova chance para receber o seu crédito, mesmo que tenha ocorrido a prescrição.

A afirmação baseia-se no seguinte raciocínio. A dívida prescrita é considerada pela legislação civil como sendo uma obrigação natural, portanto permanece o débito, não existindo apenas a responsabilidade, conforme pode ser verificado pelo artigo 882 do Código Civil (Não se pode repetir o que se pagou para solver dívida prescrita, ou cumprir obrigação judicialmente inexigível.)

Nesse caso a comunicação conterá a informação de que não haverá a incidência do artigo 29 da Lei 9.492, bem como inexistirá a conversão para o procedimento do protesto.

Ainda, em relação a prescrição, cabe indagar se a solução negocial prévia servirá como fator de interrupção do prazo prescricional.

A resposta deverá ser positiva, com base no artigo 202, inciso VI do Código Civil, que estabelece que a prescrição é interrompida quando há ato inequívoco, inclusive no âmbito extrajudicial, em que o devedor reconheça a obrigação.

A mencionada interrupção ocorreria na hipótese em que o devedor ciente da solução negocial prévia, aceite a proposta de parcelamento do crédito ou formule uma contraposta, com novas condições de parcelamento ou de condições mais benéficas para o pagamento.

Porém, na hipótese de silêncio, recusa ou não localização do devedor, a prescrição não seria interrompida pela instauração da solução negocial prévia, uma vez que não preencherá os requisitos exigidos pelo artigo 202, inciso VI do Código Civil.

9. DA NOVAÇÃO

Nas hipóteses em que ocorra a concessão de parcelamento ou de condições mais favoráveis ao devedor haverá a ocorrência do instituto da novação.

O artigo 361 do Código Civil estabelece que para ocorrer a novação é necessária a ocorrência de ânimo de novar, devendo este ser expresso ou tácito.

No formulário deve constar que a proposta de solução negocial prévia não tem o condão de gerar novação da obrigação, de forma que não havendo o pagamento ou não cumprindo as condições estabelecidas, estas não serão observadas quando da conversão para o procedimento do protesto.

10. DOS EMOLUMENTOS

Considerando que as intimações serão realizadas, preferencialmente por vias eletrônicas, penso que não serão devidos as custas das mesmas, que em São Paulo o valor mínimo corresponde a 0,27 UFESP, ou seja, R$7,85 (sete reais e oitenta e cinco centavos).

Pelo procedimento penso que poderíamos importar a regra prevista no item 6, b1, das notas explicativas da Tabela de Protesto do Estado de São Paulo que prevê:

"**pelo** cancelamento do protesto de título ou documento de dívida apresentado à serventia antes da vigência da nova sistemática introduzida pela Lei nº 10.710, em 30 de março de 2001, são devidos emolumentos apenas à razão de 50% (cinquenta por cento) dos valores previstos no item 1 da tabela."

Desta forma, a solução negocial prévia teria o custo reduzido em mais de 50%, uma vez que além da redução dos valores da tabela 1 pela metade, não haverá o pagamento das custas para a efetivação da intimação.

Diante desse quadro podemos chegar a conclusão que o procedimento da solução negocial prévia é benéfico tanto para o credor quanto para o devedor, uma vez que o credor terá a sua disposição uma ferramenta célere e eficaz para dar conhecimento ao devedor da disposição daquele em conceder benefícios para que este quite a sua dívida, permitindo a recuperação rápida de seus créditos.

Por sua vez o devedor será beneficiado no mínimo duplamente, uma vez que receberá incentivos do credor para quitar a sua dívida e bem como haverá a diminuição dos valores devidos a título de custas e emolumentos.

11. REFERÊNCIAS

LEI Nº 10.406, DE 10 DE JANEIRO DE 2002, disponível no link: http://www.planalto.gov.br/ccivil_03/leis/2002/l10406compilada.htm

LEI Nº 10.710, DE 29 DE DEZEMBRO DE 2000, disponível no link: https://www.al.sp.gov.br/repositorio/legislacao/lei/2000/lei-10710-29.12.2000.html

LEI Nº 13.105, DE 16 DE MARÇO DE 2015, disponível no link: http://www.planalto.gov.br/ccivil_03/_ato2015-2018/2015/lei/l13105.htm

MPV 958/2020 disponível no link: https://www.camara.leg.br/proposicoesWeb/fichadetramitacao?idProposicao=2250602

MPV 1040/2021 disponível no link: https://www.camara.leg.br/proposicoesWeb/fichadetramitacao?idProposicao=2275840

O PROTESTO DE TÍTULOS E DOCUMENTOS DE DÍVIDA E A PRÉVIA SOLUÇÃO NEGOCIAL NO CONTEXTO DA POLÍTICA PÚBLICA DE ACESSO À JUSTIÇA

Cintia Maria Scheid

Pós-doutoranda pela Universidad de Salamanca, Espanha (USAL). Doutora, Mestre e Especialista em Direito. Tabeliã do 4º Tabelionato de Protesto de Títulos e Outros Documentos de Dívida de Curitiba, Paraná.

Resumo: O escopo do presente trabalho é analisar a possibilidade da prévia solução negocial no bojo do Protesto de Títulos e Documentos de Dívida, e o seu impacto no âmbito de uma política pública de acesso à justiça voltada à realização desse direito sob uma perspectiva ampliada, a partir do novo enfoque desenvolvido por Cappelletti e Garth. Com a utilização do método hipotético-dedutivo, e mediante pesquisa legislativa e bibliográfica, pretendeu-se, a partir da evolução histórica do acesso à justiça e de sua posição no contexto dos direitos humanos e fundamentais, examinar os seus contornos para, então, analisar o acesso à justiça no Brasil e a sua interface com o Protesto de Títulos e Documentos de Dívida. Diante da sua amplitude conceitual, já que não mais se restringe à obtenção da tutela jurisdicional, perquire-se se os Tabelionatos de Protesto podem ser consideradas como um dos meios no seio de uma política pública de acesso (efetivo) à justiça, notadamente a partir da ampliação do procedimento de Protesto para abarcar, em uma fase prévia à sua instauração, a possibilidade dos envolvidos (credor e devedor) comporem o seu conflito. A conclusão é de que a prévia solução negocial, no bojo do Protesto de Títulos e Documentos de Dívida, permite oferecer à sociedade um meio cabal para solucionar questões originadas no inadimplemento de obrigações pecuniárias, contribuindo positivamente para uma política pública de acesso à justiça, com importantes efeitos profiláticos e educativos, fortalecendo a cidadania.

Sumário: 1. Introdução – 2. Breves considerações sobre o acesso à justiça no âmbito dos direitos humanos e fundamentais – 3. A interface entre o acesso à justiça no Brasil e o protesto de títulos e documentos de dívida na atualidade – 4. A prévia solução negocial e o protesto de títulos e documentos de dívida como parte integrante da política pública de acesso à justiça – 5. Considerações finais – 6. Referências.

1. INTRODUÇÃO

O conceito de acesso à justiça vem se ampliando com o passar do tempo. A compreensão de que esse acesso não se dá tão somente pelas portas do Judiciário, mas também pela oportunidade de compor ou mesmo prevenir a lide a partir da utilização de métodos extrajudiciais.

Dentre as várias oportunidades de ampliar o acesso à justiça, inclusive sem o temido acréscimo de custos ao Estado, está a utilização dos serviços extrajudiciais, os cartórios, que, em suas diferentes especialidades, são, provavelmente, a primeira linha de contato do cidadão com a justiça na sua acepção mais ampla, dada a presença desses serviços nas mais remotas localidades, cuja atuação perpassa várias etapas e aspectos da vida dos cidadãos.

É nessa esteira que se pretende demonstrar que, no estabelecimento de uma política pública de acesso à justiça, há um evidente meio para promover a prevenção e a composição de lides, a melhoria na circulação da riqueza assim como uma consequente sensação de justiça e fortalecimento da cidadania, a partir da estrutura já existente dos serviços do Tabelionato de Protesto, especialmente com a ampliação das suas atribuições para abarcar a prévia solução negocial de dívidas em etapa anterior à instauração do procedimento de Protesto propriamente dito.

Partindo de um contexto de evolução histórica e legislativa, pretende-se apontar um caminho viável à ampliação do acesso à justiça pelo cidadão. Para tanto, o trabalho inicia com uma breve análise do acesso à justiça no âmbito dos direitos humanos e fundamentais, notadamente sob a perspectiva de sua evolução para uma concepção ampliada de acesso à justiça. Feitas essas considerações, aborda-se o alcance conceitual do acesso à justiça no ordenamento jurídico brasileiro atual, e sua a interface com o Protesto de Títulos e Documentos de Dívida. Finalmente, discorre-se sobre a prévia solução negocial enquanto alternativa para ampliar o serviço do Tabelionato de Protesto para oferecer um procedimento cabal de solução extrajudicial para os conflitos originados no inadimplemento de obrigações pecuniárias, e o seu papel na esfera de uma política pública de acesso à justiça sob o seu novo enfoque.

No desenvolvimento do presente estudo foram realizadas pesquisas legislativa e bibliográfica, aplicando-se o método hipotético-dedutivo.

2. BREVES CONSIDERAÇÕES SOBRE O ACESSO À JUSTIÇA NO ÂMBITO DOS DIREITOS HUMANOS E FUNDAMENTAIS

O acesso à justiça, historicamente, é precedido do devido processo legal, cuja previsão é inferida da Carta Magna de 1215, a partir do disposto no seu artigo 39 de que "nenhum homem livre será detido ou sujeito à prisão, ou privado de seus bens, ou colocado fora da lei, ou exilado, ou de qualquer modo molestado [...] senão mediante um julgamento regular de seus pares ou em harmonia com a lei da terra". Com o *Statute of Westminster of the Liberties of London*, de 1354, a expressão "lei da terra" foi substituída por "devido processo legal", de forma que os direitos passam a ser protegidos pela instauração do processo conforme a lei.[1]

---

1. LEWANDOWSKI, Ricardo. *Conceito de devido processo legal anda esquecido nos últimos tempos*. https://www.conjur.com.br/2017-set-27/lewandowski-conceito-devido-processo-legal-anda-esquecido.

Assim, não é possível identificar, em um primeiro momento, as características próprias do acesso à justiça, que passam a ser estabelecidas com a evolução do devido processo legal a partir da necessidade de se cumprir exigências mínimas para o seu exercício, exigências essas que já não dizem respeito ao processo em si, mas com os meios para possibilitar o acesso à justiça, como, por exemplo, a assistência jurídica gratuita.[2]

Esses aspectos que passam a diferenciar o devido processo legal do acesso à justiça, enquanto mecanismos para assegurar o caminho para a defesa de direitos, vão sendo, portanto, agregados no decorrer do tempo até chegar à concepção ampliada de acesso à justiça atualmente comungada.[3]

Dessa forma, ainda que o acesso à justiça tenha como fonte o devido processo legal, dele é autônomo, caracterizando-se, atualmente, como um direito prévio e necessário ao exercício daquele.[4]

No âmbito dos direitos humanos, a Declaração Universal, em 1948, incorporou, no artigo 8º, a previsão acerca do acesso à justiça, estabelecendo que toda pessoa tem direito a receber dos tribunais nacionais competentes remédio efetivo para os atos que violem os direitos fundamentais que lhe sejam reconhecidos pela constituição ou pela lei.[5] O Pacto Internacional dos Direitos Civis e Políticos consagrou, no artigo 2º, aspectos importantes, como a garantia para todos, cujos direitos e liberdades nele reconhecidos tenham sido violados, disponham de um recurso efetivo, e, no artigo 14, estabelece a premissa de que todas as pessoas são iguais perante os tribunais e as cortes de justiça.

Quanto aos sistemas regionais de proteção dos direitos humanos, a Convenção Europeia, de 1950, dispõe com detalhes sobre o direito a um processo equitativo no seu artigo 6º, e, no artigo 13, estabelece o direito a um recurso efetivo. Já a Convenção Americana sobre Direitos Humanos, de 1969, veicula o acesso à justiça como o direito a uma proteção judicial, consoante previsão do artigo 25, além de também constar, expressamente, as garantias judiciais no artigo 8º. A Carta Africana dos Direitos Humanos e dos Povos, por sua vez, prevê, em seu artigo 7º, o direito da pessoa a que sua causa seja apreciada, e que esse direito compreende, dentre outros aspectos, o de recorrer aos tribunais nacionais competentes contra qualquer ato que viole os direitos fundamentais que lhe são reconhecidos e garantidos, em sede nacional ou internacional.

Na esfera constitucional, é possível verificar, de um modo geral, as disposições sobre o direito de acesso à justiça enquanto possibilidade de atuação jurisdicional.

---

2. De fato, "la primera norma que expresamente se ocupa de uno de los temas de acceso a la justicia es la Ley que garantizaba el derecho de asistencia jurídica gratuita junto a la exención de las costas judiciales a los indigentes en los procesos civiles de Common Law; dicha ley se dictó bajo el reinado de Enrique VII de Inglaterra en el año 1495. [...] constituye el establecimiento de un derecho, el cual es tratado separadamente del debido proceso y no como parte de él". BERNALES ROJAS, Gerardo. *Acceso a la justicia y debido proceso*. Curitiba: Juruá, 2019. p. 170,171; 173.
3. Assim, por exemplo, é o direito de petição no Bill of Rights, de 1689, na Inglaterra, ou o estabelecimento da gratuidade da justiça, na França, por meio do Decreto de 4 de agosto de 1789. Ibidem, p. 173,174.
4. Ibidem, p. 230.
5. O direito de acesso à justiça foi previsto, anteriormente, em abril de 1948, na Declaração Americana sobre os Direitos e Deveres do Homem, denominado, em seu artigo 18, como "Direito à Justiça".

Sem embargo, a via judicial é parte integrante de um amplo acesso à justiça, não constituindo o único meio para a sua realização de acordo com o novo enfoque desenvolvido por Cappelletti e Garth:[6]

> O enfoque sobre o acesso – o modo pelo qual os direitos se tornam efetivos, tem em consideração que as técnicas processuais servem a funções sociais e que os tribunais não são a única forma de solução de conflitos a ser considerada, de forma que a criação ou o encorajamento de alternativas ao sistema judiciário formal tem um efeito importante sobre a forma como opera a lei substantiva.[7]

Nesse sentido, a constituição da Finlândia, de 2000, ao tratar da segurança jurídica enquanto direito fundamental, veicula, de forma inequívoca, no seu artigo 21, uma compreensão abrangente do direito de acesso à justiça:

> Todos possuem o direito de ter o seu caso tratado apropriadamente e sem indevida demora por um tribunal legalmente competente ou outra autoridade assim como de ter a decisão relacionada a seu direito ou obrigação revista por uma corte jurídica ou outro órgão independente da administração de justiça.[8]

A percepção ampliada do acesso à justiça também é acolhida pela Organização dos Estados Americanos, segundo a qual "no es equivalente al derecho a la tutela judicial efectiva tal y como tradicionalmente se ha entendido, sino que también se refiere a otras vías de resolución de conflictos alternas y complementarias a los sistemas judiciales".[9]

A sua evolução, de uma perspectiva restrita à possibilidade de intervenção judicial à noção abrangente de outros meios para a realização efetiva das necessidades jurídicas dos cidadãos, está diretamente relacionada às mudanças na concepção do Estado, a partir dos direitos humanos e fundamentais nesse contexto.[10]

Com efeito, no Estado de Direito liberal a previsão de regras gerais resumia-se a limitar a atuação estatal. Dessa forma, a ideia de acesso à justiça restringia-se ao direito formal do indivíduo de propor ou contestar uma ação: "A justiça, como outros bens, no sistema do laissez-faire, só podia ser obtida por aqueles que pudessem enfrentar seus custos. [...] O acesso formal, mas não efetivo à justiça, correspondia à igualdade, apenas formal, mas não efetiva".[11]

---

6. No estudo realizado, os autores apresentam as três ondas para a efetivação do acesso à justiça: 1) Financeira – 1ª onda: Assistência jurídica para os pobres; 2) Cultural – 2ª onda: Representação dos interesses difusos; 3) Psicológica – 3ª onda: Novo enfoque de acesso à justiça. CAPPELLETTI, Mauro; GARTH, Bryan. *Acesso à justiça*. Porto Alegre: Fabris, 1988, p. 167, 168.
7. CAPPELLETTI, Mauro; GARTH, Bryan. *Acesso à justiça*. Porto Alegre: Fabris, 1988, p. 12.
8. Disponível em: https://finlex.fi/fi/laki/kaannokset/1999/es19990731.pdf. Acesso em: 15 jun. 2021.
9. ORGANIZAÇÃO DOS ESTADOS AMERICANOS (OEA). *Acceso a la Justicia*: Llave para la Gobernalidad Democrática. Secretaria Geral, Washington D.C., junho de 2007.
10. Para o presente trabalho adota-se o entendimento de que os direitos humanos relacionam-se com os documentos de direito internacional, na medida em que têm como cerne o reconhecimento do ser humano como tal, alheios à sua vinculação com certo Estado, enquanto os direitos fundamentais são aqueles introjetados positivamente na esfera do direito constitucional de um Estado. SARLET, Ingo Wolfgang. *A eficácia dos direitos fundamentais*. Porto Alegre: Livraria do Advogado, 2004. p. 35-36.
11. CAPPELLETTI, Mauro; GARTH, Bryan. *Acesso à justiça*... p. 9 a 12.

Todavia, a pressão da realidade social demandou que o ordenamento jurídico passasse a abarcar valores para além da mera previsão formal de direitos,[12] sendo inevitável reconhecer que "quanto mais o ordenamento jurídico se identifica ou tende a se identificar com aquele social, político, econômico, tanto mais a identificação do valor fundado no critério normativo será conforme a realidade efetiva".[13]

Ora, se os direitos fundamentais sociais são cruciais no constitucionalismo contemporâneo por representarem direitos endógenos à condição de cidadão,[14] por óbvio que o acesso à justiça deve ser concebido para a efetivação material desses direitos, o que não é viável sob o seu viés puramente jurisdicional.

A questão hermenêutica, portanto, ultrapassa a mera subsunção dos fatos à norma, passando a enfrentar a questão de conformar o sistema jurídico à realização dos princípios constitucionais, a fim de realizar a dignidade da pessoa humana por meio da efetivação dos direitos fundamentais. É nesse contexto que reside o entendimento amplo sobre o que configura o acesso à justiça enquanto direito do cidadão de ver suas necessidades jurídicas atendidas de maneira satisfatória por meios judiciais e extrajudiciais.

Nessa perspectiva, a Agenda 2030 da Organização das Nações Unidas estabeleceu, em 2015, um plano de ação para as pessoas, para o planeta e para a prosperidade, com o estabelecimento de 17 Objetivos de Desenvolvimento Sustentável – ODS, e 169 metas.[15]

Dentre os Objetivos de Desenvolvimento Sustentável, cumpre mencionar o estabelecido pelo ODS 16: "Promover sociedades pacíficas e inclusivas para o desenvolvimento sustentável, proporcionar o *acesso à justiça para todos e construir instituições eficazes, responsáveis e inclusivas em todos os níveis*". (grifamos) Esse ODS, no que se refere ao acesso à justiça, é detalhado a partir das seguintes premissas: "16.3 Promover o Estado de Direito, em nível nacional e internacional, e garantir a igualdade de acesso à justiça para todos; 16.6 Desenvolver instituições eficazes, responsáveis e transparentes em todos os níveis; 16.10 Assegurar o acesso público à informação e proteger as liberdades fundamentais, em conformidade com a legislação nacional e os acordos internacionais".

Considerando as peculiaridades de cada país e, por conseguinte, os diversos meios e abordagens que cada um possui para alcançar o desenvolvimento sustentável, a Agenda 2030 refere que "cabe a cada governo definir suas próprias metas nacionais,

---

12. "Evidentemente, não há um corte temporal separando nitidamente essas fases: o que há são técnicas de intervenção jurídica que vão sendo criadas e modificadas, a ponto de caracterizar novos padrões qualitativos da relação entre o Estado e a sociedade". BUCCI, Maria Paula Dallari. *Direito administrativo e políticas públicas*. São Paulo: Saraiva, 2006. p. 246.
13. PERLINGIERI, Pietro. *Perfis do direito civil*: introdução ao direito civil constitucional. Rio de Janeiro: Renovar, 2002. p. 30-31.
14. BOTELHO, Catarina Santos. *Os direitos sociais em tempos de crise, ou revisitar as normas programáticas*. Coimbra. Almedina, 2015. Ebook.
15. Os ODS são integrados e indivisíveis, e equilibram as três dimensões do desenvolvimento sustentável: a econômica, a social e a ambiental, servindo, ao lado das metas, como impulso para a ação até 2030. Entraram em vigor no dia 1º de janeiro de 2016 e orientam as decisões a serem tomadas internamente nos 15 anos subsequentes à Agenda.

levando em conta as suas circunstâncias, e como elas devem ser incorporadas aos processos, políticas e estratégias nacionais de planejamento", sob a ótica da

> necessidade de construir sociedades pacíficas, justas e inclusivas que ofereçam igualdade de acesso à justiça e que são baseadas no respeito aos direitos humanos (incluindo o direito ao desenvolvimento), em um efetivo Estado de Direito e boa governança em todos os níveis e em instituições transparentes, eficazes e responsáveis.[16]

Nesse contexto, o Conselho Nacional de Justiça publicou o Provimento 85/2019, dispondo sobre a adoção dos Objetivos de Desenvolvimento Sustentável, da Agenda 2030, pelas Corregedorias do Poder Judiciário e pelo Serviço Extrajudicial, fomentando, assim, o estabelecimento de normas propícias ao acesso à justiça.

A partir da competência do Poder Judiciário para fiscalizar os serviços notariais e de registro e o dever de implementar mecanismos que concretizem o princípio constitucional do amplo acesso à justiça, o Provimento determina, em seu artigo 2º, que os novos atos normativos, a serem editados pela Corregedoria Nacional de Justiça e pelas Corregedorias do Poder Judiciário, façam referência ao número do respectivo Objetivo de Desenvolvimento Sustentável, da Agenda 2030, com o qual se adéqua.

Percebe-se, assim, a efetivação do reconhecimento da realização do acesso à justiça por outras vias que não a judicial, contemplando-se, de forma inequívoca, as serventias extrajudiciais para esse fim.

3. A INTERFACE ENTRE O ACESSO À JUSTIÇA NO BRASIL E O PROTESTO DE TÍTULOS E DOCUMENTOS DE DÍVIDA NA ATUALIDADE

No Brasil, a exemplo de outros países, não há, na Constituição Federal, um dispositivo especificamente mencionando o direito de acesso à justiça. Considera-se que esse direito está plasmado no artigo 5º, XXXV, da Constituição, ao estabelecer que "a lei não excluirá da apreciação do Poder Judiciário lesão ou ameaça a direito". Em que pese a dicção constitucional, o entendimento vigente é de que esse direito vai além da possibilidade de acionamento jurisdicional, abarcando outros meios para a solução de controvérsias,[17] como já reconhecido pelo Conselho Nacional de Justiça, conforme referido acima.

Nessa perspectiva, e diante do esgotamento do Poder Judiciário brasileiro e, consequentemente, do não atendimento do direito de acesso à justiça e da realização de direitos fundamentais, os representantes dos Poderes Executivo, Legislativo e

---

16. Disponível em: https://brasil.un.org/pt-br/91863-agenda-2030-para-o-desenvolvimento-sustentavel. Acesso em: 10 jun. 2021.
17. Homologação de Sentença Arbitral Estrangeira 5.206-8/246 – Reino da Espanha (MBV x RESIL) – Supremo Tribunal Federal. Segundo o STF, o artigo 5º, XXXV, da CF, pode ser concretizado pela ação judicial quando os direitos da pessoa forem afrontados, mas não somente por ela. Assim, em se tratando de direitos patrimoniais disponíveis, afirmou o STF que, além de lícito e constitucional, é salutar – diante do acúmulo de processos e do formalismo excessivo que têm gerado a lentidão das demandas judiciais – que se abdique da ação para buscar outra forma de composição do conflito.

Judiciário, no ano de 2004, firmaram o "I Pacto de Estado em favor de um Judiciário mais rápido e republicano", documento que detalhou um conjunto de medidas para aprimorar o sistema de prestação jurisdicional, a partir do estabelecimento de 11 compromissos, entre eles a implementação da Emenda Constitucional 45, de 2004, que teve "por objetivo a melhoria da gestão, a ampliação do acesso, o aumento da celeridade e a modernização do sistema de prestação jurisdicional".[18]

A realização desse primeiro Pacto é o resultado de uma mudança na abordagem acerca da prestação jurisdicional a partir de 2003, ampliando-se o debate para além das alterações dos diplomas processuais, passando a contemplar o sistema de justiça no seu todo. Nesse novo cenário, foi criada a Secretaria de Reforma do Judiciário,[19] no âmbito do Ministério da Justiça, "com a competência de formular e implementar políticas públicas voltadas à melhoria do sistema de prestação jurisdicional".[20]

De fato, o Pacto Republicano desencadeou uma das fases mais importantes para o avanço na reforma pretendida, possibilitando a aprovação de mais de uma dezena de normas, e a regulamentação da maior parte das inovações havidas com a Emenda Constitucional 45/2004, dentre as quais destaca-se a possibilidade de realização do divórcio, inventário e partilha consensuais pela via administrativa nas serventias extrajudiciais (tabelionatos de notas), por meio da Lei 11.441/2007, com importantes reflexos na realização dos direitos do cidadão em termos de eficiência, custo e prazo.[21]

Com os avanços obtidos com a realização do primeiro Pacto, a partir da prioridade do Poder Executivo, desde a criação da Secretaria de Reforma do Judiciário, para articular e sistematizar propostas de aperfeiçoamento normativo e acesso à justiça, os compromissos estabelecidos foram reafirmados e ampliados pelos três Poderes para fortalecer a proteção aos direitos humanos, a efetividade da prestação jurisdicional, o acesso universal à justiça, a partir da celebração, em 2009, do "II Pacto Republicano de Estado por um sistema de Justiça mais acessível, ágil e efetivo", sendo um de seus objetivos "fortalecer a mediação e a conciliação, estimulando a resolução de conflitos por meios autocompositivos, voltados à maior pacificação social e menor judicialização".[22]

---

18. Destaca-se a criação do Conselho Nacional de Justiça, da previsão da razoável duração do processo e os meios que garantam a celeridade de sua tramitação no âmbito judicial e administrativo, como direito fundamental, da equiparação dos tratados e convenções internacionais sobre direitos humanos e da submissão do Brasil à jurisdição de Tribunal Penal Internacional. CARDOZO, José Eduardo; PEREIRA, Marivaldo de Castro. O futuro da prestação jurisdicional. *Revista de Informação Legislativa*. ano 48, n. 190, p. 280. Brasília, abr./jun. 2011.
19. A Secretaria da Reforma do Judiciário, de acordo com o Decreto 8.668/16, foi absorvida pela Secretaria Nacional de Justiça, passando a se chamar Secretaria Nacional de Justiça e Cidadania. https://www.justica.gov.br/Acesso/participacao-social/subpaginas_consultas-publicas/secretaria-de-reforma-do-judiciario-srj. "Essa decisão pode parecer um sinal de menor entusiasmo do governo pela construção de um sistema judicial democrático, republicano, que envolva todos os Poderes num pacto por uma Justiça melhor, mais inclusiva, mais acessível, mais efetiva e mais racional". BOTTINI, Pierpaolo Cruz; RENAULT, Sérgio; SADEK, Maria Tereza Sadek. *Fim da Secretaria de Reforma do Judiciário é uma perda importante*. https://www.conjur.com.br/2016-mar-30/fim-secretaria-reforma-judiciario-perda-importante.
20. CARDOZO, José Eduardo; PEREIRA, Marivaldo de Castro. *O futuro da ...* cit., p. 281.
21. Ibidem, p. 282.
22. Disponível em: http://www.planalto.gov.br/ccivil_03/outros/iipacto.htm.

As tentativas de um III Pacto Republicano para a reforma do sistema judiciário, em 2011 e, posteriormente, em 2016, não foram exitosas. Pensado, inicialmente, para abarcar também propostas voltadas à melhoria de normas de direito material para conter a proliferação de conflitos,[23] não foi levado a cabo, o que representa um retrocesso. De fato, os pactos republicanos permitem estabelecer uma agenda conjunta entre os três Poderes para a efetivação dos direitos humanos e fundamentais, mediante a criação de mecanismos que imprimam agilidade e efetividade ao acesso à justiça.

No âmbito dos estudos para o III Pacto Republicano, uma das razões identificadas para o aumento do estoque dos processos pendentes de julgamento no Poder Judiciário foi justamente "a fragilidade ou mesmo inexistência de mecanismos alternativos para a solução de conflitos", sendo crucial, portanto, a criação e o fortalecimento de alternativas seguras para a solução extrajudicial de conflitos, nas esferas pública e privada.[24]

A despeito da descontinuidade dos esforços estatais integrados, cumpre mencionar a atuação constante do Conselho Nacional de Justiça para a consecução do acesso à justiça efetivo, a partir da premissa expressa de que "o direito de acesso à justiça, previsto no artigo 5º, XXXV, da Constituição Federal, além da vertente formal perante os órgãos judiciários, implica acesso à ordem jurídica justa e a soluções efetivas", e que, por essa razão, compete ao Poder Judiciário estabelecer uma política pública de tratamento adequado para os problemas jurídicos e dos conflitos de interesses, onde devem ser incluídos os respectivos mecanismos de solução para além dos judiciais.

Assim é que foi editada, pelo Conselho Nacional de Justiça, a Resolução 125, de 29.11.2010, para instituir a Política Judiciária Nacional de Tratamento Adequado dos Conflitos de Interesses, tendente a assegurar a todos o direito à competente solução por meios adequados à sua natureza e peculiaridade.

Por sua vez, o Código de Processo Civil de 2015, imbuído do legado deixado pelos Pactos Republicanos, prevê que o Estado deve promover, sempre que possível, a solução consensual dos conflitos, e que outros métodos para tal fim deverão ser estimulados.[25] Ademais, ao dispor sobre a mediação e conciliação, ressalva, expressamente, no artigo 175, que não se excluem outras formas de conciliação e mediação extrajudiciais vinculadas a órgãos institucionais ou realizadas por intermédio de profissionais independentes, que poderão ser regulamentadas por lei específica.

Portanto, é possível concluir que, apesar dos percalços, existe uma preocupação para ampliar, de forma efetiva, o acesso à justiça por outros meios que não unicamente o jurisdicional. É nessa conjuntura que se faz possível a análise do Protesto de Títulos e Documentos de Dívida como um dos instrumentos para compor uma política pública de acesso à justiça, e a inserção da prévia solução negocial como uma das

---

23. CARDOZO, José Eduardo; PEREIRA, Marivaldo de Castro. *O futuro da...* cit., p. 286.
24. Ibidem, p. 283, 286.
25. Artigo 3º, §§ 2º e 3º, do Código de Processo Civil – Lei 13.105/2015.

etapas à realização dos direitos ligados às relações creditícias, disponibilizando-se, assim, uma alternativa completa para esse fim.

Nesse aspecto, cumpre mencionar que a efetivação (material) do acesso à justiça está intimamente ligada à ideia de política pública, principalmente com a transposição do Estado liberal, de maneira que as políticas públicas representam "uma evolução em relação à ideia de lei em sentido formal, assim como esta foi uma evolução em relação ao *government by men*, anterior ao constitucionalismo".[26]

Ao analisarmos o Protesto de Títulos e Documentos de Dívida como uma das vias de acesso à justiça, sob o enfoque atual, é necessário ressaltar, de início, que o Protesto opera de forma imparcial, com os olhos voltados à função social que desempenha enquanto instrumento para a satisfação creditícia.

O instituto do Protesto extrajudicial vem sendo aprimorado no decorrer do tempo, a fim de aperfeiçoar-se como o meio adequado para a atividade satisfativa do crédito, estimulando, de forma idônea, o cumprimento das obrigações. "O seu fortalecimento e o equilíbrio na sua utilização são a vereda mais certa, simples e barata para a estabilidade dos negócios e o crescimento econômico".[27]

A sua função social atua no âmbito das relações subjacentes às obrigações inadimplidas submetidas ao protesto, como também para a consecução da eficiência dos Poderes Públicos e ao fortalecimento da cidadania, na medida em que contribui para evitar a judicialização das relações jurídicas, que tem, como um de se seus efeitos nefastos, além do alto custo ao Estado e a morosidade do acesso à justiça, o fomento à dependência da população ao Estado-juiz. Com efeito, a judicialização faz

> com que a população seja cada vez mais tutelada, puerilizada, precise sempre de alguém que pegue na sua mão e traga ao Estado-juiz para resolver questões que, pelo princípio da subsidiariedade, a pessoa poderia resolver, depois a família, o grupo, o bairro. Mas hoje isso não acontece: a primeira busca é pelo Judiciário.[28]

O título ou documento de dívida oriundo de relação jurídica (da qual decorre obrigação cuja prestação inadimplida deve ser satisfeita em dinheiro) que tem acesso ao procedimento do Protesto pode envolver particulares (pessoas físicas e/ou jurídicas) e/ou o Poder Público.

A segurança jurídica decorrente do procedimento de protesto reside na dinâmica que garante aos envolvidos e, por conseguinte, à sociedade, a convicção acerca das consequências dos atos praticados, com importantes reflexos para o desenvolvimento das relações sociais, procedimento este estabelecido em lei, realizado por profissional

---

26. BUCCI, Maria Paula Dallari. *Direito administrativo e políticas públicas*. São Paulo: Saraiva, 2006. p. 252.
27. MORAES, Emanoel Macabu. *Protesto notarial*: títulos de crédito e documentos de dívida. São Paulo: Saraiva, 2014. p. 20.
28. NALINI, José Renato; CARDOSO, Mauricio; LIMA, Giuliana; ANDRADE, Paula. As pessoas podem resolver melhor seus próprios litígios do que o Judiciário. 2015. Disponível em: https://www.conjur.com.br/2015-jan-18/entrevista-desembargador-jose-renato-nalini-presidente-tj-sp. Acesso em: 15 ago. 2018.

do direito concursado, dotado de fé pública, sob a fiscalização do Poder Judiciário, e com responsabilidade pessoal sobre os atos realizados no âmbito de sua competência, cujos emolumentos são tabelados por lei estadual, a partir das diretrizes fixadas pela Lei 10.169/2000, em atenção ao determinado pela Constituição Federal de 1988.[29]

A Lei 9.492/97, em seu artigo 1º, refere que o Protesto "é o ato formal e solene pelo qual se prova a inadimplência e o descumprimento de obrigação originada em títulos e outros documentos de dívida".

Enquanto ato formal, a realização do Protesto depende da observância dos preceitos legais quanto à forma do seu processamento, estabelecido, em linhas gerais, pela Lei 9.492/97, complementado pelas normas do Conselho Nacional da Justiça e das Corregedorias estaduais.

O protesto, enquanto ato hígido, somente será solenizado com a sua lavratura e consequente registro se as formalidades prescritas em lei para tanto forem atendidas, notadamente no que se refere à ciência do devedor acerca da existência do pedido de protesto e a possibilidade de seu pagamento sem consequências de abalo ao seu crédito.

Sobre esse aspecto, convém ressaltar que é obrigação do tabelião, nos termos do artigo 29, da Lei 9.492/97, "fornecer às entidades representativas da indústria e do comércio ou àquelas vinculadas à proteção do crédito, quando solicitada, certidão diária, em forma de relação, dos protestos tirados e dos cancelamentos efetuados". Conforme observa Reinaldo Velloso dos Santos,[30] o interesse da sociedade é a finalidade da publicidade dessas informações, de maneira que

> os tabelionatos de protesto contribuem para a disseminação de dados acerca do inadimplemento de obrigações e, dessa forma, com a redução da assimetria de informação existente no mercado de crédito, conferindo maiores subsídios para a análise de idoneidade e a eventual concessão de crédito ao tomador.[31]

A lavratura do protesto, portanto, deve observar as formalidades legais quanto ao iter procedimental para que, em não ocorrendo qualquer hipótese elisiva, seja possível realizar o ato solene do protesto.

> Diante do caráter solene que perfaz a prática do ato, de eficácia probatória singular, peculiariza-se o protesto na função de caracterizar estado de inadimplência do devedor, também da insolvência, a partir do instante no qual a presunção milita a favor do credor, cercando a liquidez e certeza da importância exigida.[32]

---

29. Art. 236. Os serviços notariais e de registro são exercidos em caráter privado, por delegação do Poder Público. § 2º Lei federal estabelecerá normas gerais para fixação de emolumentos relativos aos atos praticados pelos serviços notariais e de registro.
30. SANTOS, Reinaldo Velloso dos. *Protesto notarial e sua função no mercado de crédito*. Belo Horizonte: Dialética, 2021. p. 428.
31. SANTOS, Reinaldo Velloso dos. *Protesto notarial e sua função no mercado de crédito*. Belo Horizonte: Dialética, 2021. p. 427.
32. ABRÃO, Carlos Henrique. *Protesto*: caracterização da mora, inadimplemento obrigacional. São Paulo: Atlas, 2011. p. 8.

A solenidade, portanto, da lavratura e do registro do protesto tem como finalidade outorgar robustez ao ato quanto à prova do seu objeto e dos seus efeitos, cristalizando aquela situação relatada pelo tabelião, atingindo não somente as partes envolvidas, mas também a coletividade, na medida em que a relação específica passa a ser de conhecimento de todos, com os consequentes efeitos econômicos e negociais dessa publicidade. Conforme Vicente de Abreu Amadei,

> é o solene testemunho de autoridade dotada de fé pública, isto é, o agir formal, técnico e jurídico do Tabelião, como terceiro qualificado e investido de fé pública, em prol da instrumentação adequada de atos e fatos jurídicos e de suas possibilidades, para a segurança jurídica, estabilização e pacificação das relações sociais.[33]

Diante da previsão constitucional do artigo 236, e das Leis 8.935/94 e 9.492/97, não é possível que um documento particular seja equivalente a um protesto lavrado pelo tabelião. Rege-se o protesto, portanto, pelo princípio da insubstitutividade, do qual resulta a impossibilidade da realização de outro ato que não o protesto para os fins a que se destina. No atual paradigma constitucional, não é possível a prestação dos serviços notariais e de registro por pessoas privadas que não seja pela delegação via concurso público, sendo competência exclusiva do tabelião de protesto a prática de tal ato.

Assim, a ocorrência dos respectivos efeitos (como constituição de prova *juris tantum* sobre o descumprimento de determinada obrigação; interrupção da prescrição; legitimação para o direito de regresso contra os coobrigados; definição do termo nas hipóteses de mora *ex persona*; caracterização do estado falimentar) somente acontecerá mediante o procedimento legal realizado exclusivamente pelo tabelião de protesto.

Além de representar função pública de relevância jurídica e social, cujo regime jurídico tem origem constitucional, é imparcial, oportunizando ao devedor tempo para que adote as medidas que entender necessárias caso discorde da cobrança.

O procedimento do Protesto extrajudicial respeita o contraditório e a ampla defesa, ao intimar, preferencialmente, de forma pessoal o devedor, que, ciente da apresentação do título a protesto pelo credor, poderá, no prazo legal, adotar uma das seguintes condutas: realizar o pagamento; negociar a dívida com o credor, do que pode decorrer desistência do pedido de protesto pelo credor; adotar medida judicial de sustação para evitar a lavratura do protesto. Somente se nenhuma dessas situações ocorrer é que será lavrado o protesto, o qual pode conter as razões de irresignação do devedor (contraprotesto). Embora não tenha o condão de obstacularizar a lavratura e o registro, essas ressalvas contra aquela cobrança em questão ficam registradas, de forma pública, no livro onde foi lavrado e registrado o instrumento de protesto, na via que é entregue para o credor e, também, em todas as certidões eventualmente solicitadas acerca desse protesto.

---

33. AMADEI, Vicente de Abreu. O protesto notarial na atualidade. In: EL DEBS, Martha; FERRO JUNIOR, Izaías Gomes (Coord.). *O novo protesto de títulos e documentos de dívida*: os cartórios de protesto na nova era digital. Salvador: JusPodivm, 2020. p. 29-30.

Ademais, o procedimento do protesto é medida muito menos gravosa do que a chamada "negativação direta" para o devedor, que nada mais é do que "o fornecimento de informação de inadimplência promovido pelo credor diretamente às empresas particulares de proteção do crédito e àquelas representativas da indústria e comércio, quando da constatação da mora". Com a realização do protesto, "o mesmo devedor tem a chance de pagar sua dívida em cartório antes do lançamento de seu nome em tais cadastros restritivos de crédito, como corolário da lavratura e registro do protesto".[34]

O protesto é, ainda, norteado pelo princípio da celeridade, caracterizado pelos curtos prazos estabelecidos e de observação obrigatória, pressuposto fundamental para a eficiência do instituto, notadamente em face da dinâmica econômica e negocial e da necessidade de resolução a contento das demandas da sociedade. Nesse sentido, seja para intimar o devedor para pagar, seja para realizar o protesto ou o cancelamento de título ou documento de dívida já protestado, os prazos são curtos e imperiosos, levando em consideração as necessidades do credor em recuperar aquilo que lhe é devido, e também do devedor em cumprir a sua obrigação, mediante o pagamento do documento recebido com a intimação, ou em recuperar seu crédito, por meio do cancelamento do registro do protesto.

Estando o documento indicado a protesto dotado de regularidade quanto aos seus elementos formais, considera-se escorreito, pois presume-se a boa-fé e a veracidade das declarações assumidas pelo apresentante/credor, que responderá não somente na esfera civil, mas também penalmente na hipótese de emitir declaração ou documento falso. Nesse contexto, a boa-fé atua de forma a estabelecer "um mandamento de consideração", pelo qual o interesse conferido a cada um dos sujeitos da relação jurídica tem seu limite nos interesses do outro que dela participa, onde ambos são dignos de serem protegidos, "alcançando todos os momentos e fases do vínculo, desde o seu nascimento até o adimplemento de deveres e obrigações".[35]

Reforça, assim, a boa-fé do particular perante o Poder Público, princípio norteador estampado no artigo 2º, II, da Lei 13.874/2019 – Lei de Liberdade Econômica,[36] sendo direito de toda pessoa física e jurídica "gozar de presunção de boa-fé nos atos praticados no exercício da atividade econômica", essencial para o desenvolvimento e o crescimento econômico do país, conforme disposto no artigo 3º, V, da referida lei.[37]

Reitera-se a possibilidade de ampla atuação no que se refere à recuperação de dívidas/satisfação do crédito, em face da cláusula de abertura conferida com a Lei

---

34. Parecer, com caráter normativo e ainda em vigor, da lavra do então juiz auxiliar, Desembargador Cláudio Brandão de Oliveira, Corregedoria Geral da Justiça do Estado do Rio de Janeiro, nos autos do Processo 2009-073886, que foi publicado no DJERJ no Caderno I – Administrativo, p. 16 e 17, em 13.04.2009, e que foi acolhido pelo Plenário do Conselho Nacional de Justiça, nos autos do Pedido de Providências 200910000045376.
35. SILVA, Clóvis Veríssimo do Couto e. *A obrigação como processo*. Rio de Janeiro: FGV, 2006. p. 34.
36. Art. 2º São princípios que norteiam o disposto nesta Lei: II – a boa-fé do particular perante o poder público.
37. Art. 3º São direitos de toda pessoa, natural ou jurídica, essenciais para o desenvolvimento e o crescimento econômicos do País, observado o disposto no parágrafo único do art. 170 da Constituição Federal: V – gozar de presunção de boa-fé nos atos praticados no exercício da atividade econômica, para os quais as dúvidas de interpretação do direito civil, empresarial, econômico e urbanístico serão resolvidas de forma a preservar a autonomia privada, exceto se houver expressa disposição legal em contrário.

9.492/97, que permite a possibilidade de serem apresentados a protesto os documentos de dívida (líquidos, certos e exigíveis), dotados ou não de executividade.

Importante ressaltar que o objeto do Protesto é o título ou o documento de dívida inadimplido, e não a pessoa do devedor. Os efeitos que recaem sobre o devedor inadimplente em virtude do protesto do título ou do documento de dívida inadimplido, tal como é o da restrição ao crédito, advêm da sua condição de sujeito passivo na relação jurídica obrigacional subjacente que não foi devidamente cumprida.

Dessa forma, é possível afirmar, que o procedimento do Protesto de Títulos e Documento de Dívida, caracterizado pela celeridade e abarcado pela fé pública,[38] garante os interesses do credor e do devedor, de forma ágil e segura. De fato,

> A teleologia do sistema de protesto, por pressupor a existência de um título líquido, certo e exigível, e por garantir a procedimentalização do chamamento do devedor ou obrigado, garantindo-lhe purgação a fim de evitar os efeitos deletérios do protesto, opta por um procedimento rápido, para que outras medidas possam ser tomadas pelo credor a fim de salvaguardar, em última análise, o cumprimento adequado da obrigação, ou seja, o pagamento, em qualquer das figuras que o ordenamento jurídico prevê.[39]

De outra banda, insta referir que a possibilidade de apresentação de títulos e documentos de dívida a protesto sem custos ao credor (postergação dos emolumentos) é outro aspecto da função social do Protesto extrajudicial que merece atenção, pois democratiza o acesso aos meios de solução de conflitos. Assim, por meio desse expediente, de aplicação nacional a partir da edição do Provimento 86, de 29 de agosto de 2019, pelo Conselho Nacional de Justiça, o credor apresenta o título ou documento de dívida independentemente de depósito ou pagamento prévio de emolumentos, custas e demais despesas,[40] cujos valores devidos serão exigidos dos interessados nos

---

38. A fé pública atribui "certeza fora do processo, seja para reduzir as suas probabilidades, seja para eliminar a fase de cognição, ou sobretudo, para garantir à ordem jurídica uma base extraprocessual de estabilidade e equilíbrio", blindando o ato, cujos efeitos somente poderão ser desconstituídos judicialmente, contribuindo, assim, à estabilidade das relações jurídicas e à paz social. Quando o ato objeto da fé pública constitui-se em negócio do qual resulta crédito a que corresponda obrigação certa, líquida e exigível, "a dação de fé produz executividade, quer dizer, produz o efeito de permitir ao credor prescindir do processo de cognição para demandar a execução forçada". "Portanto a fé pública vem a substituir a coisa julgada, o que não tem nada de estranho, posto que ambas estão a serviço da segurança (que em um caso o direito consegue presumindo que o juiz não se equivoca; no outro, que o notário não mente)". ZINNY, Mario Antonio. *Fé pública notarial*: El acto notarial (dación de fé). Trad. Daisy Ehrhardt. Rio de Janeiro: Lumen Juris, 2018. p. 96;100.
39. FERRARI, Carla Medina; KÜMPEL, Vitor Frederico. *Tratado notarial e registral*. São Paulo: YK, 2017. v. 4, p. 118.
40. Art. 2º A apresentação, distribuição e todos os atos procedimentais pertinentes às duplicatas escriturais (eletrônicas) e demais títulos e outros documentos de dívidas encaminhados a protesto por Banco, Financeira ou pessoa jurídica fiscalizada por órgãos do Sistema Financeiro Nacional, na qualidade de credor ou apresentante, independem de depósito ou pagamento prévio dos emolumentos e dos demais acréscimos legais e das despesas que estão contemplados no caput, cujos valores devidos serão exigidos dos interessados, de acordo com a tabela de emolumentos e das despesas reembolsáveis vigentes na data: [...] 1º As disposições do *caput* deste artigo aplicam-se: a) às pessoas jurídicas fiscalizadas por agências que regulam as atividades de serviços públicos que são executados por empresas privadas sob concessão, permissão ou autorização, na qualidade de credoras, bem como aos credores ou apresentantes de decisões judiciais transitadas em julgado oriundas da Justiça Estadual, da Justiça Federal ou da Justiça do Trabalho e à União Federal, aos Estados, ao

atos de elisão (pagamento do título/documento de dívida ou desistência do pedido de protesto) ou no cancelamento do protesto.

Além da possibilidade ampla de utilização do Protesto em relação ao seu objeto, que pode ser tanto título de crédito quanto qualquer documento de dívida, desde que líquido, certo e exigível, estamos vivenciando também a adoção de medidas para a ampliação do próprio procedimento a fim de oferecer, de forma completa, um procedimento cabal para a solução de dívidas enviadas a protesto. Assim, o Conselho Nacional da Justiça, em 27 de março de 2018, publicou o Provimento 67, regulamentando os procedimentos de conciliação e de mediação no âmbito notarial e de registro, facultando aos notários e registradores a realização dos procedimentos de mediação e conciliação que tenham por objeto direitos disponíveis e os indisponíveis que admitam transação.

No mesmo ano, o Conselho Nacional de Justiça publicou, em 27 de junho, o Provimento 72, estabelecendo, além da mediação e conciliação, medidas de incentivo à quitação ou à renegociação de dívidas protestadas nos Tabelionatos de Protesto. A ideia é que essas medidas sejam realizadas antes dos procedimentos de conciliação e mediação propriamente ditos, desde que requeridas pelos interessados, de forma a proporcionar ao usuário dos serviços de protesto um procedimento completo para os títulos e documentos de dívida que tenham acessado o serviço de protesto.

Dessa forma, abrem-se possibilidades para a atividade satisfativa do crédito no âmbito do Protesto extrajudicial no que diz respeito à resolução de conflitos capitaneada pelas partes envolvidas. Com essa inovação normativa é possível, portanto, que o título que tenha sido protestado possa ser objeto de negociação entre as partes antes mesmo da mediação ou da conciliação.

O Protesto de Títulos e Documentos de Dívida caracteriza-se, assim, como instituto idôneo, com procedimento próprio, célere e transparente, cujas diretrizes procedimentais, expressamente previstas em lei, nas normas do Conselho Nacional de Justiça e nas corregedorias estaduais, são de observância obrigatória, sob pena de responsabilidade pessoal do tabelião. Nessa esteira, a possibilidade de incluir a prévia solução negocial no contexto desse procedimento é medida que se apresenta plausível como forma de ampliar o acesso à justiça no contexto de uma política pública para esse fim.

4. A PRÉVIA SOLUÇÃO NEGOCIAL E O PROTESTO DE TÍTULOS E DOCUMENTOS DE DÍVIDA COMO PARTE INTEGRANTE DA POLÍTICA PÚBLICA DE ACESSO À JUSTIÇA

A prévia solução negocial, no âmbito do procedimento de protesto, caracteriza-se pela oportunização de acordo entre credor e devedor a respeito de dívida inadimplida antes de seu direcionamento a protesto. Dessa forma, a prévia solução negocial seria

---

Distrito Federal, aos Municípios e às suas respectivas Autarquias e Fundações Públicas no que concerne às suas certidões da dívida ativa. b) a qualquer pessoa física ou jurídica desde que o vencimento do título ou do documento de dívida não ultrapasse o prazo de 1 (um) ano no momento da apresentação para protesto.

uma fase antecedente à protocolização do título ou documento de dívida a protesto, na qual, por solicitação do credor, o tabelião de protesto comunica o devedor, mediante correspondência simples, correio eletrônico, aplicativo de mensagem instantânea ou meios similares, sobre o interesse do credor em compor a dívida, cuja negociação se iniciaria partir das condições propostas por este último.

O devedor, por sua vez, poderia aceitar a iniciativa de composição da dívida apontando qual das propostas melhor se adapta às suas condições, ou, ainda, fazer uma contraproposta, a ser analisada pelo credor.

Na hipótese de haver acordo entre credor e devedor, seja a partir das propostas oferecidas pelo credor, seja a partir daquela colocada pelo devedor, o procedimento de protesto não se iniciaria, restando resolvida, de forma rápida e segura, a questão pendente entre os sujeitos envolvidos naquela relação jurídica. Neste caso, haveria incidência de emolumentos, mas de forma diferenciada em relação ao valor daqueles cobrados na esfera do procedimento de protesto, já que este não teria sido iniciado, permitindo, assim, a cobrança em valor menor àqueles cobrados para a realização do protesto. Tendo em vista a natureza tributária dos emolumentos, considerados taxa, a previsão sobre o valor incidente em caso de êxito na prévia solução negocial deverá, necessariamente, ser objeto de regulamentação pela unidade da federação competente (estados ou Distrito Federal).

Todavia, restando frustrada a negociação, o título ou documento de dívida em questão, sem qualquer cobrança pela tentativa da prévia solução negocial, seguiria para o trâmite do protesto propriamente dito, com a protocolização da dívida e a realização dos atos subsequentes a partir da intimação. Dessa forma, parece recomendável que já haja, quando da demonstração do interesse do credor na prévia solução negocial, a análise formal do título e documento de dívida quanto aos requisitos legais e de certeza, liquidez e exigibilidade. Longe de ser uma medida burocrática, essa análise feita pelo tabelião já serve como eventual etapa saneadora do título ou documento de dívida, outorgando mais garantias ao credor e mais certeza ao devedor quanto à regularidade formal desse título ou documento de dívida.

Feitas essas breves considerações acerca da prévia solução negocial, cumpre mencionar que este procedimento foi objeto de proposta legislativa, no ano de 2021, mediante emenda ao Projeto de Lei 1.805/2021 (substitutivo da Câmara dos Deputados ao PL do Senado 283/2012), que tratou do superendividamento, atualmente objeto da Lei 14.181/2021.

Assim, foi proposta a emenda com a inserção do artigo 3º ao referido Projeto de Lei, com a seguinte disposição: "A Lei 9.492, de 10 de setembro de 1997, passa a vigorar acrescida do seguinte art. 9º-A":

> Art. 9º-A. Fica permitida ao credor ou ao apresentante a remessa de títulos ou documentos de dívida, ou suas indicações, ao tabelionato de protesto territorialmente competente, fisicamente ou de forma remota por intermédio da central nacional de serviços eletrônicos compartilhados, prevista no art. 41-A desta Lei, com a recomendação de prévia solução negocial, a partir, exclusivamente,

de comunicação ao devedor mediante correspondência simples, correio eletrônico, aplicativo de mensagem instantânea ou meios similares. Parágrafo único. Na hipótese de negociação frustrada, haverá a conversão da remessa em indicação para protesto, exigíveis os emolumentos, os demais acréscimos legais, as remunerações e os custos operacionais relativos à manutenção, à gestão, ao aprimoramento e à atualização permanente do sistema e da estrutura da central nacional de serviços eletrônicos compartilhados somente por ocasião da prévia solução negocial, da elisão do protesto pela desistência, pelo pagamento do débito, pela sustação judicial definitiva ou do cancelamento do registro do protesto.

A negociação prévia das dívidas antes de sua apresentação a protesto, segue a lógica da conciliação e mediação, do Provimento 67/2018, e das medidas de incentivo à quitação de dívidas protestadas previstas pelo Provimento 72/2018, no sentido de ampliar o acesso ao Tabelionato de Protesto como meio para a resolução extrajudicial de conflitos para além das dívidas protestadas, objeto dos procedimentos anteriormente citados. Dessa forma, são abarcadas pela atuação oficial do tabelião de protesto também as dívidas ainda não protestadas, como uma fase prévia ao procedimento do protesto propriamente dito. Beneficiam-se, assim, o credor, que passa a deter mais uma alternativa para a satisfação de seu crédito, e o devedor, que, por sua vez, passa a contar com um procedimento antecedente ao protesto com a possibilidade de negociar as condições de pagamento, liberando-se da dívida.

Percebe-se, dessa forma, que o procedimento da prévia solução negocial contribui para o tratamento do superendividamento, nos termos almejados pela Lei 14.181, de 1º de julho de 2021, cujo objetivo é aperfeiçoar a disciplina do crédito ao consumidor e dispor sobre a prevenção e o tratamento do superendividamento.

Contudo, talvez por desconhecimento, não foi esse o entendimento acerca da emenda legislativa apresentada ao Projeto de Lei 1.805/2021, acima mencionado. De fato, contra a lógica do sistema proposto e da atual concepção de acesso à justiça, notadamente a partir do Objetivo de Desenvolvimento Sustentável 16 da Agenda 2030 da ONU, a emenda foi rejeitada a partir de uma análise limitada do tema, nos seguintes termos:

> O art. 3º do Substitutivo da Câmara introduz um comando não originalmente previsto no texto oriundo do Senado, com o intuito de acrescentar um novo artigo à Lei 9.492, de 1997, para permitir ao credor ou apresentante a remessa de títulos ou documentos de dívida, ou suas indicações, ao tabelionato de protesto com a recomendação de prévia solução negocial, a partir, exclusivamente, de comunicação ao devedor mediante correspondência simples, correio eletrônico, aplicativo de mensagem instantânea ou meios similares. Oferecemos reservas a esta inclusão, porque mesmo na hipótese de uma solução negocial o devedor precisaria arcar com as despesas de emolumentos, agravando assim a sua situação financeira. Esta é, portanto, a única modificação introduzida pela Câmara dos Deputados que sugerimos rejeitar.

Com efeito, a solução proposta permite a concentração dos atos necessários para a solução de uma dívida em um único meio, no caso, o Tabelionato de Protesto, simplificando a forma de sua resolução não somente para o credor, mas principalmente para o devedor, que passa a ter mais ferramentas para administrar as suas dívidas.

Ademais, evita o abalo de crédito do devedor, se resultar exitosa, além de oferecer mais uma oportunidade de pagamento ou de outra forma de manifestação do devedor com a intimação se for necessário instaurar o procedimento do protesto. Ressalte-se, ainda, que mesmo na hipótese de haver o protesto, existe a previsão legal para as medidas de incentivo à quitação ou à renegociação de dívida, e, ainda, a possibilidade de mediação ou conciliação.

Do exposto, é inegável concluir que o procedimento proposto auxilia para despertar a mentalidade para conciliação e para oferecer ao devedor mecanismos mais simples e céleres para adimplir as suas obrigações de acordo com as suas possibilidades, de forma a administrar melhor suas dívidas, o que contribui para refrear o superendividamento, tudo chancelado por um procedimento legal, formal e solene, mas ágil, seguro e eficaz.

Por fim, mas não menos importante, desde uma análise econômica da negociação prévia das dívidas apresentadas a protesto (prévia solução negocial), considerando os objetivos que conduzem os envolvidos à realização de um acordo, é possível citar, de acordo com Fux e Bodart,[41] a redução de custos, a mitigação de riscos e a maximização do retorno. Ainda que de forma perfunctória, é possível verificar que esses três aspectos existem na solução proposta, principalmente se comparado à alternativa da judicialização, que, além da morosidade, tem custos maiores pelas despesas processuais e honorários advocatícios.

Nesse sentido, pesquisa realizada por Irapuã Santana do Nascimento e Silva, citada por Fux e Bodart, acerca da opinião brasileira sobre o acesso à justiça, demonstra que pessoas com ganhos entre um e três salários mínimos, e até mesmo com menos de um salário mínimo, pensam que "somente vale a pena ingressar com uma ação na justiça se tiverem um prejuízo no valor de mil reais, que representa mais ou menos um salário mínimo atualmente", de forma que as pessoas com menor poder aquisitivo preferem suportar prejuízos significativos a propor uma ação judicial para reavê-los.[42] Para além dos efeitos nefastos na esfera individual e na esfera econômica, essa não cobrança das dívidas produz a sensação de não endividamento por parte do devedor, com evidente efeito perverso para o seu superendividamento.

Em tal contexto, não se pode descurar do caráter profilático e educativo que as medidas relacionadas no presente trabalho possuem. Com efeito, a razão de ser da atividade notarial e de registro é prevenir o litígio, seja para conter a litigiosidade, seja para evitar que, no futuro, as pessoas atuem de forma contrária ao direito, sendo essa característica muito marcante no âmbito do Protesto extrajudicial, na medida em que alerta a sociedade sobre a importância de uma postura mais cautelosa em relação à vida econômico-financeira.

---

41. BODAR, Bruno; FUX, Luiz. *Processo civil e análise econômica*. Rio de Janeiro: Forense, 2021. p. 58.
42. BODAR, Bruno; FUX, Luiz. *Processo civil e análise econômica*. Rio de Janeiro: Forense, 2021. p. 53.

Nesse sentido, Jhering afirma que a luta pelo direito e a luta pela lei ocorrem conjuntamente, onde a luta não engloba somente o interesse do indivíduo em questão posto na lei, pois a lei em si também é desprezada quando um direito é violado. Dessa forma, quando o indivíduo luta por seu direito, ele luta para que a lei também se afirme.[43] E isso tem efeito para além da relação entre as partes, demonstrando à coletividade que os indivíduos não se resignam quando seus direitos são violados, e, portanto, que a lei "vale". Há um caráter educativo e profilático muito importante nessa conduta, que deve ser fomentada e ser um dos vetores de uma política pública de acesso à justiça.

> É nas regiões inferiores do direito privado, nas pequenas e nas menores circunstâncias da vida, que se têm de formar e reunir, gota a gota, cada força, cada capital de força de que o Estado necessita para poder operar com isso em grande escala. *A verdadeira escola do desenvolvimento político de um povo é o direito privado, não o direito público.* [44] (grifo nosso).

O Protesto de Títulos e Documentos de Dívida, aliado às medidas aqui propostas, representa a possibilidade de recuperação do crédito e de restabelecimento das relações privadas, produzindo efeitos educativos no seio da coletividade, tanto no que diz respeito ao adimplemento da dívida em si, quanto ao efeito social que decorre dessa postura, além do evidente caráter preventivo de litígios. De fato,

> Os tabeliães de protesto premunem os litígios econômicos porque dão autoridade, confiabilidade e segurança ao ato lavrado, acompanhados da presunção de legitimidade e legalidade inerentes aos atos emanados da fé pública outorgada pelo poder público, afastando a incerteza que podem gerar os atos particulares e coibindo possíveis questionamentos acerca da validade do ato, eliminando demandas e conflitos a desembocarem desnecessariamente no Poder Judiciário.[45]

A ampliação do instituto do Protesto visando abarcar também a possibilidade de um acordo entre credor e devedor antes de seu encaminhamento a protesto, por meio da prévia solução negocial, vai ao encontro da ideia de obrigação como um processo, desenvolvida por Clóvis do Couto e Silva, segundo o qual a relação jurídica, enquanto totalidade orgânica, origina-se "do conceito do vínculo como uma ordem de cooperação, formadora de uma unidade que não se esgota na soma dos elementos que a compõem. Dentro dessa ordem de cooperação, credor e devedor não ocupam mais posições antagônicas, dialéticas e polêmicas".[46]

Do exposto, verifica-se que uma política de acesso à justiça, para além de oferecer mecanismos alternativos à judicialização para compor os conflitos, deve ter como um de seus pilares o fomento à composição e à autodeterminação do cidadão para resolver suas questões sem a figura paternal Estado-juiz.

A política pública pode ser considerada, em breves linhas, como um programa de ação estatal que busca coordenar os meios à disposição do Estado para a realização de

---

43. JHERING, Rudolf von. *A luta pelo direito*. Trad. Fernanda Costa Mattos. São Paulo: Saraiva, 2015. p. 47.
44. Ibidem, p. 54.
45. MORAES, 2014, p. 32.
46. Ibidem, p. 19.

objetivos socialmente relevantes, por meio de um processo de escolha dos meios para a realização desses objetivos com a participação dos agentes públicos e privados.[47]

No que se refere à compatibilidade da prévia solução negocial e o Protesto de Títulos e Documentos de Dívida no âmbito de uma política pública de acesso à justiça, há que mencionar, ainda, a capilaridade característica dos serviços notariais e de registro, presentes em todos os municípios brasileiros, democratizando o acesso a um serviço jurídico capacitado, franqueando orientação jurídica inclusive às camadas mais necessitadas muitas vezes sem qualquer custo. Ademais, a gestão privada desses serviços permite, com maior agilidade, a constante adaptação e melhoria dos serviços prestados.

Contudo, embora seja possível vislumbrar efeitos benéficos da ampliação do acesso à justiça por meio do aqui proposto, é necessário enfrentar a situação de forma sistêmica, a partir do estabelecimento de uma política pública que tenha como um de seus pilares a ampla e adequada divulgação da informação aos cidadãos sobre os meios acessíveis para a solução de suas questões.

A democratização do acesso à justiça na forma aventada neste trabalho demanda, além da capilaridade já mencionada, a compreensão dos meios extrajudiciais disponíveis para a realização dos direitos do cidadão, o que deve ser um dos pontos cruciais no desenvolvimento da competente política pública.

Considerando que o direito de acesso à justiça também envolve a educação do cidadão, a política pública que busque a concretização desse direito deve dispor de instrumentos eficazes para inibir o descumprimento do dever prescrito pelas normas jurídicas (instabilidade social), com mecanismos capazes de resolver a controvérsia e garantir a observância da norma de direito substancial, tal como se verifica no âmbito do Protesto de Títulos e Documentos de Dívida.

Ademais, para prevenir litígios e empoderar o cidadão para solucionar suas pendências de forma autônoma, devem ser oferecidos instrumentos adequados aos direitos pretensamente violados considerando aspectos como segurança, agilidade, eficácia e custo acessível, o que é possível de alcançar, no que diz respeito às relações que envolvam obrigações pecuniárias inadimplidas, por meio do Protesto com a ampliação para abranger as dívidas ainda não protestadas.

Esses meios a serem disponibilizados na esfera de uma política pública de acesso à justiça deve contemplar meios idôneos e cabais ao direito em questão, com redução dos custos estatais ao mesmo tempo em que se ofereça um procedimento cabal com o fim de solucionar determinado conflito. No que se refere ao Protesto, a adoção da prévia solução negocial em seu bojo permite que os usuários tenham nesse instituto uma oferta segura, ágil e eficiente, proporcionando soluções mesmo antes da instauração do procedimento de protesto propriamente dito.

Não há razão, portanto, para não otimizar o Protesto de Títulos e Documentos de Dívida alargando o seu campo de atuação com a medida da prévia solução negocial,

---

47. BUCCI, Maria Paula Dallari. *Direito Administrativo e Políticas Públicas*. São Paulo: Saraiva, 2006. p. 241; 259.

tendo em vista que não somente o credor, mas também o devedor poderá dispor de um procedimento mais dinâmico, e igualmente seguro, para adimplir a sua obrigação, em total consonância com o novo enfoque de acesso à justiça e com o Objetivo de Desenvolvimento Sustentável da Agenda 2030 da ONU.

> A pretensão efetiva é a de que os mecanismos constitucionais postos à disposição do cidadão e das instituições sejam utilizados, eficazmente, como instrumentos aptos a evitar que os poderes públicos disponham livremente da Constituição. A Constituição não é uma simples ferramenta; não é uma terceira coisa que se 'interpõe' entre o Estado e a Sociedade. A Constituição dirige; constitui. A força normativa da Constituição não pode significar a opção pelo descumprimento *ad hoc* de dispositivos 'menos significativos da Lei Maior e o descumprimento sistemático daquilo que é mais importante: o seu núcleo essencial-fundamental.[48]

Dessa forma, e tendo em vista as considerações acima expostas, a ampliação do instituto do Protesto para abarcar também as dívidas ainda não protestadas, mediante a adoção da prévia solução negocial, é medida salutar que merece ser contemplada no âmbito de uma política pública de acesso à justiça que vise não somente efetivar materialmente esse direito, mas também viabilizar ao cidadão o desenvolvimento de sua autonomia para resolver suas questões independentemente das mãos do Estado-juiz, sem descurar da segurança jurídica.

Beneficia-se, assim, não somente o cidadão individualmente considerado, mas também a coletividade, com importante repercussão nos aspectos sociais e econômicos, contribuindo para aliviar a sobrecarga do Poder Judiciário e, por conseguinte, à redução dos gastos estatais.

Contemplar o Protesto de Títulos e Documentos de Dívida sob essa perspectiva, enquanto instância alternativa e complementar de acesso à justiça, é alinhar-se à ideia contemporânea desse direito, concebida a partir da terceira onda de Cappelletti e Garth, com foco no "conjunto geral de instituições e mecanismos, pessoas e procedimentos utilizados para processar e mesmo prevenir disputas nas sociedades modernas."[49]

5. CONSIDERAÇÕES FINAIS

O acesso à justiça, ainda que originariamente derivado do devido processo legal, com ele não se confunde, constituindo-se em direito autônomo, previsto no âmbito dos direitos humanos e na maioria das constituições contemporâneas. Inicialmente atrelado à prestação jurisdicional, a sua concepção evoluiu, de maneira que a via judicial é considerada um meio, mas não o único, para a sua efetivação.

Na esteira da terceira onda de Cappelletti e Garth, o novo enfoque de acesso à justiça engloba também mecanismos extrajudiciais para solução de conflitos, que devem ser considerados para a sua realização, consistente no atendimento eficiente

---

48. STRECK, Lenio Luiz. *Verdade e consenso*: constituição, hermenêutica e teorias discursivas. São Paulo: Saraiva, 2017. p. 213.
49. CAPPELLETTI, Mauro; GARTH, Bryan. *Acesso à justiça...* cit., p. 67.

das necessidades jurídicas dos cidadãos. Por certo, o esgotamento do Poder Judiciário não permite uma prestação que atenda, de forma efetiva, às demandas atuais, sendo imperiosa a análise de novos meios para esse fim.

No Brasil, adota-se, progressivamente, essa concepção abrangente de acesso à justiça, o que permite a sua interação com alternativas como a utilização do Tabelionato de Protesto de forma mais ampla, principalmente com o alargamento de suas atribuições para incluir uma etapa prévia ao procedimento de protesto que oportunize ao credor e ao devedor negociar a melhor forma de composição do pagamento da dívida.

O caminho para a efetivação do acesso à justiça perpassa, necessariamente, a ideia de acesso democrático, o que afasta a noção de que somente pelo Poder Judiciário é possível a realização do direito do cidadão. Com efeito, as vias extrajudiciais, tal como se constata do Protesto de Títulos e Documentos de Dívida e a inserção da prévia solução negocial em seu contexto, enquanto meio alternativo ou complementar de acesso à justiça, devem ser abrangidas em uma política pública de acesso à justiça.

Nessa conjuntura, uma política de acesso à justiça deve promover o conhecimento do cidadão sobre os meios existentes para a proteção de seus direitos, meios esses que devem ser ágeis, seguros e eficientes, e que, sobretudo, sejam franqueados de forma isonômica, pois a realização do direito pressupõe a sua prestação de forma idônea e em tempo hábil, de acordo com as peculiaridades do direito em questão.

O uso do Protesto de Títulos e Documentos de Dívida, como forma prévia ou posterior para a negociação das dívidas inadimplidas, é meio idôneo e adequado, já que sua ocorrência se dá antes de qualquer ajuizamento, e de forma simples, célere, econômica e segura para o credor e para o devedor.

Com efeito, a solução negocial potencializa o protesto, alargando as margens de sua utilização e de satisfação do usuário no uso desse serviço, ao permitir que credor e devedor percorram um caminho seguro e mais ágil, eficiente e a um custo acessível se comparado à judicialização para o direito em questão (direito de crédito líquido, certo e exigível).

Ademais, contribui para uma política pública que pretende educar o cidadão quanto ao cumprimento de suas obrigações, contribuindo também para evitar o seu superendividamento. Desenvolve e fortalece, portanto, a cidadania, pois ao permitir que as partes decidam a melhor forma de solução de seus problemas contribui para sua autodeterminação, prevenindo litígios e a judicialização de questões que podem ser perfeitamente resolvidas na esfera privada dos cidadãos, sem qualquer custo ao Estado.

6. REFERÊNCIAS

ABRÃO, Carlos Henrique. *Protesto*: caracterização da mora, inadimplemento obrigacional. São Paulo: Atlas, 2011.

AMADEI, Vicente de Abreu. O protesto notarial na atualidade. In: EL DEBS, Martha; FERRO JUNIOR, Izaías Gomes. *O novo protesto de títulos e documentos de dívida*: os cartórios de protesto na nova era digital. (Coord.). Salvador: JusPodivm, 2020.

BERNALES ROJAS, Gerardo. *Acceso a la justicia y debido processo*. Curitiba: Juruá, 2019.

BODAR, Bruno; FUX, Luiz. *Processo civil e análise econômica*. Rio de Janeiro: Forense, 2021.

BOTELHO, Catarina Santos. *Os direitos sociais em tempos de crise, ou revisitar as normas programáticas*. Coimbra. Almedina, 2015. Ebook.

BOTTINI, Pierpaolo Cruz; RENAULT, Sérgio; SADEK, Maria Tereza Sadek. *Fim da Secretaria de Reforma do Judiciário é uma perda importante*. Disponível em: https://www.conjur.com.br/2016-mar-30/fim-secretaria-reforma-judiciario-perda-importante.

BUCCI, Maria Paula Dallari. *Direito administrativo e políticas públicas*. São Paulo: Saraiva, 2006.

CAPPELLETTI, Mauro; GARTH, Bryan. *Acesso à justiça*. Porto Alegre: Fabris, 1988.

CARDOZO, José Eduardo; PEREIRA, Marivaldo de Castro. O futuro da prestação jurisdicional. *Revista de Informação Legislativa*. ano 48, n. 190. Brasília, abr./jun. 2011.

CONSELHO NACIONAL DE JUSTIÇA (CNJ). Resolução 125, de 29 de novembro de 2010, do Conselho Nacional de Justiça.

CONSELHO NACIONAL DE JUSTIÇA (CNJ). Pedido de Providências 200910000045376.

CONSTITUIÇÃO DA FINLÂNDIA. Disponível em: https://finlex.fi/fi/laki/kaannokset/1999/es19990731.pdf. Acesso em: 15 jun. 2021.

FERRARI, Carla Medina; KÜMPEL, Vitor Frederico. *Tratado notarial e registral*. São Paulo: YK, 2017. v. 4.

JHERING, Rudolf von. *A luta pelo direito*. Trad. Fernanda Costa Mattos. São Paulo: Saraiva, 2015.

LEWANDOWSKI, Ricardo. *Conceito de devido processo legal anda esquecido nos últimos tempos*. Disponível em: https://www.conjur.com.br/2017-set-27/lewandowski-conceito-devido-processo-legal-anda--esquecido. Acesso em: 30 maio 2021.

MORAES, Emanoel Macabu. *Protesto notarial*: títulos de crédito e documentos de dívida. São Paulo: Saraiva, 2014.

NALINI, José Renato e CARDOSO, Mauricio; LIMA, Giuliana; ANDRADE, Paula. *As pessoas podem resolver melhor seus próprios litígios do que o Judiciário*. 2015. Disponível em: https://www.conjur.com.br/2015-jan-18/entrevista-desembargador-jose-renato-nalini-presidente-tj-sp. Acesso em: 15 ago. 2018.

ORGANIZAÇÃO DAS NAÇÕES UNIDAS (ONU). https://brasil.un.org/pt-br/91863-agenda-2030-para-o-desenvolvimento-sustentavel. Acesso em: 10 jun. 2021.

ORGANIZAÇÃO DOS ESTADOS AMERICANOS (OEA). *Acceso a la Justicia*: Llave para la Gobernalidad Democrática. Secretaria Geral, Washington D.C., junho de 2007.

PERLINGIERI, Pietro. *Perfis do direito civil*: introdução ao direito civil constitucional. Rio de Janeiro: Renovar, 2002.

SANTOS, Reinaldo Velloso dos. *Protesto notarial e sua função no mercado de crédito*. Belo Horizonte: Dialética, 2021.

SARLET, Ingo Wolfgang. *A eficácia dos direitos fundamentais*. Porto Alegre: Livraria do Advogado, 2004.

SILVA, Clóvis Verissimo do Couto e. *A obrigação como processo*. Rio de Janeiro: FGV, 2006.

STRECK, Lenio Luiz. *Verdade e consenso*: constituição, hermenêutica e teorias discursivas. São Paulo: Saraiva, 2017.

ZINNY, Mario Antonio. *Fé pública notarial*: El acto notarial (dación de fé). Trad. Daisy Ehrhardt. Rio de Janeiro: Lumen Juris, 2018.

PROTESTO NOTARIAL E SUPERENDIVIDAMENTO: CENPROT ENQUANTO VALIOSO INSTRUMENTO PARA A RECUPERAÇÃO ECONÔMICA DO CONSUMIDOR SUPERENDIVIDADO

Lucas da Silva Peres

Doutorando (2019-atual) e Mestre (2018) em Sistema Constitucional de Garantia de Direitos pelo Centro Universitário de Bauru/SP mantido pelo Instituto Toledo de Ensino – ITE. Pós-graduado em Direito Tributário pelo Instituto Brasileiro de Direito Tributário – IBET (2016). Graduado em Direito pela Faculdade de Direito de Ribeirão Preto da Universidade de São Paulo – FDRP/USP (2013); Tabelião de Notas e de Protesto de Letras e Títulos da Comarca de Pirajuí/SP.

Resumo: O presente trabalho tem por escopo apresentar argumentos no sentido a legitimar e justificar a possibilidade de atuação da instituição dos tabelionatos de protesto, representados pela Central Nacional de Serviços Eletrônicos Compartilhados do Protesto – CENPROT –, no contexto do procedimento de prevenção e tratamento do superendividamento. A Lei Federal 14.181 de 1º de Julho de 2021 traz consigo uma janela de oportunidade ao dispor sobre o assunto de forma aberta a contribuição de outros agentes que possam contribuir frente a política nacional de combate ao superendividamento. O repositório de informações confiáveis, construídas a partir do regime jurídico de direito público, tornam atrativa a potencialidade de harmonização entre os órgãos públicos e a CENPROT.

Sumário: 1. Introdução – 2. A instituição dos tabelionatos de protesto – 3. Evolução tecnológica – 4. Consumidor superendividado – 5. Do tratamento do superendividamento – 6. Da possível contribuição da instituição dos tabelionatos de protesto e central de serviço eletrônico compartilhado – 7. Conclusão – 8. Referências.

1. INTRODUÇÃO

A recente promulgação da Lei Federal 14.181 de 1º de Julho de 2021 inovou o ordenamento jurídico brasileiro a partir de alterações no Código de Defesa do Consumidor,[1] notadamente – conforme sua ementa[2] – no que diz respeito ao aperfeiçoamento da "disciplina do crédito ao consumidor e dispor sobre a prevenção e o tratamento do superendividamento".

---

1. É preciso reconhecer a alteração no Estatuto do Idoso a partir da inserção do §3º ao artigo 96: "Não constitui crime a negativa de crédito motivada por superendividamento do idoso". Em razão do escopo do presente artigo, referir-se-á à referida "Lei do Superendividamento" restritivamente às hipóteses do CDC.
2. Disponível em: http://www.planalto.gov.br/ccivil_03/dicas/ementa.htm. Acesso em: 03 dez. 2021.

Pontue-se que a doutrina especializada enfrenta a temática há algum tempo, e o Projeto de Lei de autoria do então Senador José Sarney[3] tramitou[4] por aproximadamente uma década no Congresso Nacional até sua promulgação.[5]

Ela é dividida em três temáticas, a saber: i) inserção de incisos nos artigos 4º, 5º, 6º e 51 do Microssistema Consumerista conectados a matérias de ordem geral e informacional relativos ao superendividamento; ii) a criação do "Capítulo VI-A – Da prevenção e do tratamento do superendividamento",[6] regulatório das questões conceituais, regulação de condutas e indicação de vedações, dentre outras normatizações, com especial relevo na relação consumidor *versus* mercado de crédito sob o aspecto do direito material; iii) por fim, a inclusão do "Capítulo V – da conciliação no superendividamento"[7] focado no viés procedimental em vistas do tratamento da situação instaurada de superendividamento.

Destaca-se que muitos dentre os dispositivos da novel legislação expressamente indicam a pendência por regulamentação mais detalhada de certos institutos ou aspectos formais procedimentais, cujo refinamento e adequação para sua operabilidade indicam uma grande janela de oportunidades para a sociedade civil propor ideias e modelos que contribuam com a finalidade da Lei do Superendividamento.

Neste contexto, considerada a importância da matéria e ainda que não referenciados na ordenação dos inadimplentes em situação extrema, estima-se que tabelionatos de protestos, e a respectiva central nacional de serviços compartilhados (CENPROT),[8] são entes que se aproximam fortemente para tal desiderato em razão da atração temática de seu mister enquanto agentes públicos delegados cuja função precípua é a curadoria e publicidade de situações de inadimplemento de dívidas, dentre as quais aquelas originárias do mercado consumidor.

O escopo do presente artigo é fornecer reflexões e subsídios no que diz respeito ao papel do ramo extrajudicial a fim de dar concretude às políticas públicas de proteção ao consumidor superendividado, com especial relevância a partir da contribuição referente a gestão de dados e informações, aliada à comunicação aos órgãos públicos específicos de defesa do consumidor.

2. A INSTITUIÇÃO DOS TABELIONATOS DE PROTESTO

As raízes históricas do protesto são ligadas às exigências de comprovação de descumprimento de obrigação cambial relevante – em especial conectada à letra de

---

3. PL 283 com protocolo legislativo aos 02/08/2012.
4. Disponível em: https://www25.senado.leg.br/web/atividade/materias/-/materia/106773. Acesso em: 03 dez. 2021.
5. Para estudos ligados ao histórico legislativo e a evolução das propostas parlamentares: BENJAMIN, Antonio Herman et. al. *Comentários à Lei 14.181/2021*: a atualização do CDC em matéria de superendividamento. São Paulo: Thomson Reuters Brasil, 2021. p. 115-176.
6. Topologicamente inserido no Título I – Dos Direitos do Consumidor.
7. Topologicamente inserido no Título III – Da Defesa do Consumidor em Juízo.
8. V. Lei Federal 13.775 de 20 de Dezembro de 2018 e Prov. CNJ 87 de 12 de Setembro de 2019.

câmbio – a fim de resguardar os respectivos direitos desde o século XIV,[9] em uma época de intensa expansão comercial conectando os continentes Europeu, Asiático e Norte da África, com especial protagonismo da influência italiana sobretudo no Mar Mediterrâneo.[10]

Se por um lado sua origem é lastreada a partir do restrito contexto da relação entre comerciantes, atualmente doutrina e Jurisprudência reconhecem, de forma pacífica, a ampliação do escopo de referido ato.

Nas precisas palavras de Reinaldo Velloso dos Santos, houve sensível ampliação do campo de aplicação do protesto que, embora costumeiramente atrelado ao direito cambiário, se irradiou para obrigações tipicamente tratadas no âmbito do direito civil, razão pela qual na presente quadra histórica a melhor terminologia para o instituto é o de "protesto notarial".[11]

Complemente-se, que neste contexto o traço distintivo da função notarial é assegurar que os atos praticados sob sua égide são admitidos como plenamente válidos, cuja medida é de extrema relevância para a estabilidade das relações sociais e prevenção de litígios.[12]

Vicente de Abreu Amadei explana que o ato de protesto é, segundo a tradição, ato notarial uma vez que o Tabelião é terceiro (testemunha qualificada) em condições de testificar (comprova) com o sinal da fé pública o protesto que o portador do título faz em relação ao devedor,[13] muito embora a legislação tenha-lhe atribuído, de igual maneira, a função de registrar o protesto em livros próprios.

No entanto, não apenas pela marca do dinamismo próprio da função notarial de recepcionar e qualificar a vontade do documento apresentado pelo credor, somado ao fato de que em inúmeros casos o protesto sequer chega a ser lavrado, ainda assim haverá a inegável atuação do tabelião de protesto para tal desiderato.[14]

A atribuição de fé pública aos referidos agentes públicos está diretamente relacionada ao acesso por concurso público, mediante rigorosa verificação de capacidade intelectual, idoneidade moral, somado à rigorosa e contínua fiscalização por órgãos do Poder Público e à expressa previsão de responsabilização nas searas

---

9. AMADEI, Vicente de Abreu. Princípios de protesto de títulos. In: DIP, Ricardo (Coord.). *Introdução ao Direito Notarial e Registral*. Porto Alegre: Irib; Fabris, 2004. p. 71.
10. Op. cit., p. 72. Em igual sentido, vide: BUENO, Sérgio Luiz José. *Tabelionato de protesto: atualizado com comentários sobre o protesto de certidão de dívida ativa e do termo de ajuste de conduta*. 2. ed. São Paulo: Saraiva, 2016. (col. cartórios). p. 25-27.
11. SANTOS, Reinaldo Velloso dos. *Protesto notarial e sua função no mercado de crédito*. Belo Horizonte: Editora Dialética, 2021. p. 18.
12. SANTOS, Reinaldo Velloso dos. *Protesto notarial e sua função no mercado de crédito*. Belo Horizonte: Editora Dialética, 2021. p. 32.
13. AMADEI, Vicente de Abreu. Princípios de protesto de títulos. In: DIP, Ricardo (Coord.). *Introdução ao Direito Notarial e Registral*. Porto Alegre: Irib; Fabris, 2004. p. 89.
14. SANTOS, Reinaldo Velloso dos. *Protesto notarial e sua função no mercado de crédito*. Belo Horizonte: Editora Dialética, 2021. p. 45.

civil, administrativa e criminal: a rígida estrutura legal permite dotar tal categoria da nobre função notarial.[15]

A delegação da função notarial caracteriza-se como descentralização administrativa por colaboração, nas palavras do Desembargador do Tribunal de Justiça do Estado de São Paulo Luís Paulo Aliende Ribeiro.[16]

A outorga é realizada ao particular após aprovação em concurso público,[17] o que segundo o Ex-Presidente da Corte Bandeirante José Renato Nalini foi a solução estratégica mais inteligente adotada pelo constituinte de 1988,[18] desonerando o custeio do exercício de serviços públicos, admitindo-se flexibilização no regime de custeios e contratações, mas por outro lado sob forte regime de fiscalização pelo Poder Judiciário a nível local,[19] regional[20] e nacional.[21]

A partir deste desenho institucional é que a organização técnica e administrativa notarial é destinada a garantir a publicidade, autenticidade, segurança e eficácia dos atos jurídicos, os designados "princípios de regência",[22] conforme previsto no artigo 1º da Lei dos Notários e Registradores e artigo 2º da Lei de Protestos, passou de um "amargo medicinal"[23] puramente comprobatório de descumprimento de anormalidade cambial; para valioso e seguro instrumento de eficiência bifronte para a (i) recuperação de crédito e (ii) criação e manutenção da cultura de pagamento das obrigações.

3. EVOLUÇÃO TECNOLÓGICA

Pautados pela premissa dos princípios informativos da função notarial, aliados à evolução dos meios de tecnologia e aos anseios sociais relativos ao serviço público de protesto de letras e títulos, o Estado de São Paulo foi pioneiro na criação e implementação da Central Compartilhada de Serviços Eletrônicos do Protesto (CENPROT),

---

15. Op. cit., p. 33.
16. RIBEIRO, Luís Paulo Aliende. *Regulação da função pública notarial e de registro*. São Paulo: Saraiva, 2009. p. 56.
17. Nos termos do artigo 236 da Constituição Federal e Lei Federal 8.935 de 18 de Novembro de 1994.
18. É possível encontrar referida passagem por diversas obras referenciais do citado jurista, que para além dos relevantes cargos ocupados junto ao Tribunal de Justiça do Estado de São Paulo (Corregedor-Geral de Justiça e Presidente), foi também Secretário de Educação do Estado de São Paulo e atualmente é reitor da UNIREGISTRAL. Cite-se um dos mais recentes trabalhos publicados de onde é possível extrair referida citação. NALINI, José Renato. O tabelionato do amanhã. *Revista de Direito Notarial*, Colégio Notarial do Brasil Seção São Paulo, v. 3, n. 1, p. 126-142, São Paulo, jan.-jun. 2021.
19. Pelo juízo de direito indicado pelas leis e normas estaduais competentes da organização judiciária.
20. Pela Corregedoria Geral de Justiça, ou outro órgão congênere indicado na organização administrativa do Tribunal de Justiça do Estado.
21. Exercido pelo Conselho Nacional de Justiça.
22. SALLES, Venicio. *Direito registral imobiliário*. Atualizado com a colaboração de Daniel M. de Paula Salles. 3. ed. rev., atual. e ampl. São Paulo: Saraiva, 2012. p. 11-16.
23. AMADEI, Vicente de Abreu. Princípios de protesto de títulos. In: DIP, Ricardo (Coord.). *Introdução ao Direito Notarial e Registral*. Porto Alegre: Irib; Fabris, 2004. p. 73.

através da edição do Provimento 38 de 02 de Dezembro de 2013 da Corregedoria Geral de Justiça Bandeirante.

De filiação obrigatória de todos os tabelionatos, segundo Reinaldo Velloso dos Santos a CENPROT facilitou sobremaneira o acesso dos usuários aos serviços, especialmente no que concerne ao envio de títulos, consulta gratuita de protesto, anuência eletrônica ao cancelamento de protesto, solicitação de certidões, além de conferir maior agilidade na execução dos serviços e permitir uma maior padronização do serviço prestado pelas unidades extrajudiciais.[24]

A bem sucedida experiência paulista motivou a criação da Central Nacional de Serviços Compartilhados a partir da promulgação da Lei Federal 13.775 de 20 de Dezembro de 2018 e consequente inserção do artigo 41-A na Lei de Protesto.

Houve maior detalhamento a partir da regulamentação de tal dispositivo pelo Conselho Nacional de Justiça a partir da publicação do Provimento 87 de 11 de Setembro de 2019, o qual dispôs, dentre outras questões, a respeito da adesão obrigatória por todos os tabeliães de protesto do território nacional[25] e a autogestão *online* no que toca ao monitoramento da regularidade do envio de informações dos Tabeliães de Protesto à CENPROT.

Importa notar que referida lei e atos normativos permitiram a modernização do serviço de protesto, e uma maior uniformização em âmbito nacional, aumentando sua eficiência e facilitando o acesso ao serviço a partir da disponibilização mais ágil e menos onerosa aos usuários.[26]

A descentralização dos inúmeros tabelionatos presentes nas comarcas brasileiras, assegura-lhe a capilaridade do acesso físico ao serviço público e, evidentemente, a atuação no plano de alcance local.

Outrossim, a alimentação destas informações a uma Central Nacional única de Serviços Eletrônicos Compartilhados fornece um repositório valioso e confiável de dados relativos ao inadimplemento das pessoas físicas ou jurídicas, motivando não apenas a relevante função de fortalecer o ambiente de negócios no país e o auxílio ao mercado de crédito, como também podem amparar a construção de políticas públicas sociais voltadas ao estudo, prevenção e combate ao superendividamento.

4. CONSUMIDOR SUPERENDIVIDADO

O direito do consumidor é um ramo relativamente novo ao direito, disciplinando uma categoria transversal entre o direito privado e o direito público, que visa

---

24. SANTOS, Reinaldo Velloso dos. *Protesto notarial e sua função no mercado de crédito*. Belo Horizonte: Editora Dialética, 2021. p. 182-183.
25. Sob pena de sanção disciplinar, nos termos do parágrafo único do artigo 15.
26. Op. cit., p. 205.

proteger um sujeito de direitos, o consumidor, em todas as suas relações jurídicas frente ao fornecedor.[27]

A promulgação do Código de Defesa do Consumidor em 1990 colocou o Brasil na vanguarda dos países que trataram a matéria,[28] em boa parte por ter rapidamente observado a Resolução 39/248 de 16 de Abril de 1985 das Organização das Nações Unidas, a qual recomendou que todos os países vinculados à entidade introjetassem em seus respectivos ordenamentos jurídicos normas protetivas ao consumidor.

Todavia, ainda que reconhecido o notório avanço legislativo à época, o microssistema consumerista encontrava-se prisioneiro de seu tempo,[29] o que foi devidamente reparado a partir da recente alteração legislativa a partir da Lei Federal 14.181 de 1º de Julho de 2021, inspirado na legislação francesa sobre o tema.[30]

Classicamente, a caracterização dos protagonistas da relação consumerista (consumidor/fornecedor) seria sempre e necessariamente relacional: não haveria consumidor sem fornecedor, e vice-versa, conforme explanado por Claudia Lima Marques.[31]

O consumidor é referenciado em seu microssistema protetivo em quatro dispositivos diferentes (artigo 2º *caput* e parágrafo único, art. 17 e art. 29), compreendendo um alcance bastante amplo que vão desde o singularmente considerado (pessoa física ou jurídica), até a coletividade de pessoas, as vítimas de eventos relacionados a fato do produto ou serviço, além daqueles expostos às práticas comerciais abusivas (como por exemplo a publicidade enganosa).

No contexto do presente artigo, entretanto, apoiada na definição do consumidor singularmente considerado (artigo 2º, *caput* do CDC), a caracterização do consumidor superendividado levará em consideração o histórico de relações de consumo que resultaram em inadimplemento.

Segundo Claudia Lima Marques, esta novel figura hipervulnerável poderá ser caracterizada – baseado no novel artigo 54-A, *caput* do CDC – como a impossibilidade global de o devedor pessoa física, consumidor, leigo e de boa-fé, pagar todas as suas dívidas atuais e futuras de consumo sem prejudicar o mínimo existencial ou a sua

---

27. BENJAMIN, Antônio Herman V.; MARQUES, Claudia Lima; BESSA, Leonardo Roscoe. *Manual de direito do consumidor*. 3. ed. rev., atual e ampl. São Paulo: Ed. RT, 2010. p. 29.
28. Neste sentido, vide: BENJAMIN, Antonio Herman. Prefácio. In: MARQUES, Claudia Lima; CAVALLAZZI, Rosangela Lunardelli; LIMA, Clarissa Costa de (Org.). *Direitos do consumidor endividado II*: vulnerabilidade e inclusão. São Paulo: Ed. RT, 2016. p. 9; e BENJAMIN, Antonio Herman. Apresentação. In: BENJAMIN, Antonio Herman et. al. *Comentários à Lei 14.181/2021*: a atualização do CDC em matéria de superendividamento. São Paulo: Thomson Reuters Brasil, 2021. p. 7.
29. Idem.
30. BENJAMIN, Antonio Herman et. al. *Comentários à Lei 14.181/2021*: a atualização do CDC em matéria de superendividamento. São Paulo: Thomson Reuters Brasil, 2021. p. 56-57.
31. Op. cit., p. 99.

sobrevivência, excluídas para tal desiderato as dívidas com o Fisco, as oriundas de delitos e as decorrentes de obrigação alimentar.[32]

Compreende-se a partir do acima exposto que o contexto e os recortes fáticos do caso concreto serão fatores determinantes para reconhecer a situação jurídica do superendividamento, pois serão verificados a correlação entre o poder de compra da pessoa física,[33] os inadimplementos presentes, as obrigações a prazo para as quais não será solvente, e como isto possa vir a impactar a figura jurídica indeterminada do mínimo existencial.

Existe farta literatura a respeito de sua conceitualização, dentre as quais os variados trabalhos publicados do jurista Ingo Wolfgang Sarlet que conectou as teorias de eficácia dos direitos fundamentais às relações privadas sob a égide do mínimo existencial, qualificando-o como direito e garantia fundamental.[34]

Trata-se de conceito aberto para o qual o legislador deixou ao regulamento a integração dos parâmetros para sua averiguação, nos termos do § 1º do artigo 54-A do Código de Defesa do Consumidor.

Por outro lado, apoiada na tese de doutorado de Karen Bertoncello, a doutrinadora Claudia Lima Marques afirma que antes mesmo de referida regulamentação já seria possível aplicá-lo aos casos concretos em razão dos elementos finalísticos e teleológicos da definição de superendividamento, dada a origem constitucional e principiológica do Código de Defesa do Consumidor.[35]

Comporia o mínimo essencial – sempre a ser apurado caso a caso – os gastos relativos à despesa mensal com alimentação própria, aluguel, moradia, despesas com saúde e medicamentos, luz, água, telefone e internet, pensão alimentícia e educação.[36]

O superendividamento é um fenômeno inerente à sociedade de consumo, cujo estado de hipervulnerabilidade possui origens e consequências sociais e econômicas.

Segundo o Instituto de Defesa do Consumidor (IDEC),[37] estima-se que existam 60 milhões de pessoas endividadas no Brasil, dentre as quais metade são consideradas superendividadas.

---

32. BENJAMIN, Antonio Herman et. al. *Comentários à Lei 14.181/2021*: a atualização do CDC em matéria de superendividamento. São Paulo: Thomson Reuters Brasil, 2021. p. 27-28.
33. A conjugação de seu patrimônio e renda recorrente, seja a partir do capital ou do trabalho.
34. Neste sentido: SARLET, Ingo Wolfgang. Direitos fundamentais sociais, mínimo existencial e direito privado. *Revista de Direito do Consumidor*, v. 61, p. 90-125, jan.-mar 2007; e SARLET, Ingo Wolfgang. Mínimo existencial e relações privadas: algumas aproximações. In: MARQUES, Claudia Lima; CAVALLAZZI, Rosangela Lunardelli; LIMA, Clarissa Costa de (Org.). *Direitos do consumidor endividado II*: vulnerabilidade e inclusão. São Paulo: Ed. RT, 2016.
35. BENJAMIN, Antonio Herman et. al. *Comentários à Lei 14.181/2021*: a atualização do CDC em matéria de superendividamento. São Paulo: Thomson Reuters Brasil, 2021. p. 55-56.
36. Idem.
37. Disponível em: https://idec.org.br/noticia/o-que-muda-para-os-consumidores-com-lei-do-superendividamento. Acesso em: 05 jan. 2022.

O impressionante número daqueles que não mais possuem meios de solver suas dívidas representa aproximadamente um a cada seis dentre os atuais 214 milhões de habitantes do Brasil, segundo dados atualizados do IBGE.[38]

Segundo o mapa da inadimplência no Brasil realizado pela SERASA no mês de Maio de 2021,[39] o volume total de dívidas supera 200 milhões, cujo valor alcança aproximadamente R$250 bilhões.

Sob a perspectiva social, a situação global de insolvência da pessoa física afeta não apenas a si como às relações pessoais próximas, dentre elas a entidade familiar na qual está inserida. Estudos demonstram que tal situação diminui a confiança e empreendedorismo, excluindo o sujeito base da sociedade de consumo e tornando-o um pária do mercado.[40]

Sob o prisma econômico, o massivo superendividamento é capaz de gerar abalos macroeconômicos, comprovados por pesquisas ligadas ao Banco Mundial referentes ao abalo sistêmico da insolvência das pessoas naturais.[41] O consumo das famílias é um componente fundamental para mensuração do PIB brasileiro, e especialmente após os eventos relacionados à pandemia do novo coronavírus, já houve queda sensível e projeta-se tendência de queda ainda maior.

Gilles Paisant, em prefácio ao Caderno de Investigações Científicas de Prevenção e Tratamento do Superendividamento ligado ao Ministério da Justiça em 2010, resumiu que a situação de inadimplência global do indivíduo pode se dar por duas maneiras: i) ativa, como resultado da excessiva facilidade de concessão de crédito e ao acesso aos respectivos estabelecimentos sem que exista postura regulamentada e transparente pelos agentes econômicos, tampouco a consciência e informação pelo consumidor; ii) passiva, em decorrência dos "acidentes da vida", dentre os quais o desemprego, a debilidade da saúde ou problemas familiares.[42]

A nova legislação trouxe em seu bojo instrumentos já definidos ou reservados a maior elucidação regulamentar no que diz respeito à prevenção ou ao tratamento ao superendividamento, sendo que especificamente a esta última nuance os Tabelionatos de Protesto e, com maior protagonismo, a Central Nacional de Serviços Eletrônicos compartilhado poderão ter papel fundamental na implementação da política nacional prevista no artigo 4º, X do Microssistema Consumerista.

---

38. Disponível em: https://www.ibge.gov.br/apps/populacao/projecao/index.html. Acesso em: 05 jan. 2021.
39. Disponível em: https://www.serasa.com.br/assets/cms/2021/Mapa-de-Inadimple%CC%82ncia-no-Brasil.pdf. Último acesso em 05 jan. 2021.
40. BENJAMIN, Antonio Herman et. al. *Comentários à Lei 14.181/2021*: a atualização do CDC em matéria de superendividamento. São Paulo: Thomson Reuters Brasil, 2021. p. 29.
41. BENJAMIN, Antonio Herman et. al. *Comentários à Lei 14.181/2021*: a atualização do CDC em matéria de superendividamento. São Paulo: Thomson Reuters Brasil, 2021. p. 30.
42. MARQUES, Claudia Lima; LIMA, Clarissa Costa; BERTONCELLO, Karen. *Prevenção e tratamento do superendividamento*. Brasília: DPDC/SDE, 2010.

5. DO TRATAMENTO DO SUPERENDIVIDAMENTO

A legislação fornece duas maneiras de se combater o superendividamento: a prevenção e o tratamento.

A primeira delas, sobretudo prevista no Capítulo VI-A (Da prevenção e do tratamento do superendividamento) do Título I (Dos Direitos do Consumidor), dispõe que os agentes fornecedores de crédito deverão adotar posturas mais responsáveis ao ofertarem referidos serviços, como por exemplo prestar informações de forma mais transparente a fim de que o consumidor – entidade jurídica vulnerável por definição – possa decidir pela contratação dos serviços ciente de todas as suas nuances.

Além disso, é também medida acautelatória a inovação legislativa no que diz respeito ao fomento de ações direcionadas à educação financeira dos consumidores nos termos do artigo 4º, IX c/c artigo 6º, XI c/c artigo 54-A, *caput* todos do microssistema protetivo. Ainda que se possa argumentar que a "educação" já era prevista enquanto política nacional e direito básico do consumidor, é possível concluir com base na abalizada voz da doutrina especializada que esta especificação educacional voltada a "reaprender" a pagar, controlar o orçamento e comprometer a renda a níveis solvíveis já estão na agenda programática da Secretaria Nacional do Consumidor, vinculada ao Ministério da Justiça, com a ambição de passar o Brasil da "cultura do inadimplemento" à "cultura do pagamento".[43]

Como o próprio nome indica, o tratamento do superendividamento são aqueles instrumentos destinados a fornecer ações repressivas ao estado já consolidado (ou em vias de consolidação) de insolvência do consumidor pessoa física de boa-fé.

Sob o paradigma da boa-fé e cooperação,[44] é previsto no artigo 104-A e seguintes do Microssistema protetivo o "processo de repactuação", assim compreendida a provocação ao Poder Judiciário a fim de que realize, em primeiro momento, procedimentos voltados para a conciliação entre o grupo de credores e o consumidor superendividado, seja no plano de audiência conciliatória de presidência do Estado-Juiz, no plano dos Centros Judiciários de Solução de Conflitos e Cidadania (CEJUSC) ou sob supervisão do poder de polícia dos órgãos públicos integrantes do Sistema Nacional de Defesa do Consumidor.[45]

A proposta de plano de pagamento preverá sua liquidação em no máximo 05 (cinco) anos, e por expressa dicção legal estará excluída a possibilidade de incluir dívidas originárias de crédito com garantia real, de financiamentos imobiliários ou crédito rural, além daqueles contratos celebrados dolosamente sem propósito de realizar o pagamento.

---

43. BENJAMIN, Antonio Herman et. al. *Comentários à Lei 14.181/2021*: a atualização do CDC em matéria de superendividamento. São Paulo: Thomson Reuters Brasil, 2021. p. 82.
44. Op. cit., p. 78.
45. Vide Decreto Federal 2.181/1997.

O plano consensual de pagamento realizado nesta etapa conciliatória deverá prever ao menos os quatro incisos do § 4º do artigo 104-A do Código de Defesa do Consumidor, a saber: i) medidas de dilação dos prazos de pagamento e de redução dos encargos da dívida ou da remuneração do fornecedor, entre outras destinadas a facilitar o pagamento da dívida; ii) referência à suspensão ou à extinção das ações judiciais em curso; iii) data a partir da qual será providenciada a exclusão do consumidor de bancos de dados e de cadastro de inadimplentes; iv) condicionamento de seus efeitos à abstenção, pelo consumidor, de condutas que importem no agravamento de sua situação de superendividamento.

O plano consensual de repactuação de dívida homologado judicialmente possuirá eficácia de título executivo e força de coisa julgada, e poderá ser compulsoriamente oposto ao credor que injustificadamente não compareceu à audiência, ocorrendo o pagamento de sua dívida somente após a satisfação daqueles comparecentes.

Na hipótese de não haver êxito na conciliação em relação a quaisquer dos credores, o procedimento será remetido ao juízo com a finalidade de impor "plano judicial compulsório", o qual nos termos do § 4º do artigo 104-B assegurará aos credores, no mínimo, o valor do principal devido, corrigido monetariamente por índices oficiais de preço, e preverá a liquidação total da dívida, após a quitação do plano de pagamento consensual previsto no art. 104-A deste Código, em, no máximo, 5 (cinco) anos, sendo que a primeira parcela será devida no prazo máximo de 180 (cento e oitenta) dias, contado de sua homologação judicial, e o restante do saldo será devido em parcelas mensais iguais e sucessivas.

A grande questão que se coloca no que diz respeito aos processos de repactuação de dívidas ocorridos perante o Poder Judiciário, tenha ele caráter extrajudicial (no plano dos CEJUSCs) ou judicial, ou ainda perante os órgãos públicos integrantes do Sistema Nacional de Defesa do Consumidor (art. 104-C), diz respeito à necessidade de requerimento do consumidor superendividado.

Há de se indagar se esta seria a melhor – e única – maneira de se auxiliar no tratamento do consumidor superendividado, considerando-se que nem sempre se poderá contar com a proatividade deste sujeito de direito em estado de hipervulnerabilidade econômica e social.

A diretriz constitucional-protetiva do Código de Defesa do Consumidor, aliado à sua importante função de inclusão social e de combate à exclusão da sociedade de consumo globalizada, foi reforçada a partir da promulgação da Lei Federal 14.181 de 1º de Julho de 2021 à sua preexistente dimensão ético-inclusiva.[46]

O vetor axiológico da novel legislação deve ser o de fornecer – e aceitar – os mecanismos que possam se revelar hábeis a combater o risco pessoal e sistêmico de consumidores superendividados.

---

46. BENJAMIN, Antonio Herman et. al. *Comentários à Lei 14.181/2021*: a atualização do CDC em matéria de superendividamento. São Paulo: Thomson Reuters Brasil, 2021. p. 93.

6. DA POSSÍVEL CONTRIBUIÇÃO DA INSTITUIÇÃO DOS TABELIONATOS DE PROTESTO E CENTRAL DE SERVIÇO ELETRÔNICO COMPARTILHADO

Por todo o acima exposto, é necessário reconhecer que o tratamento ao superendividamento extrapola os limites do interesse individual dos consumidores pessoa física insolventes: o interesse público é diretamente reconhecível a partir da constatação deste cenário de inadimplência que afeta inúmeras pessoas.

A abertura normativa para regulamentação da novel legislação fornece oportunidade ímpar a fim de que se possa fornecer instrumentos de estímulo positivo para maior operabilidade e eficiência dos planos de pagamento aos credores do superendividado.

Norberto Bobbio, na clássica obra "Da estrutura à função", destaca a possibilidade do direito ser também explorado sob a função promocional, isto é: estímulos cujo objetivo principal não seja sancionar condutas indesejadas, mas sim direcionar ações desejadas.

Dentre as técnicas de medida indireta da função promocional encontra-se o encorajamento, assim considerada a possibilidade de se influenciar um determinado comportamento desejado facilitando-o ou atribuindo-lhe consequências agradáveis:[47] ao invés da sanção, trabalha-se com o prêmio.

O jurista italiano atribui às técnicas de encorajamento o predominante objetivo da mudança social,[48] o que se alinha às premissas da importante alteração do Código de Defesa do Consumidor a partir da Lei do Superendividamento no combate a referido vício econômico-social.

Neste mesmo sentido, o Nobel em Economia Prof. Richard Thaler e o expoente professor da Harvard Law School Cass Sunstein, descrevem o conceito de "nudge", expressão da língua inglesa que significa "dar um empurrãozinho, cutucar as costelas, principalmente com os cotovelos."[49]

Sob a nomenclatura de "paternalismo libertário", o livro *best-seller* procura trabalhar com a noção de que no contexto da influência de comportamentos desejados, a arquitetura das escolhas colocadas à disposição pode estimular determinados desfechos sem vetar qualquer opção, e sem nenhuma mudança significativa em seus sentidos econômicos: para ser um "nudge", a intervenção deve ser barata e fácil, e não deve se confundir com uma ordem.[50]

---

47. BOBBIO, Norberto. *Da estrutura à função*: novos estudos de teoria do direito. Trad. Daniela Beccaccia Versiani; rev. tec. Orlando Seixas Bechara, Renata Nagamine. Barueri: Manole, 2007. p. 16-17.
48. BOBBIO, Norberto. *Da estrutura à função*: novos estudos de teoria do direito. Trad: Daniela Beccaccia Versiani; rev. tec. Orlando Seixas Bechara, Renata Nagamine. Barueri: Manole, 2007. p. 19.
49. THALER, Richard H.; SUNSTEIN, Cass R. *Nudge*: como tomar melhores decisões sobre saúde, dinheiro e felicidade. Trad. Ângelo Lessa. Rio de Janeiro: Objetiva: 2019, rodapé da p. 12 e p 14.
50. Op. cit., p. 14.

Para desenvolver o conceito, a dupla norte-americana pontua que as tomadas de decisão dos seres humanos nem sempre são pautadas na racionalidade, ao mesmo tempo que existe um notável viés ao *status quo*,[51] o que reforça a importância de estímulos positivos, em especial tratando-se de políticas públicas de grande relevo.

A escolha-padrão adotada pelo legislador consumerista indica a necessidade de prévia provocação por iniciativa do consumidor superendividado, denotando um otimismo excessivo frente a esta figura hipervulnerável: relegar a responsabilidade exclusivamente àquele superendividado poderá resultar na pouca concretude dos direitos visados.

A Central Eletrônica de Serviços Compartilhados do Protesto (CENPROT) é repositório confiável de dados referentes ao inadimplemento de dívidas, dentre as quais aquelas de origem do mercado consumidor.

Não se deve olvidar que a casuística é fator determinante para a caracterização do superendividamento, cujos elementos invariavelmente extrapolarão as informações disponibilizadas a partir da alimentação unificada pelos tabelionatos de protesto em território nacional.

Contudo, ainda assim é possível projetar que a partir da análise conjunta dos dados vinculados a cada pessoa física junto à CENPROT, notadamente a partir dos respectivos números do Cadastro de Pessoa Física (CPF) como parâmetro, seria possível traçar um perfil daquele que já se encontra em estado de superendividamento, ou em vias de se tornar insolvente.

Valiosos fatores podem ser retirados a partir do tratamento dos dados disponibilizados, dentre os quais *verbi gratia*:

i) Quantidade de protestos;
ii) A qualidade da dívida, apurável a partir da análise do Credor;
iii) Valores unitários e valor global das dívidas;
iv) O aumento ou diminuição da frequência de protestos;
v) O histórico de inadimplência.

A título de ilustração, poder-se-ia averiguar determinado caso concreto de inesperado (v) crescimento de inadimplemento (i) nos últimos seis meses (iv), dentre as quais passaram a constar dívidas relacionadas a serviços essenciais[52] (ii), tais quais energia elétrica, saneamento básico, telefonia etc.

O exemplo acima traz consigo situação que, em tese, poderia caracterizar o superendividamento por referenciar indicadores de que referida pessoa poderia estar passando por turbulências para manutenção de seu mínimo essencial, parâmetro chave para constatação da situação de inadimplência hipervulnerável.

---

51. Op. cit., p. 46.
52. As *utilities*, isto é, serviços prestados diretamente pelo Estado, ou mediante concessão pública a particulares.

Evidentemente, a enunciação acima traz elementos bastante rudimentares, cujo refinamento dos parâmetros a serem encetados deverão ser fruto de ampla reflexão e estudo pelos sujeitos concorrentes na efetivação da política nacional de combate ao superendividamento, com protagonismo das entidades de classe dos Tabeliães de Protesto e órgãos componentes do Sistema Nacional de Defesa do Consumidor.

Os indícios a partir dos dados da Central Nacional Compartilhada de Serviços Eletrônicos de Protesto, seriam operacionalizados a partir do ajuste de parâmetros em softwares de Inteligência Artificial mediante regras formuladas que trouxessem indicativos seguros de possível estado de superendividamento.

É preciso reforçar que por mais sofisticadas que sejam as fórmulas, o resultante não passaria de mera suspeita baseada no tratamento de dados por regras padronizadas, ficando a cargo da diligência dos órgãos responsáveis a confrontação destes à casuística a partir de outras informações no contexto o qual se insere o consumidor pessoa física de boa-fé com o escopo de balizar o real *status* da pessoa.

De posse desta relevante coleção de dados pessoais, a melhor conduta a ser estimulada seria a de proceder à comunicação aos órgãos componentes do Sistema Nacional de Defesa do Consumidor, notadamente PROCONs, Defensorias Públicas e Ministério Público, por serem os agentes dotados de competência legal para que pudessem diligenciar e clarificar a real situação da pessoa física, nos termos dos artigos 105 e 106 do Código de Defesa do Consumidor, e artigos 3º e 4º do Decreto Federal 2.181 de 20 de Março de 1997.

A um só tempo, estimular-se-ia um ambiente de maior informação e transparência em relação à pessoa física endividada, cujos agentes especializados poderiam potencializar o acesso à informação ao consumidor, auxiliá-lo em relação aos seus direitos básicos (artigo 6º do CDC) e, em sendo o caso e mediante seu consentimento esclarecido, instaurar perante si o procedimento para repactuação de dívidas (art. 104-C) ou supervisionar a formulação do requerimento a ser dirigido para o juízo competente (art. 104-A).

No tocante à Lei Geral de Proteção de Dados, o compartilhamento de referidos dados relativos à pessoa natural entre a Central Nacional de Serviços Eletrônicos Compartilhados (CENPROT) e os órgãos públicos do Sistema Nacional de Defesa do Consumidor, estariam inseridos dentro da admissibilidade legal do artigo 7º do diploma normativo, especialmente no que toca aos incisos III,[53] VII[54] e X.[55]

Inúmeros dispositivos inseridos ao Microssistema consumerista a partir da Lei de combate ao superendividamento encontram-se pendentes de regulamentação, conforme dicção legal expressa.

---

53. Art. 7º, III – pela administração pública, para o tratamento e uso compartilhado de dados necessários à execução de políticas públicas previstas em leis e regulamentos ou respaldadas em contratos, convênios ou instrumentos congêneres, observadas as disposições do Capítulo IV desta Lei.
54. Art. 7º, VII – para a proteção da vida ou da incolumidade física do titular ou de terceiro.
55. Art. 7º, X – para a proteção do crédito, inclusive quanto ao disposto na legislação pertinente.

A janela de oportunidades permanece aberta ante a falta de regulamentação expressa, havendo de se ressalvar – diga-se de passagem – que em razão da natureza constitucional e relevância da matéria, de início não haveria qualquer impeditivo para que tal questão fosse regulada diretamente a partir de provimento oriundo do próprio Conselho Nacional de Justiça e convênios com os órgãos públicos competentes para esmerar a contribuição da CENPROT enquanto agente protagonista na política de defesa ao consumidor.

7. CONCLUSÃO

A recente promulgação da Lei do combate ao superendividamento joga luz a um sensível problema econômico-social que afeta pessoas, famílias e o sociedade como um todo.

A questão é uma realidade duradoura no Brasil, potencializada pelo período de crise econômica na década de 2010 e pandemia do COVID-19. Debatida há muitos anos pela doutrina especializada, sendo fruto, inclusive, de publicação de trabalhos com chancela oficial do governo federal,[56] o assunto foi gestado por longo período no Congresso Nacional, culminando com a aprovação do texto na metade do ano de 2021.

Os resultados que advirão a partir da prevenção e do tratamento ao superendividamento somente poderão ser avaliados após alguns anos de sua vigência, somada ao estudo dos impactos no contexto econômico-social dos consumidores em território nacional: qualquer previsão – otimista ou pessimista – inexoravelmente estará sujeita a revisões e readequações.

A inauguração do novel regime jurídico do tratamento do consumidor superendividado a partir da negociação coletiva com os fornecedores é uma janela de oportunidades que exige a atenção às entidades envolvidas a fim de que possam fornecer o máximo de concreção possível à tal política pública.

A pessoa física de boa-fé que já não mais consiga honrar suas dívidas sem prejuízo do mínimo essencial encontra-se em situação de hipervulnerabilidade, e todo auxílio institucional que assegure o respeito, autonomia, dignidade e esperança deverão ser-lhe fornecida.

Sem prejuízo de outras medidas possíveis a serem adotadas, a instituição dos serviços extrajudiciais de protesto de letras e títulos a partir de sua Central Nacional de Serviços Eletrônicos Compartilhados – CENPROT – possui a vocação de ser instrumento de alto valor informacional com a finalidade da promoção da política pública de combate ao superendividamento, fornecendo dados de qualidade para apreciação e, em sendo o caso, ação pelos órgãos do Sistema Nacional de Defesa do Consumidor.

---

56. Por todos: MARQUES, Claudia Lima; LIMA, Clarissa Costa; BERTONCELLO, Karen. *Prevenção e tratamento do superendividamento*. Brasília: DPDC/SDE, 2010.

Conforme escrito, o instituto jurídico do protesto passou do restrito campo histórico conectado ao direito cambiário; ao atual momento, cuja atuação extrapolou sua origem, com especial importância para prevenção de litígios e recuperação de crédito.

A versatilidade inerente ao desenho da instituição dos tabelionatos de protesto, função pública atenta às demandas sociais hodiernas, poderá passar a contribuir com maior protagonismo a defesa e concreção dos direitos do consumidor.

Propõe-se que de posse das informações disponíveis, com alto teor de confiabilidade e presumidamente originadas a partir de rigoroso procedimento previsto em lei, a CENPROT possa utilizar tecnologias adequadas para qualificar a situação jurídica global de inadimplência da pessoa física, com publicidade especial e direcionada pela comunicação aos órgãos públicos competentes do Sistema Nacional de Defesa do Consumidor.

8. REFERÊNCIAS

AMADEI, Vicente de Abreu. Princípios de protesto de títulos. In: DIP, Ricardo (Coord.). *Introdução ao Direito Notarial e Registral*. Porto Alegre: Irib; Fabris, 2004.

BENJAMIN, Antonio Herman et. al. *Comentários à Lei 14.181/2021*: a atualização do CDC em matéria de superendividamento. São Paulo: Thomson Reuters Brasil, 2021.

BENJAMIN, Antonio Herman V.; MARQUES, Claudia Lima; BESSA, Leonardo Roscoe. *Manual de direito do consumidor*. 3. ed. rev., atual e ampl. São Paulo: Ed. RT, 2010. p. 29.

BENJAMIN, Antonio Herman. Prefácio. In: MARQUES, Claudia Lima; CAVALLAZZI, Rosangela Lunardelli; LIMA, Clarissa Costa de (Org.). *Direitos do consumidor endividado II*: vulnerabilidade e inclusão. São Paulo: Ed. RT, 2016.

BOBBIO, Norberto. *Da estrutura à função*: novos estudos de teoria do direito. Trad. Daniela Beccaccia Versiani; rev. tec. Orlando Seixas Bechara, Renata Nagamine. Barueri: Manole, 2007.

BUENO, Sérgio Luiz José. *Tabelionato de protesto*: atualizado com comentários sobre o protesto de certidão de dívida ativa e do termo de ajuste de conduta. 2. ed. São Paulo: Saraiva, 2016. (col. cartórios).

MARQUES, Claudia Lima; LIMA, Clarissa Costa; BERTONCELLO, Karen. *Prevenção e tratamento do superendividamento*. Brasília: DPDC/SDE, 2010.

NALINI, José Renato. O tabelionato do amanhã. *Revista de Direito Notarial*, Colégio Notarial do Brasil Seção São Paulo, v. 3, n. 1, p. 126-142, São Paulo, jan.-jun. 2021.

RIBEIRO, Luís Paulo Aliende. *Regulação da função pública notarial e de registro*. São Paulo: Saraiva, 2009.

SALLES, Venicio. *Direito registral imobiliário*. Atualizado com a colaboração de Daniel M. de Paula Salles. 3. ed. rev., atual. e ampl. São Paulo: Saraiva, 2012.

SANTOS, Reinaldo Velloso dos. *Protesto notarial e sua função no mercado de crédito*. Belo Horizonte: Editora Dialética, 2021.

THALER, Richard H.; SUNSTEIN, Cass R. *Nudge: como tomar melhores decisões sobre saúde, dinheiro e felicidade*. Trad. Ângelo Lessa. Rio de Janeiro: Objetiva: 2019.

PELO DIREITO DE FALIR – CONSIDERAÇÕES ACERCA DA NECESSIDADE DE UM PROCEDIMENTO EXTRAJUDICIAL DE FALÊNCIA DA PESSOA FÍSICA NO BRASIL

Rui Gustavo Camargo Viana

Doutor em Direito Civil pela USP. Mestre em Direitos Humanos pela Unifieo. Tabelião de Notas e de Protestos de Monte Alto/SP.

Resumo: O Direito Brasileiro não conhece o instituto da falência da pessoa física. Uma legislação falimentar deve servir dois objetivos precípuos: liberar o devedor e garantir a igualdade entre os credores. A impossibilidade de exoneração na insolvência civil prevista na legislação processual torna-a de aplicação prática simplesmente desconsiderável. A ausência de uma legislação falimentar adequada para os indivíduos impede o processo de realocação de recursos econômicos e empobrece toda a sociedade. Os Tabelionatos de Protesto possuem vocação óbvia e natural para desincumbir-se de tais procedimentos de renegociação, sejam eles criados de maneira satisfatória.

Sumário: 1. Considerações iniciais – 2. A falência como sintoma de vitalidade econômica – 3. Insolvência civil prevista no CPC de 1973 – 4. A lei do superendividamento e o procedimento de conciliação – 5. A experiência estrangeira – 6. O procedimento extrajudicial de falência da pessoa física – 7. O papel dos tabelionatos de protesto – 8. Conclusão – 9. Referências.

1. CONSIDERAÇÕES INICIAIS

O Brasil destoa das economias mais desenvolvidas e mesmo de outras de condições semelhantes pela ausência de um procedimento eficaz de falência da pessoa física.

Tamanho é o desprestígio da matéria que, em todo o direito processual civil, a única parte ainda vigente do Código de Processo Civil de 1973 é o capítulo da insolvência civil (o mais próximo que temos de um instituto falimentar individual).

As reformas carreadas nos últimos anos tendentes a proteger o consumidor e a possibilitar a renegociação de dívidas revelam que o legislador percebe a gravidade do problema de endividamento crônico da população brasileira.

São medidas incidentais e paliativas que mitigam o problema sem, no entanto, enfrentá-lo de maneira sistemática e coerente. Impõe-se a criação de um mecanismo que seja efetivamente utilizado pela população para promover a renegociação universal de dívidas de modo a proteger os interesses de credores, do devedor, permitir sua reabilitação econômica e reinserção na vida produtiva.

O ambiente dos Tabelionatos de Protesto revela-se não apenas propício mas verdadeiramente vocacionado para tal procedimento. Os atributos da fé pública e da segurança jurídica – apanágio da atividade notarial – conferem certeza e estabilidade para o pactuado entre credores e devedores. Muito mais do que isso, no Tabelionato de Protesto, o devedor já comparece em um contexto de endividamento, ainda que pontual.

Há, tanto pelas características da atividade quanto pelo contexto de seu exercício, uma clara propensão para a sistemática de repactuação de encargos nos Tabelionatos de Protesto.

Não se descuida do fato de que mecanismos há para a falência do empresário individual. A Lei 11.101/05 dispõe em seu artigo primeiro a sua aplicação ao empresário individual.

Falta, no entanto, a normatização de um mecanismo de proteção creditícia da pessoa física. Somente assim, poderá ocorrer sua plena e integral reinserção na vida produtivo-econômica da sociedade. Há fartos exemplos de pessoas que, em razão do abalo creditício-reputacional causado pela insolvência, passam a operar seus negócios e administrar seu patrimônio através do nome de terceiros. Trata-se de manifestação do sempiterno e redivivo "jeitinho brasileiro".

2. A FALÊNCIA COMO SINTOMA DE VITALIDADE ECONÔMICA

A capacidade de criação de riqueza de uma sociedade repousa em sua habilidade de organizar os fatores de produção da maneira mais eficiente possível. A terra, o trabalho, o capital, o conhecimento, os arranjos institucionais determinam a facilidade com que uma agremiação humana (seja cidade, estado ou nação) poderá satisfazer os anseios materiais da população.

Longe de estática ou imutável, a alocação de recursos deve adaptar-se às mudanças do tempo de maneira rápida e menos traumática possível. Neste contexto, falir é, no capitalismo, o caminho mais rápido e direto para a organização de alocações mais eficientes da atividade econômica.[1]

Permita-se esclarecer este ponto. Estigmas à parte, economias capitalistas saudáveis são aquelas em que as indústrias menos eficientes dão lugar à reorganização de atividades cujo potencial marginal de criação de riqueza é maior.

---

1. As ideias aqui defendidas foram fortemente influenciadas pelo livro *Capitalismo na América*. Cita-se aqui um trecho que resume seu argumento central:
"A maior vantagem comparativa da América foi seu talento para a destruição criativa. (...) O País prosperou em grande parte porque aceitou que a destruição é o preço da criação. *A lei de falências mais liberal do mundo permitia que as companhias fechassem*. O maior mercado interno do mundo permitia que as pessoas se mudassem para onde suas habilidades eram generosamente recompensadas. Os Estados Unidos aceitavam que cidades fantasmas e fábricas fechadas eram o preço do progresso." *In:* GREENSPAN, Alan e WOOLDRIDGE, Adrian. *Capitalismo na América*: uma história. São Paulo: Record, 2020.

De maneira um tanto paradoxal, o declínio da indústria manufatureira e automobilística do meio-oeste americano (pensamos em Detroit) é sinal da vitalidade da economia dos Estados Unidos, não de fraqueza. Foi ela que permitiu que o capital e o trabalho se deslocassem para outras atividades, como o setor de tecnologia, mantendo o país na fronteira da inovação.

Os melhores empreendimentos e os maiores capitalistas estão sujeitos a falir. Proteger artificialmente indústrias ineficientes enfraquece uma economia. Não se nega, em nenhum momento, os impactos sociais, políticos e humanos do insucesso de uma atividade econômica.

Não se objeta o mérito de políticas pontuais de proteção das famílias diretamente afetadas por um declínio que pode atingir toda uma região por décadas. Cabe aqui apenas esclarecer a fundamental importância do mecanismo de reorganização econômica da falência. Não haveria carros e aviões se a preocupação em proteger os carroceiros e os navios a vapor tivesse prevalecido.

Neste diapasão, é do interesse de toda a sociedade que a legislação falimentar seja eficiente, clara e cumpra o objetivo primordial de permitir a reorganização mais eficiente do sistema econômico.

Nosso estudo revela que, essencialmente, uma legislação falimentar deve cumprir dois objetivos: em primeiro lugar, permitir a igualdade entre credores, de modo que a liquidação e satisfação dos créditos não se torna uma arbitrária e assistemática "corrida maluca" em que alguns vejam satisfeitos a integralidade de seus direitos creditórios enquanto outros suportam integralmente o custo do insucesso. Em segundo lugar, deve ser um instrumento de extinção de obrigações permitindo o recomeço.

Uma lei falimentar que não contenha, em alguma medida, essas duas características, lei falimentar não será. Será, em verdade, procedimento especial de execução de dívidas e obrigações. Não há demérito nenhum nisso, sendo a execução absolutamente indispensável em qualquer sociedade organizada. Não pode haver, contudo, confusão entre esses dois institutos.

Curial esclarecer, outrossim, que a falência da pessoa física cumpre ainda outro papel fundamental: o reestabelecimento do nome limpo do civilmente endividado. A exoneração das dívidas, com o refazimento do bom nome é elemento dignificante e redentor de uma vida.

3. INSOLVÊNCIA CIVIL PREVISTA NO CPC DE 1973

O Código de Processo Civil de 1973 disciplinou o procedimento de insolvência civil de maneira bastante satisfatória. Trata-se de dispositivo muito próximo ao Chapter 7 do Código de Falências do Estados Unidos. Visa tal procedimento, tanto quanto seu congênere americano, promover a satisfação dos credores e a reabilitação do devedor.

Segundo Maurício Pereira Cabral:[2]

> A Insolvência Civil é o instituto brasileiro de execução por concurso universal que visa sanar a situação de inadimplência crônica da pessoa física ou da pessoa jurídica com natureza de sociedade civil, a exemplo das cooperativas, associações, fundações etc., o que não se confunde com falência.

Em relação a esse ponto (diferença entre falência e insolvência civil), lapidar a lição do Ministro Luis Felipe Salomão, quando do julgamento do REsp 1.433.652/RJ, segundo quem:

> Os dois sistemas de execução por concurso universal existentes no direito pátrio – insolvência civil e falência –, entre outras diferenças, distanciam-se um do outro no tocante à concepção do que seja estado de insolvência, necessário em ambos. O sistema falimentar, ao contrário da insolvência civil (art. 748 do CPC), não tem alicerce na insolvência econômica.
>
> O pressuposto para a instauração de processo de falência é a insolvência jurídica, que é caracterizada a partir de situações objetivamente apontadas pelo ordenamento jurídico. No caso do direito brasileiro, caracteriza a insolvência jurídica, nos termos do art. 94 da Lei 11.101/2005, a impontualidade injustificada (inciso I), execução frustrada (inciso II) e a prática de atos de falência (inciso III).

Dá-se seu início através de petição que pode ser manejada pelo devedor ou seus sucessores. Segue-se a habilitação dos credores e a subsequente reunião de todos os feitos executivos sob o juízo da insolvência, em clara simetria ao princípio da universalidade do juízo falimentar.

Tal característica é fundamental a procedimentos de tal natureza (passados ou futuros, nacionais ou estrangeiros), de modo a implementar o princípio *par conditio creditorum*, cujo elemento fundamental é o adimplemento equânime dos créditos habilitados.

Malferi-lo significaria, em última análise, permitir que alguns débitos fossem integral e rapidamente satisfeitos enquanto outros restariam totalmente fadados a suportar o ônus econômico da insolvência.

Ato contínuo, segue a nomeação da figura do administrador judicial, agente central do processo falimentar. Cabe a ele, sob supervisão do juiz, nos termos da lei: (i) arrecadar todos os bens do devedor, onde quer que estejam, requerendo para esse fim as medidas judiciais necessárias; (ii) representar a massa, ativa e passivamente, contratando advogado, cujos honorários serão previamente ajustados e submetidos à aprovação judicial; (iii) praticar todos os atos conservatórios de direitos e de ações, bem como promover a cobrança das dívidas ativas; (iv) alienar em praça ou em leilão, com autorização judicial, os bens da massa.

---

2. CABRAL, Maurício Pereira. *Insolvência civil*: uma alternativa para a inadimplência crônica. Disponível em: https://www.migalhas.com.br/depeso/331319/insolvencia-civil--uma-alternativa-para-a-inadimplencia--cronica. Acesso em: 10 fev. 2022.

Ocorrerá, então, a fase de habilitação dos credores. Nesta etapa, caberá a eles em assembleia indicar seus títulos executivos, o valor dos créditos que entendem devidos, bem como os privilégios e graduações de que, em sua opinião, se revestem.

É ainda nesta fase que haverá oportunidade de se alegar a ocorrência de nulidades, simulações, fraudes ou qualquer outro expediente que possa inquinar alguns dos títulos apresentados de vícios que lhes retirem a validade ou executividade.

Haverá, somente então, a liquidação dos bens da massa em praça ou leilão (na terminologia do diploma vetusto). Exsurge, claramente, o caráter de liquidação de bens e satisfação de credores do instituto da insolvência.

Os artigos subsequentes (774-782) delineiam a escolha legislativa levada a cabo pelo diploma de 1973 e acusam a razão fundamental do insucesso do instituto da insolvência civil. Remanesce o devedor obrigado pelo prazo de 5 anos do encerramento do procedimento.

Cinco anos depois de nunca! Ora, se o devedor continua expressamente obrigado pelo saldo remanescente de cada um dos créditos individuais não satisfeitos, por corolário, o encerramento não está ligado à liquidação do patrimônio. Somente a satisfação integral das dívidas ou a prescrição – uma a uma – das obrigações ensejará o início do transcurso do lustro absolutório.

Tem-se, portanto, um procedimento em que os créditos levados a juízo são suspensos (prazos prescricionais) em um primeiro momento (com a instalação do juízo universal). Findado o procedimento, os créditos não satisfeitos voltam a correr sendo ônus do devedor buscar defesas episódicas e pontuais para cada uma das execuções anteriormente ajuizadas.

Não há o *fresh start* do direito americano. Eliminado resta um dos pilares do instituto da falência pessoal na maioria dos ordenamentos mundo afora. O Código de Processo Civil determina a exoneração do devedor em função do adimplemento integral das dívidas, não da liquidação do passivo.

4. A LEI DO SUPERENDIVIDAMENTO E O PROCEDIMENTO DE CONCILIAÇÃO

Sensível à realidade de forte endividamento e compressão econômica da população brasileira,[3] o legislador editou a Lei 14.181/21. Trata-se da chamada "lei do superendividamento", por meio da qual foi criado o procedimento de conciliação no superendividamento,

A lei é mais abrangente e promove alterações bastantes ao Código de Defesa do Consumidor, ao Estatuto do Idoso entre outras peças legislativas. Interessa aqui o

---

3. Segundo dados da Confederação Nacional do Comércio (CNC) o percentual de famílias endividadas atingiu 70,9% em 2021, recorde histórico.

procedimento criado no artigo 104 (trata-se de artigo desdobrado em 104-A, 104-B e 104-C)[4] do Código de Defesa do Consumidor pela mencionada lei.

---

4. 'Art. 104-A. A requerimento do consumidor superendividado pessoa natural, o juiz poderá instaurar processo de repactuação de dívidas, com vistas à realização de audiência conciliatória, presidida por ele ou por conciliador credenciado no juízo, com a presença de todos os credores de dívidas previstas no art. 54-A deste Código, na qual o consumidor apresentará proposta de plano de pagamento com prazo máximo de 5 (cinco) anos, preservados o mínimo existencial, nos termos da regulamentação, e as garantias e as formas de pagamento originalmente pactuadas.

§ 1º Excluem-se do processo de repactuação as dívidas, ainda que decorrentes de relações de consumo, oriundas de contratos celebrados dolosamente sem o propósito de realizar pagamento, bem como as dívidas provenientes de contratos de crédito com garantia real, de financiamentos imobiliários e de crédito rural.

§ 2º O não comparecimento injustificado de qualquer credor, ou de seu procurador com poderes especiais e plenos para transigir, à audiência de conciliação de que trata o caput deste artigo acarretará a suspensão da exigibilidade do débito e a interrupção dos encargos da mora, bem como a sujeição compulsória ao plano de pagamento da dívida se o montante devido ao credor ausente for certo e conhecido pelo consumidor, devendo o pagamento a esse credor ser estipulado para ocorrer apenas após o pagamento aos credores presentes à audiência conciliatória.

§ 3º No caso de conciliação, com qualquer credor, a sentença judicial que homologar o acordo descreverá o plano de pagamento da dívida e terá eficácia de título executivo e força de coisa julgada.

§ 4º Constarão do plano de pagamento referido no § 3º deste artigo:

I – medidas de dilação dos prazos de pagamento e de redução dos encargos da dívida ou da remuneração do fornecedor, entre outras destinadas a facilitar o pagamento da dívida;

II – referência à suspensão ou à extinção das ações judiciais em curso;

III – data a partir da qual será providenciada a exclusão do consumidor de bancos de dados e de cadastros de inadimplentes;

IV – condicionamento de seus efeitos à abstenção, pelo consumidor, de condutas que importem no agravamento de sua situação de superendividamento.

§ 5º O pedido do consumidor a que se refere o caput deste artigo não importará em declaração de insolvência civil e poderá ser repetido somente após decorrido o prazo de 2 (dois) anos, contado da liquidação das obrigações previstas no plano de pagamento homologado, sem prejuízo de eventual repactuação.'

'Art. 104-B. Se não houver êxito na conciliação em relação a quaisquer credores, o juiz, a pedido do consumidor, instaurará processo por superendividamento para revisão e integração dos contratos e repactuação das dívidas remanescentes mediante plano judicial compulsório e procederá à citação de todos os credores cujos créditos não tenham integrado o acordo porventura celebrado.

§ 1º Serão considerados no processo por superendividamento, se for o caso, os documentos e as informações prestadas em audiência.

§ 2º No prazo de 15 (quinze) dias, os credores citados juntarão documentos e as razões da negativa de aceder ao plano voluntário ou de renegociar.

§ 3º O juiz poderá nomear administrador, desde que isso não onere as partes, o qual, no prazo de até 30 (trinta) dias, após cumpridas as diligências eventualmente necessárias, apresentará plano de pagamento que contemple medidas de temporização ou de atenuação dos encargos.

§ 4º O plano judicial compulsório assegurará aos credores, no mínimo, o valor do principal devido, corrigido monetariamente por índices oficiais de preço, e preverá a liquidação total da dívida, após a quitação do plano de pagamento consensual previsto no art. 104-A deste Código, em, no máximo, 5 (cinco) anos, sendo que a primeira parcela será devida no prazo máximo de 180 (cento e oitenta) dias, contado de sua homologação judicial, e o restante do saldo será devido em parcelas mensais iguais e sucessivas.'

'Art. 104-C. Compete concorrente e facultativamente aos órgãos públicos integrantes do Sistema Nacional de Defesa do Consumidor a fase conciliatória e preventiva do processo de repactuação de dívidas, nos moldes do art. 104-A deste Código, no que couber, com possibilidade de o processo ser regulado por convênios específicos celebrados entre os referidos órgãos e as instituições credoras ou suas associações.

§ 1º Em caso de conciliação administrativa para prevenir o superendividamento do consumidor pessoa natural, os órgãos públicos poderão promover, nas reclamações individuais, audiência global de conciliação com todos os credores e, em todos os casos, facilitar a elaboração de plano de pagamento, preservado o

O procedimento de conciliação criado pela legislação é um passo benfazejo na direção correta. Tem por alvo justamente a pessoa física. Instala o concurso de credores (no sentido de criar uma assembleia, uma negociação plurilateral), preservando a igualdade e impedindo os resultados arbitrários e aleatórios de uma multiplicidade de execuções civis.

Falta-lhe, no entanto, mais uma vez o caráter liberatório, exonerativo que é característico de uma legislação falimentar. Incorre-se, novamente, no mesmo engano do procedimento de insolvência civil do Código de 1973.

Nas palavras de Claudia Lima Marques,[5]

> *Não se trata de uma espécie de falência da pessoa física*, mas sim de uma verdadeira política pública de fomento à concessão de crédito de maneira responsável, de educação financeira e de promoção de conciliação através de planos de pagamento, preservando-se a renda necessária para manutenção do consumidor superendividado e sua família com dignidade. (Destaque nosso).

5. A EXPERIÊNCIA ESTRANGEIRA

a) Estados Unidos

Dedica o direito federal dos Estados Unidos um código inteiro ao tema falimentar. Data do longínquo ano de 1898 a introdução da primeira versão moderna da legislação hoje existente.[6]

Já há, somente nisso, duas excepcionalidades. Primeiro, que um tema receba tratamento tão minudente por parte do legislador federal, o que escapa à tradição fortemente estadualizada da tradição jurídica norte-americana. Mais ainda, também a codificação sistemática em si, é pouco usual.

Revela-se, por isso, a enorme importância dada ao instituto falimentar. Nem se fale da abordagem cultural que, se não enxerga um mérito na falência, tampouco lhe confere o colorido de fracasso pessoal. Repise-se que, casos há, em que o falido em um estado tem a prerrogativa de começar *ab ovo*, em outra unidade da federação.

---

mínimo existencial, nos termos da regulamentação, sob a supervisão desses órgãos, sem prejuízo das demais atividades de reeducação financeira cabíveis.

§ 2º O acordo firmado perante os órgãos públicos de defesa do consumidor, em caso de superendividamento do consumidor pessoa natural, incluirá a data a partir da qual será providenciada a exclusão do consumidor de bancos de dados e de cadastros de inadimplentes, bem como o condicionamento de seus efeitos à abstenção, pelo consumidor, de condutas que importem no agravamento de sua situação de superendividamento, especialmente a de contrair novas dívidas.'"

5. MARQUES, Claudia Lima e BERGSTEIN, Laís Gomes. Nova lei do superendividamento: um respiro para o consumidor. Disponível em:https://www.migalhas.com.br/depeso/349083/nova-lei-do-superendividamento-um-respiro-para-o-consumidor. Acesso em: 10 fev. 2022.

6. Título 11 do Código dos Estados Unidos, conhecido como o "Bankruptcy Code" e que se divide em 15 capítulos, dedicados à falência, recuperação judicial, insolvência, liquidação, falência de entes públicos entre outros.

Compõe-se o *Bankruptcy Code* de numerosos subtítulos dedicados individualmente a diferentes realidades. O Capítulo 7, 11 e 13 encerram o cerne da legislação. O primeiro, prevê o procedimento de liquidação – análogo à insolvência civil pátria – e que, por ora, nos interessa de maneira mais próxima. O Capítulo 11 respeita à reorganização financeira (semelhante à nossa recuperação judicial, mas também franqueada à pessoa física). Por fim, o Capítulo 13 prevê a reorganização de indivíduos com renda fixa ou de fácil estimação.

Há, grosso modo, uma escolha fundamental entre o procedimento do Capítulo 7 e o do Capítulo 13. O primeiro, promovendo a liquidação de ativos engendra a exoneração dos débitos. O segundo, por sua vez, poupa o devedor da execução total dos créditos sem, contudo, exonerá-lo.

O procedimento previsto no Chapter 7 prevê a liquidação de todos os bens do devedor pela figura do *trustee* (equivalente ao nosso administrador judicial) e a posterior exoneração de obrigações do devedor.

Há, e é fundamental esclarecer este ponto, temperamentos tanto por parte dos direitos dos credores quanto dos devedores. De um lado, bens há que quedam resguardados da execução patrimonial (não se olvide que o bem de família é uma criação do direito americano), de modo a resguardar um patrimônio mínimo. A outro giro, também existem dívidas que não se desfazem pelo advento do termo liquidatório (empréstimos estudantis, alimentos, impostos fundiários).

Em suma, há um procedimento que cumpre a dupla função da falência: equilíbrio entre credores e exoneração do devedor. Ressalte-se: é apenas uma das modalidades previstas na legislação americana e postas à disposição, inclusive da pessoa física.

b) Portugal

A legislação portuguesa, fortemente inspirada pelos institutos norte-americanos, concede ao devedor duas possibilidades. A legislação de regência da matéria se encontra no Código da Insolvência e Recuperação de Empresas (conhecido pelo acrônimo CIRE).

Tal estatuto delineia dois grandes institutos com escopos distintos: de um lado a revitalização e de outro a insolvência. Este, centrado na ideia de pagamento dos credores, perpassa mecanismos típicos da legislação falimentar como concurso de credores, habilitação de créditos, impugnações, realização e liquidação de ativo e liberação do devedor.

A revitalização, por seu turno, gravita o art. 17 do CIRE (com seus vários artigos desdobrados), tendo por conceito fundamental a ideia de plano de recuperação e manutenção da viabilidade econômica da empresa.

Desponta na legislação portuguesa a enorme legitimação passiva prevista para a insolvência civil. Aplica-se às pessoas singulares e coletivas, sociedades civis e comerciais, associações, heranças jacentes, espólios e "quaisquer outros patrimônios autônomos".

6. O PROCEDIMENTO EXTRAJUDICIAL DE FALÊNCIA DA PESSOA FÍSICA

Constitui a tese central deste artigo a necessidade de um procedimento falencial voltado para as pessoas físicas em nosso Direito. Não se confunde tal necessidade com a aplicação da lei falimentar para os empresários individuais.

Sobejam em nossa realidade as atividades econômicas informais, despidas de personalidade jurídica autônoma, empresarialidade ou registro. Por mais que se facilitem as condições de proteção e criação de personalidades jurídicas empresariais, nada suprirá a ausência de um procedimento falimentar voltado à pessoa física.

O nível de endividamento no Brasil atingiu recordes históricos em função da crise econômico-sanitária experimentada há quase uma década. O País não pode se dar ao luxo de condenar mais da metade da população à estigmatização do endividamento.

À semelhança do previsto em legislações mundo afora, o Brasil deve promover a criação de um procedimento extrajudicial de declaração de insolvência civil, nos moldes propostos brevemente, da maneira seguinte:

O pedido da declaração de insolvência deve ser dirigido por formulário ao Tabelionato de Protesto de residência do devedor. Deve-se preservar apenas a possibilidade de autodeclaração, de modo a preservar a baixa litigiosidade ínsita aos serviços extrajudiciais.

A declaração de insolvência deve ter por corolário imediato: a suspensão dos feitos executivos contra o devedor, o vencimento antecipado de suas obrigações e a reunião de todos os credores, através das intimações promovidas pelos Tabelionatos (serviço para o qual estão sobejamente preparados).

Em seguida, os credores podem – eletrônica ou presencialmente – apontar os créditos que entendem lhe sejam devidos. Poderia ainda impugnar o pedido o que o levaria às vias judiciais cabíveis, à semelhança de tantos outros procedimentos extrajudiciais.

Em seguida, caberia ao Tabelião promover um de dois caminhos: (i) a lavratura de um Termo de Negociação e Diferimento de Dívida ou (ii) Auto de Entrega Voluntária e Liberação de Dívida. Na segunda hipótese, haveria a declaração do devedor dos bens em seu nome e a sua anuência com a entrega dos referidos bens. O termo se reveste de forma pública e ficará nos livros do protesto.

A enorme vantagem do devedor em declarar a totalidade dos bens que possui repousa na possibilidade de ser exonerado de dívidas muito superiores ao patrimônio que ele efetivamente dispendeu. Por outro lado, a eventual sonegação de qualquer bem implicaria a invalidação total, imediata e automática da liberação.

Do ponto de vista do credor, malgrado tivesse de aceitar bens inferiores aos créditos titulados, haveria a economia dos enormes, mastodônticos valores referentes à pesquisa de bens e atos processuais e expropriatórios. Estaria resguardado na hipótese de sonegação de bens. De qualquer forma, sujeitar o devedor a um endividamento que não acaba, excluindo-o da atividade econômica, não serve a seus interesses.

Cabe salientar que, à semelhança da legislação americana, tanto do lado do credor, quanto do lado do devedor haveria ponderações, excluindo algumas dívidas e alguns bens da comunhão negocial.

7. O PAPEL DOS TABELIONATOS DE PROTESTO

Ambiente fortemente vocacionado à tutela do crédito e das relações creditícias, os Tabelionatos de Protesto de forma natural e automática gozam de forte proximidade com situações de desequilíbrio e fragilidade financeira.

Não há, em sede profissional, motivos para se adentrar um Tabelionato de Protesto que não estejam relacionados, em maior ou menor medida a uma dívida, a um direito creditório não satisfeito, uma obrigação não cumprida.

A situação de insolvência, seja qual for seu desdobramento (renegociação, liquidação ou exoneração) será sempre uma situação limite. Momento delicado e decisivo na vida do devedor. Em geral, as renegociações de dívida ocorrem no ambiente dos bancos. Vale dizer, ambiente parcial e de enorme animosidade. Neste ponto, a imparcialidade da função tabelioa – dever legal – de todos os serviços de notas e registros se revela de enorme importância.

Somente em um ambiente equidistante e imparcial poderá ocorrer uma renegociação ou procedimento de insolvência civil que satisfaça os mandamentos do princípio *par conditio creditorum* e da liberação do devedor.

Decorrência do mandamento vazado no art. 236 da Constituição Federal, os serviços notariais e de registro desfrutam de natureza pública e exercício privado. Conjuminam, portanto, as vantagens da celeridade, economicidade, autossustentabilidade com a certeza e segurança decorrentes do exercício de *múnus* público.

A possibilidade aqui aventada consiste justamente em que os Tabelionatos de Protesto possam "presidir" o procedimento de falência da pessoa física. Seria a figura do Tabelião o equivalente ao administrador judicial no procedimento malfadado da insolvência civil hoje previsto. Veja-se que o Tabelionato de Protesto oferece a vantagem de que – à diferença de procedimentos judiciais – não há que se falar em publicidade processual.

A negociação das dívidas poderia ser levada a cabo em ambiente imparcial e sob a orientação de um profissional do direito. Por fim, apenas os atos expropriatórios em si reclamariam o recurso à custosa máquina judicial, evitando-se o uso do aparelho de Estado para procedimentos que não reclama sua intervenção poderosa.

8. CONCLUSÃO

A reinserção e reabilitação econômica de grande parcela da população brasileira se impõe. Milhões estão excluídos da vida econômica nacional – quer seja no papel de produtores ou de consumidores – em decorrência do superendividamento, em um País cujo nível de renda *per capita* já é bastante limitado.

A gana de alguns agentes sociais em verem satisfeitos seus créditos pela via solitária e individual da execução civil, impediram que entre nós florescesse uma legislação de falência voltada às pessoas físicas. Tal instituto existe na imensa maioria dos países, sendo até de uso excessivamente banalizado em alguns deles.

Ao promover a execução de uma dívida específica, o credor que primeiro chegou aos atos de satisfação verá seus interesses plenamente atendidos. Todos os outros credores e o próprio devedor (que continuará endividado) perderão. Mais deletério ainda, a atividade econômica saíra prejudicada, uma vez que alijada da capacidade produtiva de um indivíduo, destruído pela ruína econômica. Dificilmente, consegue-se imaginar um cenário mais distante do verdadeiro interesse nacional.

O procedimento aqui proposto preserva a igualdade entre os credores, incentiva a autocomposição e a negociação e concede ao devedor um novo começo. Colhe os benefícios do diálogo, da voluntariedade e do consenso. Granjeia as benesses da celeridade, da primazia da realidade e da reinserção rápida na vida econômica. Deixa-se folhear, por fim, pelo ouro da imparcialidade e da fé pública.

Sem embargo de outras benfazejas iniciativas legais, indubitável que os Tabelionatos de Protesto do Brasil desfrutam dos atributos e qualidades necessários para, chamados à sua vocação de tutela do crédito, cumprir a função de, facilitando a falência das pessoas físicas, conceder-lhes uma absolvição por tentarem empreender e trabalhar em um País bastante adverso, podendo *tentar outra vez*.

9. REFERÊNCIAS

CABRAL, Maurício Pereira *Insolvência civil*: uma alternativa para a inadimplência crônica. Disponível em: https://www.migalhas.com.br/depeso/331319/insolvencia-civil--uma-alternativa-para-a-inadimplencia-cronica. Acesso em: 10 fev. 2022.

GREENSPAN, Alan e WOOLDRIDGE, Adrian. *Capitalismo na América*: uma história. São Paulo: Record, 2020

MARQUES, Claudia Lima e BERGSTEIN, Laís Gomes. *Nova lei do superendividamento*: um respiro para o consumidor. Disponível em:https://www.migalhas.com.br/depeso/349083/nova-lei-do-superendividamento-um-respiro-para-o-consumidor. Acesso em: 10 fev. 2022.